中国法学会经济法学研究会

经济法学家

·JINGJIFAXUEJIA·

（第十卷）

吴志攀·主编

北京大学出版社
PEKING UNIVERSITY PRESS

图书在版编目(CIP)数据

经济法学家. 第10卷/吴志攀主编. —北京:北京大学出版社,2014.10
ISBN 978-7-301-24996-3

Ⅰ. ①经… Ⅱ. ①吴… Ⅲ. ①经济法—中国—文集 Ⅳ. ①D922.29-53

中国版本图书馆CIP数据核字(2014)第237400号

书　　　名:经济法学家(第十卷)
著作责任者:吴志攀　主编
责 任 编 辑:郭瑞洁
标 准 书 号:ISBN 978-7-301-24996-3/D·3695
出 版 发 行:北京大学出版社
地　　　址:北京市海淀区成府路205号　100871
网　　　址:http://www.pup.cn
新 浪 微 博:@北京大学出版社　@北大出版社法律图书
电 子 信 箱:law@pup.pku.edu.cn
电　　　话:邮购部62752015　发行部62750672　编辑部62752027
出版部62754962
印　刷　者:北京大学印刷厂
经　销　者:新华书店
730毫米×980毫米　16开本　19印张　367千字
2014年10月第1版　2014年10月第1次印刷
定　　　价:45.00元

目　录

民生性事权分配的经济法解析*

◇ 叶　姗**

内容提要　民生性事权是指政府从事民生性事务的职权和职责，而民生性事权的分配则是指民生性事权在中央政府和地方政府之间以及同一级政府的不同职能部门之间的划分和配置。本文在考察民生性事权在中央和地方之间分配失衡的实际情况的基础上，确立其在中央和地方合理分配的原则，进而进行规范上的构造。基本公共服务的事权应当尽可能由较高层级的政府承担，或者有能够与之匹配的地方财力支应，而非基本公共服务的事权则可以由较低层级的政府承担。

关键词　民生性事权　事权分配　实证解析　规范构造

"处理好中央和地方的关系，对于我们这样的大国大党是一个十分重要的问题"①，而中央和地方的财政关系更是其中的核心问题，然而，这一问题始终没有得到很好的解决。衡量一个国家的财政是集中的还是分散的，可以依循财权和事权的集中度两个角度。至于财政集中抑或财政分散更有效率，理论上尚未形成统一的认识，也没有确切的证据可以证明。尽管我国的"经济分权范围远远超出财政分权"，②但是，整个经济体制改革却是以财政体制改革为突破口的。经济分权使得省级及以下地方政府承担了大部分事权，而划分预算收入和制定税法规范的权力则持续向中央集中，与此同时，地方财政支出的规模越发不受控制。

单一制国家未必实行财政集权模式，在过去几十年中，也出现了财权和事权

---

*　本文发表于《政法论丛》2012 年第 4 期，原文约 15500 字。

**　叶姗，法学博士，北京大学法学院副教授。

①　毛泽东在《论十大关系》(1956)中把处理好中央和地方关系问题的重要性提到前所未有的高度。参见《毛泽东选集》(第 5 卷)，人民出版社 1977 年版，第 275 页。

②　许成钢：《政治集权下的地方经济分权与中国改革》，载吴敬琏主编：《比较》(总第 36 辑)，中信出版社 2008 年版，第 10 页。

都向地方转移的明显趋势，只是，后者的程度要深得多。单一制国家的中央政府承担了主要的事权，而联邦制国家的联邦政府仅承担有限的事权。我国“中央政府和地方政府应各自承担和共同承担的公共事务划分不清，各级政府行为中的错位、越位和缺位现象并存。”③我国《“十二五”规划纲要》提出，“坚持民生优先，完善就业、收入分配、社会保障、医疗卫生、住房等保障和改善民生的制度安排，推进基本公共服务均等化。”民生不是单独的预算科目，它包括与群众生活相关的教育、医疗卫生、社会保障和就业、住房保障、文化方面的民生支出以及农业水利、公共交通运输、节能环保、城乡社区事务等方面与民生密切相关的支出。

本文运用“权利—义务”、“职权—职责”的分析框架，依据“市场—市场失灵—政府—政府失灵—依法调控”的思维路径，选择研究的是中央和地方都涉及的事业发展支出中的法律问题，特别是在考察民生性事权在中央和地方之间分配失衡的实际情况的基础上，探讨其该当如何分配的原则及其规范之构造。笔者将与民生直接相关的事权提炼为民生性事权，即政府从事民生性事务的职权和职责，它规定了政府承担的民生性事务的性质和范围。这一范畴与美国法中“公民权利性支出”概念的内涵和外延异曲同工，是实践而非逻辑的产物。

一、民生性事权分配失衡的实证解析

民生性事权的分配是指民生性事权在中央政府和地方政府之间以及同一级政府的不同职能部门之间的划分和配置。民生性事权的分配是存在于分税制改革中的现实问题，由于“分税制决定”确立的中央和地方的权力分配模式称不上是一种财政分权制，充其量是一种税收分成制，再加上“分税制决定”本身只是国务院发布的规范性文件，分税制改革所确定的制度框架已经屡屡被后来的所得税收入分享改革、税费改革以及政府收支分配改革所突破。财政资金如何在中央和地方政府之间划拨，如同税收如何在中央和地方政府之间分配的问题一样复杂，这实质上是中央和地方政府之间的权力分配和相互间的财政关系问题。

“中国地方政府拥有的资源远比财政收入雄厚，承担的地方事务远比财政问题宽泛。”④客观来说，经济建设型财政注重经济建设支出的制度安排在过去几十年确实发挥了重要的作用，有力地推动了经济与社会稳定发展和财政收入稳步增长，缔造了举世瞩目的中国经济奇迹。政府主导型的经济增长模式之所以能够创造出前所未有的效率，与分税制改革及其后一系列财政体制改革所秉

③ 寇铁军：《政府间事权财权划分的法律安排——英、美、日、德的经验及其对我国的启示》，载《法商研究》2006 年第 5 期，第 136—137 页。

④ 许成钢：《政治集权下的地方经济分权与中国改革》，载吴敬琏主编：《比较》（总第 36 辑），中信出版社 2008 年版，第 13 页。

持的“税权持续向中央集中,事权却不断向地方分散”的理念有着高度的契合关系。分税制改革以来年均财政收入增长率约为 20%,地方财政收入占全国的比重基本稳定在 45%—51%之间,而地方财政支出占全国的比重则一直处于上升态势:从 1990 年的 67.42%上升到 2011 年的 84.84%。由此,反映出地方政府事权的范围在不断扩大。

在经济合作与发展组织(OECD)成员国中,“教育”“医疗卫生”以及“社会保障和就业”是财政支出结构中的三项核心公共服务,是现代国家各级政府最重要的事权。有学者从民生性支出的划分情况总结出以下几个特点:(1) 中央政府的支出责任普遍占据主导地位;(2) 除个别国家外,省级政府承担的支出责任相对有限;(3) 地方政府普遍在教育支出中占据重要地位,但在医疗卫生和社会保障方面发挥的作用有限。[⑤] 尽管各国财政支出结构的差异很大,但是,欧洲国家和日本的“社会保障和就业”支出的比重极高,而美国和韩国的比重都低于 20%。相比之下,我国财政支出的结构具有明显的注重经济建设、轻视民生支出的特点,这种结构必须进行相应的调整。至于财政支出结构调整的方向,到底应当如何确定呢? 尽管这三项都属于民生性支出,但是,三项支出也存在本质的区别:提供良好的教育一直是民生性事权的核心,而医疗卫生以及社会保障和就业则侧重于实现生存权。

从我国目前的情况来看,教育事权由中央承担的部分基本维持在 5.15%—5.81%之间;医疗卫生事权则处于 1.53%—1.7%之间;社会保障和就业事权较为波动,在 3.61%—5.97%之间、文化事权逐步由 8.15%下降到 3.42%;住房保障则由 4.69%提升到 7.89%。相比同一年度的预算数和决算数,不难发现每一年度民生性支出的执行结果都和预算不同,而且,其变动的方向和幅度各异。至于教育事权占中央和地方各自整体财政支出的比重,分别为 4.41%—5.27%、16.01%—17.64%;医疗卫生事权分别为 2.28%—3.07%,5.07%—6.44%;社会保障和就业分别为 7.52%—7.88%,11.72%—13.11%;住房保障分别为 1.12%—2.33%,0.71%—6.42%;文化分别为 1.00%—1.14%,0.67%—0.75%。需要强调的是,受制于篇幅和难以获得地方的数据,本文的分析暂到中央财政和全省财政总和为止,尚未深入到省级以下各级财政之间如何分配民生性事权。笔者相信,随着各级政府预算的不断公开,这一问题能够得到解决。

过往三十多年,我国政府的角色和职能不断转变,“推进以民生为重点的社会建设,取决于政府在基本公共服务中的主体地位和主导作用的确立。”[⑥] 2011

---

⑤ 赵聚军:《政府间核心公共服务职责划分的理论与实践——OECD 国家的经验和借鉴意义》,载《中央财经大学学报》2008 年第 11 期,第 19—20 页。

⑥ 迟福林、方栓喜:《政府转型与政府作用:我国改革开放进程中政府职能的阶段性变化》,载吴敬琏主编:《比较》(第 39 辑),中信出版社 2008 年版,第 170 页。

年全国财政用在与人民群众生活直接相关的教育、医疗卫生、社会保障和就业、住房保障、文化方面的民生支出 38108 亿元；农业水利、公共交通运输、节能环保、城乡社区事务等方面与民生密切相关的支出合计 35629 亿元。⑦ 两者合计占全国财政收入的比重超过了 70%，那么，能不能说我国的财政已经是民生型财政呢？这样的判断似乎为时过早。中央在向地方下放基础教育、医疗卫生以及社会保障和就业的支出责任的同时，仅仅为这些公共服务提供有限的财政转移支付资金，这种与众不同的做法使民生性财政大打折扣。

由于省级、地市级财政纷纷效仿中央财政，但省级以下财政一直没有建立起规范的分税制，省级、地市级财政"不断集中自己的税权，下放和推诿事权，最终导致了县乡基层财政的普遍吃紧和普遍困难，事权的重心基本上都压到了基层。"⑧地方政府在承担民生性事权方面有比较优势，但是，它在收入方面却没有太大的优势。承前所述，事权的分配是划分财权的基础、财力需要与事权匹配，同样地，民生性事权的分配也需要相应的财力支应，因此，如果不考虑财力因素，民生性事权的分配不可能顺畅。"中国一方面分配给城区、县和乡等级的政府沉重的职责并提供必不可少的社会支持以及几乎全部公共服务，另一方面又没有通过收入分配或者政府间转移支付系统充分支持地方政府提供这些服务时所需的支出。"⑨

二、民生性事权合理分配规范之构造

从我国目前的情况看，财政收入丰沛的省级财政在教育上的投入要稍高于财政收入匮乏的省级财政，山东省的比例最高、西藏自治区的比例最低；医疗卫生、社会保障和就业等事权的分配比例大体相当，青海省的情况特殊一些，用于社会保障和就业以及住房保障方面的支出偏高。与发达国家相比，最令人难以置信的是，我国把社会保障和就业事权主要分配给政府结构中的低层政府，这种做法是不多见的。"当面对财政压力时，每级政府都试图把支出责任转移给下级政府，而尽可能保留更多的收入。各级政府间成本的分摊更多的是由其相对权力决定的。结果，较低级次政府倾向于不履行支出责任，剩余收入按其意愿支配。"⑩由于财政转移支付的资金规模日益庞大，给财政收支平衡带来了极大的

---

⑦ 财政部：《关于 2011 年中央和地方预算执行情况与 2012 年中央和地方预算草案的报告》，2012 年 3 月 5 日。

⑧ 刘丽：《税权的宪法控制》，法律出版社 2006 年版，第 174 页。

⑨ 〔美〕劳伦·勃兰特、托马斯·罗斯基：《伟大的中国经济转型》，方颖、赵扬译，格致出版社、上海人民出版社 2009 年版，第 389 页。

⑩ 〔英〕阿瑟·侯赛因、尼古拉斯·斯特恩：《中国的公共财政、政府职能与经济转型》，王桂娟译，载吴敬琏主编：《比较》（第 26 辑），中信出版社 2006 年版，第 34 页。

压力,在财政分权的框架下,欠发达地区的财力与其事权严重不匹配,无法为民生性事权的实现提供充足的资金。在我国,基本养老保险基金初步实现了省级统筹,其他社会保险基金基本上只在省级以下统筹。简言之,要改变事权过于分散的现状,首先应当向中央集中的是社会保险。

我国"中央政府一方面主要依赖人事权控制地方政府,保证地方政府能执行中央政府的宏观政策,另一方面给地方政府自主权处理地方事务以提供激励机制,并保证地方事务能在极不相同的条件下得到适当处理。"[11]从决算统计数据来看,我国医疗卫生事权的比重显著低于OECD国家,如果将复式预算的各张表格和目前游离于预算外的资金考虑在内,以全口径财政收支加以考察的话,这部分的比重更低,医疗卫生事权向地方的分散程度更高,由此也导致医疗卫生事业的种种乱象以及医疗卫生体制改革屡屡以失败或不甚成功而告终。与西方发达国家相比,中国太大,承载着地球上近1/4的人口,无论是地区发展还是城乡发展都极不平衡,稀缺资源配置失缺合理性的问题极为严重,其制度设计必定是非常特殊的。就医疗卫生项目而言,要改变"以药养医"以及其他医疗卫生事业中经营性和营利性倾向过于严重的问题,确实应当考虑确立民生性事权应大部分集中在省级财政的办法。

单一制国家的教育事权的分配与联邦制国家有明显的区别,"在联邦制国家中,教育支出联邦承担的事权较少,并且联邦教育支出中多为对高等教育的支持,而管理则多由省及以下负责;在单一制国家中,中央政府则承担了重要的教育支出责任,承担了高等教育,初、中等教育中央补助而由地方负责。"[12]当前收入分配差距过大的主要原因是人的能力的差异,而教育无疑是影响人力资源水平高低最重要的因素。各国的州和地方政府最大的财政支出项目都是教育,通常占到其全部财政支出的1/3。教育应当是分层次的,至少包括高等、中等、初等和学前教育等几个层级,一般认为,高等教育可能更多地属于中央或省级财政的事权,而中等以下的教育更多地属于地市级及以下层级财政的事权,这样的划分表面上看是没有任何问题的,但是,九年制义务教育作为我国教育政策的核心,本该属于需要均等化的基本公共服务,但某些地方县乡两级财政的困难却影响着基本教育事权的实现效率。

"实行分权制,在中央政府和下属单位之间分散征税权,才是有效率的",然而,需要考虑的问题是,"从宪法上明确的分权制和分散财政权力,能否有效地

---

[11] 许成钢:《从体制认识中国经济的结构性问题》,载吴敬琏主编:《比较》(第56辑),中信出版社2011年版,第35页。

[12] 财政部财政科学研究所课题组:《政府间基本公共服务事权配置的国际比较研究》,载《经济研究参考》2010年第16期,第25页。

全部或部分代替对征税权的直接控制”[13]呢？答案并不是那么显而易见的，但是，可以肯定的是，民生性事权的分配问题必然是前置于财权的划分问题的，笔者同意，“在越来越重视和关注民生问题的过程中，我们……要充分利用市场和地方政府的作用，避免出现政府特别是中央政府包袱过重的问题。”[14]笔者认为，分税制在财权的划分和事权的分配上所作的努力是值得肯定的，然而，它没有解决好财政资金的有效筹集和妥善使用的问题。除了民生性事权分配比例不尽合理外，为促进地方财力与民生性事权相匹配的财政转移支付，也存在很大的问题。如果不解决财政体制和转移支付结构不够科学合理的问题，[15]民生性事权就可能成为地方财政支出规模不断膨胀和地方要求财权下移的似乎充满正当性的借口，但这样的理由并不充分。

三、结　论

本文基于经济法理论对民生性事权分配进行的研究，建立在对民生性事权分配失衡的实证解析的基础上，试图构造合理分配民生性事权的制度规范。笔者试图更多地发现民生性事权分配中的错位现象，进而为其复位提供经济法理论上的支持，然而，笔者也深信，讨论这一问题很可能导致一个无解的结果。考察西方发达国家民生性事权分配的比例和内容，也会更多地发现这确实是一个“各师各法”的充满异质性的问题。本文的基本结论如下：

1. 民生性事权在中央和地方之间实际分配最大的特点是：无论教育、医疗卫生，还是社会保障和就业等，都高度向地方分散，同时，分税制正式体制内的财权（特别是税权）分配却持续向中央集中，而财政转移支付制度的规范性、效率性和公平性都极差，地方自有财力根本不足以匹配提供均等化基本公共服务的事权，民生性事权实现的绩效可想而知；

2. 民生性事权应当确定在中央和地方之间合理分配的原则，民生性事权可以分为基本公共服务和非基本公共服务，基本公共服务的事权应当尽可能由较高层级的政府承担，而非基本公共服务的事权则可以由较低层级的政府承担；即便暂时无法实现这样的配置，也需要强调由较低层级的政府承担的基本公共服务的事权，应当有与之匹配的地方财力支应。

---

⑬ 〔澳〕杰佛瑞·布伦南、〔美〕詹姆斯·M. 布坎南：《征税权——财政宪法的分析基础》，冯克利、魏志梅译，载《宪政经济学》，中国社会科学出版社 2004 年版，第 207 页。

⑭ 许成钢：《从体制认识中国经济的结构性问题》，载吴敬琏主编：《比较》（第 56 辑），中信出版社 2011 年版，第 41 页。

⑮ 审计署：《国务院关于 2010 年度中央预算执行和其他财政收支的审计工作报告》，2011 年 6 月 27 日。

论地方政府在房价调控中的角色转变及法律治理

◇ 冯　辉*

内容提要　房价调控的关键在于实现地方政府的角色转变：在土地供应上从单纯的交易者转变为系统的操盘者，在价格调控上从急躁的灭火者转变为务实的调控者，在保障房建设上从勉力应对的负压者转变为具有战略眼光和实质能力的积极建设者，并通过相关法律的制定和完善实现上述角色转变的长期化与规范化。

关键词　地方政府　房价调控　角色转变　法律治理

政府迫于被"高房价"惹怒的民意压力启动前所未有的严厉措施打压房价，但不仅打压房价的效果远未达到民众期待，调控引发的金融、产业、财政等复杂性问题反而日益凸显，进而导致政府的调控不但备受民意奚落，更饱受各界指责。这些指责当然有偏激之处，但也不乏合理性。归根结底，只有在中央政府的调控意志与地方政府的实际约束之间求得平衡，房价调控的效果才可以真正实现。本文的核心观点是，房价调控的关键在于超越一般性价格管制，转而推进地方政府在土地供应、价格调控和保障房建设三大核心问题上的角色转变，并通过相关制度的建设和完善将这种角色转变法治化。

一、土地供应：从单纯的交易者转变为系统的操盘者

公众对于地方政府在房价问题上的第一个指责，来自于地方财政严重依赖土地出让金，从而在高地价与高房价之间形成了牢固的利益链，通俗点说就是"卖地财政"。国家统计局不断发布土地出让金连年甚至逐月剧增的数据，加上个别房地产商的煽风点火，都将地方政府在高房价上的责任牢牢坐实。

* 冯辉，对外经济贸易大学法学院讲师、法学博士。

对于这个问题，首先要承认两个前提：第一，尽管上述指责在逻辑和法律上都有相当的合理之处，但反过来也可以说地方政府的这种利益汲取机制并无违法之处。《土地管理法》和《城市房地产交易管理法》确立了土地一级市场的国家垄断，如果把实践中违法或变相违法征收集体土地、暴力拆迁、"囤地""倒地"、违法修改土地规划或变更土地用途等个别违法行为或灰色行为先放在一边不谈（这些问题当然要解决），多年的改革实践证明通过招拍挂实现土地使用权有偿出让确实提高了国土资源的使用效率，促成了城市化的迅速发展。一方面，土地资源的稀缺性客观上要求通过招投标、以竞争的方式实现市场定价，所以市场价值高的土地当然配得上高价；另外，地方政府不仅有欲望，也有义务推高地价，"实现国有资产保值增值"是一项明确的法律责任！如果地方政府贱价出让土地、政府的土地出让金连连递减，公众的指责、谩骂恐怕又少不了。所以，在找到一种可以有效替代现行土地出让机制的制度之前，过分的指责和埋怨并没有实际意义。第二，地方政府对土地出让金的依赖是也融资机制严重缺失的客观结果。地方政府在经济与社会发展中承担着大量的"事责"，但却缺乏有效的融资机制，《担保法》第 8 条规定"国家机关不得为保证人"，《预算法》第 28 条规定"地方各级预算按照量入为出、收支平衡的原则编制，不列赤字。除法律和国务院另有规定外，地方政府不得发行地方政府债券"，这就迫使地方政府严重依赖土地出让金。对于地方政府来说，土地出让是现有制度允许的最有效、最廉价也是几乎唯一的融资方式，在这样的制度约束和融资压力下，一味指责地方政府推高地价、依赖卖地财政不仅无助于问题的解决，对于肩负发展经济和改善民生之重责的地方政府也不公平。

所以在土地出让上的改革要点有二：第一是尽快放行地方债，通过拓宽融资机制从根本上减轻地方政府对土地出让金的依赖。2009 年 3 月，国务院同意地方发行 2000 亿元债券，但规定由财政部代理发行、列入省级预算管理。这种"中央代发国债"的办法管制色彩太浓，特别是各地发债数额完全由中央分配挫伤了地方政府积极性，市场反映也不佳。① 应当通过立法赋予地方政府在其信用范围内以独立的发债权，除非中央政府特批，政府债与公司债一样也应遵循市场化原则，发行透明、地方政府竞争、买卖自由，由证监会依法监管并增设特定的处罚机关和责任形式。为了防止地方政府滥发债务、损害投资者利益，应当在发行和交易环节引进美国的信用评级机制，对债券的投资风险和信用水平进行评估；另外要强化信息披露，发行人应详细披露资金用途、以往信用记录、以往债券筹集与使用状况等，基本类似于《公司法》《证券法》对公司债的监管；还可以设置一些特殊监督机制，比如在同级人民代表大会中对债券资金的使用情况进行质

① 参见李红兵：《2000 亿地方债生于忧患》，载《南方周末》2009 年 2 月 25 日，C17 版。

询，扩大监督的民主性和公开性。改革的第二点是将地方政府在土地供应上的角色从单纯的交易者转变为系统的操盘者。土地财政的客观性并不意味着“高房价—高地价”的利益链也是合理的，地方政府既有增加财政收入的义务，也肩负改善民生、调控房价、建设保障房的职责，应当在二者之间实现平衡。现在地方政府在土地供应上的角色接近于一个单纯的交易者，以收益最大化为基本原则，这就容易陷入“与民争利”的指责。在政府垄断土地一级市场的情况下，应当利用土地供应的可控性，将土地供应作为一种制度因素调整经济与社会发展，实现财政增收与房地产调控的统筹，向一个系统的操盘者转变。简单者比如规定将土地出让金的增收部分与保障房建设的投入挂钩；复杂者比如改革单纯以竞价增收为目的的招拍挂，推出“限房价、竞地价”及“限地价、竞政策性住房面积”等措施打破“地价—房价”之间的锁链；将特定地块以相对较低的价格投放市场，附加建设经济适用房、廉租房、两限房等条件；或通过有意控制投放时间、周期和具体位置来调节房地产市场，从而在遵循市场规则的条件下达到灵活运用政府资源、实现主导社会经济发展的目的。

二、价格调控：从急躁的灭火者转变为务实的调控者

注重短期和表面效应、轻视系统和长远改革的行为惯性和路径依赖使得目前各级政府在房价调控上主要体现为一个急躁的灭火者。具体而严格的政策固然可以树立政府负责任的形象，但也不难想象政府在高房价重压之下的心急如焚与捉襟见肘，急躁的灭火心态一览无遗。这种角色及心态产生的问题有二：一是一刀切的做法伤及无辜。由于无法在政策层面准确鉴别投机投资需求，这些“一刀切”的措施就算暂时击退了投机需求，也将真实、有效且刚性的住房需求（自住型需求或改善型需求）严格压抑。不断压抑刚性需求就容易引发市场对调控政策终究会退出及房价反弹的预期，在增加房地产商心理筹码的同时也增加了房价调控的风险。各级政府三令五申强调调控政策不动摇，恰恰说明了前述问题的严重性。二是实际效果距离政策目标相差较远。高度量化的政策需要一系列技术措施辅助方可实现预期效果，由于真实的消费需求掌握在各大商业银行手里，政府调控政策的绩效就取决于商业银行对调控政策的执行意愿和能力。比如根据住建部、央行和银监会 2010 年 5 月 26 日公布的《关于规范商业性个人住房贷款中第二套住房认定标准的通知》，家庭住房套数应依据“拟购房家庭（包括借款人、配偶及未成年子女）成员名下实际拥有的成套住房数量进行认定”，凡“借款人首次申请利用贷款购买住房时在拟购房所在地房屋登记信息系统中其家庭已登记有一套及以上成套住房”，或“借款人已利用贷款购买过一套及以上住房又申请贷款购买住房”，以及“贷款人通过查询征信记录、面测、面

谈、居访等形式的尽责调查确信借款人家庭已有一套及以上住房”,均应适用二套房的信贷控制政策。但在实践中,许多商业银行基于竞争需要及自身的信贷资产状况,对差别化信贷政策进行选择性适用的情况屡见不鲜,更有甚者,许多地方的城乡信用合作社和信托公司利用商业银行受到调控的风潮迅速扩张自身的房贷业务,“按下葫芦浮起瓢”,不但房地产风险通过腾挪得以继续累积,差别化信贷政策对于房价的整体调控效果也打了不少折扣。

所以在房价形成机制以及房贷业务已经充分市场化的客观前提下,中央及地方政府在房价调控上的角色应该更加务实。一方面,通过对银行业金融机构的监管间接调控房价应当会比直接干预市场化的房贷规则更为有效。对于政府来说,挤压房产泡沫、打击房产投机、控制房地产行业整体风险的重要性胜过打压房价,更何况房价倘若果真“飞流直下”反而会加速风险累积和产业危机。所以应当由银监会依据《银行业监督管理法》或另行制定规范性文件,加强对银行业金融机构房贷业务的整体监管,强化整体性、系统性风险的管理机制,通过数据监控、窗口指导、现场检查、行政处罚等方式迫使银行业金融机构强化合规管理意识及制度建设。另一方面,中央政府在特定情况下对房贷规则和房产价格的直接干预应该充分考虑到地方政府的实际情况,尽量避免形式主义的“一刀切”和“一阵风执法”,同时各级政府应当完善价格调控的信息公开和解释机制,对民意进行有效引导。否则一开始众望所归、轰轰烈烈,其后受制于市场规律和产业发展的实际情况而左右为难,不但错过了解决问题的时机,也为政府的诚信和能力平添风险。总而言之,各级政府应当在调控房价、防止泡沫经济的道路上继续走下去,但应辅以更多有效而务实的制度改革,比如规范房价统计数据的发布与解释机制以回应民意,扩大民间资金的投资范围以缓解民资的投资压力,以及更重要的,在进一步高速城市化的同时切实加强保障性住房建设。

三、保障房建设:从勉力应对的负压者转变为具有战略眼光和实质能力的积极建设者

首先要解决地方政府建设保障性住房的积极性问题,从长远来说,当民众日益增长的住房需求与保障房建设严重滞后之间的矛盾超越 GDP 成为经济和社会发展的主要矛盾时,地方政府的积极性才具备根本保障,比如北京、上海、广东、重庆等地的保障性住房建设就相对领先于其他地方。客观而言,商品房对产业链的拉动作用容易使深具 GDP 压力和偏好的地方官员轻视或怠慢保障房建设,因此通过行政手段迫使或激励地方政府建设保障房也有相当合理性,比如“国十条”规定住房保障工作实行考核问责机制、住建部与各地方政府 2010 年 5 月 19 日签订 2010 年住房保障工作目标责任书等。行政手段的绩效取决于执行

力度，倘若真能以建三峡、办奥运的精神，以节能减排考核、矿难问责的同等决心，或者以2010年底物价调控中"米袋子"省长负责制、"菜篮子"市长负责制的力度考核地方政府，当会显著改善其在保障性住房上的积极性与战略眼光。

但要真正切实有效地推进保障性住房建设，需解决两个制度性难题。一是融资。截至2010年3月5日，全国28个省市公布了2010年住房保障建设计划，仅有9个地方政府列出明确的资金投入额，其他地方均未给出明确的资金方案。据有关机构测算，2010年保障房投资总额将达到约4300亿左右，中央将承担375亿元，地方政府将承担1125亿元②，资金已成为卡在地方政府脖子上的沉重枷锁。根据《国务院关于解决城市低收入家庭住房困难的若干意见》，廉租房建设资金来源包括财政预算安排、扣除法定项目后的住房公积金增值收益以及不低于10%的土地出让净收益，《经济适用房住房管理办法》简单规定建设资金由政府财政负担，"两限房"在实践中主要通过附条件的土地出让予以解决。实践证明，在既有的法律和政策条件下，地方政府的资金缺口太大，无法满足庞大的建设需求。解决的出路在于两个方面：一是内部资源整合，在放行地方债以后要善于利用土地出让金，相比10%的固定比例制，在土地出让金和保障房投入之间建立一个法定的联动机制当是更好也更具操作性的做法。可以选择的方案有：比例联动，即保证土地出让金的增幅与保障房投入的增幅一致；超额滚动，即超出预算的土地出让金全部投入保障房建设，也可以综合选择上述方案，视各地情况而定。二是外部融资创新，由于保障性住房在产权、交易上的特殊性，商业性金融很难大规模进入，而政策性金融则力有不逮，故应充分利用金融创新产品，比如保障性住房REITS（房地产投资信托基金）计划。其核心在于以特定国企物业资产的未来租金收益设立信托发行债券，并将募集资金投入保障性住房建设。2010年8月，由央行主导试点的上海保障性住房REITS方案上报国务院，其以陆家嘴集团、张江集团、外高桥集团、金桥集团四大国企的工商业物业资产未来10年的租金收益（约47亿元）发行债券，拟募资35亿元投入廉租房和公租房建设。如果物业当期产生的租金收入扣除当期法定费用后不足以支付当期优先级利息，由四大国企负责对该资金缺口予以补足。③ 保障房REITS计划生动体现了公共产品融资上的"公私融合"，是政府与市场合力解决经济与社会事务的典型范例，应当尽快制度化以有效化解保障性住房的融资难题。

最后一个问题涉及保障性住房的管理，主要是建设和分配。在建设问题上，目前各地政府习惯于将责任推给房地产开发公司，甚至上升到政治和道德高度批评它们缺乏社会道德或社会责任感。在政府客观上没有能力进行大规模住房

② 参见廖杰华：《保障房的"政治锦标赛"》，《经济观察报》2010年5月31日，43版。

③ 参见张延龙、周亚玲：《REITS冲刺，投向保障房》，《经济观察报》2010年8月23日，37、38版。

开发和建设的背景下，这种批评最多只能引起民众对开发商的敌意，而无助于问题的解决。保障性住房在土地供应、开发周期、房屋租赁或销售、资金流动等诸多方面的特殊性确实对追求利润最大化的开发商构成较大阻却，因此与其用卡住利润率等手段令开发商勉为其难敷衍了事，不如多运用土地投放、税收政策、财政补贴等办法调节和激励开发商的热情。房地产开发公司应该是一个技术提供者而非资本提供者，应该更多发挥其人力资源组织、专业经验应用等优势，地方政府不应扬短而避长。分配问题决非无关紧要，各地政府在分配上的不力甚至严重挫伤了整个保障性住房建设机制的绩效。媒体和网民不断报道的两限房和经济适用房分配中的混乱、欺诈和腐败等现象，在保障性住房严重供小于求的刺激下不断激发民意对政府的不满。解决这个问题首先要善于引导民意，对于媒体和网络举报应当迅速处理并回应，要严格根据《信息公开条例》公布详细信息，避免处处被动的处境。根本出路当然在于信用建设及管理，申请人资格监管需要完善征信体制，引入第三方评估机构并辅以基层社区的常规管理。在《征信管理条例》正式出台之前，应当在保障性住房制度中引入信用惩罚机制，即对于查实的违法行为，除取消租赁或居住资格、责令腾退或返还非法所得以及罚款之外，在一定期限内应剥夺其申请资格（剥夺对象包括原申请人及配偶、未成年子女等受益者），并仿照法院惩罚“老赖”（恶意不履行生效判决）的做法将其信用不良记录与银行、工商、海关、法院、公安等部门实行信息共享，加大在保障性住房申请中弄虚作假的违法成本；最后要改变政府一手操控保障性住房分配的格局，加强行政系统内监察与媒体和民众监督的配合，避免保障性住房“好心办坏事”。

实施民生财政的权利进路研究*

◇ 陈　治**

内容提要　民生财政是一种在支出对象上向民生倾斜的财政支出模式，但其实施过程并不能被简单等同为加大对民生的财政投入，而应当选择以权利保障为中心的实施进路。同时对于权利进路所面临的各种质疑同样不可回避，有必要在正视上述问题的基础上为民生财政的实践走向提供新的理论框架。

关键词　民生财政　权利进路　新型权利　财政权力

一、民生财政权利进路形成的背景

归根结底，民生财政是解决民生问题的一种财政方案，它通过一系列对社会公共资源的汲取与分配行动达到保障、改善社会民生的目的。但是民生财政并不能简单等同为向民生领域的财政投入，而应当选择以权利保障为中心的权利进路。这是基于一方面在于学理上普遍将民生问题置于权利视角进行分析，民生问题的权利化成为一种主流话语和研究范式，这为民生财政实施进路的选择提供了重要的观念基础；另一方面，民生财政实践中权利的缺位导致诸多社会问题，这又为民生财政实施进路的选择提供了现实依据。

（一）观念基础：民生问题的权利化

1. 本土语境下的考察

民生意指人们的生命、生活、生计，它曾经作为古人先贤的一种悲悯情怀或政治主张提出，体现了植根于中国民本主义传统中的善良情结与人文关怀。作

* 以该文为基础撰写的《民生财政权利进路之争鸣、反思与重构》一文刊载于《法学论坛》2013 年第 2 期，约 12000 字。

** 陈治，法学博士，西南政法大学经济法学院副教授，硕士生导师。

为一个“本土”语境下生成的概念,民生与权利长期以来是陌生和疏离的。民生的解决之道无外乎是依靠个体自身的力量以及诉诸政府的责任,而缺乏权利的观念。权利的观念生成植根于经济生产方式的变革,尤其在当前经济发展保持持续增长而社会民生状况不容乐观的现实背景下,诉诸权利观念已经成为人们解决民生问题的重要途径。

目前,国内学者普遍将民生问题置于权利视角进行分析,比如认为民生问题的实质是权利问题,民生问题出现的症结在于权利配置失当或权利保障不力;或者对与民生有关的权利内容及其性质进行具体分析;或者主张解决民生问题必须从权利保障入手,完善相关法律制度,强化依法行政与司法救济。

2. 西方语境下的考察

对民生的关注显然不是某一国的独特现象。如果我们将视野进一步投射到其他国家,可以发现尽管西方语境下没有民生的概念,但相关的问题已被置于福利、福利政策、社会政策等概念之下得到了学界广泛而深入的讨论,而权利观念影响这些讨论乃至取得支配性话语的地位亦经历了一个发展变化的过程。西方语境下的民生问题即福利问题主要是在专业理性的分析中取得与权利的规范联系。

(二) 现实需求:克服民生财政实践的弊端

1. 民生财政的道德泛化问题

权利缺位使民生财政依托于为政者施恩行善的道德良知而非义务主体应予或权利主体应得的法制约束。从现实来看,民生财政首先是在道德层面获得了全社会的价值共识;其次,民生财政在很大程度上是借助道德的运行机制进行具体操作,“救人于水火”的道德优势往往盖过了对于法定程序的关注;再次,民生财政主要借助道德约束机制处理实施中的问题。

2. 民生财政的形式化问题

权利缺位使民生财政专注于投入的形式而忽略民生是否改善的实质。实践中经常出现的情形是:财政支出决策缺乏民主性,财政实施过程违反预算法定要求,财政支出结果缺乏绩效约束性。

3. 民生财政的社会排斥问题

权利缺位还会导致民生财政的社会排斥问题。以济贫法为例,尽管该法确定了政府向贫困人提供社会救助的基本义务,但并未真正确立权利的观念,有关的权利保障机制更是尚付阙如。受到救助的贫民被视为劣等资格的人不仅承担强制劳动的义务,而且接受的救助无论在数量上还是形式上都予以严格限制。

4. 民生财政的应急性问题

权利缺位与民生财政的应急性问题关系密切。实践中财政对民生的投入往往停留于应急性救助的层次,措施在总体上显得零散和随意,应急性较强,其内容主要表现为赋予相对人各种利益,行为方式本身多趋于指导性或协商性,缺乏权利观念和有效的权利保障机制,对供给主体难以形成有效约束。

二、民生财政权利进路展开的现实模本:西方国家财政法制的考察

西方国家没有民生财政的概念,但这并不妨碍其推行具有民生财政实质内容的相关制度。进一步以权利视角加以审视,可以发现这些制度中包含了一条财政为何向民生投入——权利依据、财政如何确保民生投入——权利实现、财政对民生的投入出现问题如何克服——权利救济的以权利保障为中心的实施进路,其发展变迁的历程为民生财政权利进路的展开提供了一个现实模本。

(一)确定民生财政的权利依据

1. 权利的类型化。实施民生财政、使财政向民生倾斜的权利依据首先被视为一项基本人权,即个人为确保自身的生存与发展、维护其作为人的尊严而享有的权利。其次,依据国外学者人权划分的类型化理论,与民生财政对应的权利被归属于积极人权类型。从权利演进的历史轨迹来看,这种权利晚于消极权利进入权利谱系之中,是一种重新定位国家与个人关系的新型权利。从权利性质的整体定位来看,学者借助福利权、社会权、生存权、受益权、分享权、新财产权等多种概念,对这种在国家与个人之间形成的新型权利的性质进行整体分析。从权利的具体内容来看,涉及就业、住房、食物、救助、教育等与人们生活密切相关的领域,形成相应的就业权、住房权、食物权、救助权、教育权等具体权利内容。

2. 新型权利入法。民生财政的重要支出领域是社会保障,在法律文件中首次正式确立民生财政权利依据的就是19世纪后期德国的社会保障立法。民生财政的权利依据在一些国家的宪法以及国际公约中亦得到确认。

(二)构建民生财政权利实现的法律体系

所谓权利的实现,即是从制度安排中的抽象利益转变为个体切实拥有的现实利益。民生财政的核心内容就是通过对社会公共资源的汲取及分配达到保障、改善民生的目的,因此涉及民生财政收支活动的相关立法便成为影响权利实现程度的关键原因。其中以财政授权为主导的特别税法、财政转移支付法,对于权利的实现发挥了关键作用。

（三）提供民生财政权利受损的救济机制

表现为通过司法诉讼方式解决因不履行法定义务的财政不作为、不适当履行义务的财政作为、不公平的财政制度安排给当事人带来的影响。

（四）收缩民生财政的权利保障

进入20世纪80年代以来，西方国家启动了一系列法制变革，降低民生支出，收缩权利保障的程度和范围。表现为，在权利依据上，弱化权利观念、调整权利保护重心；在权利实现工具上，实施税制改革、改变支出方式、强调预算平衡；在权利救济途径上，否定新型权利、尊重立法安排。

三、民生财政权利进路面临的质疑与回应

（一）关于财政理论与新型权利的不相容问题

以就业权、住房权、救助权、教育权等为代表的新型权利在主流的财政理论中是否占有一席之地？如果前者与后者不相容甚至存在冲突，那么民生财政采取以此为依据的实施进路是否存在观念障碍？

新型权利在财政理论中处于一个边缘化乃至被抨击的地位上，但是这并不能否定民生财政的权利进路。原因在于：首先，导致实践中各种弊端的根本原因不是权利概念本身，而在于对权利的片面理解以及在实践中采取单一的权利保障方式。其次，主流财政理论所秉持的控制政府财政权及保障纳税人权利的观念对于实施民生财政具有重要启示意义。许多弊端的症结不是权利本身而在于权力过大；在民生财政实施进路的选择上，争议的焦点并不在于要不要赋予权利，而是如何在约束政府的前提下使政府的支出更加有效。

（二）关于权利内容的模糊性问题

权利内容能否确定？如果不能确定，实施民生财政的权利进路是否可行？

在一些国家由于缺乏相关立法以及有效的司法审查机制，导致权利内容本身不确定，削弱了权利概念的实效意义。但是并不能由此否定权利进路作为民生财政实施路径的价值，因为权利进路恰恰是强调在权利配置、权利实现与权利救济方面整体推进，权利内容规定中的不确定性增强了而不是减弱了采取权利进路的必要性。

（三）关于权利实现程度的有限性问题

如果认为权利内容的不确定性可以在权利实现环节予以确定化，那么这些新型权利是否能够要求实现？如果不能实现或实现程度极低，民生财政的权利进路是否还有意义？

承认上述权利具有实现程度的有限性，并不足以否定权利进路的意义。首先，权利——无论是积极权利还是消极权利，都存在实现的限度，权利都是可以权衡、妥协与取舍的。其次，新型权利与传统的自由权、财产权相比仍然是存在区别的，前者对资源的稀缺性更敏感、对财政的依赖程度更强、要求财政给付的诉求比排斥国家干预的诉求更强烈。再次，权利进路有助于在宏观层面强化政策考量的制度刚性，但是它并不能指向一个具体、现实的结果，而应当指向要求政府在作出一个影响自身利益的优先性安排时提供公平、合理、透明的程序机制，以保障平等获得利益的机会。因此，民生财政权利进路的意义不在于具体的结果而在于平等的机会、民主的程序。

（四）关于权利实现的价值冲突问题

权利的实现是否有悖于自由？如果是，民生财政的权利进路是否可取？

权利与自由并非是一对完全矛盾的概念，阿玛蒂亚·森认为自由是“人们能够过有理由珍视的那种生活的可行能力”[①]，评价自由的标准并不在于是否免于政府的干预，而在于个人是否拥有过自己希望实现的生活状态、获得自我发展的能力。医疗保健、公共教育、就业保障等政府干预的匮乏并不代表个人的自由，恰恰说明自由实际处于严重限制的状态。因此相关领域权利的存在不仅不会与自由冲突，相反是实现自由不可或缺的条件。

（五）关于权利引发的财政负担问题

民生财政的权利进路会不会让政府不堪重负？如果淡化乃至取消权利观念是不是有助于减轻财政负担？

权利问题并不是加重财政负担的根本症结。首先，要求财政给付并不等同于财政必须直接、立即支出，在权利诉求与财政支出之间是存在若干“缓冲”机制的，可以避免因“直达”带来财政不堪重负的问题。其次，财政负担的形成有多种原因，即使维持乃至降低民生支出的水平，在经济不景气、财政歉收或者其他支出大幅提高的背景下，仍有可能面临财政入不敷出的情况。再次，以淡化或取消权利来减轻财政负担的做法还会面临社会的压力，甚至可能危及社会秩序

---

① 〔印〕阿马蒂亚·森：《以自由看待发展》，任赜等译，中国人民大学出版社 2002 年版，第 62 页。

稳定,因此,有关权利的制度安排应当谨慎调整。

(六) 关于权利的不可诉性问题

新型权利是否具有可诉性?如果不可诉,发展民生财政的权利进路是否会演变成立法机关(或政府机关)"自编自导"的独角戏?发展民生财政的权利进路是否无益反而有害?

权利的不可诉对于发展民生财政的权利进路的确存在消极影响。因为缺乏司法的制约与平衡,对权利的保护问题就几乎等同于立法机关的政策裁量乃至进一步演化为预算编制中的技术操作问题,这不仅使权利概念被抽空虚化而不再具有任何实质作用,背离了权利进路旨在克服民生财政各种实践弊端的初衷,而且因政府在预算编制中的主导地位以及立法对预算控制的薄弱,上述"演化"实际上最终变相扩大了政府的财政权力,不利于权利的保护。对此,应当从以下方面进行分析:第一,对新型权利是否可诉不能作出一致、整体的判断。第二,司法介入的方式可以多元化。第三,已经存在的不可诉问题并不是完全无法逾越的障碍。第四,司法之外的其他替代力量可以弥补司法救济的空缺。

四、完善民生财政权利进路的基本思路

(一) 以定位准确的新型权利为实施依据

对这里新型权利的理解应当是:权利的主体限于个体,因此该权利属于人权的组成部分,与传统人权在主体上是一致的;权利设置的目的在于解决人的生存发展面临的现实问题,这与传统人权旨在解放个体自由的抽象意蕴有所区别;权利内容是个体要求获得与生存及发展相关的物质帮助或社会服务的利益,该利益内容具有动态性、发展性、多样性、地域性,与一国或地区的经济发展水平密切相关,这与传统人权的静态性、单一性及普遍性的特性形成对照;权利实现方式表现在相对于传统的自由权、财产权对财政有更强的依赖,但不宜将该权利定位于积极权利,权利的实现方式可以多元,既包括财政直接的转移支付,也包括其他间接的手段。

(二) 注重平衡个体权利与政府财政权力的关系

权利能否实现有赖于财政对稀缺资源的配置,资源配置本身是依托于政府财政权力而进行的,权利对财政的依赖程度越深,政府财政权力行使空间越大,权力运行中产生负面效应的可能性就越大,对权利的保障反而无益。因此,实施民生财政应当注重平衡个体权利与政府财政权力之间的关系,既不能因强调个

体权利保护而忽视政府财政权力扩张的问题(比如实践中一些民生工程演变成政绩工程),亦不能因注重政府权力控制而导致其丧失足够的财政能力(比如基层地方政府财权受到较大限制,不利于其承担民生支出的职责),同时还要克服权利保护的绝对化、片面化的误区,防止权利滥用(比如实践中为救济金或补贴实施的欺诈或其他违法行为)。

(三)以多种方式确保权利实现

1. 多层次的政府义务机制

权利的实现不是仅与某种特定的政府义务相对应。民生财政除了应当积极谋求公共资源在相关主体间的公平分配以实现权利之外,还须对权利保持谨慎克制与尊重保护的态度,具体表现为:其一,不擅自变更、减损甚至个体的权利资格及其已经获得的利益;其二,制止他人对权利产生或可能产生妨碍或危害的行为;其三,为权利主体提供民主透明的财政运行环境,包括为其提供参与财政决策的机会。

2. 多元主体的参与供给机制

权利的实现并不与政府义务完全对应,而是可以借助多种主体及多种方式。具体表现为:其一,政府向企业或非政府组织采购社会服务,比如政府向专门的职业培训或继续教育机构购买就业培训服务;其二,政府为符合政策导向的企业或非政府组织提供各种激励,包括税收减免激励、财政补贴激励、财政担保激励等,比如为吸纳失业人员的企业减免企业所得税、为向弱势群体发放金融贷款的机构提供财政贴息等;其三,政府向社会公众提供享受相关服务的支付票证,持有者可在指定范围内自由选择一定服务机构并用票证上的资金支付相应费用,比如提供医保卡、教育凭证、职业培训账户等。

3. 富有实效性的效果评价与激励约束机制

权利的实现不能仅仅注重财政支出的增加,还应注重既有支出的效果评价与激励约束。具体表现为:其一,为社会公众提供参与绩效评价的机会;其二,建立绩效评价的指标体系与方法体系;其三,发挥绩效评价的激励约束功能。具体途径为:将绩效评价结果作为制定或调整年度预算的依据,根据完成情况增减预算金额或调整投入方向;将绩效评价结果作为落实财政问责制的依据,强化绩效评价的激励约束作用。

(四)提供权利的救济

实施民生财政应当重视运用司法的力量及司法之外的替代机制,为权利提供多种救济方式。具体表现为:其一,宣示一种人权价值;其二,实施合法性审查;其三,实施合理性审查;其四,确定立法裁量的边界;其五,发展非诉讼的替代解决机制。

宏观调控行为可诉性阻却事由之排除[*]

◇ 陈承堂[**]

内容提要 当前宏观调控行为可诉性论争的关键性分歧在于宏观调控行为是否是国家行为，然而可诉性的阻却事由却是政治问题而非国家行为。通过对国家行为理论法理基础变迁的考察，我们发现政治问题虽然与国家行为存在混淆的可能但还是具有本质的区别。美国作为现代宏观调控制度的起源国，其宏观调控行为的权力依据是联邦宪法第一条项下的国会调控权。该权力自罗斯福新政以来尽管呈现不断扩张甚至异化的趋势，但大量的调控行为表明该权力仍然处于司法控制之下，这就为困扰中国经济法学界多年的宏观调控行为可诉性论争提供了一条可能消解的路径。

关键词 宏观调控 可诉性 国家行为 政治问题

一、问题的提出

自邢会强博士于2002年首次提出宏观调控行为的可诉性命题之后，我国经济法学界围绕这一命题的论争已近十年。可诉性作为宪法上的一个基本范畴，关系一国法院司法管辖权的范围。在我国，可诉性理论基本上被运用于各个部门法，尤其是在行政法、经济法、环境法和社会法等规制型法律领域。基于宏观调控行为的特性，宏观调控行为的可诉性论争既可能涉及宪法上的司法审查，也可能涉及规制型法律普遍关注的公益诉讼。

经济法学界在论证宏观调控行为可诉性命题的时候，关键性分歧在于宏观调控行为是否是国家行为。然而，根据可诉性理论，一个案件如果是可诉的，则需要满足以下三个要件：首先，系争的问题不能是“政治的”，而必须是能够“司

---

* 本文已发表于《法商研究》2012年第6期，全文共13000字左右。

** 陈承堂，扬州大学法学院副教授、法学博士。

法的"解决;其次,原告的起诉资格必须建立在表明被告已经对其构成损害的基础上;最后,该案已经成熟且没有过时。也就是说,政治问题才是宏观调控行为可诉性的阻却事由,"是各国宪法审查制度中被不同程度采纳的一项排除性要件,发挥着阻却不合适的政治性争议启动实体性审查的功能。"[①]由此产生的问题是:国家行为是否等同于政治问题?如果两者是一致的,则表明经济法学界在论证宏观调控行为可诉性命题时的努力方向是正确的;如果两者不一致,宏观调控行为可诉性阻却事由之排除究竟以何者为准?

二、国家行为与政治问题的混同

经济法学界对国家行为理论的阐述来源于宪法和行政法学界。

国家行为与政治问题之所以出现某种程度的混同,在很大程度上可能是由于我国对国家行为理论、政治问题理论的研究不足所导致的。正如胡锦光教授所指出的,大陆法系(法国和德国)的统治行为概念来源于英美法系的政治问题概念。"在我国的法学理论和法律制度中,历来不存在'国家行为'概念及其相应的法律制度,很显然这一概念也是借鉴于其他国家的法学理论和法律制度,属于'舶来品'。"[②]现在,既然学术界存在将国家行为混同于政治问题的现象,则有必要对国家行为理论进行追本溯源。

三、国家行为理论与政治问题理论的界分

可诉性理论作为一个宪法问题,对该问题的界定是为了证明"建立在三权分立基础上的联邦政府的司法部门在民主社会是一个恰当的——并受到合理限制的——角色"。[③] 同样,布伦南大法官在贝克诉凯尔案中提炼政治问题理论时强调该理论"主要是三权分立的一个功能"。[④] 正是国家行为理论法理基础的变迁,才使其类似于政治问题理论。因为以三权分立学说为基础的国家行为理论与政治问题理论的功能产生了一定的契合,二者都反映了对行政部门的司法遵从。但是,国家行为理论类似于政治问题理论并不表明二者趋于一致。其原因有二:

第一,"国家行为不是一个真正的政治问题,因为它提出的权力分立问

---

① 林来梵主编:《宪法审查的原理与技术》,法律出版社 2009 年版,第 88 页。

② 胡锦光:《论国家行为》,载陈光中、江伟主编:《诉讼法论丛》(第 1 卷),法律出版社 1998 年版,第 467 页。

③ Allen v. Wright, 468 U.S. 737, 750 (1984).

④ Baker v. Carr, 369 U.S. 186, 210 (1962).

题——在行政部门与司法部门之间分配责任——不是基于宪法解释的文本或功能来推动的,而是建立在政策关切的基础之上——即相信对外国国家行为的裁决将会在某些情况下妨碍行政部门或使其尴尬。"[5]当司法部门对外国国家行为的裁决并不会妨碍行政部门或者使其尴尬时,就会有一系列的例外。例如,放弃、行政机关的同意、商业行为例外和执行仲裁协议、确认仲裁结果、执行依据仲裁结果所作出的命令。政治问题又称不可诉问题,其本身作为司法审查的例外,是不允许再有例外的。

第二,从根本上讲,国家行为理论的基础仍然是国家主权,而不是三权分立。正如有学者认为,不论法院在司法实践中根据什么法理基础来决定适用国家行为理论,"我们有充分的理由相信,国家行为原则的基础和依据是国家主权,是对国家在其自己领土上的主权权威相互尊重的国际法义务。"[6]

综上,国家行为理论的现代形式虽然以三权分立学说为法理基础,而且在萨巴蒂诺案中也采取了类似于政治问题理论的推理形式,但国家行为理论的根源仍然是对国家主权独立的尊重,与根源于三权分立的政治问题理论并不相同。与此相应,国家行为也不同于政治问题。而且,《行政诉讼法》第 12 条第 1 项中所引入的"国家行为"概念并不对应于英美法系的国家行为概念,而是包含了英美法系的国家行为和政治问题这两个概念。当然,在有些大陆法系国家,政治问题概念表述为统治行为概念。可见,经济法学界试图排除的宏观调控行为可诉性的阻却事由是政治问题,而不是我国立法例中笼统的"国家行为",更不是英美法系中的国家行为。因此,我们在借鉴宪法学和行政法学已有研究成果的时候,必须有所甄别,否则将误导经济法学理论的研究方向。毕竟我们今天的努力在某种程度上可能成为后来者所依赖的路径。

四、美国国会调控行为不是政治问题

罗斯福新政是现代宏观调控制度的起源,而且美国进行宏观调控的权力依据是"联邦《宪法》第 1 条第 8 款第 3 项,即国会有权调控(regulate)同外国的、各州之间的和同印第安部落的贸易"。[7] 因此,对美国国会调控行为是否是政治问题的阐述不仅具有标本意义,而且也必然包含了宏观调控行为是否是政治问题的判断。

---

⑤ Jesse H. Choper, The Political Question Doctrine: Suggested Criteria, 54 Duke L. J. 1457, 1501 (2005).

⑥ 司平平:《国家行为原则及其发展》,载《法学》1999 年第 1 期。

⑦ 陈承堂:《宏观调控权是怎样生成的——基于罗斯福新政的考察》,载《中外法学》2011 年第 5 期。

（一）国会调控权的异化

在罗斯福新政中确立国会调控权最重要的两个案例是全国劳动关系委员会诉琼斯与劳克林案（以下简称琼斯与劳克林案）和威卡德诉费尔本案（以下简称费尔本案）。

虽然在琼斯与劳克林案中，联邦最高法院反驳了“间接”和“直接”的区分，认为国会的贸易条款权力涉及与州际贸易有实质性联系的活动，但联邦最高法院同时也指出国会规制州际活动的权力不是无限的。首席大法官休斯认为贸易权力“必须考虑到我们政府的双重体制；并且鉴于我们这样一个复杂的社会，不能为了能够调整对州际贸易的影响是如此之间接和遥远的行为而将其扩张，因为这样将实际上抹杀了什么是地方的与什么是国家的之间的差别，从而创造了一个彻头彻尾的集权政府”。[⑧] 其实，这一“联邦权力范围的现代解释”[⑨]也大致划定了宏观调控权的范围。

由上可见，正如政治问题理论随着罗斯福新政期间洛克纳案被推翻而开始扩张一样，法院同样也开始遵从国会依据贸易条款所作出的调控行为，并且“政治问题理论在新政法院经历了其全盛时期”。[⑩] 事实上，从 1937 年至 1995 年，法院认可了国会所有的贸易条款案件。然而，这显然与现代法院的司法能动主义，尤其是从沃伦法院开始的“司法至上”哲学南辕北辙。这是因为，“自从 1937 年以后，自由主义者典型地采用了双重标准——在公民自由方面赞成司法能动主义，而在经济问题上主张采取极端司法克制，甚至是完全要求其放弃权力……”[⑪]由此导致的问题是，法院认可国会所有的贸易条款案件、对经济问题保持极端的司法自制的理由是否是因为美国国会对贸易问题的调控行为是政治问题？

（二）苏特大法官的异议

在加西亚案中，联邦最高法院曾经宣布，“州的主权利益……由联邦制结构固有的程序保障来保护比由司法创制的联邦权力的限制更为恰当。”[⑫]易言之，联邦最高法院似乎接受了著名宪法学家韦克斯勒教授的理论，即联邦制问题最好是由政治部门而不是由司法机关来控制，因为“美国的国家政治过程——特

---

⑧ National Labor Relations Board v. Jones & Laughlin Steel Corp., 301 U.S. 1, 37 (1937).

⑨ 〔美〕阿奇博尔德·考克斯：《法院与宪法》，田雷译，北京大学出版社 2006 年版，第 162 页。

⑩ Louis Henkin, Is There a “Political Question” Doctrine?, 85 Yale L.J. 597, 625 (1976).

⑪ 〔美〕克里斯托弗·沃尔夫：《司法能动主义——自由的保障还是安全的威胁？》，黄金荣译，中国政法大学出版社 2004 年版，第 191 页。

⑫ Garcia v. San Antonio Metropolitan Transit Authority, 469 U.S. 528, 552 (1985).

别是各州在中央政府的组成和选择中的作用——在本质上是非常适合于阻碍或限制中央政府对州领域新的入侵的。”韦克斯勒教授的“政治过程”主张在今天看来被认为是不切实际的和天真的。如今的联邦行政国家已经背离了韦克斯勒教授的断言，因为“自从危机[新政]承认，相对于州而言，国会要比以往和将来拥有更广泛的权力。”⑬

莫里森案中的异议非常不同于（实际上否定了）洛佩兹案中的异议。因为在由布雷耶大法官撰写并由史蒂文斯、苏特和金斯伯格大法官加入的洛佩兹案的异议中，这四位大法官一致认为需要对贸易条款进行限制，他们与多数意见的区别仅在于在哪里划分这一界限。也就是说，该案的所有九位法官都同意国会调控权要有一个界限，并且这个界限最终是由司法部门来划分的。然而，在莫里森案中，加入异议的四位法官与洛佩兹案中是一样的，但这一次苏特大法官是捉刀人。苏特大法官没有明确否定洛佩兹案中布雷耶大法官的意见，但他采用了一种与其冲突的、截然相反的理论。让莫里森案异议如此不同寻常的是，苏特大法官建议法院应将贸易条款问题视为一个不可诉的政治问题，并且这一异议是两个世纪以来第一次有法官认为依据贸易条款的联邦权力范围是一个政治问题。

苏特大法官所提议的司法弃权，是两个世纪以来第一次有法官主张在划定贸易条款的界限时不需要发挥司法部门重要作用的观点。甚至从 1937 年直到 1995 年的洛佩兹案，没有任何法官在法庭上曾提议法院放弃其司法作用。法官对于联邦调控，时而支持时而反对，但他们从来没有说过这个问题是一个政治问题。苏特大法官改变了这一切，既拒绝布莱克大法官的告诫，也他否定了洛佩兹案中布雷耶大法官的异议。并且，“苏特的异议实质上包含了法院（在他看来）不能审查的一般联邦警察权，尽管这种一般的警察权也是制宪者们和各州的代表们在那时所担心的。”⑭

论述至此，我们基本上可以判断贸易条款项下的美国国会调控行为不是政治问题，进而推导出宏观调控行为也不是政治问题。其实，贸易条款问题不是政治问题的根本原因在于贸易条款所关涉的是一个联邦制问题，即联邦与州之间的分权问题，因为美国宪法的制定者们估计到自利的“联邦多数”将始终会设法对人民和州施加更多的联邦控制。因此，他们创造了一个联邦体制，旨在通过分散和限制联邦权力以保护自由。他们建立联邦制主要是为了保护个人，即人民，

---

⑬ Herbert Wechsler, The Political Safeguards of Federalism: The Role of the States in the Composition and Selection of the National Government, 54 Colum. L. Rev. 543, 559 (1954).

⑭ Ronald D. Rotunda, The Commerce Clause, the Political Question Doctrine, and Morrison, 18 Const. Commentary 319, 331 (2001).

而不是州。[15] 首席大法官伦奎斯特在莫里森案的多数意见中也指出："制宪者们设计政府的联邦体制使得人们的权利通过权力的分立来确保。"[16]因此，"法院应当极不情愿地将一个个人权利主张判决为不可诉的，即使它可能涉及'政治'、政治过程，或者政治部门的内部运作。"[17]

五、启　　示

政治问题作为司法审查的例外，必须具有一定的自我实施机制，这在某种程度上决定了不可诉的政治问题是非常之少的。自罗斯福新政以来，法院之所以对国会扩张调控权的行为保持了极大的司法自制，这是因为美国的经济现实使然。但是，这并不表明法院放弃了对贸易条款问题的司法审查权，它不过是引而不发。当国会调控权超过法院所认可的合理界限之后，那么法院的司法审查将如期而至，这表现出了美国宪政框架巨大的自我调适能力。美国著名宪法学家比克尔教授也指出："政治问题的领域不同于国会管理州际贸易的那种权力，那种权力是全面的，实践中几乎没有限制，但它也并没有被当做完全自由裁量的事物而被放过。"[18]

政治问题只是司法自制的理论基础之一，而且政治问题所要求的是司法自制的最高级——司法弃权。在宏观调控的过程中，的确会存在调控主体的决策行为，但这并不表明宏观调控行为是一种"决策行为"，更不能就此断定宏观调控行为是一种"国家行为"（其实应该是政治问题）。[19] 如今，法院在司法审查中大量遵从行政部门的决策行为、调查结果，这是行政部门的体制性优势使然。当然，法院在司法审查中也完全可能推翻行政部门的决策行为或调查结果。

笔者也曾经从形式逻辑的角度对宏观调控行为是"国家行为"的提法表示了质疑。实际上，仅仅依靠形式逻辑，也基本上可以对宏观调控行为可诉性命题作出判断。也就是说，如果宏观调控行为是不可诉的政治问题，即便该行为存在瑕疵，其在法律上也是"无可挑剔"的，对宏观调控主体追究"政治责任"也只能是"多数部门"议会的事情，而非司法机关的职责之所在。当然，由于当时缺乏一种系统性的理论和具体的案例对这种宏观调控行为不可诉的观点予以有力的反驳，因此笔者并没有深入探讨宏观调控行为为什么不是政治问题，在此算是给

---

[15] See National League of Cities v. Usery, 426 U. S. 833, 847-848 (1976).

[16] United States v. Morrison, 529 U. S. 598, 617(2000).

[17] Jesse H. Choper, The Political Question Doctrine: Suggested Criteria, 54 Duke L. J. 1457, 1469 (2005).

[18] 〔美〕亚历山大·M. 比克尔：《最小危险部门——政治法庭上的最高法院》，姚中秋译，北京大学出版社 2007 年版，第 202 页。

[19] 参见邢会强：《宏观调控权运行的法律问题》，北京大学出版社 2004 年版，第 20 页。

出了一个更为全面的交代。可能有人会认为,这也未免太繁琐了,因为托克维尔早就断言:“在美国,几乎所有政治问题迟早都要变成司法问题。”[20]对此,笔者不敢苟同。固然“他在这部著作里提出了一些极为著名而且后来果真应验的社会学预测”,但在托克维尔去美国的三年之前,联邦最高法院在1827年的马丁诉莫特案中就提出了免于司法审查的政治问题。

[20] 〔法〕托克维尔:《论美国的民主》(上卷),董果良译,商务印书馆1988年版,第310页。

我国的过度负债问题及治理对策研究

◇ 王婷婷*

内容提要 当前,不断飙升的家庭债务隐含着深刻的过度负债危机,已然成为现阶段我国消费金融发展的最大隐患。但时至今日,学界未对过度负债问题给予足够的重视。鉴于此,客观地揭露我国消费信用体系中存在的过度负债风险,总结我国现有消费信贷的法律制度现状及缺陷,从理念的转变和制度的建设层面为我国过度负债的预防和治理提供相关思路,极为必要。

关键词 消费过度负债 房贷危机 金融消费者 消费破产

一、过度负债及其在我国的表现

过度负债①是指个人或家庭消费者依据现有的收入信息在特定的时间内不能应对他现期或将来一定期限内的所有给付义务,并且如果执意实行清偿,其最基本的生存条件将会灭失的一种信用风险。刚刚过去的美国金融危机以及欧债危机与过度负债风险有着不可分割的联系,就我国而言,我国家庭债务的形式主要表现为以住房按揭贷款为主的消费信贷,相应地,过度负债风险体现为巨大的"房贷危机"。

近年来,尽管房价也有一定程度的下降,但在当前住房刚需依然巨大,房价与居民收入的上涨幅度依然不平衡的背景下,因房贷过重产生的过度负债现象依然较为普遍。据分析,在目前的发达市场经济国家,住房价格的中位数与居民家庭收入中位数之比的合理水平在3:1到4:1之间,而我国大部分城市目前住宅价格的中位数与居民家庭收入中位数之比为8:1到15:1,这给大部分贷款买

---

* 王婷婷,西南政法大学经济法学博士研究生。

① 广义上的过度负债既包括政府过度负债,也包括企业过度负债与个人(消费者)过度负债,本文仅研究个人消费过度负债问题。

房者以未来收入归还买房贷款带来了实质性的困境。依据我国银监会在《商业银行房地产贷款风险管理指引》的规定,借款人房贷的月供支出应该控制在月收入的50%以下,而所有的家庭债务占家庭总资产的比例必须控制在55%以下。[②] 然而,就我国当前大多数城市家庭的负债水平来看,显然已超过这一警戒线。

消费者非理性的消费习惯以及在公共服务上的巨大开支也加剧了过度负债的风险。我国原本是高储蓄率的国家,但在消费信用的刺激下,消费者愈发重视消费而忽视储蓄,"月光族"群体也有大增趋势。而随着近年来物价水平的持续上升以及养老、医疗、住房、教育等个人支出占消费总开支比例的增加,在我国城乡居民收入水平上浮比例无明显改观的情况下,个人负担日常消费和家庭债务的能力也呈弱化趋势。在此背景下,如果发生失业率升高、收入不稳定等社会问题,就有很多的中低收入家庭陷入"还债难"的困境,过度负债的问题将随之凸显。

二、域外国家的过度负债治理

(一)消费信贷法调整下的过度负债治理

澳大利亚《国民消费信贷保护法》[③](简称NCCP)通过"负责任的信贷行为"来规范信贷提供者的借贷行为,NCCP第3章设定了一些标准来衡量与信用交易相关的经营者是否尽到了"适当性审查义务",是否达到了责任信贷的标准,其中最重要的一个标准即为适当性原则,它是指金融业者依消费者(投资者)之知识、经验、财力、投资目的而进行契约劝诱及贩卖时,对消费者不得为不适当之劝诱行为。[④] 该法第130条第1款规定,信贷提供者对所提供的消费信贷应进行适当性评估,主要包括以下几个方面的内容:(1)是否对与信贷合同相关的消费者要求和目的进行合理的询问;(2)是否对消费者的经济状况进行合理的询问;(3)是否采取合理的措施来证明消费者的经济状况;(4)是否对法律所规定的任何事项进行询问;(5)是否采取法定的步骤去核实法律规定的任何事项。一旦发现信贷提供者有NCCP第131条第2款规定的"不适当"情形:(1)消费

② 《商业银行房地产贷款风险管理指引》,http://news.sina.com.cn/c/2004-09-03/08383571064s.shtml,2012年4月20日访问。

③ An Act to amend the National Consumer Credit Protection Act 2009 and for related purposes, National Consumer Credit Protection Amendment Act 2010, No. 9, 2010.

④ 杜怡静:《论对金融业者行销行为之法律规范——以日本金融商品贩卖法中关于说明义务及适合性原则为参考素材》,载《台北大学法学论丛》2005年第57期。

者不能履行合同项下的融资义务，或者只能以“实质性困境”[⑤]来履行；(2) 或信贷合同不能满足消费者的要求和目的；(3) 法律规定的其他特殊情形，金融监管部门禁止此类合同的签订，并对信贷提供者予以行政处罚。NCCP 对信贷经营者进行“适当性审查”的要求与消费者清偿信贷能力紧密挂钩，让消费者能够从容应对所有信贷合同中所包含的债务偿还、费用和交易成本，确保消费者应该能够依照自己的收入来满足合同义务的履行，进而避免步入过度负债。

南非《国民信贷法》(2005) 和《国民信贷管理法》(2006)[⑥]也规定了过度负债的治理。首先，《国民信贷法》明确将“鼓励负责任借贷活动，防止过度负债，确保消费者履行金融义务”作为立法目的。其次，《国民信贷法》第 4 章专章对过度负债和鲁莽负债进行规范和认定。第一，关于过度负债的认定标准。《国民信贷法》第 79 条第(1) 款规定，如果根据多数可以获得的信息表明特定的消费者已经或者将不能及时地承担他贷款协议中的所有义务时，则可以认定为过度负债。其中，用来衡量消费者是否过度负债有两个标准：一为消费者现有的财务能力、前景或义务；一为消费者的历史债务偿还记录。第二，关于过度负债的处理程序。消费者可以依照该法第 86 条的规定向债务顾问提出过度负债的申请。如果债务咨询机构经评估，认为消费者尚未过度负债，但仍存在过度负债的潜在风险难以如期全部履行信贷协议下的义务的，则可建议消费者和信贷提供者接受债务重整计划；如经评估发现消费者已经过度负债，则可以建议治安法官发出债务重组安排的命令。此外，消费者也可以直接向法院提出过度负债的申请。法院应综合考量债务顾问的相关建议、信息以及消费者的财政收入、前景和义务等因素，或作出拒绝过度负债的决定，或认定该项贷款为鲁莽借贷，或通过法定的方式重新安排消费者的义务。其中，法院重新安排消费者的义务的方式包括：(1) 延长协议有效期和减少相应到期的支付额；(2) 推迟到期清偿的特定期间；(3) 拓展协议有效期或推迟清偿期间；(4) 重新权衡消费者义务。

(二) 消费破产法中的过度负债治理

消费破产法是实现对债务人救济的另一有效途径。美国 1978 年《破产法案》就明确规定了消费者破产程序。其中，更生程序即破产和解和重整制度，在该程序下，通过和解或法院介入认可更生方案，使债务人得以尽其能力清偿债务后免责而获得重生的机会。清算程序则是指为鼓励债务人重生，迅速处理分配清算财产于债权人，并于法院裁定终止或终结清算程序后，迅予债务人免责及复

---

⑤ “实质困境”是指根据 NCCP 第 131 条第 3 款的规定，如果消费者只能够通过卖出自己的基本住房才能履行合同项下的义务，那么消费者只能以”实质困境”来履行这些义务，除非有相反的证据证明。

⑥ 刘萍等译：《最新放贷人法律——南非〈国家信贷法〉和〈国家信贷管理规定〉》，中国金融出版社 2009 年版，第 54—55 页。

权的制度。债务人对这两种破产方式的选择权是平行的,然而,这种双轨制的设计容易产生道德危机,鉴于此,美国出台了《2005年防治破产滥用及消费者保护法》,在该法第707(b)中引入财力评估制度,对有一定收入或支付能力的债务人,限制其选择清算程序,而仅能申请更生程序,提出清偿计划,借以让债权人之债权获得较大满足同时也避免清算制度的道德危机。德国1999年实施的《债务清理法》也为债务人寻求破产救济提供了渠道,虽然德国也为消费者寻求债务免除提供了重整和清算两条路径,但立法采用的是单轨制立法模式,债务人没有选择权。德国的破产免责程序通过一定的"妥善行为期间"予以实现,即在破产程序终结时,必须要经过一定的行为期间,始得免责。该期间内,债务人必须履行特定的义务,尽力从事适当有收入的工作,并将可扣押的报酬给受托人作为清偿债务之用才能予以免责。

三、我国防治过度负债的制度缺憾

(一)跛足的消费信贷法律制度

我国的消费信用法律制度相对匮乏,主要表现为用于调整消费信贷法律关系的专门消费信用法典还未建立。当前,约束商业银行消费信贷的法律法规主要是《商业银行法》《民法通则》《担保法》《房地产管理办法》以及《贷款通则》等,这些规定对于信用消费的关注较少,且立法较为原则,其对于消费信贷的规制效果值得商榷。事实上,我国不乏专门规范消费信贷的政策和部门规章,例如《个人住宅贷款管理办法》《关于加大信贷投入,支持住宅建设和消费的通知》《汽车消费贷款管理办法》《关于发展个人消费者信贷指导意见》《信用卡业务管理办法》等制度,但遗憾的是这些文件不仅没有形成完善的法律体系,而且多属于政策性文件,在调节和保护消费者信贷权益方面力度较为有限。

(二)薄弱的失信制裁机制

我国的信用分享法律机制仍然处于起步阶段,个人信用分享及个人信息保护制度的缺失使得我国的信用管理制度处于不规范状态。当前,虽然我国虽出台了《商业银行法》《个人住房贷款管理办法》《汽车消费贷款管理办法》等旨在规范消费者信用的法律和政策,但与国外先进的信用管理立法相比,这些规定较为原则,且可操作性不强。表现在这些法律规范既没有商业银行之间关于个人贷款信息的"共享机制",更没有对商业银行如果违反了"适当性审查"义务将会对消费信贷合同造成的影响进行规制。

(三) 缺失的消费破产法律规范

长期以来,我国对个人破产制度应否建立存在"肯定说"和"否定说"两种争论。[⑦] 然而,实践中对个人破产立法制度以"排斥"态度为主流,这使得我国的个人破产法没能突破个人财产登记制度、个人信用体系等制度范畴,长期停留在理论研究阶段。因此,对于债务人而言,一旦其深陷多重债务而无力清偿,只能以最高人民法院司法解释设立的个别执行参与分配制度来处理,消费破产法的缺失无法为其提供一个主动或被动地通过债务免责步入重生的机制。

四、我国防治过度负债的基本路径

(一) 过度负债防治的宏观思路

1. 金融消费者权益的特殊保护理念

在消费信贷市场中,消费者通常处于"结构性弱势地位",尤其是伴随着金融机构的日趋强势,金融消费者利益受损的现象层出不穷。然而,法律对金融消费者提供保护的力度显得相当孱弱,目前调整金融消费法律关系的《中国人民银行法》《商业银行法》《银行业监督管理法》《证券法》《保险法》等法律,以及"一行三会"制定的规章制度中对金融消费者保护问题也鲜有涉及。因此,今后的立法中,应充分考虑消费者的特殊地位,在制度设计上将金融消费者纳入到消费者权益保护法的范畴,从而有效保障该消费群体的合法权益。同时,还应加强消费信贷立法,在消费信贷合同中加重作为经营者的金融机构以责任和义务。

2. 建立适当有责的信贷服务体系

过度负债既可以是消费者行为不慎的结果,也可以是银行信贷营销不规范的结果。因此,有必要在整个金融服务领域建立起"客户适当性原则",根据客户的不同特征进行严格的偿付能力审查,并为其提供匹配的金融产品。在信贷制度上,通过对消费者观念的端正和对信贷发放过程中不正当竞争的规制,建构起"购者自慎"与"卖者有责"这一规范的消费信贷服务体系。而在责任制度的设计上,应当转变传统法律责任的追究模式"侵害行为—损害结果—责任承担",创设适用于金融产品创新领域的新的责任构成模式"行为—风险—责任"机制。[⑧]

---

⑦ 文秀峰:《个人破产法律制度研究——兼论我国个人破产制度的建构》,中国人民公安大学出版社 2006 年版,第 32—58 页。

⑧ 岳彩申、张晓东:《金融创新产品法律责任制度的完善——后金融危机时代的反思》,载《法学论坛》2010 年第 5 期。

3. 规范消费债务人的市场退出机制

是否能够在破产法中提供消费债务人的市场退出机制在很大程度上标志着一国市场体系的健全程度。消费者破产制度能够为债务人控制风险和摆脱债务困境提供了一条有效的途径，并使整个消费信用市场能够有效地运转。随着我国物权法的实施以及财产登记制度的日益完善，个人的产权明晰制度已经初步建立，在此基础上应尽快在我国破产法上建立起针对于消费债务人的市场退出机制，发挥消费破产法律制度的制度效应。

（二）过度负债防治的微观举措

1. 设立专门的消费信贷法典

我国消费信贷所涉及的关于银行和消费者的权利义务、债权债务关系，以及消费者信贷的市场运作规则和机制皆应由法律形式予以规范。在立法位阶上，应由全国人大及其常委会来制定统一的消费信贷法典。在体例设计上，既可以参照南非2005年《国民信贷法》，将过度负债直接纳入法律规制体系，也可以参照澳大利亚2009年《消费信贷保护法》的立法例，单设“负责任的信贷行为”一章，以保障整个消费信贷体系的规范运行。而在具体内容上，应增加信贷提供者在消费信贷合同中的义务，如信息披露义务、真实营销义务、适当性审查义务等，同时还应增加消费者对消费信贷合同的撤销权、提前还贷权的设计，以尽量消弭消费者的信息弱势地位。

2. 架构宽严相济的消费债务清理法

架构消费债务清理法应遵循宽严相济的原则来进行制度架构。首先，应建立统一的债务协商清理机制。本文建议在我国银行体系内设立专门的债务咨询、协商机构，平常时期可为金融消费者提供咨询服务，而在出现消费过度负债时，可让债务咨询机构出面调查、协商，以寻求债务清偿上的和解，或者为法院的处理提供建议。其次，还应审慎规制消费破产中的道德风险。本文主张我国未来的消费破产立法应借鉴德国关于消费清理法制的救济模式，在债务人“妥善行为期间”后的一定条件下对其施以免责裁定，让债务人自主、有责地参与到破产程序中。同时，可将美国客观机制的经验纳入对债务人收入与债务比例的评估过程中。

3. 治理过度负债的配套机制构建

在我国，预防和治理过度负债还应发挥制度之间的“合力”。首先，我国应努力消除制约消费信贷业务大规模开展的瓶颈，建立统一、健全的信用体系。其次，应在《物权法》的框架下继续完善产权制度，健全个人财产登记制度，明确债务人财产的基本范围，防止债务人通过非法手段隐匿、转移财产。再次，应当健全的社会保障体系，通过增加民生的投入，强化政府责任，发挥“国家型”社会保障体系建设在治理“社会排斥”中的作用。最后，消费者意识的提高在过度负债的体系建设中也举足轻重，因此，加强金融教育机制的建设、提高整个金融消费者队伍的意识，也能够为避免消费者“积极地”步入过度负债提供保障。

论消费者权之法律边界*

◇ 钱玉文**

内容提要 消费者权的行使可能会损害到经营者的经营自由，权利冲突意味着权利的限制与边界，确立消费者权法律边界的理论依据主要有权利冲突理论和权利不得滥用原则。过错责任是消费者权利与经营者经济自由平衡保护的重要机制，特殊消费侵权行为适用无过错责任时，也应遵循法益衡量规则。

关键词 消费者权 法律边界 过错责任

从经济法的社会整体利益观考察，消费者作为经济法主体，消费者权仍然要受到诸多因素的限制，从而使生产、分配、交换、消费为主要环节的市场经济循环得以可持续进行。经营者并不是纯粹的义务主体，它也享有经济自由与财产权利。作为处于结构上弱势地位的消费者，为了充分实现其生活消费的目的，享有一系列受法律倾斜保护的权利，但任何权利都有其限度，不能无限扩展，以至于妨碍到他人的（经营者）权利、社会公共利益和公共秩序。

一、权利冲突与消费者权的法律边界

（一）权利冲突及其发生原因

权利表达的深刻内容就是对人的利益的认可和保护。因此，权利冲突在本质上就是一种利益冲突，是以权利行使冲突表现出来的一种利益冲突，进而权利冲突的原因可以归结为利益冲突的原因。第一，权利冲突本质上是由人与人之间利益的冲突和社会资源的有限性所决定的。第二，法律的有限性、规则的不确

---

* 发表于《现代法学》2012 年第 4 期，全文约 1.6 万字。

** 钱玉文，法学博士，常州大学文法学院副教授，华东政法大学法学博士后流动站研究人员。

定性和模糊性加大了权利冲突的发生。第三,法律不能通过彻底否定相互冲突的利益中的一方利益的方式来消除利益的冲突和权利的冲突。

(二) 消费者权与经营者经营自由

消费者一方的权益与可能的加害人(经营者)一方的行为自由之间的矛盾,是《消费者权益保护法》(以下简称《消法》)首先应考虑的一对基本矛盾。这一矛盾在宏观上表现为,不特定的消费者权利保障与不特定的潜在加害人(经营者)行为自由维护之间的冲突;在微观上则表现为,个案中的特定消费者权利保护与特定经营者行为自由维护之间的冲突。消费者权利保障与经营者经营自由是法律上同样重要并需要保护的法益,经营自由就是个体的自由在经济生活中的体现,主要包括职业自由、营业自由和相关的迁徙自由等内容①,它是相对于个体的政治自由、社会自由和文化自由而言的,同属于个体基本自由的构成部分。我国有关企业法律也规定了经营者经营自由权利,如经营者享有自主生产经营权、依法自主定价权、享有平等竞争、公平交易权等。

(三) 权利冲突的解决

明确消费者权利的保护范围,处理好消费者权利与经营者的经营自由之间的冲突问题。经营者义务应与其能力相适应,限制在合理范围内,义务应具有可行性,不能脱离经济社会发展的实际水平。从事经营活动或者其他社会活动的人,负有对相关公众在合理限度范围内的安全保障义务。我国消费者权益法律保护尚不充分,消费者自我保护意识薄弱,绝大多数消费者案件均属于对消费者权益的轻微损害,经营者往往是通过对数量众多消费者的轻微损害累积以获得巨额的不法利益,所谓“以小博大”型损害,法律应鼓励消费者积极通过法律途径维护自己的权益。因此一般情况下法律应明确拒绝经营者以消费者容忍损害义务为借口来侵害消费者的权益,只有在特殊情况下消费者才承担容忍合理损害的义务,如为了约束消费者的非理性消费行为时可以要求消费者承担容忍合理损害义务。② 经营者与消费者作为经济法主体,共生于市场经济循环中,对消费者权利过分保护,一方面经营者势必将其成本与费用加在商品或服务价格之上,转嫁给消费者。另一方面,经营者承担过多的义务,可能使经营者无利可图,

---

① 《德国基本法》第 12 条第 1 款所保护的职业自由不仅包括个人选择并从事的活动,而且也包括所有以营利为目的的,且不是一次性营利的工作。职业自由的另一种表现形式——企业家的自由对于经济法具有重要意义。该自由包括建立企业、经营企业、雇佣员工、销售货物和宣传产品的自由。所有德国公民享有的职业流动的自由(开业自由)以及工商自由也都受到该条款的保护。引自〔德〕乌茨·施利斯基:《经济公法》,喻文光译,法律出版社 2003 年第 2 版,第 81—82 页。

② 参见钱玉文:《消费者权利变迁的实证研究》,法律出版社 2011 年版,第 144—148 页。

无法正常生产经营,抑制其生产积极性,最终导致生产经营停滞,市场供给不足,反过来也会损害消费者权利的实现。

二、权利不得滥用与消费者权的法律边界

立法上最早确立禁止权利滥用的是德国,《德国民法典》第226条规定,"权利的行使不得专以加害他人为目的",开创了禁止权利滥用立法的先河。其后,各国民法典风起从之。权利滥用的主要表现形式为消费者行使权利属于故意损害他人的目的;行使权利的结果并未使权利人获得利益,却给别人造成了损害;选择有害于他人的方式行使权利;行使权利给别人造成的损害大于自己得到的利益;行使权利违反了侵权行为法确立的一般规则;行使权利时背离了关于该权利的立法目的。如消费者利用反悔权实施恶意退货行为,经营者与消费者约定购买电视机30天内可以反悔,有些消费者可能使用了29天后前去退货,这种行为显然损害了经营者的合法权益,是有违市场伦理道德的行为,表现为市场经济中买家的诚信缺失,当然属于消费者权利的滥用。因此,法律应明确排除消费者对于购买的易耗品、食品、药品、卫生用品和贵重商品享有反悔权,以便从源头上防止消费者权利的滥用。消费者行使权利时如果构成滥用,在法律上理所当然应给予否定性的评价,权利滥用的法律后果是消费者权利被限制、行为无效、损害赔偿,甚至于被追究刑事责任的严重后果(如消费者天价索赔涉嫌构成敲诈勒索罪)。[③]

三、实体性限制:消费者权和经营者经营自由之间的平衡机制

(一)过错责任:利益平衡机制的制度设计

消费者权保障大多通过侵权责任法获得法律救济。《法国民法典》第1382条发展了罗马法上的过错概念,成为侵权责任法利益平衡机制的最重要工具,过错责任原则是对客观归责原则的否定,被告是否对原告承担责任,要看被告在主观上是否存在着过错。但与法国法侵权责任构成上的"非限定性"不同,德国侵权责任法对行为的评价除了"过错"之外尚有"违法性要件",原则上只对因过错损害了他人受法律保护的权利加以救济,即只对受到损害的绝对权利(第823条第1款)、受到其他法律明确保护的权利(第823条第2款)和违背公序良俗

---

③ 黄利:《黄静天价索赔案》,载《南方周末》2008年10月6日。

受到侵害的利益(第826条)认定侵权责任的存在。[④] 英美法系从17、18世纪开始,在英国和美国分别确立起"过失"的侵权责任形式,从而开始了过错责任时代。在有些学者看来,18、19世纪上半叶在侵权责任法上采纳过失责任,行为人仅仅在有过失的情况下才负赔偿责任,有助于减少投资者的风险,从而促进社会生产的发展。[⑤] 一方面,面对纷繁复杂的社会经济生活,法律不可能事无巨细地为每一具体行为确定细致的标准。基于过错责任原则,经营者只对其有过错的行为承担责任,对非过错行为则不应负责,这就维护了经营者的行为自由。另一方面,过错归责原则通过对行为标准的给定,为经营者的行为自由提供了明确的范围和界限,经营者对自己有过错的行为应当承担民事责任。在各国侵权责任法及判例法中,过错是确定责任承担的核心因素,也是平衡受害人权益保护与加害人行为自由维护的最基本工具。我国《侵权责任法》(2009)第6条关于侵权责任的一般条款明确规定:"行为人因过错侵害他人民事权益,应当承担侵权责任。根据法律规定推定行为人有过错,行为人不能证明自己没有过错的,应当承担侵权责任。"该条确立了我国侵权责任法的过错责任原则。

(二)过错和因果关系推定中的制度设计

为了更好保护消费者权利,过错推定责任原则在我国消费者权利保护领域普遍适用,如《产品质量法》(2000年修订)第42条、《侵权责任法》(2009)第42条、第58条[⑥]、《广告法》(1995)第38条、《食品安全法》(2009)第55条[⑦]的规定等。同时,侵权责任法通过自己责任原则限制连带责任的适用。侵权法定构成要件,如德国法对可救济的损害采取列举方式进行明确规定,我国《侵权责任法》(2009)也采取列举方式明确规定了民事权益的种类。抗辩事由(包括受害人过错、不可抗力、正当防卫、紧急避险、受害人自甘冒险等)机制来平衡消费者权利保障与经营者的经济自由。[⑧] 当然随着社会化大生产、高科技发展和人类高度危险活动的大量增加,无论是大陆法系和英美法系都通过单行法和判例发展出特定情形下的危险责任和无过错责任,主要适用于产品责任和交通事故责

---

④ 参见张新宝:《侵权责任法立法的利益衡量》,载《中国法学》2009年第4期,第181页。

⑤ 参见〔美〕伯纳德·施瓦茨:《美国法制史》,王军等译,中国政法大学出版社1990年版,第65—66页。

⑥ 《侵权责任法》第42条第2款规定:"销售者不能指明缺陷产品的生产者也不能指明缺陷产品的供货者的,销售者应当承担侵权责任。"第58条规定:"患者有损害,因下列情形之一的,推定医疗机构有过错:(一)违反法律、行政法规、规章以及其他有关诊疗规范的规定;(二)隐匿或者拒绝提供与纠纷有关的病历资料;(三)伪造、篡改或者销毁病历资料。"

⑦ 《食品安全法》第55条规定:"社会团体或者其他组织、个人在虚假广告中向消费者推荐食品,使消费者的合法权益受到损害的,与食品生产经营者承担连带责任。"

⑧ 对此我国《侵权责任法》(2009)第三章"不承担责任和减轻责任的情形"第26—31条作出了相应规定。

任等领域。

（三）适用无过错责任中的制度设计

现代社会作为高度风险的社会，缺陷产品致损、环境污染公害等，为了保护弱势消费者权利，消费者权利扩张使得无过错责任经常适用于消费侵权行为。即便是适用无过错责任，此种责任也不是绝对的结果责任，并不是说对特定群体的倾斜保护就是“一边倒”，另外一边没有任何行为自由和权利，在无过错责任归责原则之下仍然要坚持利益平衡。如美国法规定：消费者如依一般正常方式或产品原定用途使用产品，不会发生损害的，就可认定该产品不存在瑕疵。[9] 因为消费者对于产品不正常或不适当使用所造成的损害，经营者无须承担赔偿责任。无过错责任在美国产品责任法领域确立之后，又经历了先是趋向生产者责任的绝对化，后来又朝着有利于生产者的方向回归的有趣历程，美国法学会《第三次侵权法重述：产品责任》中“风险—效用分析”取代了消费者期待标准。[10] 生产经营者对于产品责任享有法定的免责事由，各国一般均规定产品未投入市场流通、产品投入市场时引起损害的缺陷并不存在、现有科学技术水平不能发现产品缺陷存在、消费者自身的重大过失或自甘冒险等情形作为法定免责事由，此外还有赔偿限额、成本分摊与责任保险制度的平衡机制。

各国多设有最高赔偿额的限制，其目的在于限制赔偿义务人之责任。否则，如无最高赔偿额的限制，责任保险将无所适从。[11] “抽象的生命价值”，比如哲学、宗教、道德和艺术等领域中的生命的价值大都被认为是无价和不可计算的；而“具体的生命价值”，比如在经济、法律、医学等领域，基于促进社会安全、预防侵权和保护生命等，生命的价值，甚至人的肢体的价值都可以被货币化和计算的。[12] 美国学者通过对 1200 例涉及消费者的产品责任侵权和故意侵权案例的分析统计研究，认为侵权对消费者一生造成损害折算成经济损失金额大约在 140 万至 380 万美元之间，法院对消费者的人身、财产和遭受痛苦的赔偿金额应建立在上述统计数据的基础上，这样就能减少判决的不确定性，也不会影响对消费者整体的赔偿水平。[13] 赔偿限额的明确有利于增加对消费者侵权损害赔偿的公正性，可以给争议双方相对比较确定的法律预期，并避免消费者天价索赔案的

---

⑨ Restatement of Torts, 402A Comment(h):“A Product is not in a defective condition when it is safe for normal handling and consumption.”

⑩ 参见张岚：《产品责任法发展史上的里程碑：评美国法学会〈第三次侵权法重述：产品责任〉》，载《法学》2004 年第 3 期，第 118—123 页。

⑪ 参见曾世雄：《损害赔偿法原理》，中国政法大学出版社 2001 年版，第 379—380 页。

⑫ 参见李本森：《生命价值的法律与经济分析》，载《中国社会科学》2011 年第 6 期，第 87 页。

⑬ Mark A. Cohen & Ted R. Miller, “Willingness to award” nonmonetary damages and the implied value of life from jury awards, 23 *International Review of Law and Economics*. 165(2003).

发生。即使是在消费侵权责任领域与消费者合同责任领域已全面适用的惩罚性赔偿责任也应有赔偿限额的规定。

四、消费者权的程序性限制

作为消费者权有效救济途径的消费公益诉讼⑭,有效弥补了单靠行政机关揭发违法行为和行政机关垄断法律实施体制的缺陷,通过私人或公益性社会团体拓宽法律实施的渠道具有经济性和有效性。在法律的实施上允许私人、社会团体和行政机关共同执行法律,能对行政机关执法行为起到有效监督作用。但是在消费公益诉讼中,也会出现负面现象。第一,有些原告为了追求胜诉所获得的高额赔偿,尽可能多地提起诉讼。第二,有可能造成律师伦理道德风险。一些律师为了追求自身经济利益,有可能怂恿原告消费者提起诉讼,甚至敲诈被告经营者以获取高额经济利益。因此,消费公益诉讼始终只能作为行政机关实施法律的有益补充,而不能取而代之。

为了防止消费公益诉权的滥用,各国法律均对消费者公益诉讼的原告资格进行明确限制。韩国与我国台湾地区"消费者保护法"明确规定只有符合法定条件的消费者保护团体才享有原告资格。在德国能够提起消费者团体诉讼的主体资格来源于法规的授权,且只能提起不作为诉讼(禁令诉讼),没有承认团体的损害赔偿请求权。在英国消费者协会是唯一可以提起消费者团体诉讼的合格消费者团体。间接购买者(消费者)作为经营者垄断行为的最终受害者,是否能够直接提出反垄断诉讼在美国仍然是个悬而未决的难题,从美国法院发展出的间接购买者正确提起反垄断诉讼的三个原则来看,即反托拉斯损害、反托拉斯起诉资格、反托拉斯关系远近三大原则。⑮ 我国对消费公益诉讼原告资格应采用法定主义,明确国家工商总局和国务院反垄断委员会享有提起消费公益诉讼的原告资格之外,赋予中消协及地方消费者协会提起团体诉讼的原告资格。各国在进行消费公益诉讼制度构建的同时,均规定提起消费公益诉讼的法定条件,也都对消费公益诉讼诉权进行相应限制,禁止恶意消费诉讼,并规定相关的经济制裁手段,考虑到滥用诉讼对被告正常营业的干扰和诉讼成本,由滥用诉讼权利的原告承担被告的损失和相关诉讼费用。

---

⑭ 消费者私人提出竞争法诉讼在美国的《谢尔曼法》《克莱顿法》中均有规定,任何因反托拉斯法所禁止的行为而使其商务或财产受损的私人都可以获得3倍于其所受损害的赔偿和诉讼费用(包括合理的律师费)的补偿。

⑮ 参见王健:《反垄断法的私人执行》,法律出版社2008年版,第81页。

五、结语:对我国《消法》修订的启示

香港特区《消费者权利和责任指引》(2006)规定了“消费者责任”:消费者享有权利的同时,在履行其选择及消费过程中也应采取理性的行为、负起合理的责任。[16] 我国《消法》确立了对消费者权利倾斜保护的基本理念,但在扩张消费者权利的同时也应考虑经营者本身的能力、财力、规模及其产品危险性等因素。建议《消法》修订时增加一条规定:“消费者应当正确选择商品,尊重经营者的经营自由和商业秘密,遵守营业服务秩序;依法正当行使诉讼权利。”

---

⑯ 参见徐孟洲:《耦合经济法论》,中国人民大学出版社2010年版,第109页。

社会保险基金投资监管法律制度研究*

◇ 王显勇**

内容提要 社会保险基金投资监管模式分为严格监管模式与引导型监管模式,前者以美国联邦社保基金和智利私营养老金计划为代表,后者以美国的私营养老金为代表。我国目前采用严格监管模式,需要在分类监管制度、准入许可制度、数量限制规则、谨慎投资规则、信息披露制度等方面进一步完善。

关键词 社会保险基金 投资监管 信托 社会保险法

一、我国现行社会保险基金投资监管模式及其问题分析

(一)我国现行社会保险基金投资监管模式

根据《社会保险法》及相关规定,我国目前对社会保险基金投资采取严格监管模式,具体表现在:

1. 严格的投资范围限制。根据《社会保险法》的规定,社会保险基金在保证安全的前提下,按照国务院规定投资运营实现保值增值。

2. 实行数量限制原则。目前国务院关于社会保险基金的投资运营的办法尚未出台,但是全国社会保障基金以及企业年金基金都必须依法遵守严格的投资规定,对投资类型、投资方向、投资比例等方面均有明确的限制性规定。

3. 严格的市场准入制度和审批制。目前国务院关于社会保险基金的投资运营的办法尚未出台,全国社会保障基金和企业年金都依法实行严格的市场准入制度和审批制度。

4. 多部门的行政监管与社会监督相结合。《社会保险法》第10章规定社会

* 本文获得北京市教委面上项目“养老保险法律问题研究”的资助。

** 王显勇,法学博士,首都经济贸易大学法学院副教授。

保险行政部门、财政部门、审计机关按照各自职责,对社会保险基金的收支、管理和投资运营情况实施监督。《社会保险法》第80条规定由社会保险监督委员会实施社会监督。

（二）问题分析

1. 社会保险基金运营和监管目前尚未形成统一的法律制度。目前我国对社会统筹基金和基本养老保险个人账户基金如何进行管理运营并未形成统一认识,国务院尚未出台相关规定。

2. 社会保险基金投资监管法律制度不完备。具体而言,主要表现在:社会保险基金投资运营机构的资格认证制度不健全;缺乏基金投资运营监管相关的法律制度,如资产分离制度、准备金制度、保险制度、最低收益担保制度等等。

3. 社会保险基金信托管理模式的制度架构还需要进一步完善。根据《全国社会保障基金投资管理暂行办法》和《企业年金基金管理办法》的规定,全国社会保障基金和企业年金基金都采用信托的方式来运营,两者实质上采用双层法律关系模式:第一层是信托法律关系,第二层是委托合同关系。正如有学者所分析的,在这样的模式下,第二层委托合同中的功能管理人都不是信托受托人,其法律角色是与单独受托人签订基金管理合同的对方当事人,与信托关系中的受益人没有直接法律关系。[①] 因为第二层委托合同中的功能管理人都不是信托受托人,那么信托法上受托人的忠诚和勤勉义务就有可能无法用到功能管理人身上。

4. 监管部门缺乏协调机制。我国目前属于分散型的监管,各监管部门之间的信息共享和协调配合的制度设计的缺失削弱了监管的实效。

二、社会保险基金投资监管模式及其主要代表

（一）严格监管模式:以美国联邦社保基金和智利私营养老金计划为代表

美国是对公共养老金计划实行严格监管模式的典型国家。根据《社会保障法》的规定,联邦社保基金的资产,除极少数现金和普通国债外,全部投资于美国财政部专为联邦社保基金发行的特种国债,截至2005年底,联邦社保基金全部资产均为年利率从3.5%～8%的历年特种国债和公债有价证券,没有一分钱的股票等风险资产。同时,联邦社保基金不仅要由联邦政府统一集中管理,而且收支节余也必须投资于联邦政府连本带利担保的证券,所获利息也被存入信托

---

① 马伯寅:《我国企业年金信托受托模式质疑》,载《金融法苑》2009年第1期。

基金。[②]

智利是对私营养老金计划实施严格监管模式的典型国家。自20世纪80年代起,智利通过推行一系列的改革措施,逐步实现了养老金计划由传统的现收现付制度向个人账户制度转变,由养老基金管理公司(AFPs)负责养老基金的具体运作,包括收费、管理个人账户、养老基金投资、帮助会员购买残疾和幸存者保险及计划内养老金发放等,养老基金公司监管局(SAFP)负责对养老基金管理公司的设立、运作及清算等方面制定规章并实施监管。根据智利的《养老保险法》,智利政府对个人账户的运行进行了种种约束,包括严格的准入门槛、投资限制、最低投资收益率等等。

(二) 引导型监管模式:以美国的私营养老金为代表

美国是对各种私有养老保险基金采用引导型监管模式的典型代表,1974年颁布《雇员退休收入保障法案》(Employee Retirement Income Security Act of 1974,简称ERISA),政府对私营养老计划采用引导型监管模式,主要体现在:(1) 私有养老保险基金的设立无需取得政府的授权或者许可,在设立和运营方面均较为自由。(2) 对于养老基金采用谨慎投资人原则,没有数量限制。(3) 将养老基金管理人和投资管理人都纳入到受信人的范畴,在从事投资管理活动时,不仅要遵循ERISA规定的受信人义务的标准,而且要遵循"统一谨慎投资人法"规定的谨慎投资人义务的标准。[③] 亦即该等信托义务因ERISA等特别法而扩及于有决策权之管理人员或资金经理人。[④] (4) 注重信息披露。ERISA第一部分中规定了养老基金管理机构需要对所管理基金的财务、投资和管理等方面的信息履行披露义务。(5) 依据ERISA,美国设立了政府直接管理的"联邦养老金担保公司"(The Pension Benefit Guaranty Corporation,简称PBGC),用于保障雇员退休后因原工作单位的待遇确定型养老金计划失败而获得退休金保障。

三、我国社会保险基金投资监管法律制度的具体完善

(一) 各类社会保险基金实行分类监管

1. 各类社会保险基金应采用信托管理方式

全国社会保障基金、社会保险统筹基金、基本养老保险个人账户基金、企业

② 胡继晔:《美国社保基金分类监管的法律体系及其对中国的启示》,载《国际经济评论》2007年第5期。

③ 参见郑木清:《养老基金投资监管立法研究》,中国法制出版社2005年版,第148页。

④ 参见余雪明:《比较退休基金法》,中国政法大学出版社2003年版,第141页。

年金基金都可以纳入到信托管理模式的运营之中，按照信托方式进行管理。全国社会保障基金信托管理模式的基本架构是：委托人——中央政府，具体由财政部门代表，受托人——全国社会保障基金理事会，受益人——中央政府，具体由财政部门代表。全国社会保障基金理事会选任的投资管理人、托管人既是全国社会保障基金理事会的受托人，又是委托人的受托人。社会保险统筹基金信托管理模式的基本架构是：委托人——统筹地区的地方政府，具体由财政部门代表，受托人——统筹地区的社会保险经办机构或专门机构，受益人——参加社会保险的劳动者；基本养老保险个人账户基金信托管理模式的基本架构是：委托人——参保劳动者，受托人——统筹地区的社会保险经办机构，次受托人——投资管理人、账户管理人、托管人，受益人——参保劳动者，统筹地区的社会保险经办机构选任的投资管理人、账户管理人、托管人既是社会保险经办机构的受托人，又是参保劳动者的受托人。企业年金基金信托管理模式的基本架构是：委托人——企业及其职工，受托人——企业年金理事会或者法人受托机构，次受托人——投资管理人、账户管理人、托管人，受益人——职工，企业年金理事会或者法人受托机构选任的投资管理人、账户管理人、托管人既是企业年金理事会或者法人受托机构的受托人，又是企业及其职工的受托人。

2. 明确各类社会保险基金的投资范围

郑秉文教授主张整合资源，建立三个基金，分别投资：一是将目前完全是“风险投资基金”性质的“全国社保基金”改造成为“储备基金”，完全离开国内资本市场，走向国际市场。这是为了避免给国内市场经济制度带来负面影响，避免“与民争利”和陷入市场监管者与投资者之间利益冲突时的尴尬与矛盾，避免对上市公司的正常经营产生政治干预。二是将个人账户基金分离出来，单独投资和核算，建立独立法人实体“账户基金”，实行完全的市场化投资。“账户基金”完全来自个人缴费部分，在国内资本市场上采取某种形式的、符合国情的、完全市场化的积累制投资模式，投资主体是国家，风险承担者和受益者是账户持有者。三是分离后的社会统筹基金由统筹地区的政府负责投资管理，主要是投资于政府的专门债券。[5] 我们赞成郑秉文教授的观点，认为应当对各类社会保险基金分类管理，分类投资：对于全国社会保障基金，因其是中央政府形成的储备基金，应限定于投资于海外资本市场；对于社会保险统筹基金，因其实行现收现付制，不应当出现过量剩余基金，其短期结余应主要限于投资于政府专门发行的债券；对于基本养老保险个人账户基金，因其具有明确的个人所有权属性，应当实行市场化经营，提高其收益率，避免其遭受通货膨胀的侵蚀而变相缩水；对于企业年金基金，因其具有明确的个人所有权属性，应该实行完全的市场化

---

⑤ 郑秉文：《建立社保基金投资管理体系的战略思考》，载《公共管理学报》2004 年第 4 期。

经营。

3. 在监管模式上实现行政监管与社会监管的真正结合

在坚持现有的行政监管体制下,将《社会保险法》第 80 条所规定的社会保险监督委员会塑造为一个专业性的社会监督机构,将这些机构建设成为专业性的独立机构,成为社会保险基金信托管理中的法定的信托监察人,这也符合《信托法》第 64 条要求公益信托应设置信托监察人的规定。

(二)准入许可制度

1. 世界各国或地区的主要做法

目前,世界各国或地区关于社会保险基金运营机构是否需要政府或者主管机关的审批许可主要有三种做法:一种是审批模式,代表国家是智利,智利《养老保险法》规定了设立养老基金管理公司(AFPs)的条件,并由养老保险基金监管局(SAFP)接受或拒绝养老基金管理公司提出组建的申请,依法批准其设立并颁发许可证;一种无须许可模式,代表国家是美国,美国私有养老保险基金的设立无需取得政府的授权或者许可,在设立和运营方面均较为自由;一种是核准认可模式,中国香港是该种模式的代表。香港《强制性公积金计划条例》设立了严格的核准标准,包括最低资本金要求、购买专业赔偿保险、良好的管理能力、具备处理业务的硬件设施与硬性条件、完善的内部监控系统与组织结构等等,对受托人、中介人设立严格的核准认可制度。

2. 基本养老保险基金个人账户基金和全国社会保障基金的市场准入

我们认为,基本养老保险个人账户基金与全国社会保障基金都应由政府指定的管理机构负责管理和运营,这两种社会保险基金对社会保险基金运营机构的市场准入制度应当是一样的。目前全国社会保障基金实行严格的市场准入制度和审批制度。我们认为,对于全国社会保障基金和基本养老保险个人账户基金的投资管理人、托管人的确定可以通过两个步骤来进行:第一步是核准制,主要解决市场准入的资格问题,即凡是达到条件者,都可以申请成为具有经营资格的投资管理人、托管人。这个步骤可以由社会保险监督委员会来审核完成,凡是达到法律规定的条件者,经申请由社会保险监督委员会发给资格证书。第二步是竞聘选任制,凡获得经营资格者,都可以向全国社会保障基金理事会或者社会保险经办机构申请成为实际的投资管理人和托管人,全国社会保障基金理事会或者社会保险经办机构参照公开招标的原则进行评审,最后确定选任的投资管理人和托管人。

3. 企业年金基金的市场准入

就企业年金市场准入而言,目前我国形成了二次准入制度,先由银监会、证监会、保监会分别对各自管理范围内的市场主体的申请进行资格审核,人力资源与社会保障部在三会审核后产生的名单的基础上进行再次审核,确定并核发四种市场主体的资格牌照。我们认为,应当避免双重许可的问题,可以考虑由社会保险监督委员会按照核准制的要求对受托人、投资管理人、托管人、账户管理人进行资格认定,凡是达到法定条件的发给资格证书。企业年金理事会或者法人受托机构在从具有资格的机构中选任投资管理人、托管人、账户管理人。

(三)数量限制规则

1. 世界各国或地区的主要做法

目前世界各国或地区对于社会保障基金在投资对象及其限制上的做法主要三种:第一种做法是只允许将社会保障资产投资于政府债券,此种做法以美国联邦社保基金为代表。按照美国《社会保障法》第 201 条第 4 款的规定,美国联邦社保基金全部投资于政府债券。第二种做法是既允许社会保障基金资产投资于政府债券,又允许投资于资本市场上发行的其他各种有价证券,并对每种投资对象的比例进行限制,此种做法以智利为代表。第三种做法是既允许投资于政府债券,又允许投资于资本市场上发行的其他各种有价证券,还允许投资于不动产,并对各种投资对象进行限制,此种模式以日本为代表。

2. 我国目前做法及其完善

我国目前实行严格的数量限制规则,对投资类型、投资方向、投资比例等方面均有明确的限制性规定,《全国社会保障基金投资管理暂行办法》与《企业年金基金管理办法》都有相应的规定。我们认为,实行数量限制规则这一监管模式是适合的,但在具体问题上还有待于进一步完善:第一,要扩大基本养老保险基金的投资范围,基本养老保险个人账户基金要实行市场化经营。有学者建议将《全国社会保障基金投资管理暂行办法》第 28 条的规定原封不动地扩及到社会保险基金的投资规定中。[⑥] 第二,应当适当扩大基本养老保险个人账户基金、企业年金中股票投资的比例。有学者指出,从全国社保基金、企业年金基金两者股票投资比例的纵向比较看,一个正常且恰当的比例结构应该是:企业年金股票投资比例高于全国社保基金股票投资比例。目前我国企业年金投资股票的比例不高于基金净资产的 20%,低于全国社会保障基金股票投资 40% 的限额。因此,这一结构是不合理的,应当适当增加企业年金基金和基本养老保险个人账户基金股票投资的最高比例限制。[⑦]

---

⑥ 张淳:《关于在我国信托法上增设"社会保障基金投资信托"一章的建议》,载《南京农业大学学报(社会科学版)》2008 年第 4 期。

⑦ 前引③,郑木清书,第 278 页。

（四）谨慎投资规则

我国社会保险基金应当采用信托管理的模式，并应当将投资管理人、托管人、账户管理人等原来的功能管理人都纳入到受托人的范畴。这样，这些受托人都适用于《信托法》上的受托人义务的规定，应当在我国信托法或者相关社会保险基金监管法上确立并完善谨慎投资义务。

对于社会保障基金投资信托的谨慎投资义务，有学者认为应借鉴美、英等养老基金投资监管立法经验，在我国养老基金投资监管立法中进一步规定受信人应承担以下几方面的一般义务：一是明确受信人必须以参与人和受益人的利益为唯一目的；二是规定受信人必须行使充分的注意、技能、谨慎和勤勉的义务；三是明确规定投资管理人必须实行投资组合的科学管理，实行投资的充分多样化和分散化；四是明确规定养老基金管理人和投资管理人必须力求控制成本以实现投资效益的最优化；五是明确规定养老基金管理人必须恰当地委任投资管理人；六是规定受信人必须遵守无偏性义务。[⑧] 有学者认为要增加两项特殊义务的规定：一是关于受托人的分散投资义务；二是关于受托人确保投资受益不低于法定的最低收益率的义务。[⑨] 有学者建议应当借鉴美国法的做法，可以通过下述方式进行：政府主管机构或者由政府设立的专职管理机构在与受托人订立信托合同时，在该合同中专列受托人的谨慎义务条款。[⑩]

（五）信息披露制度

我国应大力加强社会保险基金信息披露制度建设，要求社会保险基金经办机构和管理运营机构定期且及时地向监管机构和社会披露具体运营情况，以透明度来约束和规范其管理运作行为，从而确保基金的安全。首先，要将信息披露变成一种制度，详细规定社会保险基金公开的范围、内容和方式。其次，要大力开展社会保险基金信息化建设。再次，强化信息公开。要把社会保险基金运行的各环节，即社会保险基金征缴、管理、投资运营和支付都置于社会的监督之下。另外，还要重视内部控制制度建设，加强自我监督，落实责任到位。

---

⑧ 前引③，郑木清书，第265—271页。

⑨ 前引⑥。

⑩ 张淳：《论我国〈信托法〉适用于社会保障投资信托的障碍及其排除》，载《政治与法律》2008年第11期。

经济法的经济和社会二元功能之冲突与平衡*

◇ 肖　京**

内容提要　在当前经济发展和民生改善的背景下，研究经济法的经济和社会二元功能的平衡问题尤为必要。经济法的功能可以从多个角度进行审视，其中经济法的经济功能与社会功能在当前阶段更具有直接现实意义，构成了经济法上的二元功能体系。经济法经济社会功能之间不仅具有同向性，同时也具有一定程度的异向性。经济法经济社会功能的冲突在经济法作用的各个具体领域都有一定的体现，这种冲突的加剧将会导致经济与社会的断裂，带来严重的后果，因此很有必要加以平衡。经济法经济社会功能冲突的平衡可以从两个方面入手，一是通过经济法与其他部门法的外部配合来平衡，二是通过经济法的内部调整来实现。

关键词　经济法　经济功能　社会功能　冲突　平衡

世界上所有的生命都在微妙的平衡中生存。——《狮子王》

一、引　　论

“这是一个最好的时代，也是一个最坏的时代”，这句被广为流传的名言在一定程度上反映了我们这个时代的复杂性和多维性。现实生活就像一面三棱镜，常常不经意间折射出各不相同的侧面。改革开放三十年，我国经济发展迅速，取得了举世瞩目的成就①；但同时，改革开放三十年也是贫富差距日益扩大

---

* 本文发表于《法学论坛》2012 年第 6 期，原文约 12000 字。

** 肖京，法学博士，中国社会科学院法学研究所助理研究员。

① 虽然我国经济发展过程中也存在诸多的问题，例如产业结构不合理、经济发展与环境保护矛盾突出等问题，但从整体上看，改革开放三十年是我国经济飞速发展的三十年，这一点已经成为人们的共识。

的三十年[②],是民生问题日益凸显的三十年,是经济与社会急剧断裂的三十年。

基于现实生活的多面性,许多政策的制定和问题的解决必须综合考虑,全面平衡。一方面,“发展才是硬道理”[③],经济发展已经成为当今世界的主旋律,当代中国诸多问题的解决离不开经济的充分发展;另一方面,“民生大于天”,民生改善也已经成为当今时代的重要诉求之一,我国经济发展的主要目的就是要最大限度地改善民生。从这种意义上来讲,经济发展与民生改善已经成为当今中国的“双核”问题,综合平衡我国的经济发展与民生改善,具有十分重要的意义。

经济法作为一个具有鲜明时代气息的法律部门,始终与时代主题紧密相连。在当前经济发展与民生改善的时代背景下,经济法同样发挥着重要的功能和作用。一方面,经济法直接作用于市场经济,具有十分重要的经济功效,对经济发展具有非常重要的影响;另一方面,经济法是从社会整体利益的角度作用于市场经济,又具有十分重要的社会功效,因而对民生改善问题也起着非常重要的作用。经济法这种对经济与社会的双重功效相互作用,构成了经济法的经济社会二元功能体系。

需要注意的是,经济法对于经济领域和社会领域的功能和作用并非完全同向,有时甚至会截然相反。基于经济领域与社会领域之间存在的天然张力,经济法的二元功能作用也会表现出一定的差异和冲突。这种张力和冲突一旦突破一定的界限,将会造成经济与社会的断裂,带来严重的后果。因此,在当前经济发展与民生改善的双重背景下,研究经济法的经济和社会二元功能及其相互之间的冲突与平衡,不仅可以推动经济法理论研究,同时也有助于当前现实问题的解决,具有理论和现实的双重功效。

二、经济法的经济和社会二元功能

(一)“功能”与“法律功能”

“功能”一词在社会科学中多有使用,就其基本含义来讲主要是指“作用”或

---

② 反映收入差距程度的基尼系数虽然由于统计口径的差异会有所不同,但总体来看,我国居民收入基尼系数过高却是一个不争的事实。按照2002年的数据计算,我国居民收入基尼系数约为0.45,世界银行公布的我国2005年的数据是0.47,两者都超过了国际上0.4的警戒线。而且近些年来,我国居民收入的基尼系数有进一步上升的趋势。

③ 需要说明的是,“发展”就其本质含义来讲,不仅是指经济的发展,但是长期以来,人们提到“发展才是硬道理”是,经常片面理解为“经济发展”。

“贡献”。[4] “法律功能是指法律作为体系或部分,在一定的立法目的指引下,基于其内在结构而与社会单位所发生的,能够通过自己的活动(运行)造成一定客观后果,从而体现自身在社会中的实际特殊地位的关系,其体现一种法——社会关系。”[5]法律就其基本“功能”而言,可以分为规范功能和社会功能两大类。[6]

需要注意的是,虽然在现实生活中,人们使用“功能”一词多从积极作用,但“功能”一词本身应当是中性的,不仅具有积极方面的含义,同时也应当具有消极方面的含义。正如有的学者指出,“严格说来,‘功能’一词体现了某一事物通过其运行而对其他事物发生影响的客观能力,是中性的,即其本身无所谓是积极的或消极的。只是在功能发挥的过程中,即事物影响外在环境时,才从主体(人)的角度观察分出积极影响和消极影响。”[7]由此可见,除了事物本身客观影响力以外,对于“功能”的认识和理解还具有主体认识的差异性。正是这种主客观的差异,才使得研究同一事物多维功能之间的平衡与协调更加必要。

(二)不同视角下的经济法功能

经济法作为我国法律体系中的重要法律部门,除了具备法律所具有的基本功能以外,还具有更加丰富的内涵。经济法学界的学者也分别从不同的角度运用不同的方法,对经济法的功能进行了见仁见智的研究。总体上来看,从研究的学科范围来看,可以把学界对经济法功能的现有研究成果归为三大类。

一是在经济法的领域和范围内展开。二是从经济法与其他法律部门的功能配合与互补的角度展开。三是从经济学、社会学、哲学的角度展开。

毫无疑问,以上研究成果从某一特定的视角对经济法功能进行了深入研究,这对于深入认识经济法的功能、厘清经济法与其他法律部门之间的界限具有十分重要的意义。但当前对于经济法功能的各种研究也仍然具有一定的局限性,这主要体现在三个方面。一是研究的全面性不足,当前相关研究主要侧重于对经济法的经济功能的研究,对经济法的社会功能的研究不足,要么单方面强调经济法的经济功能,要么虽然也承认经济法具有一定的“社会功能”,但把社会功能作为经济法的从属功能来看待。二是侧重对经济法各项具体功能的分析,而对经济法的各个功能之间的内在逻辑关系提炼不够,对经济法的诸功能之间相

---

④ 在英文中,“function”一词兼具有中文中“功能”和“作用”的含义,我国法学界对于“功能”和“作用”也一般不作区分,二者基本可以相互替代。当然,也有学者对二者进行了较为严格的区分,但从总体上来看,二者差别并非十分明显。本文如未作特殊说明,在使用“功能”一词时,其含义与“作用”相当。

⑤ 付子堂:《法律功能论》,中国政法大学出版社 1999 年版,第 234 页。

⑥ 关于法律的规范功能和社会功能的论述,参见〔英〕约瑟夫·拉兹:《法律的权威——法律与道德论文集》,朱峰译,法律出版社 2005 年版,第 101 页。需要注意的是,这里所说的“社会功能”中的“社会”应当从广义上进行理解,而不是指与政治、经济、文化相并列的狭义“社会”。

⑦ 付子堂:《法律功能论》,中国政法大学出版社 1999 年版,第 267 页。

互冲突与平衡方面的研究不多。三是重视经济法与其他部门法之间的功能组合与配合,侧重于从外部考察经济法的功能,而对于经济法的内部消化能力以及经济法的诸功能在经济法内部平衡的研究不足。

(三)经济法的经济和社会二元功能

从以上关于经济法功能的分析也可以看出,经济法除了在广泛意义上具有法的一般功能之外,还具有某些特定的功能。这些特定的功能按照其作用的领域,可以划分为政治功能、经济功能、社会功能[⑧]、文化功能等不同类别。[⑨] 其中,经济法的经济功能和社会功能对当前经济发展与民生改善更具有直接意义,而且经济功能与社会功能之间的关系也较为密切,互动性较强,构成了经济法的经济社会二元功能体系。

总体来看,经济法对经济领域所产生的作用可以归入到经济法经济功能之中,而经济法对社会领域所产生的作用可以称之为经济法的社会作用。学者们前期研究成果中所提出的经济促进、经济分配、信息传递、激励、节约交易费用、经济整合、控制市场竞争、保障经济秩序等诸功能,大体可以归入到经济法经济功能之中,而经济法所具有的社会整合、社会保障、民生改善等各项功能,则大体可以归入到经济法的社会功能之中。需要说明的是,经济法的经济功能与社会功能并非截然分开,这仅仅是一种大致归类。

研究经济法经济功能与社会功能及其相互之间的复杂关系十分重要。其中,经济法的经济功能更加直接和突出,学者们已经作了比较详细深入的研究。而经济法所具有的社会功能,则研究不够。其实,经济法的社会功能也十分突出,而且,经济法的经济功能与社会功能有时候并非截然分开。例如,社会保障税(费)就不仅具有税收调节的经济功能,还具有相应的社会保障功能。再例如,经济法对房地产市场的调控不仅具有经济调控的功能,同时也具有住房保障的功能;经济法对收入分配方面的调整,不仅具有经济分配的功能,同时也对劳动者的工资收入产生重要的影响,因此还具有社会方面的功能。

需要指出的是,以上经济法在经济领域中的经济功能与在社会领域中的社会功能之间并非完全同向,具有一定的冲突和张力。基于这种张力和冲突的存在,经济法经济功能与社会功能之间的平衡尤为必要,这在当前经济发展和民生

---

⑧ 需要指出的是,"社会"一词具有不同的含义,这里所指的是与"经济"相并列"社会",属于较为狭义的"社会",因此,除特别说明,本文中的"社会功能"也是在与"经济功能"相对应的含义上来使用。

⑨ 实际上,正如前文注释所述,如果从广义上理解"社会"一词,这些功能其实都可以归入到广义上的"社会功能"之中。此外,经济法的政治功能、文化功能等其他功能也十分重要,例如经济法中《预算法》对政府权力的限制所起到的政治功能、《消费者权益保护法》对消费者文化起到的促进作用,但本文基于主题所限,对这些内容暂不进行讨论。

改善的双重背景下更加具有现实意义。

三、经济法的经济和社会二元功能之冲突

（一）经济法经济社会功能冲突根源与实质

从其积极意义上讲，经济法的经济功能就是要实现经济的效率、平衡、可持续发展。经济法的社会功能就是要实现社会的公平、正义、安全、和谐与稳定。虽然从整体上来看，经济法的经济功能与社会功能之间是一致的，经济功能的实现有助于社会功能的实现，而社会功能的实现有助于促进经济功能的进一步发挥。但由于经济法的经济功能与社会功能的侧重点不同，使得二者之间也会存在一定的冲突，影响到彼此功效的发挥。经济法的经济功能侧重于经济发展，注重经济效益的实现，而经济法的社会功能侧重于社会发展，注重社会效益的实现，这种不同质的追求目标本身就蕴含了冲突的潜在风险。

经济法的经济功能与社会功能冲突的内在根源还可以进一步归结为经济与社会生活中效率与公平之间的天然张力。

（二）经济法的经济和社会功能在具体领域中的冲突

经济法经济功能与社会功能的内在冲突在经济法内部的各个领域都有体现，尤其是在涉及民生问题的经济法领域表现得更加明显。

（三）经济法的经济和社会二元功能严重冲突的后果

在一定的范围内，经济法的经济功能与社会功能之间的这种张力和冲突属于正常，并不影响经济与社会的发展。但如果不加以重视和平衡，随着这种张力和冲突的逐步积累，会导致经济与社会断裂，而经济与社会的断裂又会反过来进一步加剧经济功能与社会功能的冲突。如此反复，将会导致经济法的经济功能与社会功能的异化，使得经济发展畸形、社会发展失衡。

四、经济法的经济和社会二元功能之平衡

由前文分析可以看出，经济法的经济社会二元功能之平衡尤为重要，尤其是在当前经济发展与民生改善的双重背景下。经济法的经济和社会二元功能的平衡可以有外部平衡和内部平衡两种途径，通过这种内外部平衡以实现经济与社会均衡发展的目的。

（一）经济法的经济和社会二元功能的外部平衡

经济法的经济社会二元功能的外部平衡是指通过经济法体系以外的制度平衡经济法的内部经济功能与社会功能的冲突。这种外部平衡的相关制度包括政治制度、经济制度、文化制度和法律制度等多个方面，但就本文研究的重点而言是相关法律制度，其他相关制度对经济法的经济和社会二元功能的平衡作用虽然也很有意义，但此处暂不作探讨。就法律制度而言，宪法及其相关法、行政法、民商法、刑法、社会法、诉讼法等法律部门都能够在一定程度上对经济法的经济和社会二元功能起到一定的平衡作用，但就其直接性和密切性而言，社会法、民商法的平衡作用更为突出，因此也是本文研究的重点。

就社会法而言，社会法对经济法的经济和社会二元功能的平衡作用更为直接。这是因为，虽然经济法和社会法在经济功能和社会功能的侧重有所不同，但二者都兼具经济和社会二元功能，具有经济与社会的双重功效。因此，通过社会法来平衡经济法的社会功功能的不足，可以直接通过体制内部发生作用，具有更加直接和明显的效果。

就民商法与经济法的关系而言，一方面，经济法是为了弥补民商法的缺陷而产生，传统民商法在对社会进行调解时出现缺陷，需要具有经济和社会二元功能的经济法进行补充；另一方面，经济法的经济社会功能的充分发挥，也离不开民商法的配合。因此，从这种意义上来讲，民商法同样能够从外部对经济法的经济和社会二元功能起到一定的平衡作用。

由此可以看出，经济法经济社会二元功能的冲突可以通过经济法之外的其他法律部门予以平衡。其中社会法主要平衡经济法在社会功能失衡时的缺陷，而民商法主要平衡经济法经济功能失衡时的缺陷。通过这些法律部门的外部平衡，经济法的经济社会二元功能的冲突可以得到一定程度的缓和。

（二）经济法经济社会二元功能的内部平衡

以往学者们对于经济法经济社会二元功能的外部平衡有所关注，但很少涉及到经济法的内部平衡。其实经济法是包容性和自我修复能力极强的法律部门，其经济社会功能的平衡同样也可在其内部进行，这种制度内部的自我平衡性在财税法与金融法领域中体现得较为明显。

经济法不仅可以通过外部配合补充来平衡其经济和社会二元功能之冲突，同时还具有较强的冲突内部修复能力。通过这种外部配合与内部修复，经济法的经济和社会二元功能的冲突将会得到一定程度的缓和，从而最大限度地维持经济社会的正常运行。

五、小　结

从以上分析可以看出,在经济发展与民生改善背景下,探讨经济法的经济社会二元功能及其冲突与平衡问题,不仅是对当前时代主题的回应,而且对于经济法自身理论的构建也具有十分重要的意义。一方面,通过对经济法的经济社会二元功能问题的研究,可以为实践中经济发展与民生改善等问题的解决提供有益的思路;另一方面,通过这些相关研究,可以深化对经济法功能的认识,进一步丰富经济法基础理论研究成果。本文通过对学界现有研究成果的梳理,针对学界侧重于经济法的经济功能研究,而对经济法的社会功能研究不足的现状,提出了经济法的经济和社会二元功能的命题,并对经济法的经济功能和社会功能进行了相应的分析。同时,本文还认识到经济法的经济和社会二元功能的异向性和张力所产生的冲突,并对这种冲突的内外部平衡进行了相应的探讨。其中,关于经济法制度内部的内部修复能力问题的思考,对于深化对经济法本身的认识有较为重要的意义,但基于文章主题和篇幅,相关部分未进行充分的展开。从这种意义上来讲,本文的研究只是对相关问题的一个初步探讨,以期引起学界对此问题的关注。

论反垄断法促进企业规模化经营的实现路径*

◇ 丁茂中**

内容提要 理论研究和各国实践表明,反垄断法客观上具有促进企业规模化经营的功能。但是,此项功能的发挥依赖于特定的实现路径。也就是说,政府必须采取以下至少一种做法方可对企业规模化经营产生相应的促进效果:优化禁止滥用市场支配地位制度、放宽经营者集中控制制度、强化禁止垄断协议制度。政府在特定的实现路径下采取的做法不同,反垄断法对企业规模化经营所产生的促进效果就有所不同。

关键词 反垄断法 企业规模化经营 反垄断执法机构 相关市场

规模化经营是企业提高市场竞争能力和增强抵御市场风险能力的一个非常有效的常规法宝。[①] 在当今全球市场开放程度不断深化和市场竞争日趋白热化的情况下,促进本国企业规模化经营是各个国家尤其是广大发展中国家政府的一项重要经济工作。由于企业通常先天性具有做大做强的内在动机,因此,企业规模化经营的实现在很大程度上取决于外在环境的作用。由于哈佛学派倡导的结构主义在美国曾经一度的泛滥和经营者集中控制制度在各国反垄断法中的岿然存续,这造成了人们长期以来对反垄断法形成一种具有普遍性的错觉,即反垄断法对企业规模化经营的影响主要是抑制作用,最多也只是起到纵容的效果。所以在择用促进企业规模化经营的外力上,政府通常将目光聚集在各类的产业

---

* 原文发表于《法商研究》2011 年第 6 期,大约 17000 字。

** 丁茂中,法学博士,上海政法学院竞争法研究中心副教授。

① 本文语境中的"企业规模化经营"指中小企业通过合并、取得控制权等经营者集中方式将企业规模进一步做大,使其至少跻身于大型企业之列,从而为企业做强奠定必要的物质基础。在现代社会中,虽然企业可以在一个相对较短的时间内通过自身内在的自然发展方式迅速跻身于中小企业之列;但是,激烈的市场竞争使得绝大部分的企业根本无法通过自身内在的自然发展方式在一个相对较短的时间内实现从中小企业到大型企业的转变,而且市场的快速发展也不允许企业花费较长的时间去实现从中小型到大型的转变;在这种情况下,通过经营者集中这种外在的非自然发展方式在一个相对合理的时间内实现企业从中小型到大型的量变与质变成为当前全球市场选择的主流做法。

政策之上,基本将反垄断法排除在外。然而,从反垄断法的整个制度系统和先发国家的实践来看,素有"经济宪法"之称的反垄断法客观上是具有可以促进企业规模化经营的功能,但是此项功能的发挥依赖于特定的实现路径,政府必须采取以下至少一种做法方可产生相应的促进效果。

一、优化禁止滥用市场支配地位制度:鼓励企业规模化经营

从以往的实践情况来看,因特定的适用前提,卷入到各种滥用市场支配地位纠纷案件中的经营者绝大部分是大型企业。[②] 这种特定的社会现象使得在施行反垄断法尤其是刚刚开始施行反垄断法的国家的企业在走向规模化经营之前通常都怀有一个相同的顾虑,即企业在实现规模化经营后将有可能被卷入到各种各样滥用市场支配地位纠纷案件中去。

根据经济学研究,规模化经营在大多数情况下能够给企业带来规模经济。[③] 规模经济所固有的增进收益形成了一种有效的市场激励[④],企业通常都会因此产生规模化经营的初始动力。由于风险可能会导致潜在收益的蚀损,所以,在相应成本具有经济效益性的前提下,任何对于企业规模化经营构成风险威胁的内容都会在不同程度上下挫企业规模化经营的初始动力。在现代市场法治化的环境下,单纯的滥用市场支配地位的违法重罚性本身并不构成企业规模化经营的风险,但是,如果禁止滥用市场支配地位制度的"违反"在事前预防与事后控制上因存在不确定性而变成风险来源时,滥用市场支配地位的违法重罚性也会因此嬗变成为企业规模化经营的重大法律风险。从各国的实践来看,除了因滥用市场支配地位的法律认定存在不确定性而导致企业在被卷入此类纠纷案件后可能无法采取相应措施进行有效的事后控制外,因经济利益的诱导和逐利行为的发生存在不确定性,企业在防止被卷入此类纠纷案件的事前预防上通常也面临着以下两个方面的不确定风险威胁:一是竞争对手主导的恶意投诉,二是交易相对人或消费者的滥诉。因此,企业所担心的在实现规模化经营后可能面临的滥用市场支配地位问题在不同程度上消极地影响了企业规模化经营的动力,这种

---

② 在查处滥用市场支配地位的执法实践中,大多数国家至今仍然坚守采用"绝对优势理论",少数国家如德国、日本、法国等在主导采用"绝对优势理论"的同时,在有些情况下也会采用"相对优势理论"。由于"相对优势理论"对市场支配地位的认定所选用的参考背景并不是相关市场,而是交易相对人对被控诉对象的依赖性,因此,在适用"相对优势理论"的案件中,被认定触犯禁止滥用市场支配地位制度的经营者并不一定都是大型企业,有可能是持有核心技术、特定品牌、特定销售渠道等关键资源的中小企业,甚至是自然人。

③ 参见戴骥、葛琼:《规模经济问题的文献综述》,载《经济师》2009年第1期。

④ 参见〔美〕曼昆:《经济学原理》(第三版),梁小民译,机械工业出版社2003年版,第6页。

负面影响在刚刚施行反垄断法的国家表现得尤为突出和严重。

在企业规模化经营的收益与成本既定的情况下,如果政府能够采取措施来降低上述的法律风险以缓解后顾之忧,这将对企业规模化经营起着不同程度的鼓励效果。由于相应的法律风险源自于反垄断法的禁止滥用市场支配地位制度,"解铃还须系铃人",因此,只有反垄断法有能力来降低相应的法律风险。根据风险的形成根源和反垄断法力所能及的范围,政府应当通过压缩禁止滥用市场支配地位制度在适用过程中所存有的弹性空间来提高滥用市场支配地位的法律认定的确定性。

二、放宽经营者集中控制制度:支持企业规模化经营

因企业所实施的经营者集中行为都会在不同程度上直接改变着相关市场的市场结构,而任何改变市场结构的行为都会在不同程度上影响着相关市场的竞争现状,所以,各国建立了经营者集中控制制度,审查企业的经营者集中行为是否可能会实质性地限制或者排除相关市场的有效竞争。只有当经营者集中行为不会对相关市场的竞争产生实质性影响或者经营者集中行为所带来的结果是利大于弊,它才会获得反垄断执法机构的批准。因此,在走向规模化经营的过程中:如果从短期与微观上来看,企业的规模化经营有可能会被反垄断执法机构依法进行经营者集中的竞争审查;如果从长远与宏观上来看,伴随着企业规模化经营的不断扩大,经营者集中的竞争审查通常成为企业规模化经营的必经之路。当企业的规模化经营使得反垄断执法机构相信此举将会对相关市场产生实质性影响并且企业无法有效地证明此举所带来的结果是利大于弊的,则它将会被反垄断执法机构加以禁止。所以,经营者集中的竞争审查是企业在规模化经营进程中将可能要面临的一个重大考验。

根据各国的实践来看,因相关市场的界定存在不确定性、竞争评估所涉及权衡因素的多样性、竞争评估方法的可选择性以及特定事由抗辩效力的不稳定性等⑤,经营者集中的竞争审查在具体操作上存在很大的弹性空间,反垄断执法机构因此也具有很大的自由裁量权。在法定权限范围内,因各种因素的影响,反垄断执法机构可能会阶段性的对经营者集中的竞争审查采取从严或者从宽的不同执法政策。当反垄断执法机构采取从严执法政策时,很多经营者集中行为因被裁定为将会对相关市场的竞争产生实质性影响而就此直接被加以禁止,这一期

⑤ 在权衡因素上,常用的有市场份额、控制市场能力、市场集中度、市场进入壁垒等;在方法的选择上,除了传统的综合认定法以外,还出现了一些新的方法,如境况比较分析法、溢价分析法等;在抗辩效力方面,包括效率在内的所有可用抗辩事项都可能随时随地在个案中被反垄断执法机构接受或者拒绝。

间的企业规模化经营在整体上通常都会受到不同程度上的抑制而处于历史发展的低谷。当反垄断执法机构采取从宽执法政策时,大多数的经营者集中行为因被裁定为不会对相关市场的竞争产生实质性影响或者所带来的结果是利大于弊而最终获得批准,这一期间的企业规模化经营在整体上通常都会获得不同程度上的支持而进入历史发展的高峰。

由于竞争审查在长远上与宏观上是企业规模化经营的必经之路,因此,无论是缘于何种原因而形成的企业规模化经营"运动",它们只有在获得反垄断法中经营者集中控制制度的支持情况下才能够继续进行。为了合理支持企业规模化经营,政府应当通过相应途径放宽对经营者集中的竞争审查。

三、强化禁止垄断协议制度:引导企业规模化经营

"虽然企业实施经营者集中的动因是多元化的,但是其中绝大多数对它们自身的经济是有利的,至少不会有害。"[⑥]根据各国的实践来看,企业规模化经营所期望取得的直接效果通常为"去除相关企业之间先前存在的竞争关系,整合相关企业的各种资源,增强相关企业对其他经营者的竞争能力,进而增强对消费者的博弈能力"。在一个没有实质性市场进入壁垒的相关市场中,企业可以获取"去除相关企业之间先前存在的竞争关系,整合相关企业的各种资源,增强相关企业对其他经营者的竞争能力,进而增强对消费者的博弈能力"的途径并不是单一的,除了通过经营者集中以外,还有一条非常重要的途径,即不同经营者之间达成相关方面的垄断协议。两个或者两个以上的经营者通过垄断协议的安排基本上可以实现企业实施经营者集中所期望取得的直接效果,这具体表现为:垄断协议排除或者限制了相关企业之间的竞争,相关企业在各自的资源利用上往往因为垄断协议而产生协同或者协作效应,相关企业因此比那些没有参与该项垄断协议的其他经营者获得更多的竞争优势,进而极大地增加了它们从消费者那里攫取超额利润的能力。在相应直接效果的营造具有异曲同工之妙与行为的显性成本相对较低、收益见效相对较快的情况下,虽然垄断协议存在"法律风险相对较高、稳定性相对较差"的两个缺点,但是由于这些缺点在一些环境中往

---

⑥ Richard Whish, *Competition Law* (*Fifth Edition*), Clays Ltd, Bungay, Suffolk(Great Britain), 2003, P783.

往可以通过特定的方式在不同程度上被弱化[7]，这使得垄断协议对于那些原本打算通过经营者集中来进行规模化经营的企业而言是一个非常具有诱惑力的替代性选择，企业完全有可能放弃或者临时搁置经营者集中计划，转而选择实施垄断协议。

虽然影响企业是否进行规模化经营的因素是多元化的，但是禁止垄断协议制度的宽与严是其中最为重要的影响因素。在各国反垄断法原则上并不禁止甚至鼓励、支持企业规模化经营的情况下，企业是否存在相关方面的刚性需求成为其是否进行规模化经营的关键所在。只有企业存在相关方面的刚性需求时，它才会通过经营者集中方式来进行规模化经营。企业相关方面的刚性需求的形成在很大程度上与禁止垄断协议制度的宽与严有着直接的联动关系。当一国的禁止垄断协议制度相对比较宽松时，在垄断协议的显性成本相对比较低、收益见效相对比较快并且相应的法律风险大大降低的情况下，企业存在规模化经营的潜在需求有可能被垄断协议短期或者长期抑制，企业通常会选择通过实施垄断协议的方式来满足自我发展需求，在相应时间内不会考虑到通过经营者集中来实现企业规模化经营。当一国的禁止垄断协议制度相对比较严厉时，慑于垄断协议的高违法性与相应法律责任的重罚性，企业通常不敢或不愿冒险实施垄断协议，这将在很大程度上直接催生企业规模化经营的刚性需求，很多企业不得不选择通过经营者集中的方式来提升自身的市场竞争能力。由于禁止垄断协议制度的宽与严是影响企业是否进行规模化经营的一个重要因素，而企业是否进行规模化经营直接决定着企业规模的大小，因此，禁止垄断协议制度的宽与严在很大程度上影响着企业规模的大小。

由于禁止垄断协议制度的宽与严对一国的企业规模在整体上有着非常重大的影响，因此，为了促进本国企业规模化经营，政府应当采取措施来强化禁止垄断协议制度。由于各国的反垄断立法在原则上都对垄断协议作了明令禁止，但是同时，“各国（地区）反垄断法都有关于适用除外或豁免的规定，在禁止垄断协议制度中，针对特定行为的豁免规定是其重要组成部分。……在垄断协议豁免的情形和条件方面，有的在反垄断法中对豁免作出了明确规定，有的则主要由反垄断执法机构和法院按照合理原则来处理。”[8]因此，除了采取必要措施保证反垄断执法有效到位外，政府强化禁止垄断协议制度的关键举措就在于要严格控

---

⑦ 在法律风险方面：一方面，企业可以通过采取更为隐蔽的方式来达成和实施垄断协议，从而降低被反垄断执法机构查证的几率；另一方面，企业可以通过各种途径来游说政府放宽对垄断协议的豁免范围与放松相关方面的执法力度，从而降低被反垄断执法机构处罚的可能性。在稳定性方面，虽然企业无法彻底解决单个垄断协议的稳定性，但是由于垄断协议的达成与实施成本相对比较低，企业可以不断重复地实施不同的垄断协议，这些存续时间长短不一的多个不同垄断协议，尤其是在时间上具有衔接性的情况下，它们所形成的效果在不同程度上起到了保持相关竞争的去除与相关资源的整合的相对稳定性。

⑧ 王先林：《竞争法学》中国人民大学出版社 2009 年版，第 248—249 页。

制垄断协议的豁免范围。

四、结　　语

理论研究与各国实践充分证明,反垄断法客观上是具有可以促进企业规模化经营的功能,它的具体应用效果取决于特定的实现路径下政府具体做法。当政府在特定的实现路径下采取不同的做法时,反垄断法对企业规模化经营所产生的促进效果也是不同的。

政府做法	效果优劣排序
优化禁止滥用市场支配地位制度 + 放宽经营者集中控制制度 + 强化禁止垄断协议制度	★★★★★★★
放宽经营者集中控制制度 + 强化禁止垄断协议制度	★★★★★★
优化禁止滥用市场支配地位制度 + 强化禁止垄断协议制度	★★★★★
优化禁止滥用市场支配地位制度 + 放宽经营者集中控制制度	★★★★
强化禁止垄断协议制度	★★★
放宽经营者集中控制制度	★★
优化禁止滥用市场支配地位制度	★

美国《经济问题杂志》在 1984 年曾经写道,"一个世纪以来,反托拉斯法已成为美国的一项具有连贯性的政策。它被用来改善产业的行为——这是我们唯一的产业政策。"⑨在美国企业整体上雄踞当今世界经济榜首的现况下,美国《经济问题杂志》的上述论道或许对包括中国在内的所有发展中国家都是有着很深启发意义。无论是在战略层面上还是在战术层面上,在选择促进本国企业规模化经营的外力上,政府不妨合理考虑或者更多地使用反垄断法,尤其是那些正在大力推进竞争文化培育的国家。⑩ 政府在运用反垄断法促进企业规模化经营的过程中,无论是反垄断执法采用一元化体制还是多元化体制的国家,都应当注意保持反垄断法的禁止滥用市场支配地位制度、经营者集中控制制度、禁止垄断协议制度在实施中的协调性,尽量使得反垄断法的这些具体制度在影响企业规模化经营上形成同向性的合力,从而在整体上有效地推动本国企业规模化的快速发展,进一步提升本国企业在国际市场上的竞争能力。

---

⑨ 转引自孟雁北:《论产业政策与反垄断法的冲突与协调》,载《社会科学研究》2005 年第 2 期。

⑩ 参见张占江:《竞争倡导研究》,载《法学研究》2010 年第 5 期。

论税收调控中的信赖保护*

◇ 朱一飞**

内容提要 为了防止税收调控妨害市场主体之经济自由，以及由于政策动态不一致而导致调控目标落空，在税收调控中应当适用信赖保护原则。税收调控中信赖保护的构成要件，包括信赖基础和信赖表现这两个方面。调控受体的信赖基础，乃是立法机关或行政机关的各项税收调控立法。信赖保护的客体，不应仅限于授益性之法律法规，亦不仅限于已有之法律法规，只要法律状态或法规内容的改变对于调控受体来说是一种负担，则信赖保护原则就有适用的必要。而调控受体的信赖表现，则可归结为其税收规划已受到现存税收法律法规之影响。税收调控中，保护调控受体信赖利益的方法，主要有税收优惠条款的后续效力、于调控受体不利的法律变动禁止溯及既往、过渡措施的设置、法律变动的听证与说明理由等。

关键词 税收调控 信赖保护 构成要件 保护方法

宏观调控政策（包括税收调控政策）的制定和实施，就其本质而言是灵活的，然而这就产生了政策的频繁变动、前后不一致，乃至各项政策相互间矛盾冲突的问题。

税收调控政策的不确定性和易变性，一方面严重妨害了调控受体基于对法律和政策环境的稳定预期，来规划自己行为的经济自由。其实质，在于侵害了市场主体的营业自由、择业自由以及作为市场经济运行基础之自由竞争、公平竞争；另一方面，如果社会公众无法对政府的宏观经济政策形成稳定的预期，他们就很有可能选择不相信政府的政策，或者不按照政府的政策引导行事，从而导致政府的宏观调控目标落空。

---

* 本文曾分两次先后发表于《现代商业》2011 年第 15 期和 2012 年第 10 期（分别题为《论税收调控中信赖保护的方法》和《论税收调控中信赖保护的构成要件》），刊载于本书时有较大删节。

** 朱一飞，中国计量学院法学院副教授，法学博士。

也正因为如此,在税收调控的运行过程中,必须通过“信赖保护”的原则来强化调控受体对于政策环境的信任,使其能够在遵从政府调控引导的前提下规划自己的投资、经营和择业,从而保护调控受体的经济自由,同时促使税收调控达成预期目标。

一、税收调控中信赖保护的构成要件

所谓信赖保护的构成要件,意为信赖保护原则适用于某一领域的条件。其本质上乃是平衡私主体的信赖利益与社会公共利益的工具——因为私主体信赖利益的维护,需要付出一定的社会成本,有时甚至将牺牲社会公共利益(例如,存续违法的行政行为是信赖保护与依法行政原则冲突最为激烈的一种表现),故而,信赖保护的范围不能无限扩张,而是必须通过若干构成要件,来予以适当的界定与限制。

虽然信赖利益在不同的法律关系中有不同的表现形式,但无论信赖利益怎样千变万化,均可以从“信赖基础”和“信赖表现”这两个方面来衡量其正当性和重要程度,进而判断其是否构成信赖保护的范围。具体来说,所谓“信赖基础”,就是指足以产生信赖的事实和行为。[①] 而究竟什么样的事实或者行为才能构成信赖的基础,则又可以通过“信赖对象”(信赖谁)和“信赖客体”(信赖什么)这两个方面来予以界定;所谓“信赖表现”,就是指一定主体基于对行政主体原来行为的信赖而对自己的生活作出一定的安排。[②]

(一)信赖基础

1. 判定税收调控中调控受体信赖基础的一般标准

作为一种抽象的信赖保护,税收调控中调控受体的信赖基础,乃是立法机关或行政机关在税收调控中的各项立法行为,而不需要国家机关针对特定对象作出具体承诺或其他具体行政行为。也就是说,就税收调控中调控受体的信赖基础而言,信赖对象应当是税收调控权力主体(包括各级政府以及政府职能部门),而信赖客体则为各级政府及其职能部门所颁布的有关税收调控的各种规范性文件——除了形式意义上的税收法律以外,还应当包括产业政策法中的相关条款、国家和区域的经济发展计划、税法施行细则、与税收调控有关的各种行政法规、行政规章、行政规定等。

当然,由于税收调控权力主体的多元化以及税收调控立法的复杂性,因此,

---

① 参见王贵松:《行政信赖保护论》,山东人民出版社 2007 年版,第 144 页。
② 参见同上注,第 167 页。

在税收调控中出现某些行政机关越权立法、或者下位法违反上位法、甚至是某些行政立法内容违法的现象,是可以预见的。那么,这些存有瑕疵的行政立法是否仍然可以构成调控受体的信赖基础呢?一般来说,不管行政机关之决定是否合法,除了“重大且明显之瑕疵”或“其违法系可归责于纳税义务人”以外,行政机关之行为一经表露于外,人民通常会对其所造成法律状态之存续寄以信赖,并依之作为行为依据,此种依据之信赖应受保护。

2. 信赖客体是否必须具有“授益性”

从理论上说,“授益性”是信赖客体所应具备的一个重要特征。因为信赖是具有感情色彩的,而只有对自己有利无害的事实或行为,才是值得自己信赖的对象。将此种理论运用于税收调控中的信赖保护,是否可以得出这样的结论:即只有授益性的税收调控立法,才能引发信赖保护?换言之,是否可以认为,信赖保护的客体,仅限于减税型税收调控措施或(广义的)税收优惠?

笔者认为,此种理解是有失偏颇的。问题的实质在于,信赖保护原则所保护之信赖利益,并非仅限于信赖主体现存的财产利益——虽然就税收调控对于调控受体财产利益的影响而言,或许只有减税型税收调控措施和税收优惠才能直接增进调控受体的财产利益,但是,调控受体对于现存税收法律法规的总体认识,以及对于法律秩序的信赖,还会直接影响其对于自身经营行为、或者择业行为的规划与选择,此时,无论现存法律是否为授益性,均会构成上述选择之重要考量。而倘若事后法律规定发生变化,加重了调控受体的负担,则必定会影响其原先选择的合理性,妨碍其营业自由或择业自由,并且间接影响其财产权益。

质言之,信赖保护的客体界定,不应当仅仅根据法律法规内容之授益性,而应当着眼于法规内容的变化对于调控受体的影响。只要法规内容的改变对调控受体来说是一种负担,则信赖保护原则就有适用的必要。——这里包括两种情形:一是原来存在授益性法律法规,后被撤销或变更;二是在原有的普遍适用的税法规定之外,于事后针对特定对象增加了税收重课措施,或者新增税种。

当然,上述两种情况虽然都可以适用信赖保护原则,但是具体来看,信赖利益的保护方法却应当有所不同——前者主要通过“税收优惠条款的后续效力”,而后者则应当贯彻“于调控受体不利的法律变动禁止溯及既往”。就此问题,下文还将详细探讨。

3. 信赖客体是否仅限于已有之法律法规?

所谓抽象的信赖保护,一般来说,是指现存的某一个规范性文件被有权机关变更或者撤销,此时,相对人基于对既存法律法规的信赖而产生之信赖利益,应当受到保护。根据此种观点,则信赖客体似乎仅限于已经存在的法律法规。

问题在于,在税收调控中存在这样一种情况,即在相关领域原来并不存在专门的税法规范,但是,通过某一立法行为,使得这一领域(或者说某些特定的调控受体）受到该部新的法律法规之调整。质言之，与传统的信赖保护所针对之“存在前后相继的两个立法行为，且后一个改变前一个”的情况有所不同，此时只存在一个立法行为，即制定新的法律法规的行为，而没有相应的撤销或者变更原有的法律法规。那么，这种情形是否也有可能适用信赖保护原则呢？

笔者认为，如果我们用“法律秩序变更”的观点来分析信赖保护原则的适用条件，则问题的实质就更加清楚了。正如学者所言，信赖保护原则的适用情形，大致可以表述为：如果有两个行政法律秩序或状态的存在，后一个行政法律秩序是对前一个法律秩序的改变，那么，无论前一个行政法律秩序是否由行政主体的某个特定的行为所形成，只要这种行政法律秩序的改变对行政相对人来说是一种负担，则信赖保护原则在此就要适用。③ 换言之，虽然某一领域尚未有相应的税法规定，但此种“空白的法律状态”仍然可以构成信赖基础。事后政府若试图在该领域实施税收调控，则须遵循信赖保护之原则。

当然，针对“既有法律法规”或“空白法律状态”的信赖保护原则，其适用的方法也会有所不同，前者强调过渡措施的设置，后者则偏重于立法程序上的保障。对此，下文将详细论述。

（二）信赖表现

从法理上说，对于信赖表现的认定，也应当区分具体的信赖保护与抽象的信赖保护。在具体的信赖保护中，私人必须基于信赖而作出一定的处分行为，才合乎信赖表现的要求。但在抽象的信赖保护中，由于信赖基础本身属于抽象性质的法秩序（或称现存的法律状态），人民的信赖因之具有抽象性，故而自然无法要求私人作出具体的信赖表现行为。事实上，私人对于现存法秩序的信赖，一般只有在法律状态发生变动时才能够察觉，因此这种信赖可以说是一种推定的存在，而不能要求私人必须作出具体的处分行为。④

唯须指出的是，在税收调控中，所谓信赖保护原则的适用不需要以具体的处分行为为构成要件，并不是说信赖保护原则的适用不需要信赖表现。而只不过是“推定”了调控受体的信赖表现，且这种“推定”仍然是有条件的，它并不意味着所有纳税人都可以成为任何一项现存税收法律法规的信赖主体。

进一步而言，调控受体的信赖表现，虽然无法诉诸某种类型化的具体行为，但却可以从其“税收规划”中觅得端倪——所谓税收规划，系纳税义务人或企业为追求租税利益，就未来财产相关事务所进行的一种事前安排与设计。⑤ 这是

---

③ 参见王贵松：《行政信赖保护论》，山东人民出版社 2007 年版，第 142 页。

④ 参见李洪雷：《论行政法上的信赖保护原则》，载胡建淼主编：《公法研究》（第四卷），中国政法大学出版社 2005 年版，第 89 页。

⑤ 葛克昌：《税法基本问题（财政宪法篇）》，北京大学出版社 2004 年版，第 134 页。

因为,税收调控之所以能达成其经济政策或社会政策目的,其基本前提在于人民能从事理性之税收规划,亦即,税收规划实乃沟通政府之经济诱导目标与私主体之各种经济行为的必要桥梁。申言之,就各种具体的税收调控措施而言,其调控受体未必(或者说在绝大多数情况下并非是)是全体纳税人。而如果承载经济调控功能的某一项税收立法,尚不足以影响到部分纳税人的税收规划,则其便未对该部分人民发生调控之效力,故而该部分人民于此法也并无信赖表现可言,亦不应被作为信赖保护的对象。

综上所述,笔者认为,在税收调控中,调控受体对于现存税收调控法律法规的信赖表现,可以归结为“调控受体的税收规划已然受到现存税收法律法规的影响”。

二、税收调控中信赖保护的方法

(一) 税收优惠条款的后续效力

税收优惠的出台,多出于因应经济形势,调整产业结构、调节收入分配、促进经济增长之需要。由于宏观经济形势的变幻莫测,有关税收优惠的法律法规(可能是产业政策法或税收单行法规等),其制定、变更与废止势必较为频繁。但与此同时,税收优惠的给予,又往往是具有一定的期间效力的。因此,实践中必然会出现“某部税收法规已然废止,但据此授予的税收优惠期间却尚未届满”的现象。此时,为了保障调控受体的信赖利益,法律上应当承认其得以继续享受该种税收优惠,直至原定的优惠期间期满——此即税收优惠条款在其所在的法律法规失效以后的“后续效力”。

在我国,税收优惠条款的后续效力已经在《企业所得税法》中得以体现。该法第 57 条第 1 款规定:“享受定期减免税优惠的,按照国务院规定,可以在本法施行后继续享受到期满为止,但因未获利而尚未享受优惠的,优惠期限从本法施行年度起计算。”但是,上述条款仅仅是针对新《企业所得税法》的制定实施所导致的税收优惠的变化,对于因《企业所得税法》以外的税法变更所导致的类似情形,则无法适用。为此,有必要将“税收优惠条款的后续效力”作为一项普遍适用的税法原则予以确立。此外,为了配合税收优惠条款的后续效力,维护调控受体的信赖利益,税收调控权力主体在核准和授予各种税收优惠时,应当尽可能明确地规定该项优惠的期限。

(二) 于调控受体不利的法律变动禁止溯及既往

由于经济形势的变动不居,税收调控政策必须随之作出调整,故而,绝对禁止于调控受体不利的法律变动是不切实际的。但即便如此,尤为重要的是,在某项税收法律法规生效以后,无论是由原立法主体对该部法律进行修改,还是出台新的法律法规以取而代之,或由行政机关通过行政法规或部门规章对该法作出解释,或以该法为依据形成更为具体化之行政规定,即便是确有必要作出对调控受体不利之变更,该项变更的效力亦不能溯及既往。否则,基于税收调控权力主体多元化、税收调控立法多样化的客观现实,税收的可预测性,以及调控受体的信赖保护势必将沦为空谈。我国台湾地区学者主张在该地区所实行之"税捐稽征法"中,明文增列:"税法解释与解释函令适用,不得损害纳税人之信赖保护;但纳税人及其代理人不值得保护时,不在此限。"⑥即出于相同之意旨。

(三)过渡措施的设置

在税收法律法规发生变更的情况下,为了切实保护调控受体的信赖利益,较为可行的办法,应当是设置一定的过渡措施——即在变更后的法律法规中,承认旧法中的某些条款可以在一定期限内继续适用;或仅对旧法中的某些条款予以微小调整,于一定期间届满后,再转而采用新法的相关规定。税收调控中过渡措施的典型例证,如我国《企业所得税法》第 57 条第 1 款、第 2 款所分别规定的:"本法公布前已经批准设立的企业,依照当时的税收法律、行政法规规定,享受低税率优惠的,按照国务院规定,可以在本法施行后五年内,逐步过渡到本法规定的税率。""法律设置的发展对外经济合作和技术交流的特定地区内,以及国务院已规定执行上述地区特殊政策的地区内新设立的国家需要重点扶持的高新技术企业,可以享受过渡性税收优惠,具体办法由国务院规定。"当然,过渡措施的设置,主要是出于信赖保护的需要,针对于调控受体不利的法律变动。反之,如果税收法律法规的变动对于调控受体而言是授益性的,则无此必要。

(四)法律变动的听证与说明理由

毫无疑问,当税收法律法规发生不利于调控受体的变动时,"书面通知""听证""说明理由"都是可咨采用的程序规则。但是,具体就何时应当采用上述程序,以及究竟选择何种程序,则还需要诉诸诸多因素的权衡。"在这些因素当中,受影响个人利益的重要性和遵守程序的行政成本是特别重要的。其他因素,诸如秘密、国家安全、紧急情况、决定的初步或最终性质、法定内容等也影响到程序性保护的内容。"⑦而一般来说,有权在撤销或者修改授益性决定时获得"理由

---

⑥ 参见葛克昌:《所得税与宪法》,台湾翰芦图书出版有限公司 1999 年版,第 248 页。

⑦ See: Soren J. Schonberg, *Legitimate Expectation in Administrative Law*, Oxford University Press, 2000, p. 41.

说明”的(调控受体的)范围,应当比有权获得“通知”或“听证”的范围受到更多的限制。因为在法律上,许多行政领域是免除说明理由的义务的。[⑧] 由此看来,听证程序的采用,虽然原则上可以被确立为税收调控权力主体在作出不利于调控受体的法律变动时所应当遵循的程序性规则,但是,其适用仍然是有条件的。其中,调控主体的“说明理由”义务,则尤其应当被限制在一个较小的范围之内。

⑧ 参见王贵松:《行政信赖保护论》,山东人民出版社2007年版,第216页。

我国成品油市场的发展与反垄断法的适用

◇王　健[*]

内容提要　我国成品油市场在一段时间内曾受政府的严格管制,但目前已经呈现出从管制到竞争的发展态势。有竞争必然伴随着垄断行为,反垄断法不仅一般适用于成品油市场,而且在竞争问题的处理上应该优先适用。

关键词　石油市场　成品油市场　反垄断法　适用

一、石油市场和成品油市场

石油是一种重要的民生战略物资,在人类生产、生活中扮演着重要的角色。我们可将石油分为石油原油和石油产品两类,石油产品经石油原油蒸馏、精炼或掺配所得。从产业的角度,石油市场可以分为上游的勘探开采市场、中游的炼化市场,下游的批发、零售市场。由于石油产业乃是一个单进料多产品之事业,虽然只使用原油这种原料,但却可生产出上千种之油品。① 因此根据石油产品的不同,又可分为汽油市场(供交通运输)、柴油市场(供交通运输)、航空燃油市场(供航空运输)、燃料油市场(锅炉动力用)、轻油市场(如机油、润滑油等)、液化石油气市场(家用及工业用天然气)、煤油市场、溶剂油市场(供石化原料用)。② 在主要的需求上,燃料油仍是最大宗,主要供给工业以及发电用途;汽油、柴油、航空燃油等部分多半供给运输项目的需求,整体需求较燃料油更为强劲,同时也是民众最为在意的部分。③ 我国法律将石油产品称为"成品油"。《石油价格管

---

* 王健,法学博士,浙江理工大学法政学院院长,教授,浙江省法学会竞争法学研究会会长。

① 廖惠珠:《竞争政策与管制政策之调和》,载《公平交易季刊》2002 年第 2 期。

② 刘华美:《竞争法与能源法》,台湾元照出版有限公司 2009 年版,第 216 页。

③ 陈芃:《同样的油,不同的战场——2002 年的国内油品市场》,http://energymonthly.tier.org.tw/outdatecontent.asp? ReportIssue = 9101&Page = 8 2011 年 7 月 1 日访问。

理办法(试行)》第2条规定:“本办法所称石油包括原油以及由原油炼制的汽油、柴油、航空煤油和航空汽油等成品油。”《成品油市场管理办法》第4条规定:“本办法所称成品油是指汽油、煤油、柴油及其他符合国家产品质量标准、具有相同用途的乙醇汽油和生物柴油等替代燃料。”由于成品油中的燃料油、轻油、溶剂油等油品的市场进入比较容易、竞争较为充分,国家也没有特别的管制措施,而汽油、柴油和航空燃油等成品油则国家管制措施多、市场集中度高,市场行为非常复杂,因此本文将重点关注汽油、柴油和航空燃油市场,所称“成品油市场”特指“汽油、柴油和航空燃油市场”,研究范围将涉及这些成品油的炼制、批发、零售和进口四个环节。

二、管制下的成品油市场

1992年至1998年期间,我国成品油市场处于一种比较开放和竞争的状态,除了成品油进口环节以外,对民营企业炼制成品油和经营成品油批发、零售没有限制。在这种环境下,民营油企得到飞速发展。但由于缺乏有效管理导致民间小炼油厂过多过滥,成品油的批发零售企业盲目发展,数量过多,加油站重复建设严重,走私猖獗,成品油流通渠道和市场秩序失控。在这种不规范的外部竞争下,国有石油石化企业连年亏损。为遏制这一态势的继续蔓延,同时为了抗衡石油石化行业全面开放后跨国石油巨头的大规模进人,国家于1998年对整个石油石化行业进行重组,按照上下游一体化的原则,组建了新的中国石油、中国石化两大集团,并扶持其不断壮大。④ 同年6月,国家计委出台《原油成品油价格改革方案》,1999年5月,国家经贸委等八部委颁发《关于清理整顿小炼油厂和规范原油成品油流通秩序的意见》(国办发[1999]38号),拉开了成品油市场管制的序幕。随后各种管制规定相继出台,其中比较重要的有《关于清理整顿成品油流通企业和规范成品油流通秩序的实施意见》(1999年7月)、《关于进一步整顿和规范成品油市场秩序的意见》(2001年9月)。

这些意见和通知确立了下列管制措施:第一,成品油炼制领域,清理整顿小炼油厂。对《国务院关于严格控制扩大炼油生产能力的通知》下发后,未经国务院批准擅自新建、未列入1998年国家原油分配计划的小炼油厂,必须在1999年7月31日前关闭。今后,凡未经国务院批准,一律不得新建炼油企业。第二,成品油批发领域,中石油、中石化获得批发专营权。国内各炼油厂生产的成品油要全部交由中石油、中石化的批发企业经营,其他企业、单位不得批发经营,各炼油厂一律不得自销。新设成品油批发企业,一律由石油集团、石化集团报国家经贸

④ 王春枝:《民营企业叫板38号文》,载《中国石油石化》2005年第2期。

委审批。第三,成品油零售(加油站)领域,在清理整顿基础上中石油、中石化获得投资建设专营权。各地区新建的加油站,统一由中石油和中石化全资或控股建设。第四,成品油进口领域的配额制和专营权。进口成品油的配额,由原国家计委统一管理,中国化工进出口总公司和中国国际石化联合公司享有进口专营权。第五,管制成品油市场的零售价格。由原国家计委确定零售中准价,中石油、中石化在此基础上根据市场情况变化、在上下浮动5%的幅度内确定具体零售价和批发价,2001年调整为在国家发改委公布的零售中准价上下8%范围之内制定汽油和柴油的零售价。第六,在航空燃料油市场,由直属于民航总局的中国航油集团独家采购和供应。

对于成品油市场的各种管制措施,反对意见一直不绝于耳。笔者认为,如果放在特定历史时期来看待这个问题,其对于整顿市场的无序竞争和提高我国石油企业的整体实力和国际竞争力是有其贡献的,但其存在的问题也是不容回避的。在市场经济国家,凡是经济管制措施均是由基本法律规定的。我国只是通过行政规章和一些规范性文件就确立了成品油市场的管制制度,效力层次太低,这也是引发争议的主要原因,有的学者认为是违宪行为⑤,更多的学者认为这是一种行政垄断行为应予以废止。此外,我国成品油市场的管制制度与石油行业管制的发展趋势是不相吻合的。现在石油行业除了其中的管道运输环节被公认具有自然垄断行业的特性以外,其他环节基本上都属于竞争性的领域,于是放松管制成为了主流的做法。关于成品油的炼制、批发、零售和进口等环节则基本是一个开放和竞争的领域,政府大都采取竞争政策为主、管制政策为辅的做法。这说明我国的成品油市场管制制度不是一个常规性的做法,它服务于特定时期的特别需要,具有临时性、过渡性和对策性的特点。这种转变的契机来自2001年12月11日我国加入世界贸易组织(WTO)。

三、趋向开放和竞争的成品油市场

在中国加入WTO的协议中,有关成品油市场对外开放分为两个阶段:第一,国内成品油在入世后,三年内放开零售市场。第二,五年内放开成品油批发市场。有关成品油市场的对内开放,最早源于2005年初国务院通过的《关于鼓励、支持和引导非公经济发展的若干意见》(通称“非公36条”),其规定“允许非公有资本进入垄断行业和领域。加快垄断行业改革,在电力、电信、铁路、民航、石油等行业和领域,进一步引入市场竞争机制”。该规定对于民营企业而言是极大的鼓舞。

---

⑤ 盛洪:《“经济租”视角下的石油垄断》,载《中国改革》2007年第5期。

为了履行入世承诺,2004 年 12 月 2 日,商务部出台了《成品油市场管理暂行办法》和《成品油零售企业经营管理技术规范》,自 2005 年 1 月 1 日起施行。2006 年 12 月 4 日,商务部又公布了《成品油市场管理办法》和《原油市场管理办法》。2007 年,民航总局颁布《国内投资民用航空业规定(试行)》,此项规定对国内航油的销售、储运和加注环节进行了开放,允许多家企业参与竞争。2010 年,《国务院关于鼓励和引导民间投资健康发展的若干意见》(通称"新非公 36 条")进一步规定,鼓励和引导民间资本进入法律法规未明确禁止准入的行业和领域。目前,我国对于成品油炼制、批发、零售领域对所有投资主体都是开放的,只要符合法律规定的准入条件。至于成品油的进口、价格领域仍处于国家的较为严格的管制中,但有局部松动的迹象。2004 年之前,国家一直将原油和成品油进口配额限制于国营贸易企业。为了履行我国加入世贸时的承诺,国家近年逐步增加非国营油企的进口配额。据了解,2010 年较 2009 年非国有企业进口配额将增加 15%。即便如此,2010 年民营油企进口配额也仅占到中国 1.9 亿吨原油进口配额的 13%。[⑥] 2009 年 5 月,国家发改委颁布《石油价格管理办法(试行)》,对于原来的成品油价格形成机制进行了调整。其规定,当国际市场原油连续 22 个工作日移动平均价格变化超过 4% 时,可相应调整国内成品油价格。国家发展改革委制定各省(自治区、直辖市)或中心城市汽、柴油最高零售价格,成品油零售企业可在不超过政府规定的汽、柴油最高零售价格的前提下,自主制定具体零售价格。2011 年 7 月,国家发改委《关于推进航空煤油价格市场化改革有关问题的通知》规定,航空煤油出厂价格逐步实行市场定价,新机制自 2011 年 8 月 1 日起实行。"发改委启动航空煤油市场化定价调整,标志着新一轮成品油价格机制改革即将到来,或是为最终实现汽柴油价格放开铺路"。[⑦]

经验表明,任何一个国家和地区的成品油市场开放、放松管制和引入竞争机制都不是一蹴而就的,大多数国家都是采"逐步推进"的策略,以使得本国石油垄断企业有一个充分适应环境和准备竞争的时间。例如,我国台湾地区开放市场的步骤,系先由下游市场逐步渐进往上游市场开放,亦即先解决销售通路端之竞争限制,再解除石油炼制业之进入市场限制,以及进出口业之资格限制;最后,于开放油品之进出口时分二阶段实施,先开放部分油品进口,再全面开放油品之进口。[⑧] 从持续时间来看,从 1987 年台湾地区颁布《加油站管理规则》到 2001 年公告全面开放油品进口、废除油价管制前后共 14 年时间。我国成品油市场的

⑥ 单东:《中国石油行业行政垄断的成因、危害及解决之对策》,载《经济社会体制比较》2010 年第 5 期。

⑦ 王飞:《国内航油率先启动市场定价 燃油附加费月月调整》,载《广州日报》2011 年 7 月 13 日第 AII6 版。

⑧ 刘华美:《公平交易法对油品市场之规范》,载《台大法学论丛》2007 年第 1 期。

开放步骤与台湾地区的做法有些类似,都是采取“自下而上开放”的策略,目前还处于开放的第二阶段,真正的开放时间从2005年算起才6年时间,可谓任重而道远。然而,成品油市场的开放,意味着引入了竞争机制。有竞争必然伴随着垄断行为,如果放任垄断行为横行恣意,将会扼杀公平竞争。对此,我们应该予以足够的重视

四、反垄断法对成品油市场的一般适用和优先适用

反垄断法对成品油市场是否适用以及如何适用,长期以来有着不同的看法。两大石油公司认为,成品油价格由国家规定因此不适用于此法。《反垄断法》第7条规定:国有经济占控制地位的、关系国民经济命脉和国家安全的行业以及依法实行专营专卖的行业,国家对其经营者的合法经营活动予以保护,并对经营者的经营行为及其商品和服务的价格依法实施监管和调控,维护消费者利益,促进技术进步。因此也有人认为反垄断法只适用于充分竞争行业。[⑨] 这个问题的解决有赖于认清自然垄断行业与反垄断法适用除外关系的演变规律。传统上,石油行业与电力、电信、航空、铁路等行业被视为自然垄断行业,政府基于自然独占特性和公共利益的需要不仅严格地限制进入市场的业者数量,且对于其价格与成本等都严格地监控。[⑩] 这种管制是一种排斥和限制竞争的管制,受相关行业立法的调整,各国反垄断法普遍将这些行业列入整体适用除外的范围。例如,日本1947年颁布的《禁止私人垄断及确保公正交易法》第21条规定,本法规定不适用于电力事业、煤气事业及其他性质上为自然垄断事业的经营人所实施的其事业所固有的生产、销售或供应行为。20世纪70年代以来,全球范围内开始出现解除和放松管制的浪潮,几乎所有的自然垄断行业都受到了冲击。在这些行业中,竞争开始替代管制发挥作用,这为反垄断法的适用提供了广阔的空间,于是各国对于自然垄断行业的反垄断法适用除外制度进行了调整。日本于2000年5月废除对自然垄断特有行为的适用除外规定。[⑪] 有学者通过研究,总结了如下规律:在完全垄断阶段,整体“除外适用”→在垄断与竞争并存阶段,“一般适用”(“除外适用”作为例外)→在全部业务可竞争阶段,“完全适用”(不存在“除外适用”)。[⑫] 具体到石油行业,传统上是自然垄断行业,但现在除了其中的管道运输环节被公认具有自然垄断行业的特性以外,其他环节一般都属于竞争性的领域。我国的成品油市场基本上处于竞争的状态但仍然存在着局部的管

⑨ 钟晶晶:《地方将设反价格垄断机构》,载《新京报》2010年12月8日第B04版。

⑩ 参见王文宇:《公用事业管制与竞争理念之变革》,载《台大法学论丛》第29卷第4期。

⑪ 〔日〕铃木满:《日本反垄断法解说》,武晋伟、王玉辉译,河南大学出版社2004年版,第118页。

⑫ 张占江:《反垄断法与行业监管制度关系的建构》,载《当代法学》2010年第1期。

制，市场集中度较高，尚处于“垄断和竞争并存阶段”。因此，将反垄断一般适用于成品油市场是必然的结果。我国《反垄断法》第7条无论是从语义解释还是整体解释都不应该被认为是适用除外条款。成品油价格由国家规定更不能被视为适用除外的依据。我国规定的成品油价格是一种有最高限制的价格，中间有一个幅度，在这个幅度内存在竞争，理应受到反垄断法的调整。

我国在成品油市场缺少系统的行业立法，已有的一些规章和规范性文件对于竞争问题的处理是非常不到位的。因此，反垄断法不仅一般适用于成品油市场，而且在竞争问题的处理上也应该优先适用。在英国，人们普遍认为，当一个产业在竞争中已经很好地发展后，竞争法应尽可能地优先适用，同时放松行业管制是必要的。“过去，OFTEL（英国通信管理局）都是从行业管制出发开始适用调查，然后再决定是否适用竞争法。从2002年下半年开始，如果一个行为违反了竞争法和行业的规则，更倾向于就从一开始就适用竞争法。[⑬] 然而，我国政府在处理成品油市场的竞争问题时，一直以来严重依赖行政手段，行业管制优先于反垄断法得到适用，但实践效果很差。2003年全国性“油荒”时，在国务院有关领导的批示下，国家发改委下发《国家发展改革委关于解决东北地方成品油批发企业油源问题的通知》，要求两大石油集团“对内部和外部成品油批发企业要一视同仁，对同等资质的地方成品油批发企业执行统一的政策和价格，防止不公平竞争和价格歧视”。2004年1月，国家发改委再次向两大集团发出《关于请督促解决东北地方成品油批发企业油源问题的函》，敦促两大集团向东北民营石油批发企业正常供油。但是，“不公平竞争和价格歧视”一直没有得到有效控制。[⑭] 2008油荒时，国家发改委联合商务部分别于3月和8月下发通知要求两石油公司对待民营石油企业要一视同仁，并与民营油企签订长期供货合同。但实际执行效果却不尽如人意，在两大石油公司根本不买账的情况下，民营企业依然因为缺少油源，挣扎在死亡线上。[⑮] 这充分说明，在我国目前的成品油市场，应该尽快转变思路，优先借助《反垄断法》来处理市场中的竞争问题。

---

⑬ 王健、朱宏文：《三网融合与法律变革》，载《法商研究》2008年第4期。

⑭ 李鹏：《民营加油站何去何从》，http://finance.sina.com.cn/review/observe/20070926/09274016788.shtml，2011年8月2日访问。

⑮ 刘世昕：《民营油企无油可卖大批死去》，载《中国青年报》2010年10月13日第9版。

民生法大纲*

◇ 史际春**

内容提要 民生承载着中国近现代史以及中华复兴的理想和当代追求。民生的核心是民族国家强固前提下人的全面发展。孙中山先生的民生主义和节制资本的主张，在当下之于民生仍具有重要价值，因为在社会主义市场经济条件下，国有资本将利润用于扩大再生产和公共财政等社会目的而非私人的奢靡和贪婪无度的资本市场、天然地承担社会责任，且能在不与小资本和劳动者“争利”的情况下防止造就私人大亨及其控制国家政权。民生离不开法制和法治，涉及我国整个法律体系和法治的完善。

关键词 民生 民生主义 节制资本 民生法

民生，当下中国社会韵动着的一个主旋律。它涉及我国整个法律体系和法治的完善，与社会经济法息息相关。围绕民生与社会公正、和谐，探讨并解决问题，梳理民生法暨法治的框架，理应为经济法学者所关注，作为其重要任务之一。

一、民生与法治导论

民生——一个具有中国特色的概念，当代人文社会科学中为数不多的汉语非外来语，不是由外文转译而来，相反翻成外文时有多种不同的译法。

民生——一百多年来中华仁人志士的理想和奋斗目标。革命先行者孙中山先生将民生主义作为三民主义的归宿，并称民生主义就是社会主义。① 新民主主义革命成功，建立新中国，解除了长期以来妨害人民生计的外患内忧，使民生有了基本保障。今天，在改革开放取得的成就之上，中国进入了全面建设小康社

---

* 原载《经济法学评论》第 12 卷，中国法制出版社 2012 年版。全文 1.4 万字。

** 史际春，法学博士，中国人民大学经济法学研究中心主任，法学院教授。

① 参见《三民主义·民生主义·第一讲》，载《孙中山全集》(第 9 卷)，中华书局 2006 年版，第 355 页。

会的阶段。

贫穷落后挨打,民不聊生,中国人对民生有一种特殊的痛楚和关切。富国强兵、民族解放、“四个现代化”和中华崛起,一切都是为了民生。这与中国共产党的宗旨也是吻合的。

然而,由于地区、城乡、产业、不同时期、不同阶层和人群等发展不平衡,发展与环境资源不尽协调,民众最关心、涉及其切身利害的教育、医疗、社会保障等尚待完善,引发了一些不稳定因素。只有构建一个公正、和谐的社会,才可能实现小康社会的目标。所以,民生包含着社会公正、和谐的要求。乱世无民生,无公正无和平。

中国特色社会主义自始内在地包含着民生的政治价值取向,近期中共又提出社会建设的概念,并把改善民生作为社会建设的重点和首要任务。

民生的前提,是一个负责任的国家、政府有效地为人民提供生命和财产安全保障,进而实行适当的经济社会体制,使社会能够充分就业和产品极大地丰富,人民得以在既定的生产力条件下安居乐业。为此,公有制和积极有效的规划、财政、金融和产业政策、就业和劳保、市场等监管、消费者保护等是必不可少的。在市场经济体制形成和基本解决了温饱之后,对于实现总体小康来说最为重要的,则是由政府主导并依托社会和市场发展完善教科文卫体和社会保险、救助等社会事业。在经济社会运行中,各种矛盾不可避免,为了社会和谐,也需要一定的制度和机制以有效化解矛盾、预防犯罪,对引发的纠纷给予公正而能服众的裁判或处理。

二、民生与市场经济、公有制

(一)“做蛋糕”与市场经济

民生,首先涉及“做蛋糕”和“分蛋糕”。在逻辑上,只能先“做蛋糕”后“分蛋糕”。没有“蛋糕”或者“蛋糕”太小,如何谈得上分。改革开放前的中国吃尽了生产力不发达之苦,“蛋糕”分得再好,也只是普遍的贫穷和哀怨。但在操作上,可以也应当“做蛋糕”和“分蛋糕”并重、并行。

要发展先进生产力,就必须坚持市场在资源配置中的基础性作用不动摇。市场及财产关系对社会成员的利益驱动和利益约束,是任何力量、任何组织都无可取代的。在此利益驱动和约束下,资源可以资本为媒介自如地流动、进出市场:进,可在资本所有者的利益驱动下,有效地约束企业经营者和劳动者,从而创造效益,且不断推陈出新;因经营不善或市场变化而退出,也可将损失降到最低程度。要消除市场经济的固有弊端、弥补市场经济的不足,需要政府主导实施调控监管,但是不能通过否定市场经济,用损害、消灭市场机制的方式来解决市场经济的问题。在法律上,不能呼应、追随社会上出现的反商仇富、对企业和老板营利行为的道德责难、平均主义和质疑市场经济的思潮。

因此,凡市场能够调节、社会能够自治的事,政府就不必插手过问,从法律上说就是让民商法、竞争法在经济的法律调整中充分发挥作用。同时,财政、规划和产业政策、投资、贸易、金融、环境和资源、消费等法律制度及相应的政府调控监管也要遵循经济规律和市场机制,不能以行政为本、放任行政为所欲为。

(二)"分蛋糕"与公有制

优胜劣汰是市场经济的固有优越性,同时也是其弊端。一些个人、群体、阶层、地方在竞争中胜出,另一些遭"汰",也即富者益富、贫者越贫。如果只顾埋头"做蛋糕",等到"蛋糕"做得足够大再来"分",就远水不救近渴了。

1. 国有制

有没有某种既可防患于未然,又不至于损害市场机制的"做蛋糕"方式呢?写到这里,我不由得对孙中山先生钦佩之至。他将民生主义概括为平均地权和节制资本。平均地权主要是在土地国有的基础上将"涨价归公";节制资本则是节制私人资本,不允许私人资本控制国计民生,而由国有资本取代私人大资本,如铁路、电气和水利等。②

资本与市场结合呼唤出巨大的生产力,然而,资本的不断扩张及私人的利润积累,导致富豪越来越大,诸如比尔·盖茨的住宅仅造价就达十亿美元、印度首富有几百位仆人,等等。财富在满足富人穷奢极欲的同时,剩余资本不断冲击、扭曲商品暨金融市场,豢养了一批寄生于剩余资本的"金融家",随时兴风作浪,导致一波高过一波的经济危机。国家政权也必然被大亨们所掌握,99%的平民百姓及其生计更加不受待见。这就凸显出国有资本的价值来:它将利润用于扩大再生产、公共建设和社会保障等目的,而非私人的奢靡和贪婪的资本市场;与私人企业相比,国有企业天然地承担社会责任、善待劳动者,也较为遵纪守法;国有资本可以平衡协调不同利益;通过节制资本更可防止造就私人大亨及其控制国家政权。

国有资本不等于计划经济和否定市场。国有资本有两个来源:一是走出小农+血缘宗法+封建专制的老迈中国,在西方的掠夺、摧残下探求现代化之路,摈弃资本主义,实践民生主义的国有资本;二是消灭资本,将生产资料收归社会

② 新中国经过探索和曲折反复,建立了农村土地"村有"的公有制,改变了农民在市场机制作用下随时可能不可逆转地丧失土地的历史命运,防止了私人大地主的形成。这也是对孙中山先生"平均地权"理想的一种新的发展和落实吧。参见《三民主义·民生主义·第二讲》,载《孙中山全集》(第9卷),中华书局2006年版,第377、393页。

所有,但由于现实生产力决定了无法实行完全的社会所有,且实践证明了计划经济体制的国有之不可行,由此退回与市场结合的、与私人资本并行不悖的、在民法上与私人资本平等的国有资本。新中国是这两者共同的继承者和实践者。

国有资本也有其固有的弊端:无天然利益主体、激励和约束不足,易致化公为私、浪费、低效、扯皮拖拉、官商作风、腐败等,能否有效控制这些弊端并与私人资本平等竞争,取决于政府的水平及其能否学会像私人老板一样当好国有资本的"老板"。由此决定了国有资本的边界,超出此边界的国有资本是有害无益的。

在生产资料全部归社会所有的社会主义高级阶段或曰共产主义低级阶段到来之前,必须承认私人资本的合理性,允许其存在和发展,尤其要让中小资本在其合适的领域里畅快、充分地创业及营利。同时,又不能放任私人资本,任其流弊泛滥,要通过国有资本将其限制在既定的社会公正观所能容忍的贫富差距、阶级差别的范围之内。以国有资本的能力为限,其规模和范围不妨大一些为好,与"民"争利越多越好。这里的"民"当然不会是劳动者和小业主,而是私人大资本。劳动者获得的是岗位的市场定价,与利润无涉;而历史与理论、实践都表明,小业主、小资本在市场中畅游自如,在其擅长的领域具有无与伦比的竞争力,国有资本不必也无力与之开展无谓的竞争。

2. 合作制

按照《宪法》,各种形式的合作制即集体所有制,也是社会主义公有制的组成部分。合作制之所以与国有制同属公有制,在于二者有一个共同点,就是利用"资本"而否定资本。国有资本利用"资本"的营利性、市场暨竞争性,将所营之利用于社会目的;合作制则在劳动者或业主"合资"的同时,摈弃资本多数决和按资分配,实行"一人一票"的民主,盈余归合作成员自己所有,而非为之"打工"的资本所有者所有。如在农村推行规模经营,要注重引导扶持农民进行合作,而不能只盯着大资本,使农民沦为纯粹的"打工者",否则农业生产力必然会因此受损。

由此,合作制也是依托市场"节制资本"的一剂良方。当然,合作制有赖于成员高度参与基础上的自治,而国人的自治能力比较差,习惯于"搭顺风车"、"枪打出头鸟",加上合作制的"集资"能力较差,其发展在中国受到了很大的限制,这也是合作制的主要弊端所在。但是无论如何,在能够克服其固有困难的地方,合作制必将成为在致力于"做蛋糕"的同时分好"蛋糕",让劳动者和小业主分享改革、发展成果的一种重要的法律形式。

(三)市场经济与政府主导

社会主义市场经济与资本主义市场经济的根本区别,就是社会主义公开宣称要以公有制“节制资本”,不避讳要以政府的积极作为来弥补市场之弊端和不能。资本主义市场经济则高喊“私有”和“自由”,公有制和政府的调控监管是不得已而为之,只宜做不宜说。所以,在中国,与政府主导相应的法是大有作为的。

1. 规划和产业政策法

在发展的同时注重民生,调结构、惠民生,首先体现在经济社会发展规划中,这是社会主义的优越性之一。规划目标及其实现具有政策性,需由各国家机关及整个国家政权和社会围绕规划目标,在日常活动中努力合力追求,在问责制的法治框架内加以实现。产业政策的制定和实施则为规划的重要内容和表现形式,并通过财政、金融等手段加以实现。

2. 财税法

国家依托财政承担经济社会职能,对市场起着强有力的主导和调控作用,牵一发而动全身;其作用可及于从中央到地方、从沿海到内陆、从生产到消费、从“摇篮”到“坟墓”、从第一到第三产业等各个方面,是发展和民生的重要保障。财税或财政又与宪政相衔接,是一国民主、法治的集中体现。财税手段的运用要特别注意不扭曲市场机制,不伤害人们积极工作、创业的进取精神。

3. 企业和公司法

“做蛋糕”首先要投资,主要由企业和公司法调整。当今企业和公司法存在着两个并行不悖的趋势:一方面,企业日益体现经济领域自由结社的性质,对其设立和活动的限制越来越少;另一方面,对企业基于真实和诚信的要求和责任越来越严。在此基础上鼓励自由投资经营,法律上对包括私人、集体、地方、国家在内的投资主体一视同仁,维护其平等、公平竞争。

4. 金融法

2012 年第四次全国金融工作会议提出要“坚持金融服务实体经济的本质要求”,实为痛定思痛后之善言。金融法应当将金融限制在生产、贸易和服务所必需的范围内,对金融“创新”保持高度警惕。要通过资本市场的管理监督、货币和外汇政策等抑制金融投机炒作,以及形同“合法欺诈”的金融产品,防止过度的金融侵吞百姓的养命钱,甚至酿成金融危机损害整个经济。为此,应当大力发展和优化间接金融,建立起多层次、多种类、全覆盖的金融机构体系,使实体经济的企业无论行业和规模如“三农”和小微企业都能普遍获得正常的金融支持。

5. 资源和环境法

资源的有序开发利用、环境保护与民生之间存在着一定的矛盾,人们为了生存和致富宁可置环境资源于不顾,到环境恶化影响到正常生活时,方才不情愿地开展治理。这就需要以法求得二者的平衡,处理好民众当前生计与长远可持续民生的关系。

6. 消费者法

消法的核心是消费者权利，而任何一项消费者权利，都既针对经营者的义务，也对应着国家、政府的责任。民生要求消法不仅一如既往地关注消费者与经营者之间个别的交易和损害赔偿等关系，还应顺应趋势，建立包括市场暨工商行政、质量和安全、医疗卫生等管理监督法在内的“大”消法概念。甚而，旨在维护市场秩序、不直接调整消费关系的竞争法也将维护消费者利益作为其宗旨之一，表明在资本追求利润中只顾扩大生产、不断制造过剩危机的工商社会也在转型。

消费者在认识和维护自身权益的同时，也应承担必要的义务和社会责任。比如不贪便宜买假货、不买可能助长破坏动植物资源的产品等。如此强调，也有助于培育国人的公民素质、科学素养和社会责任。

7. 国家安全

国家安全是民生的基础和保障，孙中山先生称民生是“社会的生存、国民的生计、群众的生命”[③]，就是有感于内忧外患而痛心疾首之言。粮食安全、能源资源安全等与民生直接相关，国防不安全更可能使发展、民生毁于一旦，重演人民无尽逃难和流离失所的历史悲剧。因此，凡关涉国家安全的，就不妨以美国等西方国家为师，理直气壮地坚持及维护，这涉及法和政策、行政执法和司法、国内法和国际法等各个方面。

三、民生与社会法及其他

广义的社会法等同于“第三法域”，狭义的社会法仅指劳动法和社会保障法。按照社会主义法律体系的七个法律部门划分，社会法与经济法平行，同属“第三法域”。因此，除劳动法和社会保障法外，社会法还应当包括教科文卫体等法律制度，全国人大常委会将其纳入行政法是不适当的。这是在我国应然的中义社会法。在温饱解决之后，社会法着重个人发展和社会公平，可谓民生高级阶段的法制。

我国的社会建设首先要通过改善民生的社会法及政策，构建体现社会公平的社会法制度，以实现教育公平、充分就业，建立基本医疗卫生制度和覆盖城乡居民的社会保障体系，等等。社会法的追求和制度设计就是要在政府主导和市场运作之间求得平衡，能够调动政府、包括企业在内的组织机构和社会成员个体三方的积极性。

完善社会法，可以消除个人消费和发展的后顾之忧，但是中国人勤俭节约、“学而优”则精英的好传统仍需传承，制度设计和执行不能鼓励坐吃山空、不求

---

③ 《三民主义·民生主义·第一讲》，载《孙中山全集》(第9卷)，中华书局2006年版，第355页。

进取等。

民生依托于整个法治体系，对民生法的研究需有整体观，避免“只见树木、不见森林”。比如在刑事领域，也要确立民生理念，以适当的刑事政策，追求法律效果与社会效果的统一。“不纵不枉”是法治的高级境界，如此既可有效遏制违法犯罪，更可在社会与政权的互动中，培养公民遵纪守法的素质，不断提升司法权威，与“宽严相济”是相辅相成的。

现代社会及其成员在利益、价值观、偏好和各种实际需要等方面的多元化，本质上需要多元化的纠纷解决方式。诉讼等正式纠纷解决方式本身的局限加之其体制性、操作性缺陷，会扩大社会关系的对抗性和紧张，增加经济生活和市场运行的成本，贬损优良的社会价值和规范。经过改革开放以来的法治实践，法律界、法学界和社会对法与法治的认识逐步深化、到位，与民生和构建公正、和谐社会相适应，多元化纠纷解决在我国方兴未艾。非正式纠纷解决机制对于弥补规则的不足，降低社会发展过程中规则形成和变迁的博弈成本，具有不可替代的价值。由国情所决定，非正式纠纷解决的发展也有赖于政府主导。

经济法视野下的社会受益权研究*

◇ 肖明明**

内容提要 实质自由是过有质量生活的可行能力，并且同生活质量和生活水平的高低直接相关，而发展的根本目的便是实现和不断扩展每个人都有理由获致的实质自由。扩展实质自由或可行能力所需要的资源和条件支撑，成为经济法关注实质自由的重要理由。在经济法视野下，实质自由的权利表达可归结为社会受益权，即社会成员对发展成果(资源、利益、机会等)的分享权。社会受益权的具体权利外延涉及经济、社会、环境、生态等诸多领域内与社会成员平等分享利益相关的广泛内容。从类型划分的角度上，社会受益权在内容结构上又分为程序上的参与权和实体上的受益权两个权利层次，而后者又可细分为普遍受益权和差异受益权两种次级权利类型。

关键词 实质自由 社会受益权 经济法 实质正义

一、社会受益权的导源——实质自由的经济法权利化

本论题中的核心概念——社会受益权，导源于对现实中某些特定法益的法律抽象和法律确认，而这些法益的指称形态又共同统一于另一个核心概念——实质自由。社会受益权的概念及相关理论是受启发于著名经济学家阿马蒂亚·森所创设的实质自由理论而提出的，同时也是将该理论应用于法学扩展研究的一次探索或曰努力。下文便从实质自由入手，逐步引入对社会受益权及其相关内容的论证和介绍。

---

* 本文部分内容已与李永成老师合作发表于李昌麒、岳彩申主编:《经济法论坛》(第9卷)，群众出版社2012年版。

** 肖明明，法学硕士，重庆市江北区人民法院民三庭。

（一）实质自由的意蕴——阿马蒂亚·森的实质自由思想解析

享有“经济学的良心”之誉的经济伦理学家阿马蒂亚·森，认为自由是在“实质的”(substantive)意义上定义的，指享受人们有理由珍视的有价值生活的可行能力(capability)。“实质自由包括免受困苦——诸如饥饿、营养不良、可避免的疾病、过早死亡之类——基本的可行能力，以及能够识字算术、享受政治参与等的自由。”③可见，此处实质自由概念的核心内涵是“可行能力”（或基本能力）。“所谓能力，就是在各种功能组合中所能选择的组合，也就是能使功能得到发挥的力量。它不但标志着个人能做什么或不能做什么，而且还体现着个人过自己所欲的生活或实现合理目标的自由，即个人有实质自由去选择他认为有价值的生活，能力越大，过某种生活的自由也就越大。”④而“一个人的‘可行能力’指的是此人有可能实现的、各种可能的功能性活动组合。因此，可行能力是一种自由，是实现各种可能的功能性活动组合的实质自由。”⑤

简单来讲，实质自由是一种“人之能力”，主体人凭借此能力便得享受作为客体的各种物质或精神利益，而这些利益形态——无论自然性的或社会性的——既可理解为是社会发展之成果，又可理解为是文明与进步所提供的供人类共享的果实。因此，对实质自由享有的多与少，切实关乎一个人生活质量的高与低。人类作为有灵智和思维的主体性存在，其行为和活动是意义化和目的性的，理性支配人为了有价值的东西(goods)——成就和幸福等——而不断追求，这一过程外化为各种价值性的功能性活动的实现——森所宣称的可行能力的获得。换言之，成就和幸福仰赖并可分解为各基本的可行能力（和可行能力集）。而可行能力即是实质自由，这样，生活的价值——成就和幸福——便同实质自由发生联系，甚至等值。个体对这种实质自由能力拥有得越多，便越易获取或实现各类物质与精神利益，也便越易获致得以充当生活之意义或价值的各种成就与幸福。所以，不自由就是对每个人平等的、预期享有的幸福和成就的障碍或剥夺。由此，实质自由也便在各种个人的或社会的价值排序中占据优先地位，成为发展的目的。而发展就是消除不自由、扩展人类实质自由的过程。

（二）法学视野下的实质自由——现代经济法的重要关注

实质自由是在承认并关注人际差异性基础上的旨在实现有价值的生活方式

③ 〔印〕阿马蒂亚·森：《以自由看待发展》，任赜、于真译，中国人民大学出版社 2002 年版，第 30 页。

④ Amartya Sen, Commodities and capabilities. Amsterdam North-Holland, 1985. 转引自陆彬：《论可行能力视野中的发展——阿马蒂亚·森的发展思想探析》，载《云南行政学院学报》2006 年第 5 期，第 32 页。

⑤ 同注③，第 62 页。

的可行能力体系,在自由的范畴内关注差异,体现了实质正义的价值取向。

在进行人际差异比较时,实质自由反映的是一个个体主义的概念,但其实现则需要一种系统的或整体意义上的社会安排。这种社会安排运作的中心任务是调控社会资源的分配与再分配,其最终目的是:在保证平等受益的前提下提高生活福利总量的同时,实现差异性群体间自由的实质均衡化。保障实质自由实现的社会安排包含两种样态:一是静态的制度安排,二是动态的公共行动。将以扩展自由为终极目的的发展理念以及系统安排资源在强弱势群体间公平分配的方法与原则制度化,是实现实质自由的根本性措施,而最有效的制度则是法律制度。

经济法作为现代法,因其产生背景和法律功能上的特殊性,天然具有上述调整优势。如前所述,享受有质量生活的可行能力,涉及两个层面的内容:一是平等受益条件下的总量提高,即每个人的状况得到改善且没有任何人因此受损;二是在形式平等的基础上,在差异性群体间实现利益的均衡分配,即要更多关注社会弱势者的生存状况及其改善。可行能力及其背后的资源分配,在一定程度上,可以视为某种公共产品,不能通过个体行动或市场配置得以全面实现。与之相关的社会安排因而具有宏观性和公共性,且不能完全经由权力实现,故传统民法、行政法的调整对之不具有适应性,无法全面实现实质自由。而经济法作为国家干预经济的基本法律形式,其既可以提供保障实质自由的制度形式,又可通过规控政府行动,来实现资源的公平配置。

总的来说,实质自由作为一种新的自由形态,从其实现途径和法律调整层面上看,与经济法的联系最为密切,经济法也因而具有关注实质自由的必要性。

二、社会受益权的提出与内涵
——经济法视野下实质自由的权利表达形式

从某种意义上说,自由的法律化表达就是权利。没有法律对自由的权利化确认和保障,自由根本难以实现。实质自由的法学(尤其是经济法)调整意义表现为,通过系统的法律制度安排,调控政府和社会的公共行动,使整体的社会安排能够公平地配置和分配社会资源与条件,在促进社会成员普遍受益基础上的社会总福利增加的同时,保障社会弱势者(即实质自由匮乏者)生存境况的实质改善与提升。法律调整的必要途径与结果是将实质自由权利化,而经济法视野下的实质自由之权利形态表现为社会受益权。

如前所述,实质自由是内容繁多的自由的集合。因而,与实质自由相对应的具体法律权利也应是一个集合,或表现为一个权利束,包括诸如平等的医疗权、教育权、住房权以及环境权等等。为研究的便利,也为了与实质自由“普遍受

益”和“差异受益”的属性相契合,本文将这些具体权利抽象为一个总括性的权利——社会受益权,以与实质自由这一总括性的自由相对应。由此,社会受益权在很大程度上就成为实质自由在经济法视野下的权利表达。

理解社会受益权的内涵,应从该权利与实质自由、发展和利益等概念的关系角度入手,理顺了这些逻辑关系,便有利于明晰社会受益权的基本蕴涵。

发展涉及政治、经济、社会和环境等广泛领域的发展,其根本目的是扩展人们据以提升生活质量的实质自由。无论是从建构主义的角度还是从进化主义的角度看待发展及其过程,社会运行和政府行动作用或影响下的发展(或称之为进步)都将会以某些成果的形式惠及社会成员,不论这些成果是物质的还是精神的。对于这些发展成果的利用和分配,便涉及社会成员是否能从中受益、如何受益以及受益程度怎样等问题。上述因素的汇集,再经由法律的确认,便形成社会受益权的基本内涵框架。实质自由可以理解为与人的全面发展相关的自由,而发展的过程应该是全面扩展实质自由的过程,因而判断发展及其成果是否具有正当性的标准主要就是看所有社会成员是否能从发展中平等享受到相对均衡的利益,即是否使与改善自身境况或提高生活质量相关的实质自由或能力得到满足和扩展。由此,社会受益权的基本内涵可表述为:通过政府和社会的公共行动的扶持与帮助,所有社会成员都有从社会发展中获得满足和扩展据以提升自身生活质量的实质自由的权利。具体来说,社会受益权就是社会成员的发展成果(资源、利益、机会等)分享权,就是发展成果为什么要公平分享的重要法律依据。⑥

综上,社会受益权的内涵包括这样几层含义:(1) 社会受益权是实质自由的法律制度化的表达形式。实质自由的另一面——可行能力的效用也同时转化为了“法律之力”,这种能力的获得和实现便主要依靠法律效力的发挥和保障。(2) 社会受益权是对特定利益的确认、保障和再分配。实质自由是一种获得或支配(物质或精神)资源的可行能力,利益便是这些社会生活所必要的各种资源和条件的抽象表述,社会受益权则是经济法调整下的各利益形态的权利表述。(3) 社会受益权是对社会发展成果的公平分享权。前述资源或利益是社会发展成果的另一种更为具体化的符号指称,而社会受益权即是保障某一共同体中的全体社会成员得以公平分享整体性的社会发展成果的一种权利根据,同时也是对实质自由(能力)的法律保障形式。

根据社会受益权的内涵及其与发展和实质自由的关系,社会受益权的具体权利涉及经济、社会、环境、生态等诸多领域内与社会成员平等分享利益相关的

---

⑥ 肖顺武:《改革成果分享依据研究——社会受益权视角的解析》,载《现代法学》2009 年第 5 期,第 26—29 页。

广泛内容。在经济法视野下，社会受益权大致包括：消费者权、公平的市场准入权、公平竞争权、劳动者权、社会保障权、保障性住房、医疗资源等公共产品和服务的分享权、公共资源利益的分享权、在市场竞争中处于劣势的企业、行业、产业、地区的获得支助权、同等的公共决策参与权和表达权，等等。值得指出的是，社会受益权所对应的权利内容，在我国当前的法律环境下，多数仍仅表现为利益的形态，尚未被相关法律确认为权利，此种状况不利于社会受益权的实现。所以，经济法在确认社会受益权时，有必要将某些具体的利益上升为权利。

三、社会受益权的内容结构

阿马蒂亚·森在论证实质自由的实现方式时曾反复强调，人之自由能力的获得既是条件性的又是能动性的——个体实质自由的满足与扩展既需要政府与社会创造环境与条件并提供必要帮助，又需要个体的主动性参与。参与不仅本身就是一种选择（一种功能性活动），而且能为获得更多选择创造进一步的条件与可能性。同理，作为实质自由的权力化形态的社会受益权在内容结构上，也应作此种"解剖"，即社会受益权在内部体系结构上可划分为程序上的参与权与实体上的受益权两大部分，后者又可细分为普遍受益权与差异受益权两部分。

（一）程序上的参与权

参与权的理论根据主要是政治哲学中的民主理论，更具体和更直接地，是20世纪末兴起的参与民主理论。在限定语境的条件下，民主的内核即是"参与精神"，而初始的公民政治权利则都可归类为总括性的参与权。社会受益权是社会成员从社会发展成果中公平分享资源利益的权利，是一种总括性的权利。权利是制度的衍生品，而在民主社会，制度的形成应是公意的结果。因此，权利不仅需要个人来行使，更需要个人来"斗争"。为争取实体权利而斗争的自由，本身便是权利的一部分，而社会受益权中所蕴含的这种"斗争权"即是程序性的参与权。

将参与权的内涵进行分解，可以将其权利内容大致归为三种类型。其一，利益表达权，即以正当途径表达自身利益诉求的权利，这是参与权的核心内容。其二，利益代表权，指不具备直接参与机会或能力的社会成员所享有的选择或被指定利益代言人的资格的权利。利益代表权本质上是实质自由的一种具化类型，其权利目的在于通过利益代言人的代表行为使被代表人的间接参与达到直接参与的效果。其三，自组织权，指公民享有自主和自发组建自治性社团组织并以该组织的形式参与政府和社会决策过程之自由的权利。自组织和自组织权是多元主义的社会整合理论同参与民主理论相结合的产物，而自组织权也因此成为参与权的重要内容之一。

（二）实体上的受益权

实体受益权是社会受益权的主体部分。所谓实体性受益权是指社会成员对社会发展及其成果得以公平分享的权利。理解其内涵，需抓住两个要点：一是权利客体，二是权利主体。受益权的权利客体是满足生活能力所需的各种社会资源、财富、利益、机会和条件，其范围涵括经济、政治、文化和社会等各个领域。将某个社会共同体视为一个整体，社会的发展使该整体内的财富和资源等的总量也不断扩大；根据一般正义法则，生活于此共同体内的成员均应享有对其（不断增加的）社会整体资源财富的平等分配请求权。上述资源利益财富整体即是实体受益权的权利客体的内容，而在此意义上，实体受益权一定程度地可表述为一种“平等分配请求权”。

一般地，受益权的主体应为全体社会成员。然而，对社会成员的界定不应笼统地一概而论，而应考虑社会差别或人际差异性等因素的影响。所谓人际差异性指由于普遍的社会差别所导致的人与人之间在生理特征和社会特征上的差别性，包括生理性差异（如性别、年龄、体质、禀赋等）和社会性差异（如社会地位、出身、外部境遇、财产数量等）。这些生理差别和社会差别可以总括为人际间生活能力上的差异，而这种能力失衡则会造成利益获取和占有上的失衡，其原因和结果都表现为权利配置上的失衡。能力失衡和权利失衡的社会后果便是社会分化，最突出的形式即是社会强势群体和社会弱势群体的分化。社会分化又进而会导致社会主体结构的非均质化。

由上，根据实体受益权的主体特性和价值取向，可将其进一步划分为普遍受益权（或曰形式平等受益权）和差异收益权（或曰实质平等受益权）。

1. 普遍受益权

普遍受益权类似于市民法主体所享有的自由权，是在形式平等价值支配下所存在的制度化权利。形式平等的基础性要求是“起跑线上的机会均等”：赋予每个人以平等的竞争资格，并保护合规的自由竞争行为。在此环境下，权利的主体保持形式意义上的完全平等，即每个主体都是“像原子一样存在着的个人，而且是抛弃了一切具体特质的以抽象人格所存在的个人”，这种平等“决定于主体的抽象性”。⑦ 由此可见，市民法中的民事权利以及经济法中的自由竞争权和市场准入权等权利形态应属于普遍受益权的范畴。但是，普遍受益权的外延除涉及上述权利外，还包括宪法和社会法等领域中的诸多权利类型，如平等的政治发展权（选举权、政治自由权等）和社会发展权（社会保障权、公平分配权等）。

---

⑦ 〔日〕大须贺明：《生存权论》，林浩译，法律出版社 2001 年版，第 33 页。

具体到经济法领域,普遍受益权的表现形式可大致分为下述几大类。其一,经济行动平等权,具体包括平等的市场准入和竞争权、参与市场经济活动获益的权利、资源和人力自由流动的权利等。其二,福利分配平等权,具体包括城乡社会保障平等权、公共设施受惠平等权、医疗卫生保障平等权、教育等资源分配平等权等。其三,其他类型的平等权利。

2.差异受益权

所谓差异受益权是指,根据实质正义原则的要求,在社会资源分配过程中,居于弱势地位的社会成员和群体享有主张倾斜性利益资源配置资格的权利。与普遍受益权的消极自由属性相对应,差异受益权主要表现为各种积极自由的形态。因此,从政府和社会安排的角度,差异受益权实质上是社会福利理论领域中的“差别性待遇问题”的法律制度回应。值得指出的是,就对社会弱势者之特殊保护这一点而言,差异受益权同生存权的内涵和外延是极为接近的。

差异受益权的具体权利类型,可以概括为下述几种。(1)不受歧视的权利,包括在劳动就业、经济参与等方面的平等权。(2)获得支助的权利,包括通过社会分配制度、财税制度、预算制度等途径进行的权利配置和调整。(3)救济权,主要指前述权利被破坏或侵犯时的救济请求权。(4)其他权利。

消费者价格决策方式与建议零售价的法律规制*

◇ 李 剑**

内容提要 建议零售价是生产商提供给零售商用于零售的指导性价格，由于不具有强制性，因此往往不被认为是转售价格维持的形式而承担反垄断法上的责任。但是，单纯从生产商与零售商之间协议的角度来理解建议零售价则忽略了其对消费者可能产生的影响。对消费者决策的研究表明，消费者决策过程往往是多种因素共同决定。建议零售价为消费者决策提供了参考点，使得消费者在将商品的价格与参考点比较时产生损失或收益的感受，进而可能实质性地影响最终的消费决策，达到与转售价格维持类似的效果。对此，实证研究也证明了这点。因此，对建议零售价的法律规制应当超越协议的视角，而将其纳入转售价格维持的规制体系之中。

关键词 建议零售价 转售价格维持 参考点 反垄断法

建议零售价是指生产商在商品或契约中指定一个没有强制拘束力的商品销售价格，并建议或期待零售商依此价格出售商品。由于通常情况下建议零售价只是生产商给予的指导性价格，零售商仍然保留了对零售终端价格的决定权，因而并不构成反垄断法上的违法。但是，仅仅从生产商与零售商之间的关系来分析建议零售价会忽视建议零售价对市场竞争的实际影响。因为生产/销售关系并非市场关系的全部，不管商品流通的中间环节如何，商品销售的最终对象是消费者，竞争行为的最终效果也体现于消费者的实际购买行为之中。因此，如果消费者实际上受到建议零售价的影响，在最终购买时按照“建议零售价”接受商品定价，那么，即便生产商没有强制零售商执行建议零售价，建议零售价也可以在事实上实现通常转售价格维持的价格约束效果。

---

* 原文发表于《法商研究》2012 年第 1 期。

** 李剑，上海交通大学凯原法学院副教授，法学博士。

一、建议零售价法律规制的认识误区

在反垄断法领域，尽管各国执法机构在不同时期对于转售价格维持的态度时常发生变化，但总体而言，由于转售价格维持会产生限制零售价格的问题，因此各国对于转售价格维持的规制向来都较为严厉。我国《反垄断法》第 14 条对于转售价格维持采用的是类似美国反垄断法中当然违法原则的严格规制方式，即只要构成了固定转售价格维持和最低转售价格维持行为本身，除非符合特别豁免的情况，就可以直接认定其违法，而不需要对行为的经济效果进行进一步的证明。

与转售价格维持不同，建议零售价尽管包含了生产商控制价格的意愿，但却以非强制的方式表现出来，生产商并不能强行要求零售商执行自己的价格——该价格仅仅是“建议”。也就是说，对于零售商而言，是否采纳建议零售价完全取决于自身的判断。因此，很多学者认为真正的建议零售价并不违法。而现实中的问题只是在于生产商在提出建议零售价的同时是否配合其他手段强迫零售商接受这一价格，使得此时所谓的建议零售价已不再是单纯的价格宣示，而与通常的转售价格维持无异。[①] 与这一理论观点相对应，很多国家在立法上并不禁止建议零售价。例如，德国《反对限制竞争法》第 23 条规定：“企业在转售其品牌商品时，如果该商品与其他制造人的同类商品处于价格竞争之中，则对该企业提出的无拘束性的价格建议不适用 22 条第 1 款的规定，但该建议需要满足的条件是：(1) 明确标明是无拘束力的，而仅包含某项价格标示，并且没有使用经济上、社会上或者其他方面的压力来实施；(2) 出于下列期待所为，即所建议的价格将符合大多数建议对象预期所要求的价格为限。”可以看出，立法关注的同样是建议的价格是否“实际上”包含了强迫的因素。而司法实务中，对于判断涉案公司的行为是否是转售价格维持而应当受到严厉的反垄断处罚时，其标准同样是广泛采用建议零售价是否被生产商强制执行。如，Monsanto Co. v. Spray-Rite Service Co. 案[②]、Isaksen v. Vermont Castings, Inc. 案等。[③]

然而，用民事法律制度下的协议的理念和制度处理建议零售价的限制竞争问题存在较为明显的遗漏——忽视了消费者的作用。消费者完全有可能影响生产商与零售商之间的关系，因为消费者最终接受的价格才具有实际意义。即便生产商与零售商之间订立了转售价格维持协议，但如果消费者并不接受这一价

① 参见黄茂荣：《公平交易法理论与实务》，1993 年自版，第 308 页。
② 465 U.S. 752, 761 (1984).
③ 825 F.2d 1158 (1987).

格,则二者之间的协议其实也无从真正地实现。因此,从可能性上讲,在建议零售价的实施中,并不能完全排除消费者"自愿地""主动地"接受建议零售价的可能。而在此种情况下,消费者对建议零售价的接受会反过来制约零售层面上零售商对价格的决定权,使得商品的零售价格不得不"在事实上"按照生产商的建议零售价来制定。如果这一可能性在理论上具有成立的基础,那么,传统反垄断法理论上仅仅关注生产商与零售商之间的关系并以此来理解建议零售价的方式就有修正的必要。

二、消费者的价格决策模式

消费者的决策是一个复杂的过程。对这个复杂过程的认知和分析,是我们理解建议零售价在现实生活中可能发生的实际影响的基础。在探讨个体如何决策方面,基于理性经济人假设的理性决策理论一度是认识决策方式的基础。按照理性决策理论,决策者具有的特征可以转换为三条公理:偏好完整性公理、偏好传递性公理和效用最大化公理。古典决策理论在"理性经济人"假设的前提下发展成一套丰富而优雅的理论体系:对决策者完全理性的假定加上对决策者所处环境的了解,就能准确地推断出决策者的行为。似乎掌握了此套理论体系,就能实际地作出建议或决策,或者至少在宏观水平上能对管理者的行为作出正确的预测。[④]

在现实生活中,理性决策的三条公理却被认为是不成立的。决策者的偏好既不完整,同时还受到多种因素的影响,呈现不稳定性。例如,著名的"亚洲疾病"实验表明,对选择的描述不同影响到了人们的选择。因此,理性决策的模式尽管在理论上显得精致而完备,但却无法与现实生活很好地契合。

事实上,人们在不确定条件下的判断和决策行为常常会系统性地偏离传统理性假设。在实际生活中,人们并不完全具备运用经济学知识进行全面分析问题和作出判断的能力,而是常常依赖某些捷径、以往经验和直觉进行信息处理,作出判断和最终决策。这样势必产生某些系统性偏差。美国的卡尼曼和特沃斯基等心理学家发现,传统理性假设与真实行为的偏离是如此的广泛而不能被忽视,是如此的系统性而不能将其视为随机误差,是如此的基础而不能通过放松标准模型的条件而容纳进去[⑤],因而需要新的理论模型。按照他们的研究,"人们对结果的评价,根据的是相关信息和初始参考点相比的变化,而不是根据结果的

---

④ See Milton Friedman, "The Methodology of Positive Economics", In *Essays In Positive Economics*, University of Chicago Press, 30-43 (1966).

⑤ See A. Tversky & D. Kahneman, "Rational Choice and the Framing of Decisions", 59 (4) *Joumal of Business*. 5251-5278 (1986).

性质本身。并且,从初始参考点发生的损失比收益要得到更多的权重。”⑥

卡尼曼和特沃斯基提出的是行为经济学的奠基性理论。按照他们的观点,人们在风险条件下的决策存在着参考依赖和损失厌恶等特征。简单来说,人们进行选择时会从两个方面进行:首先,构建并形成参考的基点,即参考点。参考点的形成使得比较得以可能。例如,对于同样的商品价格,有些消费者认为很贵,而另一些消费者则认为不贵,这是由于不同的消费者有着不同的价格参考点。而在确定商品或服务价格时,消费者同样会先构建可以比较的基准。价格参考点的形成遵循以下的过程:消费者的期望和购买目标决定了消费者的起始参考点,之后消费者会受到销售等额外信息的影响而调整起始参考点,从而形成最终的价格参考点。⑦ 其次,将需要决策的行为与参考点进行比较。当价值判断高于参考点时人们就会感知获得,当价值判断低于参考点时人们将会感知损失。参考点不同,会影响个人对利得情境还是损失情境的判断,进而影响个人对风险的态度。⑧ 相比理性决策理论,新的理论无疑能够更好地与现实相契合。

而建议零售价对消费者决策的影响就在于,它可能在实质上确定消费者对价格的参考基点。消费者将其与商品实际售价进行比较,形成消费者“损失”或“收益”的判断,进而影响消费者的决策,并最终使得生产商所希望的价格得以执行——尽管没有采用强制性的手段。因此,从前述理论出发,现实中的消费者对于价格的接受受到“比较”信息的影响,其形成的价格基准对于最终的决策具有决定性的作用。

三、消费者价格决策的验证及其法律意义

从消费者决策方式的角度来分析建议零售价,为我们理解建议零售价的实际效果提供了新的理论视角。但是,严格说来这仅仅是一种对“可能性”的描述,是对决策方式内在逻辑的体系化,而这一过程实际是否会发生、如何发生,以及可能存在的偏差,则需要进一步验证。也就是说,对于建议零售价,上述理论是否成立仍然需要检验。

为了提供可靠的结论,我们设计了四种情形以探求建议零售价对消费者决策的影响。

情形一:假定你作为消费者到一家超市购买香皂。当你根据自己的喜好挑选好一块售价 4.9 元的香皂并准备到收银处付款时,突然发现香皂外包装一角

---

⑥ D. Kahneman & A. Teversky, “Prospect Theory: An Analysis of Decision under Risk”, 47 *Econometrica*. 277-279 (1979).

⑦ See Puto, “the Framing of Buying Decision”, 14 *Journal of Consumer Research* 301-315 (1987).

⑧ 施海燕、施放:《期望效用理论与前景理论之比较理论》,载《理论新探》2007 年第 6 期。

上印有“厂商建议销售价格为4.8元”的字样。请问，此时你是否仍然会购买该香皂？

情形二：在翻阅杂志时，你看到有一款手表非常漂亮，同时该广告页上说明“厂商建议价格为1500元”。当你按照广告页上标明的销售地址前去购买时，发现该款手表的实际销售价格为2000元。在与表店店员确认该价格没有标错而为实际价格后，请问你是否仍然会购买该手表？

情形三：你到书店购买图书时发现一本标价18元的《行为经济学》非常有价值并准备购买，同时你看到书上印有“定价：20元”的字样。请问，此时你是否仍然会购买该图书？

情形四：你到百货商店购买衬衣。通过对衬衣的款式、颜色、价格等进行比较之后，你选中了一件售价168元的衬衣。在付款时，你发现衬衣的小标签上标明“建议销售价格1880元”。请问，此时你是否仍然会购买该衬衣？

在以上所设计的问题中，出于简化验证的考虑，都假定消费者已经对商品产生了购买意向，而不是处于不断比较类似商品的过程之中（参考点不断发生变化）。情形一、情形二是希望了解建议零售价在低于实际售价时对消费者决策的影响程度。其中，情形一重点关注建议零售价对原来已经形成的内在期望价格的改变是否具有实质性的影响。通常来讲，如果建议零售价能够实质性地改变消费者已经形成的期望价格，则说明在最初消费者进行较为广泛的商品比较以形成初步的期望价格时具有更强的影响力。同时，情形一中建议零售价稍微低于实际销售价，而情形二中建议零售价已经成为消费者内在期望价格，关注的重点是当建议零售价较大幅度地高于实际销售价时对消费者最终决策的影响。情形三和情形四则是测试的另一部分，是从反面来验证建议零售价对消费者决策的影响。情形三中建议零售价稍微高出实际销售价，而情形四中则是建议零售价较大幅度地高于实际销售价。如果前述对消费者决策方式的分析是可行的，那么，建议零售价高出实际销售价将不会实质性地改变消费者的购买。

从调查的70份问卷中，消费者的选择如下：

	选择购买的比例和人数	选择放弃的比例和人数
情形一	60%（42人）	40%（28人）
情形二	10%（7人）	90%（63人）
情形三	94.3%（66人）	5.7%（4人）
情形四	67.1%（47人）	22.9%（23人）

从这一调查结果可以看出，在建议零售价低于实际销售价时（情形一和情形二），消费者受到建议零售价影响明显，有相当部分消费者选择放弃购买：情形一中，在消费者已经决定购买商品时，由于低于实际销售价的建议零售价的出

现,使得消费者选择放弃购买的比例达到了40%。尽管实际销售价相比建议零售价的差额不论是从绝对数(0.1元)还是相对数(2.08%)来看都较小,但消费者选择放弃购买的仍然有40%。这说明建议零售价实质性地改变了消费者的价格参考点,并影响到最终决策。同时,情形二还表明,消费者受建议零售价的影响还表现出实际销售价高出建议零售价的绝对值和相对值越高,则消费者受到影响越明显的倾向。

相比之下,当建议零售价高于实际销售价时,情况有一些变化。在情形三中,94.3%的消费者都接受了低于建议零售价的实际价格。由于建议零售价成为参考点,实际销售价低于建议零售价使得消费者感觉是"获益",因此消费者购买商品的决定不会改变。这基本说明前述对消费者决策心理的分析是成立的。而比较特殊的是情形四。在这一场景中,实际销售价远低于建议零售价,但有相当部分的消费者(22.9%)却放弃了购买。其中的原因或许在于,商品价格本身还包含了商品质量的信息。尽管多年来市场专家和对转售价格维持的批评者都将这一反常的经济现象归结于信息的不对称,但实质却是人们本能地将高价格与高品质、低价格与低品质相联系的结果。[⑨] 这是人们在面对现实中接近无限的选择信息(而非信息不充分、不对称)时所具有的本能性的反映,并最终对商品在市场中是否被接受构成了影响。也正因如此,在情形四中,当实际销售价仅为建议零售价的8.94%时,或许引发了对商品到底价值几何的怀疑。

综合调查所得出的结果来看,总体上而言,建议零售价的确能够实质性地影响消费者决策,从而将消费者能够接受的价格确定在一个范围之中。

实际上,除了本调查中所涉及的结果,现实中也有不少案例可以证明建议零售价对消费者心理的直接影响。例如,有媒体发现,北京市烟花鞭炮销售在有了建议零售价后,销售端要价就只能就低不能攀高。[⑩] 这一案例与调查中的情形二非常类似,而结果也类似。可见,在建议零售价的约束下,消费者在选择商品进行购买时普遍将建议零售价作为"价格比较"的基准点。如果高于这一基准点时,消费者心理上会形成"损失",进而避免购买行为。

综上,理论和实证上都表明,建议零售价能够对消费者决策造成影响,并在实际上形成类似固定转售价格维持和最高转售价格维持的效果。那么,在法律规制上,就应当将建议零售价的制订行为与固定转售价格维持、最高转售价格维持行为在法律上做同等看待,而不应当以建议零售价是否被强制执行为标准来认定其是否为最高转售价格维持。

---

⑨ See Mark I. Alpert, *Pricing Decisions*, Scott & Foresman Publishing. 115-16 (1971).

⑩ 《北京规定烟花爆竹售价不能高于"建议零售价"》, http://WWW. xinhuanet. com/chinanews/2010-12/17/content_21670593. htm, 2010-11-14。

四、结　语

既有反垄断法理论中忽略消费者因素有其深层次的原因。现代反垄断法的内在逻辑是构建在经济学的理论之上的,而经济学理论则由一些基本的假定作为基础。如果作为理论前提的基本假定本身存在局限性,那么就遑论整个理论大厦的完整了。由此可见,受经济学理论深刻影响的反垄断法理论不可避免地会存在系统性的缺失,并进一步导致在一些具体制度中规制失当。因此,对于建议零售价的认识,也需要回到理论之中,通过对其基本理论的修正来完善反垄断法对建议零售价的规制。

私有标准及其反垄断法规制论纲*

◇ 于连超**

内容提要 如今,标准呈现出私有化发展趋势。标准私有化发展的结果是大量私有标准的产生。作为市场自我规制工具的私有标准在提高经济效率、促进产品多样化以及保护公共利益方面具有积极效应。但是,私有标准可能会通过滥用市场支配地位、垄断协议等途径产生限制竞争的影响。因此,私有标准需要反垄断法的规制。

关键词 私有标准 知识产权 竞争法 反垄断法

一、何谓私有标准?

从历史溯源角度来看,标准一直具有公共属性。标准制定活动由公权力机构经过民主讨论,获得各利益方一致同意,并具有公开性。有学者将这一具有"公共需求",且不存在任何私人产权的标准称为"公共标准"。① 然而,20世纪下半叶以来,标准的"私营化"现象日益突出。各类公司、企业协议和行业协会进行标准化工作的私营化或圈占行为,它们远离更具开放性和民主的自愿协商规则。标准作为知识的公用领域的公共本质正经受着挑战。国内标准化研究者关于标准的一个基本分类是将标准按其宗旨分为公标准和私标准。其中,私标准又称自有标准,是由非公共资源转化的标准,具有独占性和非公开性。其宗旨是为本企业市场竞争服务,如提高本企业的市场竞争力,击败竞争对手取得对市

---

* 本文已发表于《北方法学》2012 年第 3 期,原文约 12000 字。

** 于连超,武汉大学法学院博士研究生。

① 朱彤:《标准的经济性质与功能及其对技术创新的影响》,载《经济理论与经济管理》2006 年第 5 期。

场的垄断地位等。[②] 目前,在农产品和食品贸易领域普遍兴起的私营标准(private standards)可以被认为是标准私有化的典型代表。私营标准是非政府机构设立的、用于规范商业团体内部产品质量以满足其自身品质要求的自愿性标准、认证和措施。[③] 其实,一直以来,学界关于私有标准问题的探讨对象主要是技术标准,特别集中于通信和电子信息(ICT)产业。WTO 报告认为,以制定和实施所考虑的利益不同,标准有私有(private)和公共(public)之区别。其中,公共标准考虑了其对所有厂商的收益和所有消费者福利的影响;而私有标准仅考虑了厂商的收益。当然,如果消费者福利与厂商收益并不冲突,私有标准也可能会考虑其对前者的影响。此外,从国际贸易法角度来看,非政府组织(NGOs)制定的标准也会被视为私有标准。世界标准化组织(ISO)也注意到私标准问题。ISO 文件指出,至少有三种类型的私标准已经出现:一是信息通讯技术领域的私标准;二是零售和农业食品产业领域的私标准;三是与社会和环境方面相关的私标准。

至此,标准私有化可以认为是标准一种发展趋势,其基本涵义是企业、企业联合以及行业协会等非政府组织成为标准的制定者。标准私有化的结果是大量私有标准的产生,私有标准的基本特征可初步归纳如下:其一,私有标准推动者为市场私主体之企业、企业联合以及行业协会等非政府组织,包括制造商、零售商等。其二,私有标准的范围极为广泛,不仅仅覆盖技术兼容性标准,还涉及产品质量与安全标准、环境保护与劳工保护标准,乃至银行、保险、证券等金融服务领域中的标准条款。其三,相对于法定标准,私有标准制定过程缺乏相应的民主协商程序和公开、透明规则,有的甚至是封闭性的,即仅针对特定内部人开放。其四,私有标准的动力多来自推动者的市场力量和技术优势,其中难免涉及知识产权因素。其五,由于私有标准制定者不同,涉及标准种类繁多,实践中的私有标准的表现形式也十分复杂。由此,私有标准对标准制定者的交易方以及消费者利益,乃至相关市场的竞争秩序都会产生不同程度的影响。

二、私有标准的积极效应

规制的来源和执行者并非仅是政府,还有经济社会生活大量领域是由市场主体实行自我规制。与政府规制相比,自我规制担较小,更有利于提高效率和推动创新,更有利于政府将稀缺资源用于更擅长的领域。[④] 一定意义上,标准一直作为规制的工具而存在。作为市场自我规制的工具,私有标准具有以下积极

---

② 李春田主编:《标准化概论》,中国人民大学出版社 2010 年版,第 20 页。
③ 董银果、严京:《私营标准对农产品国际贸易的影响分析》,载《农业经济问题》2010 年第 7 期。
④ 杨志强、何立胜:《自我规制理论研究评介》,载《外国经济与管理》2007 年第 8 期。

效应：

（一）提高经济效率：以兼容性标准为例

全面经济是标准和标准化的主要目的之一[⑤]，对于兼容性标准更是如此。兼容性标准重要性逐步显现的背景是网络产业的发展，最早是铁路系统，再到最近几十年内的信息技术和通信技术的迅速发展。网络产业特有的“网络效应”和“转换成本”影响着厂商决策和消费者选择。在网络效应影响下，厂商和消费者倾向于选择那些被他人广泛应用的系统。但是，厂商和消费者如果放弃某一系统，而转向另一系统时，就面临着转换成本。对厂商而言包括企业对人员雇佣、培训，固定资产以及业务基本流程的投资等成本，对消费者而言包括学习成本、交易成本、兼容成本、契约转换成本、不确定性成本以及心理成本等。由于转换成本的影响，加之兼容性标准通过协调作用得以避免或者减小不兼容所产生的成本，从而有助于市场扩张。在网络技术领域的标准竞赛中胜出的并不必然是“最好的”技术，而通常是那些成功地建立起了追随者网络，以及按照他自己的技术特性提供互补产品的第三方厂商网络的人。兼容性标准一般是按行业惯例或正式协议规定的产品技术规格，属于私有标准范畴。在网络效应影响下，兼容性标准旨在保证不同企业生产的产品协同工作，从而任何一个基于该标准生产的产品都可成为兼容的产品网络的组成部分，这将使消费者能最大限度地从产品网络规模的扩张中受益。[⑥]

（二）促进多样化：以食品标准为例

强制性标准可能会导致产品多样化的减少，而私有标准可以促进产品的多样化，以下以食品标准为例来说明。如图一所示，最低水平线是食品安全标准，这一水平线承担着风险控制功能，生产加工和市场供给的食品必须满足这一最低要求。这代表着政府强制性标准对食品市场的规制。另一方面，生产加工和市场供给的食品可以超过这一最低水平，即在满足食品安全标准的基础上可以追求食品作为商品的多样性，这给市场竞争以广阔空间。

可见，私有标准作为市场自我规制的重要工具，这一工具的广泛应用可以弥补政府规制的不足。同时，作为产品多样性和差异化的市场营销工具，私有标准对促进市场竞争和保护消费者福利亦有积极影响。

---

⑤ 〔日〕松浦四郎：《工业标准化原理》，熊国风、薄国华译，技术标准出版社 1981 年版，第 26 页。

⑥ 吴意云：《兼容标准的经济分析述评》，载《浙江学刊》2006 年第 6 期。

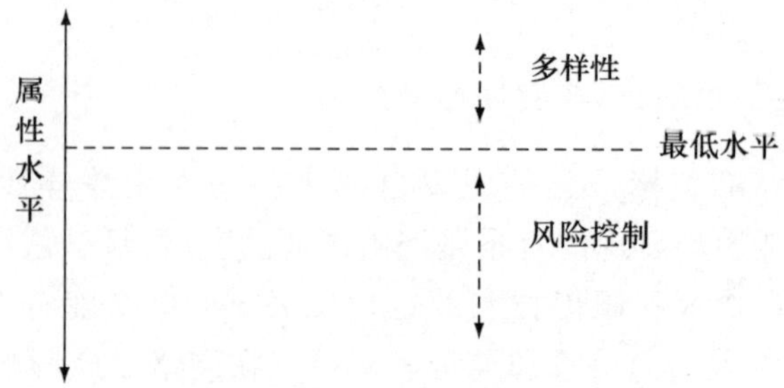

图一 标准对风险控制和食品多样性的影响

(三) 保护社会公共利益:以低碳标准为例

如今,发展低碳经济是应对全球气候变化,促进可持续发展的重要选择。在这一背景下,低碳标准逐渐兴起,其中包括低碳产品认证、碳标签(carbon labeling)等措施。低碳产品认证是以产品为链条,吸引消费者在生产和消费环节参与到应对气候变化活动中,通过向产品授予低碳标示,从而向社会推进一个以顾客为导向的低碳产品采购和消费模式。⑦ 碳标签是将产品生命周期(从原料、制造、储运、废弃到回收的全过程)的温室气体排放量在产品标签上用量化的指数标示出来,以标签的形式告知消费者产品的碳信息。⑧ 目前普遍兴起的低碳标准广泛应用于食品、服装、家具、家电以及建筑等领域。这些低碳标准属于私有标准范畴,它们在引导绿色消费、保护环境、节约能源以及促进低碳经济发展作出了重要贡献。

三、私有标准限制竞争的路径

标准对竞争的消极效应,主要是由于标准化过程本身资源分布不均所造成的。那么,由于私有标准的制定者为市场私主体,且制定过程缺乏民主程序和公开、透明规则,私有标准的消极影响不可避免。可见,私有标准可能产生排除、限制竞争影响。这一不利影响会通过滥用市场支配地位和垄断协议形式而得逞。

(一) 涉嫌滥用市场支配地位

市场支配地位是指经营者在相关市场内具有能够控制商品价格、数量或者其他交易条件,或者能够阻碍、影响其他经营者进入相关市场能力的市场地位。具有市场支配地位并不违反反垄断法,但是禁止具有市场支配地位的经营者在

---

⑦ 莫兴波、董永升:《低碳产品认证的意义》,载《认证技术》2010 年第 4 期。
⑧ 陈洁民:《碳标签:国际贸易中的新热点》,载《对外经贸实务》2010 年第 2 期。

经济活动中滥用市场支配地位，排除、限制竞争，这是反垄断法的基本态度。具体到私有标准问题，在相关市场具有一定市场影响力的企业才有能力制定并广泛推行其标准。在此，具有市场支配地位的大企业，尤其是跨国公司可能滥用其市场支配地位，排除、限制竞争，损害消费者利益。例如：在食品产业领域，零售业不断趋于集中，由少量零售商控制很大的市场份额。自有品牌[9]在销售额中所占的比例不断扩大，在全球范围内，2004 年占到 14%，而 2010 年则占到食品零售总额的约 22%。全球食品零售业似乎越来越集中到为数不多的跨国企业组成的国际寡头手中，而较小的自有品牌生产商和没有自有品牌的生产商不得不遵守零售商设定的要求和条件。联合国人权理事会有关人类“食物权”的报告认为由于粮食生产者和消费者与买方和零售商之间的谈判地位极不平等，后者即使在区域或国际市场价格上升的情况下也可以继续以相对较低的价格购买作物，而且即使这些市场价格下跌也可以继续向消费者索取高价。当然，滥用市场支配地位行为的具体表现很多，例如：低买高卖、掠夺性定价、差别待遇、搭售等。

（二）涉嫌垄断协议

垄断协议是指排除、限制竞争的协议、决定或者其他协同行为。具体到私有标准，标准协议对竞争的限制影响主要通过以下三种途径产生：第一，在标准制定过程中，如果企业相互间就反竞争行为进行磋商，这可能会降低，甚至排除该相关市场上的价格竞争，由此促进了共谋结果的产生。第二，较为详细地规定了某一产品或服务技术性要求的标准可能会限制技术的发展和创新。因为在标准制定过程中，具有可替代性的诸多技术争相为纳入标准而竞争。而当某一技术被选定且标准制定完成时，具有竞争关系的技术和企业可能面临进入相关市场的壁垒，也存在受到排挤的潜在危险。此外，通过要求某一特定技术排他性地适用于某一标准，或者通过责令标准制定组织成员排他性地使用某一特定标准以阻碍其他技术的发展，均可能导致上述负面影响。而当一个或多个企业被不公平地排除在标准制定过程，这会使限制创新的危险性加大。第三，标准协议可能通过阻碍特定企业有效获得标准的使用权，进而产生限制竞争的影响。这种阻碍可能是完全拒绝，也可能是以不合理条件许可使用。

四、反垄断法的基本态度

通过上述分析，本文认为我国在制定和实施关于私有标准的反垄断法规则

⑨ See Soberman DavidA, PhilipM · Parker, “The Economics of Quality-equivalent Store Brands”, *International Journal of Research in Marketing*, 23, 2006.

时应秉持以下基本态度：

（一）坚持合理原则：私有标准对竞争双重效应的要求

近年来，美国反垄断司法经验认为1911年Dr. Miles Medical Co. v. John D. Park &Sons Co. ⑩案创立的本身违法原则所依据的基础性经济学判断是不合理的。这一准则的发展与应用给商界带来了不确定性和无效率。⑪ 而合理原则能对变动不居的经济世界与不断更新的经济理念做及时的回应。合理原则能够周全地照顾到诸多不同利益，使得反垄断分析判定更具恰当性。通过上文分析得知，首先私有标准作为自我规制的工具而存在，在提高经济效率、促进产品多样化、保护社会公共利益等方面均具有积极意义。与此同时，私有标准又可能通过滥用市场支配地位、垄断协议等途径不同程度地对市场竞争产生消极影响，这就在基本层面要求私有标准的反垄断法规制坚持合理原则。正如有学者指出，反垄断法对标准活动的干预应持谨慎态度，仅干预那些边缘化的一些问题才是合适的。

（二）国际化视野：全球价值链的要求

社会化分工协作是当今社会的基本生产模式，产品与服务呈现出价值链状态。从空间维度看，价值链已呈现全球化，即全球价值链。⑫ 私有标准作为市场自我规制的工具，它存在价值链的各个环节。因此，在全球价值链背景下，私有标准亦是全球化的。那么，私有标准对竞争的影响是跨国界的。对于私有标准，WTO面临着国际协调的困境，因为WTO多边贸易规则规制的是成员方政府行为。⑬ 因此，私有标准能够规避WTO规则约束，这就需要反垄断法的域外适用。如今，世界各国反垄断法一般都有域外效力的规定，反垄断法域外适用成为反垄断法的一个重要特征或者属性。⑭ 可见，反垄断法的域外适用成为私有标准反垄断法规制的接点。⑮

（三）需要宽阔视野和发展态度：私有标准普遍性和应对技术与市场的变化的要求

标准是一个普遍存在的问题，不仅局限于技术标准化。私有标准亦是如此，

---

⑩ Dr. Miles Medical Co. v. John D. Park & Sons, 220 U.S. 373 (1911).

⑪ 〔美〕托马斯(O(巴尼特：《竞争法与竞争政策的现代化：来自美国普通法的经验》，http://www.ahfxh.org.cn/news_detail.asp? bigid = 2111111166&id = 1326, 2010-9-12。

⑫ 张辉：《全球价值链理论与我国产业发展研究》，载《中国工业经济》2004年第5期。

⑬ 师华：《非政府机构实施〈SPS协议〉研究》，载《国际贸易》2009年第8期。

⑭ 王晓晔：《我国反垄断法的域外适用》，载《上海财经大学学报》2008年第1期。

⑮ 于连超：《私营标准的反垄断法分析》，载《西南政法大学学报》2011年第3期。

基于经济影响,标准可划分为兼容性标准、质量标准、品种简化标准以及信息和产品描述标准等类型。[16] 基于国际贸易视角,标准有横向差异与纵向差异、私标准与公标准、强制性标准与自愿性标准等区别。私有标准广泛分布在食品、医药、服装、电子、家具乃至银行、保险、证券等金融服务领域,而私有标准的方式、方法和途径更是多种多样,这要求反垄断法对私有标准的关注应具有宽阔视野。同时,高新技术日新月异,市场竞争方式也日趋复杂和多变,这会直接导致其中私有标准措施和规则也变动不居,这势必要求反垄断规则作出适时调整。鉴于此,反垄断法应具有发展态度,以防止脱离高新技术进步和经济发展的步伐。

(四)规则差异性:应对部门性

如今,技术创新日益多样化并体现出技术领域与产业部门的差异,具体表现在研发速度和成本不同、模仿的难易程度不同、离散性创新与累积性创新不同以及技术创新对社会影响不同。[17] 其实,竞争政策也有部门性,因为竞争政策的制定几乎总会受到更为广泛的社会目标的影响。鉴于竞争政策通常与其他政策目标并非一致,竞争政策在不同产业部门会具有不同的内容。如前述,私有标准存在于价值链的各个环节,广泛存在于各产业领域。可以肯定的是,私有标准在不同产业领域发挥的作用具有差异性。对反垄断法而言,问题在于怎样很好地区别涉及私有标准的促进竞争行为和限制竞争行为。这在一定程度上依赖于对私有标准在不同产业领域对创新和竞争发挥怎样作用的判断。因此,这要求私有标准的反垄断法规则应具有差异性,以应对产业部门性。

---

⑯ 〔德〕克努特·布林德:《标准经济学:理论、证据与政策》,杜邢晔等译,中国标准出版社 2006 年版,第 22 页。

⑰ 王太平:《知识产权制度的未来》,载《法学研究》2011 年第 3 期。

从消费者权利向消费者责任的过渡

——以美国更正性广告正当性纷争为研究视角

◇ 郭 琛*

内容提要 更正性广告是美国联邦贸易委员会出于保护消费者权利而适用一种旨遏制不实广告的规制手段,但该保护措施并未因此当然取得正当性。面对质疑,委员会开始改变消费者权益保护视角,由原来单纯地强调经营者义务转向承认经营者商业言论自由权、确立"理性"消费者保护标准转变。反思我国当下消费者权益备受侵害的状况,笔者以为,真正完善我国消费者权利的保护,同样离不开消费者社会责任的强调,以及经营者正当权利的保护。

关键词 更正性广告 父爱主义 消费者社会责任 商业言论自由权

引 言

更正性广告,指经管理机构要求,由广告冒犯者为消除原来广告所造成的误导效果而重新制作的广告。① 它是美国联邦贸易委员会创设的一种极具威慑力旨在遏制广告商发布虚假广告、欺诈消费者的行政制裁措施。它所表现出的强烈进取心虽然使自己在那个"被忽略的"年代中变成为一个名副其实的"激进主义者"②,但同时也让委员会陷入了一场关于"模糊但广泛的权力、不能始终一贯地进行管理以及它关于企业适当行为的思想"的争议。而对于这些争议,笔者认为,与其说是委员会权力来源的正当性纷争,不如说是委员会所代表的消费者权益与经营者商业言论自由权之间的纷争,更耐人寻味的是,这场争议预示了消

---

* 郭琛,西北政法大学经济法学院副教授。

① 〔美〕斯坦利·J.巴伦:《大众传播概论》,载《媒介认知与文化》(第3版),刘鸿英译,中国人民大学出版社2005年版,第596页。

② 冯丽云、孟繁荣、姬秀菊编著:《消费者行为学》,经济管理出版社2008年版,第299-300页。

费者权益保护方式的一种新变革。

一、更正性广告正当性纷争的根源之一

更正性广告之所以引起众人关注,首要原因在于它自身的特殊性。它虽与禁止令和积极性披露具有相同的制止虚假广告、保护消费者之功能,但明显表现出更多地“攻击性”。与禁止令相比,禁止令禁止的仅仅是广告商将来不得从事欺诈性的宣传行为,凡是被裁定禁止令的经营者,只要遵守不发布虚假不实广告,仍可以继续进行广告宣传。所以说禁止令本身并不会施加经营者任何积极性责任的。这也是禁止令不同于积极性披露与更正性广告之处。积极性披露与更正性广告也存在诸多差别,主要表现为:第一,从实施对象来看,更正性广告针对的是那些已经“过去的”“结束的”广告,这类广告虽然已经停止发布欺诈性信息,或者是已经“改邪归正”,但因为其过去给消费者造成的不实影响仍然残留,因此责令发布更正性的信息披露便有充分必要性;而积极性披露却主要针对“正在进行的”广告采取的制裁措施。第二,从披露内容来看,积极披露只是要求广告内容能够将未能清晰或明确地表达的重要信息予以真实披露即可;而更正性广告的内容,却是要求必须同时包含对原来广告中误导信息的承认,以及真实信息的披露。③ 第三,从披露效果来看,积极披露广告使广告经营者丧失的利益主要是虚假广告可能增加的利益,但更正性广告让广告经营者丧失的却是消费者对该广告品牌的信任,而一旦丧失了消费者的信任,那就极有可能涉及广告商旗下的其他品牌,从而带给经营者毁灭性的市场效应。④ 第四,从披露广告的期限要求来看,积极披露通常无任何时间期限的要求;而更正性广告则往往会规定一个披露期限,比如一年或其他。其原因也主要是因为二者的披露效果存在上述不同所致。⑤ 第五,从权利限制范围上看,积极披露因为不妨碍真实广告和披露广告的同时进行,因此不会限制经营者的广告经营自由权利,也称为商业言论自由权;但更正性广告则不然。由于更正性广告令要求经营者在真实广告宣传的同时内容也必须包含更正内容,结果就会在客观上抑制经营者提供产品真实信息的积极性,并最终可能限制经营者的商业言论自由权。如 FTC V. Novartis Corp. 案,FTC 认为 Doan's 广告存在未经证实的信息即“达菲止痛片(Doan's Pills)的止痛效果比其他背痛药更优”,据此认定 Novartis 公司的上述“更优”宣传存在欺诈且对消费公众创造了残留影响,因此应当发布更正性广告。该更正

---

③ Corrective Advertising-The New Response to Consumer Deception [J/OL], 72 Colum. L. Rev. 415.

④ Ronald A. Milzer, “Corrective Advertising and The Limits of Virginia Pharmacy”, 32 *Stan. L. Rev.* 121.

⑤ 同注③.

性广告应在所有包装物及广告上发布为期一年，且年广告支出为 800 万美元(此数额根据过去八年来的误导广告总费用的平均计算而得)，内容应当包括“尽管达菲止痛片是一种有效的止痛药，但无证据显示它比其他止痛药更有效”。[⑥] 更重要的是，更正性广告的适用范围主要是那些已经结束了的广告，所以颇有中国谚语所说的“秋后算账”的味道，无疑这些都大大增加了更正性广告的威慑力和惩罚性。

二、更正性广告正当性纷争的根源之二

引起更正性广告正当性纷争的第二个根源就是委员会发布更正性广告的正当性依据。虽然 20 世纪七八十年代委员会频频裁决更正性广告，但该措施却并非《美国联邦贸易委员法》的明确授权，而是 FTC 在具体案件裁决过程中依据《美国联邦贸易委员会法》第 5 条(a)款(1)、(2)项和第 12 条的概括性授权创造性适用的一种“信息处罚”措施。自该项信息罚开始适用之始，其权力依据、适用条件、适用方式等就一直处于争论之中。

为此委员会引用了“法律父权主义”。“法律父爱主义”指法律为了当事人自身的利益而限制其自治。[⑦] 法律父爱主义得以证成还有一个理由，即自由主义所强调的能够保持自知自觉和自我理性判断的“理性人”假设在现实中并不总是对的，真正的事实往往是消费者会因为“强制、虚假信息、兴奋或冲动、被遮蔽的判断，推理能力不成熟或欠缺”反而作出不利于自己偏好的决定，因此对这些行为就有必要进行限制和干预。而这样做不仅“不是阻碍自治，而是在实际上保护和提升自治”，因此，它是符合个人利益与公共利益一致性要求的。作为一个授权保护消费者公共利益的机构，委员会的更正性广告令无疑就是在以行动践行着法律父爱主义的价值观，它不仅要阻止未来欺诈不实信息对消费者的潜在损害，而且还要消除过去不实广告信息的残留对消费者权益的威胁，就像是为迷了路的人点亮一盏灯一样，更正性广告能让一个被蒙蔽理性的消费者恢复下次交易的理性。

然而，随着美国《宪法第一修正案》对商业言论的态度从不保护到开始保护的转变，委员会以父权关爱为名的消费者保护措施就面临着质疑。负责撰写 1976 年弗吉尼亚州药学会诉弗吉尼亚消费者委员会案法庭意见的布莱克门大法官指责了州政府的“父权主义”的专断。他说，“州政府对其市民的家长式动

---

⑥ Doan's Pills Must Run Corrective Advertising: FTC Ads Claiming Doan's Is Superior In Treating Back Pain Were Unsubstantiated, http://www.ftc.gov/opa/1999/05/doans.shtm, 2012-3-24.

⑦ 郭春镇:《法律父爱主义及其对基本权利的限制》，法律出版社 2010 年版，第 9-11 页。

机是以置市民于消息不灵通状态下能带来利益为前提的,而这种利益本身又是模糊不清的。……对弗吉尼亚州上述家长式做法的最佳替代方案是打开交流的渠道而不是关闭它们,因为信息本身并没有害处,而且人们只有在充分知情的情况下才能最好地为自身最佳利益谋划。"[⑧]不过,联邦法院并不打算给商业言论提供和政治言论一样程度的保护。尽管它担心"父爱主义"可能演变为威权主义从而导致的过度规制,但它也清楚地宣布商业言论更多地体现了自利性和非政治性,因此也决定了政府的规制同时也是必要的。一旦承认规制的必要性,就必须承认联邦贸易委员会是一个决定对于被发现的不公平或欺骗性的行为予以制裁并消除此类行为的专门机关。"它有广泛的自由裁量权,除非其作出的制裁措施与该非法行为之间无合理联系,法院不应干预……"[⑨]这样看来,弗吉尼亚案在不经意间为消费者权益的保护提供了一种新的思路,那就是即便是弱势权益的法律保护,也不会是一味单向的,而可能是双向的,即不仅关注弱势消费者一方权利,而且还要关注与之相对的经营者的言论自由权。

三、更正性广告正当性纷争的化解

在需要兼顾消费者与经营者双方正当利益的思路指引下,消费者的法律父权保护主义开始走向限缩。具体限缩方法有:严格法律父爱主义的适用条件;运用经济效益成本分析法;明确限定不得适用更正性广告的情形。

1980 年联邦最高法院在中央哈德逊气电公司诉纽约州公共服务委员会案(447 U.S.557)中就政府"父爱"地规制商业言论不得超越宪法第一修正案保护商业言论的限度作出了明确指示。即除非政府能够"确定通过对商业言论的限制能够获得重大的州利益,且州采取了与该利益相应的限制措施",否则真实性商业广告应受宪法第一修正案的保护。1977 年 Warner-Lambert v. FTC 案则是法院就 FTC 发布更正性广告令是否符合弗吉尼亚案和哈德逊气电公司案共同确立的判例规则作出更令人兴奋的判决。哥伦亚特区上诉法院在该案中肯定,FTC 裁定更正性广告并不违反宪法第一修正案对商业言论自由权提供的有限保护。首先,裁定更正性广告符合 FTC 所享有的司法性法定解释权;其次,利斯特林制造商在广告中声称的该产品能杀死导致喉痛的细菌,并暗示该产品能防治感冒发烧的信息存在虚假;最后,政府对保护公民不受欺诈享有重大利益,且"仅仅实施稍稍限制性的救济措施——禁止令——并不能实质地保护这种利

⑧ Virginia State Board of Pharmacy v. Virginia Citizens Consumer Council, Inc., 425 U. S. 748, 96 S. Ct. 1871, 48 L. Ed. 2d 346(1976).

⑨ Daniel Hays Lowenstein, Symposium: Commercial Speech and First Amendment: "Too Much Puff": Persuasion, Paternalism and Speech[EB/OL], 56 U. Cin. L. Rev. 1205, 1988.

益。因此更正性广告对于实现政府重大利益而言是必需，同时也是对广告商限制最少的措施，其应予以支持。”[10]

不过判决并未消除人们对更正性广告的适用可能带来的负面后果。人们的担心促成对更正性广告令由“正当性”质疑向“合理性”质疑转化。“经济效率原则”或曰“成本效益分析法”于是成为衡量更正广告合理性的关键标准。更正性广告运用的合理与否就要计算规制的成本与效益，并选择净收益最大化的政策。可参考的“效益”包括因更正性广告而避免了的不实广告的销售规模以及相应的消费者损害规模，“成本”包括因对更正性广告的畏惧而阻碍了的商业信息自由流动以及可能导致的资源错误配置。

采用成本效益分析法后最富有意义的变革，即改变原有的“弱而愚”的消费者标准，采取新的“拥有通常信息、通常注意力以及通常理解能力的普通消费者”标准。委员会认为，弱而愚的消费者保护政策看似保护了消费者，但却有可能助长一些不理性的消费行为和消费意识，而且看似过高的保护标准因为易于挫伤经营者的能动性，从而反过来抑制了消费者选择自由度并最终减损消费者整体福利。所以，委员会在关于欺骗性广告的政策咨文中强调，“应当以理性消费者的角度出发审议广告欺诈行为”，原有的“弱而愚”的消费者利益无需特别更正性保护，因为这样是不符合经济效率原则的。另外，不存在主观欺诈故意的广告亦不应适用更正性广告，因为这样会遏制诚实广告商传播信息的动机，其结果同样不符合经济效率原则。

应该说，“弱而愚”的消费者保护转向理性消费者保护，也意味着对消费者的保护由原来的单一强调权利保护转向消费者责任和消费者权利并重的保护趋势。按照1979年消费者保护运动的国际协调机构CI(Consumers International)给消费者责任的界定，消费者责任包括：第一，批判性意识，即对商品、服务的用途、价格、质量产生敏感意识，持有怀疑态度的责任。第二，自我主张与行动，即自作主张、进行公平交易的责任。第三，社会责任即时刻意识到自己的消费行为对他人的影响、特别是对弱者的影响。第四，环境意识即认识到自己的消费行为对环境的影响。第五，团结合作即为拥护、促进消费者的利益，作为消费者要团结一心、互相合作。[11] 消费者责任的强调意味着消费者要在一定程度上对靠自己的自由判断所采取的行动、所进行的选择进行负责，而这也是消费者拥有消费者主权的相应代价。所以有学者认为，对消费者规定义务和责任是为了消费者的长远利益而对其短期消费决策行为进行矫正。这种义务和责任的履行并不主

---

[10] Warner-Lambert Co. v. FTC: The Possibilities and Limitations of Corrective Advertising, 13 New Eng. L. Rev. 348 1977-1978.

[11] 〔日〕铃木深雪：《消费生活论》，田桓监等译，中国社会科学出版社2004年版，第21页。

要是通过惩罚规诫而是通过教育、引导来实现的，以促使消费者的消费决策更趋理性，与消费者的长期福利和消费者群体的共同利益相一致。[12] 而且消费者保护转变对消费者形象的逻辑假定，所带的意义还不止于此。按照日本学者铃木深雪的观察，消费者社会责任的确立，也有助于消费者行政的重心从规制行政转向支援行政，且整体呈现出规制缓和和支援行政所占比重不断提高的趋势。难怪乎有不少说"'消费者保护的时代结束了'，现在是'消费者责任的时代'、'自我责任的时代开启了'"[13]。

四、更正性广告纷争对我国的意义和启示

如今，我国正陷入在食品安全危机的沉疴中，要求重典惩处不良食品经营者的呼声已占据主流地位。想必美国联邦贸易委员会当初实施更正性广告也与我国现在的情形相仿，所以现在重典惩处不法经营者自当有其合理价值。可是即便如此，我们也应像当初人们对更正性广告的正当性、合理性的质疑一样，反思我国现行的行政处罚手段的正当性。

第一，我国市场规制中急需引入更正性广告这种极具威慑力，而又能真正保护消费者利益的行政处罚手段。根据我国《广告法》第 37 条规定，执法机构是有权责令广告主停止发布广告，并处以等额广告费用在相应范围内公开更正消除影响的，不过这里的"公开更正、消除影响"因为更多地是针对正在进行的、即时性的不实广告，所以说它更接近于积极性披露，而非更正性广告。而事实上，规制机构在执法实践中运用更多的是资格罚和罚金罚，却不是类似"公开更正"的信息罚。显然，前者手段不仅不能起到恢复蒙蔽了的消费者的决策"理性"的效果，反而在相当程度上纵容了不诚实的广告商继续肆无忌惮地欺骗。因此说，一项错误的资源配置最终导致了执法效果直接背离执法初衷，造成规制者越是依赖资格罚和罚金，就越会将政府自己直接变成普遍信任危机的直接源头。而且也越加剧了消费者对政府的责任依赖而忽视了自我的社会责任。

第二，重新审视我国的消费者权益保护法领域中的"消费者形象"。当前消费者对于社会责任普遍存在的"无意识"和"贡献观"，其中一个重要原因就是当前的消费者法律保护模式普遍适用的"弱而愚"标准。如在消费合同领域中，倾斜保护弱者仍是主导着法律裁判活动，对于部分消费者基于自身的轻信、盲从、非理性消费行为给自身所造成的损害不加区别地给予相同程度的法律保护；在惩处贩卖、销售、加工制作野生动物的经营者时，往往不加处罚，轻易纵容那些消

---

[12] 周林彬、董淳锷：《法律经济学》，湖南人民出版社 2008 年版，第 391 页。

[13] 同注[12]，第 157 页。

费者；对于能够积极抵制不法经营者行为的理性消费者，法院却以其“过于聪明”而不承认其是消费者，同样，对于一些要求举报奖励的消费者，一些政府还以消费者有谋取个人利益之理性因素为由否认此类消费者的举报奖励资格。而对此，笔者以为，我国当下的消费者单边保护模式不仅与我国乱象丛生的市场有直接关系，而且也直接加剧了当前消费者、经营者与政府之间规制保护与逃避规制的恶性循环，因此强调消费者的社会责任不仅是道德伦理问题，而且它也是真正保护消费者权利所必需的一种方式。

美国实质合并原则述评及启示

◇ 郭丁铭[*]

内容提要　实质合并原则是美国破产法中的一项重要的衡平救济手段。经过70年的发展,美国逐步确立了基于保护债权人信赖利益和财务混同理论的二维适用标准。虽然我国没有规定实质合并原则,但一些法院已经在破产案件中主动适用实质合并原则。新破产法应该规定实质合并原则,选择较为严格的立法思路,引入美国的二维适用标准,同时还要明确举证责任的分配。

关键词　破产法　实质合并　关联企业

实质合并原则(substantive consolidation doctrine)是美国破产法中的一项重要的衡平救济手段。[①] 虽然美国破产法的条文还没有正式承认实质合并原则,但其在司法实践中已获得普遍承认和使用。本文拟介绍美国实质合并原则的历史发展,分析其内容和特点,并就我国新破产法借鉴该原则提出相关建议,以便对我国的破产立法和司法有所裨益。

一、美国实质合并原则的历史发展

(一) 诞生

实质合并原则发端于1941年的Sampsell v. Emperial Paper & Color Corp案(以下简称Sampsell案)。[②] Downey是一个商人,因无法偿还债务不得不向法院申请破产。但是,其在无法偿还债务至申请破产之间几乎将自己的全部资产转

---

* 郭丁铭,法学博士,昆明理工大学法学院讲师。

① 除实质合并原则外,美国破产法中的重要衡平救济手段还包括刺穿公司面纱原则、衡平居次原则和重新定性原则。

② 313 U.S. 215 (1941).

让给一个新成立的公司,该公司由 Downey 和其妻子及儿子所有。在破产程序中,破产管理人向法院申请将该新公司的资产和债务与 Downey 的破产财产合并。同时,新公司的唯一债权人向法院申请其对新公司的无担保债权应该优先受偿。破产管理人反驳了该债权人的要求,认为其债权只能与 Downey 的债权人一同按比例受偿。法院判决新公司的财产属于破产财产的一部分,应当为全体债权人利益分配。针对新公司债权人的异议,法官认为该债权人明知 Downey 的负债情况还帮助其成立新公司,因此其彻底了解新公司的欺诈性质。因此,法院拒绝给予其优先权,但允许其作为一般的无担保债权人参与分配。Sampsell 案首次在破产案件中将债务人和非债务人合并清偿破产债权,扩大了对破产债权人的保护,也有力地纠正了债务人转移财产逃避债务的不当行为。

(二) 保护债权人信赖利益理论的发展

Sampsell 案影响了此后的很多案件的审理。在 1942 年的 Stone v. Eacho(In re Tip Top Tailors, Inc.) 案中,母子公司都进入破产程序。法官判决母子公司合并清偿,因为子公司从来没有真正的存在,资本严重不足,纯粹是母公司的工具或口袋,并且债权人都是将母子公司视为一个统一体进行交易。[③] 在 1964 年的 Soviero v. Franklin National Bank 案中,法官判决债务人与其 14 个关联企业合并清偿,虽然这些关联企业并没有破产。在 1970 年的 Flora Mir 案中,1 家母公司和 11 家子公司申请破产并寻求实质合并,其中一家子公司的债权人提出异议。第二巡回法院在最终判决中拒绝授予实质合并的要求,理由是债权人信赖该子公司的独立性,其并没有将上述关联企业看作一个整体进行交易。[④] 可见,这期间的实质合并案例都是以保护债权人信赖利益为核心,即如果债权人将被实质合并的实体看作一个整体进行交易而忽视各个实体的独立性,则应该合并,反之则不得合并。

(三) 混同理论的出现

1966 年的 Chemical Bank New York Trust Co. v. Kheel 案(以下简称 Kheel 案)在适用实质合并原则的过程中首次提出了"混同理论"。在 Kheel 案中,8 个债务人船运公司都申请破产重整。这些公司由一个自然人所有和控制,并作为一个整体运营。法官建议实质合并,地区法院批准了该建议。Chemical Bank New York Trust Co. 是其中一个债务人的债权人的受托人,其反对地区法院的判决并提出上诉,理由是没有足够的证据证明债权人知道其是和整个债务人集团

---

③ 127 F. 2d 284(4d Cir. 1942).

④ 432 F. 2d 1060 (2d Cir. 1970).

交易且信赖整个集团会付款。第二巡回法院支持了地区法院的判决并在判决书中写道:"实质合并的权力应该审慎使用,因为可能会不公正地对待那些和债务人进行交易但不知道其与其他人的相互关系的债权人。但是,在本案这样稀少的案件中,如果集团内部关系模糊不清以致令人绝望,而要为全体债权人分清集团内部关系需要花费的时间和费用如此巨大,以致会威胁所有净资产的变现,那衡平法可以达到大致的公正。"⑤

(四)两维测试标准的提出

在全面总结已有的实质合并案例的基础上,1988 年的 Union Saving Bank v. Augie/Restivo Banking Co. 案(以下简称 Augie/Restivo 案)提出了适用实质合并原则的两维测试标准:第一,债权人在提供信用时是否将这些实体(entity)作为一个经济体并且不依赖他们各自的身份。如果债权人在和其中一个实体交易时不知道这些实体之间的关系而只信赖单个实体,则缺乏足够的理由适用实质合并原则。第二,这些实体的事务是否如此混乱不清以致实质合并将有益于全体债权人。如果实体之间的事务可以分清,则不得适用实质合并原则。Augie/Restivo 案的两维测试标准非常准确地把握了实质合并问题的关键。第一项测试以债权人信赖利益的保护为中心,与破产制度保护债权人利益的宗旨高度契合。第二项测试以关联实体之间的事务混同为基础,与福利经济学的帕累托改进(Pareto Improvement)暗中吻合。

(五)因素列表(the checklist of factors)方式的发展

从实质合并原则诞生以后的相当长时期内,法院对该原则的使用一直非常谨慎。但是,20 世纪 80 年代以来,一些法院逐渐放宽了实质合并原则的适用。比如在 1980 年的 Vecco 案中,法官提出了一个 7 因素列表:第一,区分和确认各自的资产和负债的困难程度;第二,是否存在合并的财务报表;第三,在一个地点实质合并的盈利性;第四,资产和业务的混同;第五,各种公司实体之间的利益和所有权的统一性;第六,母公司和公司之间贷款担保的存在;第七,违反公司形式要求进行资产转让。⑥ 其他法院提出了 5 因素列表、6 因素列表、8 因素列表和 10 因素列表等等。这种因素列表方式扩大了实质合并原则的适用标准,因为这些因素有些涉及 Augie/Restivo 案的两维测试内容,而更多的则属于刺穿公司面纱和欺诈性转让的测试内容,并且这些因素是由法官综合考虑,没有孰轻孰重的区别,这在很大程度上稀释了传统的严格测试标准,给予了法官适用实质合并原

---

⑤ See Kheel, 369 F.2d at 847.

⑥ Vecco Constr. Indus., 4 B.R. at 409.

则较大的自由裁量空间。实质合并领域中的这股自由主义潮流使得实质合并原则的适用变得不可捉摸,难以预测,充满了不确定性。

(六)向传统回归

2005年的Owens Corning案重申Augie/Restivo案的两维测试标准,明确反对宽松适用实质合并。法官在判决书中总结出适用实质合并的五大原则:第一,通过尊重实体的独立性来限制责任的扩大是基本规则。第二,实质合并讨论的损害一般是忽视实体独立性的债务人造成的损害。第三,单纯的有利于案件的管理不足以适用实质合并。第四,因为实质合并是极端的和不精确的,这种"大致公正"的救济方式应当很少使用,并且应当作为没有其他救济方式后的最后救济途径。第五,虽然实质合并可以防卫性地用于救济因事务混同造成的损害,但不得用于进攻性目的,比如主要目的是策略性地使一组债权人陷于不利境地或者是修改债权人的权利。随后,法官重申了实质合并的测试标准:"在我们法院,如果缺乏一致同意,要适用实质合并于实体(entity)必须证明:(1)(破产申请前)他们忽视自己的独立性如此严重,以致他们的债权人信赖实体边界的崩塌并将他们视为一个法律实体,或者(2)(破产申请后)他们的资产和负债如此混同以致很难将他们彼此区分并且损害全体债权人。"⑦Owens Corning案的判决明确拒绝滥用实质合并原则的做法,坚决抵制自由主义倾向,使实质合并原则的适用标准重归传统。

二、对我国的启示

(一)我国实质合并的立法和司法现状

2006年制定的《中华人民共和国企业破产法》并没有规定实质合并原则。但是,法律没有规定并不意味着破产司法实践没有需要,也不等于法院没有在司法实践中运用该原则。一些地区的法院在处理复杂的关联企业破产案件时,成功地运用实质合并原则完成了相关案件的审理。但是,法院适用实质合并原则在破产司法实践中存在几个问题:第一,根据法治原则,法院必须依法审判,而不能创造法律。既然新破产法没有规定实质合并原则,那法院就不得擅自适用,否则就等于法院立法,不符合我国法院的定位和权限规定。第二,由于法律规定的空白,各个地方的法院都是依靠自己的理解适用实质合并,难免发生司法不统一的现象。第三,由于实质合并理论研究的缺乏,法官对实质合并原则的理解难免

---

⑦ 419 F.3d 195 (3d Cir. 2005), at 211.

发生偏差,从而对一些不应该实质合并的案件适用了实质合并,这会严重损害无辜债权人的利益,或者造成债权人在破产财产分配中的内部不公。因此,为了满足破产司法实践对实质合并原则的需求,新破产法确有必要全面规定实质合并原则。第四,从既有的司法实践来看,实质合并一般用于破产清算,很少见到在破产重整程序中适用。根据美国的破产司法实践,实质合并在重整程序中的运用非常广泛,并不逊色于其在破产清算程序中的表现。

(二)我国实质合并原则的立法构想

1. 立法思路的选择

对实质合并原则进行立法有两种思路:第一种是规定较为严格的适用标准,第二种是规定较为宽松的适用标准。笔者认为,我国应该选择较为严格的适用标准。理由如下:

第一,适用标准的宽松会冲击有限责任制度。实质合并原则使一个实体的债权人可以向其他实体的财产求偿,是对有限责任制度的限制。实质合并原则的过多适用会频繁击穿有限责任制度,这会削弱有限责任制度对投资人的保护,也会破坏与企业交易的第三人对有限责任制度的正常预期,从而增加投资交易领域的不确定性,扭曲利益相关人的行为。从整个法律体系来看,破产法律制度只是构筑法律大厦的一块组件,其必须尊重其他非破产法律制度。如果破产法律制度频繁动摇其他法律制度,必然会影响整个法律大厦的稳定。

第二,宽松的适用标准会造成缺乏正当理由的财富再分配。实质合并涉及两个或两个以上的实体,我们可以分两种情况讨论。一种情况是所有被实质合并的实体都进入破产程序。由于每个实体都达到了破产标准,其财产状况必然是无法清偿各自的债务。由于这些实体各自的资产负债情况并不相同,在分别破产清偿时,各个实体的债权人的清偿比例和受偿数额并不相同。但是,一旦上述实体被实质合并,资产负债比例高的实体的债权人和资产负债比例低的实体的债权人同等受偿,必然发生前者向后者进行财富转移的结果,即前者本来可以得到的较多清偿被后者稀释。另一种情况是所有被实质合并的实体只有部分进入破产程序,另一部分实体财务状况健康良好。对于没有达到破产界限的财务状况良好的实体来说,其债权人本来应当得到全额清偿。但是,当其被强制与已经进入破产程序的实体合并清偿债务时,其债权人的受偿程度必然会降低,这种情况下发生的一部分债权人向另一部分债权人进行财富转移的程度比第一种情况更加严重。上述财富转移分配的情况是实质合并的必然结果。我们只能选择那些有正当理由的财富转移,对缺乏公平与正义基础的财富再分配必须坚决抵制。但是,如果我们选择宽松的立法思路,难免会将一些缺乏正当理由的财富转移纳入到实质合并的适用范围。

第三,宽松的适用标准会导致市场风险的无效率分配。破产制度有一项重要的政策含义,即与债务人交易的当事人必须将交易失败的风险内部化,不得向无辜第三人转嫁。据此,如果债务人破产,债权人必须承担债权无法全额受偿或无法受偿的风险。但是,实质合并将财务状况好坏不一的实体的财产合并,作为一个共同的破产财团清偿所有债权人的债权,这就使在分别清偿情况下受偿程度低的债权人获得了较多的清偿,而受偿程度高的债权人却得到较低的清偿。这实际上是让一部分债权人为另一部分债权人的交易风险买单。

2. 适用标准的具体内容

笔者认为,新破产法应该借鉴美国的两维测试标准。从美国近 70 年的实质合并司法实践经验来看,主流意见一致认为混同理论和保护债权人信赖理论是实质合并原则的最佳适用标准。至于 20 世纪 80 年代出现的因素列表方式,由于其存在较大的不确定性,争议较大。因素列表方式依据的测试因素可以说是一个大杂烩,其既包括刺穿公司面纱原则和欺诈性转让的测试因素,也借鉴了混同理论和保护债权人信赖利益理论。此外,该方式依据的因素列表并没有统一的规定,不同的法院常常有不同的参考因素列表,而这些因素一直处于发展变动中,再加之法院从来没有明确到底具备哪些因素可以适用实质合并,也没有说明哪些因素相对重要,而是由法院根据具体案件综合判断,使得因素列表方式备受批评。法律的确定性是法律效率的最佳保证。我国的大陆法传统完全不同于美国的普通法,法院和法官的地位及功能也无法比及美国,所以采用相对简洁明确的两维测试标准是一个较好的选择。

据此,新破产法可以规定“法官在审理破产案件过程中,如果有证据证明存在以下情况,可以将债务人和其他企业法人的财产和债务合并,注销他们之间的债权债务关系:第一,债务人与其他企业法人的财务资料混同,无法区分,或者虽然可以区分,但费用过高,严重影响债务人和其他法人的债权人的利益;第二,债权人没有将债务人或其他企业法人视为独立的实体,而是将债务人和其他企业法人视为一个实体。”

对于上述适用标准有几点说明。第一,单纯的便利案件处理或降低破产财产损耗只能是实质合并适用的必要条件,而不是充分条件。一般来说,凡是涉及几个企业法人的破产问题,实质合并都可以达到便利案件处理或减少费用支出的效果。如果将其作为实质合并的适用标准,难免会造成实质合并原则的滥用。第二,单纯的对一部分债权人有利并不足以适用实质合并。前文已经分析实质合并必然伴随财富转移。如果法院单纯地为了救济一部分债权人而将债务人与其他企业法人合并,这是典型的缺乏正当理由的财富再分配。因为一部分人的受益建立在损害其他人利益的基础之上既不符合福利经济学的要求,也不符合正义的理论。第三,单纯的达到“刺穿公司面纱”测试标准不足以适用实质合并。如果债务人符合刺穿公司面纱的适用标准，法院不得适用实质合并，除非债务人与其他企业法人的混同已经达到无法区分或区分成本过高，或者混同的程度如此之高以致债权人忽视了他们各自的独立性而将他们视为一个实体。这是因为"刺穿公司面纱"只涉及债务人的股东，而实质合并则可以涉及所有关联企业，进而严重影响到其他关联企业的无辜债权人的利益。第四，债权人的信赖必须是实际的信赖和合理的信赖，不能是虚假的或想象的。

3. 举证责任

实质合并的举证责任根据适用标准的不同而有差异。如果适用标准是财务资料高度混同，则直接由管理人提供证据，因为进入破产程序后，管理人依职权会全面清理债务人的财产情况，其必然掌握充分的证据证明债务人与其他实体的财务资料混同无法区分，或者虽然能够区分，但费用过高，严重影响债务人和其他实体的债权人的利益。如果适用标准是保护债权人的信赖利益，则采用分阶段举证方式。首先，由申请适用实质合并原则的当事人证明公司忽视为债权人创造契约期待，以致他们将债务人与其他实体视为一个无法区分的整体。需要注意的是，债权人的信赖必须是现实的和合理的。债权人必须证明在破产申请之前的交易过程中，他们实际上合理地信赖债务人和其他实体是一个整体。其次，由反对实质合并的债权人举证反驳上述表面证据（prima facie evidence），只要他们能够证明他们受到实质合并的不利影响并且实际信赖债务人和其他实体的独立存在。⑧

⑧ 419 F. 3d 195 (3d Cir. 2005), at 212.

关系规则、经济政策、法律制度在经济发展中的作用
——以我国民营经济法制进程为例

◇ 李玉虎*

内容提要 关系规则、经济政策与法律制度在经济发展中的作用及机制是近年来国经济学界和法学界关注的话题。在西方,从市场经济建立初期,就强调法律对经济发展的促进作用,普遍认同“法治发展论”。尽管,法律制度在经济发展中发挥着越来越重要的作用;但其促进经济发展的作用并未得到充分发挥。在我国民营经济发展中,部分民营企业将主要精力放在“等政策、搞关系”上,而不是“依法律”来经营企业。通过法律途径规范、鼓励、引导民间资本参与经济建设,弱化关系规则与经济政策的作用,创造民营经济公平竞争的法制环境,实现稳定发展和经济民主的必然选择。

关键词 关系规则 经济政策 法律制度 经济发展

近年来,对法律制度在经济发展的影响进行评估,成为国外经济学界和法学界共同关注的重要问题之一,在理论建构和经验研究上都取得了重要进展。在理论构建方面,产权理论、合约理论、信息经济学和博弈论等新制度经济学分析工具和框架,对法律制度(法治)在经济发展中的作用进行了大量研究。法律经济学和法律社会学研究则以法学和经济学、社会学理论和方法的视角,深入研究了法律的功能,将法律的功能从政治功能扩展到经济和社会功能,对法律在促进经济发展的作用及其机制进行了广泛的分析。在经验研究方面,经济学家和法律经济学研究者利用统计和计量分析方法,具体研究了不同法系的法律制度对金融证券市场的发展、公司治理等经济发展基本要素对经济发展的影响。

理论和实践表明,影响经济发展的因素是多样和十分复杂的,经济发展的结果也是由多种原因所促成。总体而言,法治是经济发展中的重要因素之一,但除

* 李玉虎,西南政法大学经济法学院副教授,法学博士。

了法律制度之外，还有诸多具有规范功能的因素对经济发展也会产生影响，这些因素不是以法律规则的形式存在和发挥作用，但它可以提供预期、从而发挥其激励功能、约束功能。纵观我国民营经济发展进程，关系规则和经济政策发挥了重要的作用。

一、“关系”规则与我国民营经济发展

“关系”可以作为一种资源，具有可交换性特征，已在东亚经济体的经济发展中得到一定程度的验证。例如，有人认为关系式资本主义是海外华人群体成功的关键。在我国，个人的关系网络作为一种社会结构和非正式制度安排，被认为是人们在法律制度没有覆盖的交往环境下，为了降低交易成本的交易中的不确定性而开发的一种替代性制度安排。“关系”规则不仅在计划经济体制下发挥了重要功能，由于当时商品经济的萎缩和物质的普遍短缺，人际关系具有功利主义的色彩，成为货币机制的替代品。

卡罗尔·琼斯在解释近年来中国在缺乏马克斯·韦伯意义上的法治的条件下实现了经济快速发展的现象时，认为“关系”是中国传统文化中重视家族和人际之间的联系和人际关系网络的交往规则，其作用机制是一桩买卖中的各方当事人业已存在的关系为交易提供了信任基础，也是交易的担保，这种关系机制成为商业交易的具有稳定性、可预测性提供了规则，从而减少了交易风险，实际上成为了法律的替代机制，关系在当代中国发挥着填补法制缺口的作用。法律与关系的区别在于法律是普遍性的、非人格化的和形式化的，而关系则是特殊性的、人格化的及非正式的。[①]

对于“关系”这种中国传统文化中独特的现象，我国社会学家也进行过广泛持续的研究。梁漱溟将中国社会描述为“伦理本位”或“关系本位”，而不同于西方社会的“个人本位”或“团体本位”。[②] 费孝通将传统中国农村的社会秩序和组织概括为由辐射自每一个个人的多个同心圆的结构组成的“差序格局”。[③] 金耀基研究了当代中国社会的人际关系网络，认为关系建构是中国式的网络建构，中国人在日常生活中都在磨炼他们的关系建设技能，利用同乡、同宗族、同姓、同事、同学和师生关系等人际之间所具有共同特征来建构和经营关系。一个人的关系越多，他在调动各种资源在充满竞争的世界达到自己的目标的能力就越强。他通过社会调查发现，关系的运用在中国大陆十分盛行，通过关系作为手段来

---

① Carol Jones. Capitalism, “Globalization and Rule of Law: An Alternative Trajectory of Legal Change in China”, *Social and Legal Studies* 1994, vol. 3, pp. 195-221.

② 梁漱溟：《中国文化要义》，上海人民出版社2005年版。

③ 费孝通：《乡土中国 生育制度》，北京大学出版社1998年版，第27—30页。

“办成一件事情”在当下的中国已经“成为社会流行病”。④

关系机制在我国具有相当广泛的历史文化基础。在实践中，中国的商业活动对于“关系”具有较强的依赖，并作为其经济利益预期安全保证的基础。从我国民营经济发展的角度看，在经济改革进程中，关系机制在商业交往中的重要性并没有减弱的迹象，相反在新的经济环境中关系发挥着更加重要的作用。在市场机制尚不成熟的过渡性经济里，关系在促进民营企业家的活动中发挥着重大作用。经济改革增加了对法律正式制度和非正式制度的需求，规范和约束交易，并为交易者提供激励和降低交易费用。但是，正式法律制度的供给需要成本，法制供给不能完全满足市场经济的需求，而关系作为一种非正式制度具有补充法律的作用。当然，关系在经济活动中具有正反两个方面的作用，从正面角度看，它可以简化交易程序、增强交易当事人的相互信任，较少交易中的制度性约束机制，从而降低交易成本。但其负面效果也是不容忽视的，个人之间的关系在经济改革阶段已经变得越来越工具性和功利化，进而引发了诸如官员腐败、商业贿赂等负面现象，这些现象也会增加交易成本。但无论从何种角度看，关系机制在经济发展中确实发挥着一定的作用，尤其在我国改革开放初期，关系机制曾经在一定程度上为民营经济的存在和交易活动提供了保障，具有弥补法律缺失的效果。

二、经济政策在民营经济发展中的作用

经济政策是通过政策主体用来实现特定目标的手段和方法，相应地，政策主体、政策目标和政策手段是构成经济政策的三个基本因素。依据政策主体可以将经济政策分为国家的经济政策、社会团体的经济政策、国际组织的经济政策等类型，在各种经济政策主体中，国家（或政府）是最主要的一类政策主体。长期以来，政策在国家的政治经济和社会生活中具有重要的地位和作用，甚至有学者认为，长期以来我国采取的依靠政策来治理国家的策略，使得政策对法制建设造成了巨大的消极影响。就政策与法律的关系而言，政策是法律的灵魂和指南，法律是实现政策目标的工具和载体。法律服从政策、依赖政策和贯彻落实政策是建国初期就已确立的一项法制建设的原则。在法律的制定阶段，政策是制定法律规则的指导原则和依据；在法律执行中，政策是司法的基本原则。在改革开放初期，将政策直接作为法律依据的现象还屡见不鲜，例如，1981 年的《经济合同法》规定：“订立经济合同，必须遵守国家的法律，必须符合国家政策和计划的要求”，“违反法律和国家政策、计划的合同”是导致合同无效的首要因素。《民法通则》规定：“民事活动必须遵守法律，法律没有规定的，应当遵守国家政策。”这

④ 金耀基：《关系和网络的建构》，载《中国社会与文化》，牛津大学出版社 1993 年版，第 71—72 页。

些经济活动的基本法律制度都表现出了对国家政策的重视。在经济法领域中，国家的经济政策更是经济法规则的主要来源，例如，财政政策和货币政策是财政金融立法和执法的基本背景。

在新中国成立初期的法律制度初创阶段，由于法律制度不足，需要依赖政策维持社会经济秩序和解决纠纷，当司法机关处理具体纠纷时，在没有法律规定或者法律规定不完整的情况下而依据政策，具有一定的合理性。然而，这种片面地把政策提高到超越法律的地位，甚至将政策提高到了不应有的高度，将“政策和策略是党的生命”的论断片面化和绝对化。尤其在政府官员的意识中，往往将政策作为行动的主要规则，而不是将法律作为真正的行为规则。从改革初期的“等政策”，到当前的大规模地方经济立法都体现了“政策治理”的痕迹。在“依法治国”方略提出之前，政策是指导经济发展的有力工具，“红头文件”往往成为了政府参与经济活动的合法性依据。

在我国，通过经济政策手段来规范和促进民营经济发展的现象，体现在经济改革和市场经济建设中，至少在法治的市场经济建立之前，经济政策在民营经济发展中仍然会发挥弥补或者替代法律制度的作用。例如，以政府的规范性文件为载体的市场管理政策和宏观调控政策等在某些方面具有与法律同等的效力，对民营企业主判断其经济活动的后果具有较强的预测作用。尽管经济政策的效力机制并不是通过权利义务、权力职责规则来体现，但是党和国家制定的经济政策在经济生活中也具有约束力。

三、法律制度对经济发展的作用

从法律制度与经济发展关系的历史演变看，二者之间存在复杂的联系。这种复杂性在历史上得到了证明：不同国家在历史变迁中经历过不同的发展阶段，也产生了各自时代的法律制度，有的时期经济发展与法制并行不悖，有的时期经济发展与法制各自为政，但从总体上看，经济发展速度较快的阶段，往往是社会秩序安定、法制精神彰显时期。从国别比较看，具有相同或相近似法律体系的国家，其经济发展水平并非完全一致；或者经济发展水平相差不大的国家，但其法律传统却大相径庭。法律制度在经济发展中扮演者怎样的角色，以及什么样的法律制度才能够促进经济发展，能否通过移植经济发达国家的法律制度来促进本国经济发展等，还是一个需要继续深入探索的问题。从逻辑分类的角度看，法律制度对经济发展作用存在的几种可能假设是：第一，法律制度对经济发展具有促进作用；第二，法律制度对经济发展没有促进作用，其中还可能会出现法律制度阻碍经济发展的现象；第三，法律制度对经济发展既有促进的作用，也有阻碍的作用，关键要看发生作用的背景和条件；第四，法律制度与经济发展之间不相关。最近,在有关法治与经济发展的几项研究中,有研究将视角投向了转型时期的中国法治进程与经济发展[⑤],有些侧重于近年来东亚法治与经济发展的实践。[⑥] 一些学者通过对亚洲经济的快速增长与亚洲法治的考察,得出的结论认为,法律并没有在大多数亚洲国家的经济增长中发挥重要作用,促进经济发展的因素是特定的政策、制度和文化基础,而不是法律本身。甚至,有些学者根据对亚洲经济体的研究认为,法治与实现经济增长之间没有必然联系。[⑦]

改革开放以来,法律制度在经济社会生活中的重要性得到了重新确认,但是"法律工具主义"的观念在法律实践中占据着重要地位。大致而言,法律工具主义观念在我国的经济立法中主要表现为以下几方面:其一,立法的任务与目标。立法的主要任务是为服务于社会主义经济建设和现代化建设;经济立法具有适应计划经济体制,以及体现政府对经济运行和社会秩序实施控制和管理的特征。其二,经验主义立法模式。20 世纪 80 年代期间,主导我国立法的一个重要指导观念是经验主义,其典型表述就是立法要在总结实践经验的基础上,"成熟一个、制定一个""宜粗不宜细",在这种立法思想的指导下,我国的法律制度建设取得了显著成就。其三,法律是政府治理的工具。在法律工具主义的思路下,法律制度被视为实施政府治理的手段,是实现政府所确定的经济发展目标和推行经济发展方式的工具,法律是为经济发展服务的,这类用来实现经济发展目标的法律本身并没有独立的价值追求。

与经济改革同步进行的法制建设,在确认、完善和促进民营经济发展中发挥了重要作用,例如《宪法》及其修正案对民营经济法律地位的确认,不断为民营经济的存在和发展清除制度性障碍;民商法律制度的逐步完善,有效地保护了民营企业的财产所有权,为民营企业创造了相对稳定和可预期的营商环境;各类市场主体法明确了各类民营经济的法律地位;经济法制度在确保和规范民营企业的公平竞争、维护竞争秩序中也发挥着重要作用。然而,不可否认的是,除了一些基础性法律制度之外,民营企业在交易活动中并没有严格遵守民商事法律制度,在实践中,大量的交易是在关系规则的规范下发生的。从民营企业经营与政府行为的关系看,各级政府及部门更加倾向于通过经济政策规范、引导和调整民营企业的行为,通过制定政策性文件促进当地民营企业发展的现象屡见不鲜。

---

⑤ Randy Peerenboom, *China's Long March Toward Rule of Law*, Cambridge University Press, 2002.

⑥ Katharina Pistor and Philip A. Wellons, *The Role of Law and Legal Institutions in Asian Economic Development*: 1960—1995, Oxford University Press, 1998.

⑦ Tom Ginsburg, "Does Law Matter for Economic Development? Evidence from East Asia", *Law & Society Review*, 2000, vol34, no. 3.

四、关系规则、经济政策与法律在我国经济发展中的互动逻辑

关系规则、经济政策与法律这三种变量之间存在着复杂的和多维的关系,具有多元因果关系的特征,经济政策和经济发展之间彼此相互作用,也会对法律制度产生影响。皮斯托等人通过对亚洲六个经济体的经济政策、法律制度和经济发展之间关系的研究也证实了三者之间的互相影响、互相制约的关系,认为三者之间的因果链条有两种途径:一种是从经济政策到经济发展,再到法律制度建设,最后实现经济发展;另一种是从经济发展开始,经由经济政策到法律制度,再到经济发展。[⑧] 研究和经验表明,在经济改革中,经济政策既可以作用于经济发展,也可以作用于法制建设。经济发展初期阶段,由于法律制度的供给不足以促进初始的经济快速增长,经济政策在经济发展中具有弥补甚至替代法律的作用,经济增长和发展对经济政策具有较大程度的依赖性。当市场机制逐步建立并日益成熟时,法律制度的变革显得重要起来,经济政策对经济发展的作用力开始减弱。就法律与经济政策的关系而言,在经济发展的起步阶段,国家经济政策既是法律的渊源,也是法律的主要内容,产权保护和合同执行对经济政策的依赖性较强;当经济发展逐渐依赖市场机制后,通过法律来约束市场行为,是经济发展的关键。在经济发展和法律制度建设中,经济政策作为独立于经济发展和法律制度的第三种变量,对二者的关系具有直接影响。例如,在我国,法律制度的演变遵循经济政策的基本内容,在市场化经济改革的法律制度建设中"政策先行"是一种被普遍采用的策略。通过"关系"机制而提供了如同正式法律制度所提供的人们对经济利益的稳定的和相对可靠的预期,也为实现产权与获得利益提供了安全保证。然而,在我国民营企业经营中,交易依赖的"关系"规则因素甚至比正式的法律和法律机构更加重要。[⑨] 因而,通过完善民营经济营商的法律制度,逐渐弱化关系规则和经济政策的影响,建立能够促进营经济发展的法治环境,是我国民营经济长期良性发展的法制基础。

---

⑧ Katharina Pistor and Philip A. Wellons. *The role of law and legal institutions in Asian economic development*, Oxford University Press, 1999. pp. 109-110.

⑨ 尽管缺乏在民营企业交易中关系规则比法律制度更加重要的足够证据,但是通过现实观察,结合民营经济发展的法治环境,还是可以得出这样的结论。

民生金融法的语境、范畴与制度*

◇冯　果　李安安**

内容提要　金融社会化与社会金融化已经成为社会发展的重要趋势，这需要强化金融的社会属性，大力发展民生金融。民生金融具有丰富的法律内涵，其知识谱系至少包括制度驱动机制、制度调适机制、制度评判机制和制度实现机制。金融法要从观念更新与制度变革两个方面对民生金融进行积极回应，并注重制度的本土化型构。

关键词　民生金融　法律维度　运作机制　本土化型构

一、金融社会化、社会金融化与民生金融的中国语境

伴随着金融在社会经济中所起的主导作用日愈凸显，人类已经别无选择地走进了一个问题丛生和风险重重的“金融社会”，即几乎所有的社会资源都要通过金融的作用在社会各部门、各群体、各组织之间进行转移，甚至人的生命（如人寿保险）、住房、医疗等也要纳入金融活动中。① “金融社会”的运作逻辑可以概括为“金融社会化”和“社会金融化”两个过程，其中“社会金融化”是指社会行为遵循金融方式和规则的过程，“金融社会化”则是指金融机构和社会成员共同形成有助于经济社会发展的金融环境和金融行为的过程。进入21世纪之后，金融社会化与社会金融化已经演变成为社会发展的重要趋势。社会金融化凸显的是社会运作逻辑背后的金融因素，尤其强调金融对社会行为方式的决定性作用。众所周知，金融是现代社会最基本、最活跃的经济要素，是一种稀缺性的战略资源，它既是资源配置的对象，也是配置其他资源的方式或手段，对金融资源

---

* 原文发表于《政治与法律》2012年第8期，原文约1.4万字，选入本书时进行了内容与结构调整。

** 冯果，武汉大学法学院教授、博士研究生导师；李安安，法学博士，武汉大学法学院讲师。

① 丁瑞莲：《现代金融的伦理维度》，人民出版社2009年版，第12页。

的占有在很大程度上就意味着叩开了财富和机会的大门。正是基于金融有如此重要的功用,才需要强化金融的社会属性,防止金融机构的经营变异,矫正失衡的金融资源配置机制,使金融成为推进社会经济健康发展的重要动力。金融社会化则强调的是金融发展的社会价值旨向,即将社会责任视为金融发展的重要组成部分,实现金融与社会经济的良性互动与融合发展。金融的这种伦理精神契合了金融的民生诉求,使得民生金融具有了天然的正当性。

回到中国的现实语境,尽管我们依然面临着金融深化的繁难任务,但随着经济金融化的不断深入和公众金融资产的不断增加,社会金融化正在成为一个不争的事实。与此相反,金融社会化的发展程度不容乐观,民生金融的进展状况令人担忧。以企业融资为例,政府在金融资源配置过程中采取了偏好城市而忽视农村、偏好国有企业而忽视民营企业、偏好大企业而忽视中小企业的不恰当做法,加剧了地区之间、行业之间、企业之间以及社会群体之间利益输送的不公平程度,使得收入分配差距在"资本与权力的纠结"中潜滋暗长,进而让社会坠入"断裂"与"失衡"的"现代化的陷阱"当中而难以自拔。金融资源配置的严重失衡践踏了社会的公平正义,背离了金融法制的人文精神,也与民生金融的价值追求格格不入。我国正处于矛盾频发的社会转型期,如果任凭金融资源配置扭曲和异化,则势必会动摇金融发展的社会与经济基础,诱发潜在的利益冲突。在构建和谐社会的背景下,更应该树立民生金融的理念,强化金融的社会性,彰显金融的平民化和大众化,通过有效的金融制度安排,加强弱势领域的金融法律支持,扶持弱势产业、弱势群体和弱势地区的发展,调整金融资源的布局和分配,寻求和构建普惠型的金融资源配置模式。

二、制度要素、运作机制与民生金融法的范畴

(一)融资权是一项基本人权——民生金融的制度驱动机制

尽管人权概念的内涵与外延素有争议,但将生存权与发展权视为人权最主要的内容却是共识,而融资权具有明显的发展权性质。在20世纪30年代经济大萧条时期,美国总统富兰克林·罗斯福在就职演说中把旧"四大自由"改成了新"四大自由"——言论自由、信仰自由、免于匮乏的自由和免于恐惧的自由。"免于匮乏"的观念是对自由放任的思想基础——社会达尔文主义的一次重大修正,公民享有"免于匮乏的自由"意味着摆脱贫穷不再是个人的行为,政府应该承担起保障人们免于贫困的责任。[②] 赋予贫困人群融资权正是对"免于匮乏

② 资中筠:《也谈罗斯福"新政"》,载《国际经济评论》1998年第7期。

的自由”的积极回应,也是社会弱势群体得以改善生存与发展际遇并获取人格尊严的重要手段。这一权利概念的提出,也是对一些国家(如孟加拉国)金融实践并经联合国倡导的普惠性金融体系的实质性呼应。理论与实践也一再证明,金融是帮助贫困及低收入群体走上脱贫致富之路的重要工具,融资权的赋予可以帮助社会弱势群体实现从生存到发展的“惊人的一跃”。除了具备发展权的属性,融资权还具有平等权与社会权的人权属性。法律面前人人平等几乎是任何一部现代宪法所确立的基本原则,人不应因禀赋的差异而受到不平等的对待。但“人生而自由,却无往不在枷锁之中”,人总会在“弱肉强食,适者生存”的法则中出现分化并诱发实质上的不平等现象,金融资源占有的严重不均即为明证。这就需要政府充分利用金融法的利益再分配功能,矫正金融“嫌贫爱富”的不平等倾向,确保人人享有平等的融资权,实现金融资源分配的相对合理性。弱势群体的融资权还是一种社会权性质的新型人权:它以社会弱势群体为权利主体,与社会权所追求的谋求全体国民幸福的福利国家观一致;它在权利内容上强调国家对社会经济弱者进行保护和帮助,体现了社会权维护社会整体的安全与和谐的价值目标。③

(二)民生的疆域厘定——民生金融的制度调适机制

在经济法视域下,民生金融可以被解读为一种“公共物品”,这种物品由于市场失灵的存在而难以从市场中获得,只能由政府来提供。为了防止民生范围过于泛化而导致道德风险的发生,有必要只将那些直接关于人的生活质量、具有共性、能诉求于公共途径加以解决的“共同需要”纳入民生金融的范围,并通过制度化的形式加以确保。什么是“共同需要”?官方文件给出的解释并不一致。如在党的十七大报告中,民生内容包括教育、就业、收入分配、社会保障、基本医疗卫生、社会管理等;2008 年的政府工作报告中,民生内容包括教育、卫生、就业、社会保障、居民收入和消费、社会管理、住房保障以及人口和计划生育等;在 2008 年的政府预算报告中,民生支出包括教育、医疗卫生、社会保障、就业、廉租住房、文化、环境保护、生态建设、公共服务以及公共安全等。金融资源是一种稀缺性的战略资源,为了使金融资源能够真正用在急需的民生领域,必须对上述的这些“共同需要”按照“最密切联系原则”排出先后顺序,否则就会使民生金融的效果大打折扣。我们认为,在上述这些民生领域中,金融资源应当优先配置于就业、教育、分配、社保和稳定五个领域,因为相对于其他民生领域而言,这五个方面可以说是与社会弱势群体的利益关联度最大的民生问题。就业是民生之本、教育是民生之基、分配是民生之源、社保是民生之依、稳定是民生之盾,优先满足

---

③ 杨婷婷:《论弱势群体的间接融资权》,湖南大学 2008 年硕士学位论文,第 15 页。

了这五个领域的金融支持,民生金融的实现也就有了坚实基础。需要指出的是,民生的疆域并非一成不变,民生金融的边界也不是绝对的。由于社会经济生活的变动不居,民生范围总会出现变化,民生金融具体领域的确定也表现出一种阶段性选择。

(三)弱势领域金融服务的可获得性——民生金融的制度评判机制

基于金融资源的稀缺性和垄断性,弱势群体在金融服务的获取上总会面临金融排斥的困惑。由于金融排斥与民生金融的理念背道而驰,也与联合国所倡导的普惠金融理念格格不入,目前国际上正在兴起一股金融包容的浪潮。金融包容是与金融排斥相对应的概念,是指个体可以接近适当的金融产品和服务,包括可以获得能最好地使用这些产品和服务的技能、知识和理解力[④],其目的在于将"无银行服务"的人群纳入正轨的金融系统,从而使他们有机会得到储蓄、支付、信贷和保险等金融服务。[⑤] 将弱势领域金融服务的可获得性作为民生金融的制度评判机制,需要回答理论的自足性问题,即这一评判机制是否公允且合乎逻辑。从法理上讲,评判机制本身应当具备合法性、合理性、人本性等要素。从我国现行的法律中不难找寻确保弱势领域金融服务可获得性的依据,这些规定是为了确保弱势领域金融服务的可获得性。从合理性来看,根据木桶理论,一个国家社会弱势群体金融服务的可获得性可以作为评判这个国家金融发展水平的重要尺度,确保弱势领域金融服务的可获得性在某种程度上就意味着实现了民生金融的底线公平。从人本性上看,确保弱势领域金融服务的可获得性是对"穷人经济学"原理的运用和实践,是对弱势群体平等权、发展权和社会权的维护和尊重,体现出鲜明的人文关怀。

(四)权利倾斜性配置——民生金融的制度实现机制

在民生金融的制度构造中,至少存在三方主体:政府、金融机构和社会弱势群体。所谓"权利倾斜性配置",是指在民生金融运作过程中,强化政府和金融机构的职责和凸显社会弱势群体的权利。具体而言:首先,作为公权力的金融资源配置权应当接受实体限制和程序制约。从实体限制上看,政府应当秉持金融公平的原则,改革和完善金融机构的资源配置模式,打造公平合理的金融工具体系;从程序制约上看,金融资源配置权的行使应当遵循权限法定和透明度原则,

---

④ Scottish Executive, Edinburgh 2005, Financial inclusion action plan, Part of the Scottish Executive's closing the opportunity gap approach to tackling poverty, http://www.scotland.gov.uk/Publications/2005/01/20544/50280.

⑤ 阿尔弗列德·翰尼葛、斯坦芬·杰森:《金融包容和金融稳定:当前的政策问题》,载《新金融》2011 年第 3 期。

采行民主决策程序。其次,金融机构作为一种特殊的公用企业,必须严格履行强制缔约义务、价格非自主义务以及持续信息披露义务。最后,法律应当对社会弱势群体的融资权作出规定,并采取强有力的配套措施确保这一权利的实现。社会弱势群体的融资权有直接融资权和间接融资权之分,前者如中小企业发行债券的权利,后者如贫困农户的信贷权。法律可以通过降低企业发行债券门槛、推行小额信贷与微型金融等途径落实社会弱势群体的融资权。在民生金融的权义结构中,政府的金融资源配置权是主导性的权力形态,金融机构的职责是对政府公权力的拾遗补缺,弱势群体的融资权则是民生金融的制度落脚点。

三、观念更新、制度变革与民生金融的本土化型构

(一) 问题的提出:我们需要什么样的民生金融观?

首先,金融社会属性的强调。金融的社会属性可以从两个方面来理解,一方面,金融负有促进社会公平的积极责任,另一方面,金融负有避免社会动荡的消极责任。金融发展的历史一再表明,金融机构能够创造出迅速转化为社会能量的经济能量。正是因为金融有如此大的"魔力",才需要强调金融资源配置的公平,将社会属性嵌入金融法的内核。金融业是高风险行业,金融危机的救助不仅需要支付巨额的社会成本,而且会诱发社会灾难,因此,金融实践不仅要追求一种最高的善,对社会正义和人类幸福负责,还要阻止一种最大的恶,对避免社会动荡和不幸的威胁负责。⑥

其次,金融法底线公平理念的提倡。将底线公平纳入金融法的视野,旨在确立金融公平的基点,明确政府的责任边界,寻找全社会可以共同接受和维护的价值基础。金融法的底线公平理念与民生金融的价值旨趣一脉相承,是对确保弱势领域金融服务可获得性的理论提炼。它强化了社会公众监督与问责政府提供金融服务行为的心理预期,有利于增加民生金融制度评判机制的可操作性,因而具有重要的实践价值。

再次,法律赋权与法律赋能理念的引入。民生金融的本质是用金融来解决贫困问题,只有认清贫困的根源才能对症下药。森在其名著《以自由看待发展》中认为,贫困本质上来源于"可行能力的剥夺",即贫困者之所以贫困,根本在于穷人应该享有的基本权利被系统性地剥夺,从而使他们陷入贫困的恶性循环。⑦

---

⑥ 丁瑞莲:《金融发展的伦理规制》,中国金融出版社 2010 年版,第 15 页。

⑦ 〔印〕阿玛蒂亚·森:《以自由看待发展》,任赜、于真译,中国人民大学出版社 2002 年版,第 88—92 页。

可以说,贫穷的根源在于“权利的贫困”与“能力的贫困”,这就需要引入法律赋能与法律赋权的理念,打破施加在穷人身上的权利枷锁,以能力来看待个人利益和衡量平等,实现人的自由和发展。

(二)本土化的反思:民生金融与民族文化的冲突与整合

“民生”虽然是一个颇具有中华民族文化气息的概念,但实质上的民生金融在国际上是普遍存在的,这也说明了民生金融制度规则移植发生的可能性。如1977年《社区再投资法》的制定和实施,在解决“信贷歧视”问题的同时,还有助于缓解经济欠发达地区的资金需求,在扶持弱势群体创业起到积极作用。我国在借鉴或移植这些国外的民生金融制度规则时,就需要进行文化土壤可行性的求证。以农村金融为例,对民间资本的监管,不能简单套用正规金融的监管规则,而应结合农村金融的实际,运用差异化监管、适度监管和柔性监管等包容性的监管理念或手段。这是因为,我国农村地区虽然历经多次规制变革,但以“熟人社会”为特色的稳定组织架构并未发生实质性的改变。在农村金融的运作逻辑中,法律、行政法规等强制性规范虽然发挥着重要作用,但道德伦理、宗法习惯、乡规民约等非强制性规范的约束与激励功能同样不容小觑,以祖缘、地缘、血缘、情缘为基础形成的关系契约更是成为调整人们金融交易行为的基本准则。基于农村金融特有的社会传统与文化背景,必须打破对纯粹的国家主义治理观的盲目崇拜,认真对待乡土社会中那些鼓励性、协商性、指导性的软法规范,将农村社会共同体的制度化、规范化、程序化的自治规则纳入到体制内的监管框架中来。

(三)制度的回应:民生金融观视域下的金融法制变革

对于政府来说,金融法制的结构性变革意味着要在民生金融理念的统领之下构建普惠型的金融体系。联合国在2006年“建设普惠金融体系”的蓝皮书中指出,普惠金融的目标是在健全的政策、法律和监管框架下,每一个发展中国家都应该有一整套的金融机构体系,共同为所有层面的人口提供合适的金融产品与服务。对于我国这样一个发展中国家而言,建设普惠金融体系,大力强调贫困人口和微小型企业获得金融服务的机会和途径,对于解决金融抑制和金融排斥、促使金融深化和推动金融发展等都具有深远的意义。普惠型金融体系的构建是一个系统工程,需要在破解国有金融机构垄断、改革金融服务市场准入制度、强化金融监管机构的独立性与问责性、放松利率的法律管制、完善资本市场资产定价机制等方面作出实质上的制度变革。对于金融机构而言,应当强化其社会责任,实现从社会责任道德化到社会责任法律化的转变。以商业银行为例,其社会责任的强化可以通过内生性自律和外源性助推两种形式来实现。就内生性自律而言,应当充分发挥中国银行业协会等自律组织在推动银行践行社会责任方面的作用。就外源性助推而言,银行践行社会责任需要金融监管等强制性手段的确保,需要通过相关立法将银行公司治理、金融监管和社会责任统一起来。这就要求修改《商业银行法》对商业银行的界定,明确商业银行社会责任中的经济责任与法律责任为法律上的义务,并将商业银行的性质界定为“追求经济效益,同时兼顾社会责任”的独立法人实体。

证券行业律师规范之反思与完善

◇ 郭　雳*

内容提要　我国律师证券法律业务的规则体系渐趋成型，以证监会、司法部"管理办法"为核心，呈现出较清晰的思路和层次。另一方面，针对当前律师事务所相关实务的调研表明：若干早期规范已难以适应资本市场的快速发展，亟待调整；律师尽职查验仍遭遇各种现实障碍；各中介机构之间的职能和责任边界不甚明确；"管理办法"中的一些要求值得推敲，监管部门应提高服务水平。

关键词　证券律师　尽职调查　证券中介机构　区分责任

新世纪见证了中国律师证券法律业务规则的日趋完善。在《证券法》《律师法》的统领下，目前该体系中的相关规范大致可以分为两类，综合性与实体性规范。前者主要包括：中华全国律师协会《律师从事证券法律业务规范（试行）》（2003 年 4 月 22 日起试行，以下简称"律协规范"）、证监会与司法部联合发布《律师事务所从事证券法律业务管理办法》（2007 年 5 月 1 日起施行，以下简称"管理办法"），以及证监会、司法部《律师事务所证券法律业务执业规则（试行）》（2011 年 1 月 1 日起施行，以下简称"执业规则"）。"管理办法"第 6 条罗列了律师事务所可以出具法律意见而从事的证券法律业务范围，如发行上市、收购重组、股权激励、上市公司股东大会、证券投资基金等十大类。针对这些具体业务，监管者将陆续出台对应的实体性规范，例如与上述"执业规则"同步，两部委率先公布实施了《律师事务所证券投资基金法律业务执业细则》（以下简称"基金细则"）。按照证监会有关部门负责人的解释，律师事务所证券法律业务规则体系是以"管理办法"为总的规范，包括一个基本业务规则（即"执业规则"）、若干个具体业务细则（如"基金细则"）以及法律意见书内容与格式准则。在内容分工上，"执业规则"解决"怎么做"的问题，侧重于规范方法、程序；"基金

* 郭雳，法学博士，北京大学法学院教授。

细则”以及后续将出台的其他业务细则解决“做什么”的问题，侧重于规范实体事项；“内容与格式准则”则解决“写什么”的问题，侧重于保证法律意见书的标准化、规范化。①

不仅证券投资基金，同样的逻辑也适用于其他证券法律业务。以最具典型性的证券发行上市为例，目前该业务范围内的实体性规范呈现出更为复杂的交织局面。一方面，发行上市细则尚付阙如，但基于股票发行需要，证监会《公开发行证券公司信息披露的编报规则第12号——公开发行证券的法律意见书和律师工作报告》（2001年3月1日起施行，以下简称“第12号规则”）其实一直在实践中被应用，部分地发挥着“内容与格式”性质准则的作用。另一方面，与发行上市活动相关的诸多证监会实体性规范也不可避免地会影响证券律师的执业。当下最主要的有：《首次公开发行股票并上市管理办法》（2006年5月18日起施行，以下简称“首发办法”）、《首次公开发行股票并在创业板上市管理暂行办法》（2009年5月1日起施行，以下简称“创业板首发办法”），以及《证券发行上市保荐业务管理办法》（2009年5月13日新修订，以下简称“保荐办法”）。

为了验证或预测上述规范架构在现实中的运用状况，比照国外经验为我国证券律师进一步拓展业务活动提供参考，笔者组织课题组对全国十几家律所开展了问卷、走访、座谈等多种形式的调查研究。②受访律所基本涵盖了我国证券活动的活跃区域，代表了当前证券法律服务行业的领先水平。在整体肯定上述规范体系发挥积极作用的同时，我们的调研也揭示出许多问题，发现：早期规范已无法适应资本市场的快速发展，亟待全面整理修订；新近规范中的部分要求在实践中仍难以获得满足，有些彼此还存在矛盾，甚至是在重大思路上；解决这些问题可能同时会有利于拓展证券律师的业务，并强化相应监管。

一、“第12号规则”需整体性修订

诞生于十年前的“第12号规则”伴随我国发行审核制度的变迁，在现实操作中实际上一直被微调，但其规则形式和基本内容都没有大的变化。该规则对法律意见、律师工作报告以及工作底稿提出了广泛的要求，据从事境外发行的律师分析，与国外律师执业惯例和通行做法存在较大差异。以美国为例，区别主要体现在：（一）美国律师在上市项目中大多不出具律师工作报告或工作底稿，向证监会出具的法律意见范围也非常有限，对尽职调查只做概要说明。（二）法律

---

① 参见证监会网站 http://www.csrc.gov.cn/pub/newsite/bgt/xwdd/201012/t20101222_189013.htm，“中国证监会有关部门负责人答记者问”。

② 这些律所包括大成、国枫、国浩、海问、湖南启元、嘉源、金杜、锦天成、天册、天元、中伦等。

意见只表示招股说明书披露不存在重大误述或遗漏，并不在招股书及概要中做“真实、准确、完整”或“愿意承担相应法律责任”的承诺。（三）最显著地，“第12号规则”明确要求在法律意见书正文中就发行上市的批准和授权、主体资格、实质条件等23项内容明确发表结论性意见，包括是否合法合规、真实有效，存在纠纷或潜在风险。相比之下，美国发行人的外部律师一般不对其中发起人、大股东或实际控制人的合法存续或出资资格、董监高管及其变化、发起人历次股权变动、关联交易、环保及各类侵权情况等出具法律意见；针对发行人各种授权会议的法律意见，也仅说明已审阅记录或决议，而将其召开、内容及签署的真实性、有效性等作为律师发表意见的假设。

“第12号规则”与国际通行做法之间的不一致，随着国际板的推出将变得更加尖锐。前者要求中国律师出具法律意见，但这些律师在中国大陆以外的国家和地区是不能执业的，没有资格就大陆以外法域的法律发表法律意见。当跨国乃至已多地上市的境外公司申请在国际板发行股票和上市时，中国律师必然要依据境外有资格律师事务所所出具的法律意见，这些法律意见涉及广泛，包括公司注册地、营业地、上市地、不动产所在地法律，以及公司所签署重大合同的准据法地、诉讼或侵权发生地法律等。境外律师的执业实践往往不会就事实问题发表任何的法律意见，而“第12号规则”在很大程度上恰恰要求律师就事实问题发表意见，如果中国律师不能获得境外律师的法律意见，也就无法按照该规则来出具法律意见。因此，非常有必要结合国际板的现实需求，及时对“第12号规则”进行全面修订。

二、“律协规范”的转型与坚持

类似地，“律协规范”在2003年及以后的一段时期内，填补了监管机关规范缺失的空白，对律师从事证券法律业务的基本规范、接受委托、尽职调查及法律文件的编制、审核及出具等提出了原则要求，曾发挥过积极的指导作用。然而时过境迁，我国资本市场经历了股权分制改革、多层次板块建设、发行保荐询价等重大变革，证券法律业务也相应发生了较大变化，相关内容已经在后续正式规则中得到了更具体、更精细的阐释。甚至在一些环节上还出现了相互矛盾的安排，例如就业务档案的保存期限，“律协规范”规定“证券法律业务档案从项目完成之日起应当至少保存10年”，而“管理办法”要求工作底稿的保存，原则上不少于7年。特别是随着“执业规则”及相应细则的新近出台，长期试行的“律协规范”必须考虑顺势转型，回归到其行业自律组织规则的本质，在证券律师规则最新体系内重新定位，在更微观的层面寻求发展，例如总结业界实践，针对如下文所述细分环节提出更具体、更有操作性的行业标准或做法(如在专利事项的查验中怎样做才算是勤勉尽职),作为在划分责任或进行抗辩时有说服力的依据。同时,鉴于非正式法律渊源的属性,“律协规范”有必要进一步设计出违反该“行业性标准”时应受到的业内惩戒措施,而这些在境外发达资本市场中通常都是比较明确的。

需要指出的是,在笔者看来,“律协规范”曾树立过一些重要原则,例如“律师从事证券法律业务,应当坚持其独立性,在受托范围内依法履行其职责,不受其他单位或个人的影响和干预”(第10条)、“律师不应当就证券法律文件和法律意见书中应由委托人、主承销商和其他相关方负责的专业性内容发表意见,也不因此承担相应的法律责任”(第39条)。然而,上述“独立执业、分工协作、各担其责”的基本原则却随着后续“保荐办法”(如第7、29、58-61条)等相关条文的出台而被弱化。后者要求律师事务所及签字律师配合保荐人履行保荐职责并承担相应责任,就已出具的专业意见向保荐机构作出解释并出具依据,此外,保荐人有权对律师事务所的专业能力进行评价并向发行人建议更换律师事务所,这些规定对律师事务所及律师执业的独立性产生了较大影响。实践中,向其他证券服务机构承担如此义务与责任,以及过多受到其他证券服务机构意见的制约,已对律所、律师从事证券业务及承担责任造成较大的困扰。

显然,这一动向必须在保荐制的大背景下加以理解。近十年来,在美国“承销商/区分责任为主”与英港“保荐人/牵头责任”这两类模式中,我国大陆逐渐倾向于对后者的借鉴。甚至在香港改革其保荐制度、拆分保荐人职责的情况下,我们依然不断在强化保荐功能,形成了“严格的保荐人牵头责任”模式。一方面,考虑到大陆发行上市尚实施实质性审核、市场主体的诚信及事后司法救济普遍较差,这种选择具备某些现实合理性;从效率和便利而言,以保荐人(证券公司)作为主要抓手对于监管者而言也属较方便的选择。另一方面,一味加码保荐责任、突出证券公司的统领地位,则可能迫(诱)使券商与发行人合谋以求掩盖真相,也会破坏证券服务机构间的必要制衡,削弱律师、会计师事务所等的参与独立性,从长期来看更不利于辨析和划清不同中介机构之间的审慎义务和责任边界。对此笔者整体上主张,在中介机构与发行人/上市公司之间,目前宜坚持连带责任原则,但应明确前者的免责事由;在各中介机构之间,独立判断基础上的分工合作及区分责任或是更好的选择。由此,“律协规范”当时规定的上述基本原则实际上很值得回味。

三、"管理办法"的要求遭遇现实尴尬

2007年"管理办法"是监管机构首次以部门规章的形式针对律师从事证券法律业务作出的专项规定。在许多方面它延续了"律协规范"的精神，如强调律所、律师应遵循的"诚实、守信、独立、勤勉、尽责"原则（第3条），又如坚持了市场导向，对律师、律所从事证券法律业务没有设定资格限制，而是采取了"鼓励"的方式规范（第8、9条）。虽然有批评认为其条件比较简单，未规定具体的鼓励措施和监管举措，而且设定门槛过低，但笔者认为这一取向是正确的，并能够随着"证券期货市场诚信档案"的建设，特别是其中守信激励措施的推出，不断得以清晰。总体而言，"管理办法"从规范、保护、促进三个角度对律师执业及监管标准作了比较全面的规定，而2010年末出台的"执业规则"又对"管理办法"所设定的核查验证、法律意见书、工作底稿和执业质量控制等基本制度予以细化。

然而实务中，令证券律师苦恼的是上述不断明晰化的查验规则在各地操作时却往往遇到困难，难以实施。例如，调取工商资料属于最常规的查验手段，但目前很多地方的工商机关并不接受律师出具律所介绍信调取工商全档，一般均由被调查企业自己出具介绍信调档。如果律师怀疑某家企业与上市主体及其股东等存在关联关系，而当拟上市主体告知无任何联系时，律师由于无法单独调取全套工商资料就无法了解实情。甚至上市主体自身的股东情况有时候也不容易查明。根据《公司法》规定，股份有限公司股权变化无需股东大会审批，也无需到工商办理变更登记或备案。因此，确定拟上市公司的股权结构或股东信息，实践中主要还是依靠拟上市公司提供的股东名册。若其提供的信息不准确，律师可能面临信息披露的虚假或遗漏责任。即便是曾有过工商登记，一些企业成立时间很长，沿革久远的文件资料可能已无法找到。而无论是统一规范全国工商系统的操作（不同地区、级别工商部门对公司登记主要法律依据的理解和掌握水平差异巨大），还是落实未上市股份公司股份发行和流通的管理，其难度都令人生畏。

现实中企业的诸多事项又都与政府部门有关。律师向其他政府机关调查或取得证明材料的困难就更大。一般的政府机关并无法定职责、义务或者相应业务流程配套，往往不会配合律所的调查工作，甚至访谈也存在很大阻力，函证相关文件经常无法取得回函。例如，全国各地的土地、房屋等主管部门普遍不对外提供公开查询复印土地、房屋权属档案或信息的服务，各级人民法院、仲裁机构也不对外提供公开查询复印有关案件信息的服务。于是律师不得已，只能依靠客户向相关政府部门开展调查和访谈，或者通过客户从其取得证明文件（如税

务、海关、土地、环保证明等），而这种操作方式存在很大的不确定性，对律师查验的独立性也提出挑战，最突出的领域集中在：发行人重大诉讼、仲裁、实际控制人的对外投资、借款或担保等事项。即便是面对非官方的资信评级事宜，由于目前国内信用监管体系的不统一、不健全，导致律师对发行人、子公司以及关联方等相关信息的调查取证颇为艰难。因此，“管理办法”第 12 条看似齐全周详的种种手段——面谈、书面审查、实地调查、查询和函证、计算、复核等，实际上往往无从应用或只能流于形式。

四、监管部门的管理和服务应提高

目前监管部门的一些做法也令证券律师无所适从。例如，前述“第 12 号规则”中对“与法律相关的业务事项”和“非法律相关的业务事项”区分不甚明晰。在实际反馈意见中，审核人员更时常要求律师对涉及发行人的业务、技术、财务、评估等方面问题发表法律意见。特别是对创业板企业，有时甚至还要求律师对发行人的业务模式、所处行业地位、行业趋势等事项发表意见，这些内容显然超出了法律专业范畴。又如，反馈意见有时会要求发行人、上市公司披露不具有法定信息披露义务的供应商、客户或其他第三方的信息，例如，供应商或客户的股东和经营情况、最近几年的财务数据，或者发行人历史上某些曾经的股东转让其发行人股的原因，并要求律师核查。律师们普遍希望有关部门重新审视这些要求的必要性和适当性，此外对于同一法律问题，把握尺度应保持一致。

笔者建议证监会从培训、答疑、沟通、奖惩四个方面考虑增强对证券律师执业的支持和服务。首先，证监会应定期开展针对从事证券业务律师的培训。其次，对于相关法律、规章或规范性文件没有明确规定或规定不清楚的问题，有必要建立起制度化的答疑机制。再次，应增加律师参与和监管机构的沟通途径。最后，证监会可以通过排斥或鼓励来实现对证券律师行业的引导，建立申斥制度，进一步完善现有的冷淡对待、不接受申报材料等措施。

近年来，围绕引导和规范证券律师活动，以证监会为首的监管部门呈现出越来越清晰的思路和进取姿态，特别是 2011 年“执业规则”和一系列业务细则的实施，将对提高证券律师服务质量发挥切实作用。同时，规范的严肃性也得到体现。据悉 2007 年以来，证监会对 50 多家律师事务所开展过现场检查，对 9 家律所的 23 名责任律师采取了不同形式的监管措施。③ 2013 年 2 月，在“绿大地”欺诈发行上市案中负有责任的律所和律师，被处以警告、没收收入、罚款，以及终身

③ 杨颖桦：《证监会两新规力推律师把关人角色》，载《21 世纪经济报道》2010 年 12 月 29 日。

证券市场禁入。

其他正在推进的基础性建设也有望发挥合成效益,例如2008年起建成并投入使用的市场诚信档案系统,收录了1998年证监会垂直管理以来形成的执法信息,涵盖了行政处罚、市场禁入、监管措施、纪律处分、立案调查、刑事侦查、民事诉讼等各类违法违规和重大失信行为,并在积极推进与环保、工商、银监等部门的信息共享。再如,2009年起证监会公布对律师事务所各类证券法律业务量的统计。这些举措无疑有助于将"管理办法"鼓励优质律所、律师从事证券法律业务的思路落到实处,并通过"行为留痕、违规遭斥"的措施敦促证券律师珍视声誉,谨慎执业。当然,现实的发展总会带来新的问题,证券律师行业的成长需要与监管机构的进步相互促进。

预算公开法治化的实质、困境与发展理路

◇ 蒋悟真　温玉娇*

内容提要　实现预算公开的关键在于预算权的合理配置与有效监督。在当前我国代议制民主不完备的情况下,预算公开的法治化面临着预算权制约的内部与外部的困境。相较于西方国家预算法治经验,现代协商民主可作为推进我国转型期预算公开法治化的制度基础,预算法治与宪政民主之间呈现出一种"倒逼式"逻辑关系。预算公开法治化的理路设计需立足于协商民主的程序理性,通过参与式预算的构建和开放型政府的打造,将预算公开的目标最大限度地表达出来,从而增强预算的公开性与公共性。

关键词　预算公开　预算民主　代议制民主　协商民主

一、问题的提出

近年来对我国预算公开实践作出的努力,用粗线条勾勒,大致可归纳为中央政府(如中央部委的"三公预算"公开)与地方政府(如 2009 年广州市财政局率先晾晒辖属的 114 个部门预算)两条线。对于我国预算公开的现况,无论是及时性、全面性、准确性还是易解性都未达到满意的效果。本文为了深层次揭示我国预算公开中的问题,选择当前地方政府和国务院已出现的比较有代表性的预算公开进展状况作为实证考察对象(具体见图表),从理论和实践两个路向对预算公开的西方进路、中国可行性进路——中国预算公开面临的民主困境、法治难题及发展道路予以深入剖析,以期对我国经济民主的发展、预算民主逻辑的揭示以及预算法治的建构有所裨益。

---

* 蒋悟真,江西财经大学法学院教授、博士生导师;温玉娇,江西财经大学法学院硕士研究生。

图表：

问题 样式	公开动力	法治成效	外在缺陷	民主困境
国务院“三公预算”公开	公众呼吁；国务院回应；法治政府的追求	“三公预算”透明度增强；推进预算民主	公开内容粗糙、难懂、不规范；公开缺乏动力；审计缺位	全国人大监督不足；政府自我监督乏力；司法问责缺位
广东省政府预算公开	公众申请；地方政府回应	预算透明度增强；推进预算民主	公开内容粗糙、难懂、不全面；审计缺位；上级部门干扰	同级人大监督不足；预算公共性推动有限；司法问责缺位
四川白庙乡政府预算公开	公众质疑；基层政府推动	预算透明化；法治政府逐步打造	推行过于依赖政府；公众参与不足	同级人大监督不足；预算公共性偏低
浙江温岭“参与式预算”	公众、人大、政府三方联动	预算透明度、公共性增强；协商民主推进	公众参与能力不足；推广依赖政府	同级人大监督有限；公民社会欠成熟

二、预算公开的实质是预算权的合理配置与监督

依照公共预算理论剖析预算收支逻辑，预算公开是政府必须遵循的基本法治理念，是实现预算公共性的保障。政府作为预算权的承载主体具有经济人的本性。只有对预算过程中的公共信息进行及时的披露，才可能有效地对政府预算行为予以监督，增进对政府经济人本性的控制，从而有效克服代理关系所带来的问题与风险。正所谓“没有公开则无所谓正义”①，预算公开是实现预算权制约和预算正义的重要机制。当前预算权高度集中缺乏制约——预算权在立法和行政之间、各级政府之间以及政府内部各机构之间缺乏合理配置和监督。② 而预算的本质是要控制政府的行为，从而实现预算的控权性，只有保障预算权行使的公开，才可实现对政府预算权的约束，方能有助于实现各预算主体权利(力)间的平衡。于是，尽管预算公开在形式上仅表现为一系列静态的数字与表格，而在貌似平静的数字游戏背后却暗藏着多重利益的动态博弈。预算公开的力量来自于利益博弈背后的预算权力，各种预算权力充分博弈后才产生公开的结果。

① 〔美〕伯尔曼：《法律与宗教》，梁治平译，三联书店1991年版，第48页。

② 参见朱大旗：《从国家预算的特质论我国〈预算法〉的修订目的和原则》，载《中国法学》2005年第1期。

同时,预算公开有助于反促预算权力制约结构趋向合理化,只有真正构造成平衡的预算权动态制衡架构,才能实现预算权之间的有效监督,保障预算公开目标的真正实现。

三、中国式预算公开法治化的民主困境审视

根据预算权的内外制衡模式③,来解读当前我国预算公开法治化进程中的难题,内外两个层面都面临着民主不足或缺位的双重困境。

(一)中国式预算公开法治化的内部困境

1. 代议主体预算公开监督的虚化

虽然我国《宪法》(如第62条第10款、第67条第5款)和《预算法》都规定了人大作为立法者拥有审批和监督政府预算的抽象性权力,但在代议制民主不完备和人大预算权力配置弱化使得立法机关对政府预算权的制衡不可避免地出现"软弱"情形,这也是预算公开难以兑现的主要客观原因。我国预算公开的实践同样如是,除浙江温岭等地区的地方人大在预算公开中起到了一定的实质性作用外,其他的代议机关(包括全国人大)对政府预算公开的推进还只是被动性、有限的参与而已(见图表的公开动力一栏)。因此,我国预算公开缺乏足够的动力与代议制民主的薄弱存在着莫大关系。

2. 司法主体预算公开问责机制的缺位

在预算公开实践中,出现许多不合理与不合法行为(见图表外在缺陷一栏),但司法主体却未能在确保预算公开信息的可靠性和真实性方面发挥应有作用。为保障预算公开顺利进行,问责机制不可或缺,但在现实国情下问责机制的建构有着难以逾越的障碍。根据我国预算公开实践的样本,由政府单方推动的预算公开带有浓重的政治色彩,对预算公开进行司法追究包含诸多的政治元素,而绝非简单的司法技术问题。在一定程度上而言,预算公开问责机制的构建属于民主宪政范畴。而我国代议制民主的不成熟,预算公开恐难以落实到司法问责范畴。

3. 行政主体预算公开内部监督体系的封闭

考察我国行政主体预算公开内部监督体系,政府仍秉持一种保守态势:在纵向层面,上下级政府之间缺乏合理的呼应和互动,例如,四川巴中白庙乡政府创

---

③ 当前中国正大力推进社会管理机制创新,关于预算权的监督与制约应突破传统"以国家权力制衡国家权力"的内部制衡模式,提出"以社会权力制衡国家权力"的新的外部制衡模式。参见郭道晖:《社会权力与公民社会》,译林出版社2009年版,第32页。

全国之首例实行“裸账”，但这种公开模式过于依赖政府自身能动性，缺乏人大和公众的参与和监督，更缺少相应制度的支撑；横向层面则审计监督功能缺位。社会舆论普遍呼吁审计机关对预算公开进行审计调查，审计机关却置若罔闻（见图表公开不足栏）。究其原因，审计机关自身独立性不足，在政府主导的预算公开改革中，审计机关恐难以“冒政府之大不韪”，“擅自”行使审计职权。因此，面对当前预算民主的发展潮流，政府需深化对预算公开重要性的认知。

（二）中国式预算公开法治化的外部困境④

随着我国公民社会的日渐成长，社会中开始涌现一批具有强烈的人民主权意识和权利观念的公民或组织，它们借助于各种话语环境与表达机制向政府倾诉预算参与的愿望⑤。但整体而言，在推进预算公开过程中，公民预算维护权利意识依然淡薄，非政府性组织尚未发挥应有作用，媒体亦未充当其“无冕之王”角色，政协民主监督的功能仍处于较低水平。这些社会主体的不足成为我国预算公开过程中不得不面对的障碍。同时，由于《宪法》（第 2 条）、《立法法》（第 34 条）、《预算法》等法规对社会主体民主参与渠道规定的过于抽象、模糊，政府并未真正产生与社会主体分享预算信息和预算权力的意愿，社会主体也难以对政府预算公开进行有效地监督。因此，如何发扬协商民主的理念以建构各种协商制度为各社会主体发挥预算监督作用和推进预算公开提供平台，从而实现预算的民主化、公开化，是一个亟待解决的问题。

四、预算公开法治化悖论及其理论认知

（一）代议制民主下预算公开法治化悖论

西方发达国家的公共预算历程表明，其预算公开法治化主要建构于代议制民主之上，并在代议制民主下形成一个“自洽性”的法治监督体系——以代议制机关为核心、司法机关为后盾的预算权监督和制衡体系。这种源自于议会与司法的法治力量正是西方预算公开的基本推动力。正因如此，那么预算法治化建设如果无视这一基础性的政治条件——中国国情下代议制民主难以有效发挥应

---

④ 我国预算公开的外部困境主要表现为社会主体预算公开参与和监督的不足。社会权力主体作为拥有社会资源并对社会和国家产生支配力的主体，对国家权力主体的制衡是预算权力制约机制中的有机部分，也是社会发展的必然归宿。参见蒋悟真：《我国预算法修订的规范分析》，载《法学研究》2011 年第 2 期。

⑤ 例如，由吴君亮率领的“公共预算观察志愿者”团队长期致力于推动预算信息公开；蒋洪教授及其团队多年来志愿于各省预算透明度的调研评估，引起很大反响。

有作用,尚且不谈将预算权制约及其相关制度设计完全写入立法将面临诸多阻力与障碍,即使设想将保障预算公开的机制予以“硬化”,简单移植或沿袭当代西方国家预算法治经验的做法,在代议制民主仍不能跟进的情况下,相关保障预算公开的立法也会在实施过程中成为一纸空文,要么是难以有效实施,要么是实施绩效很低,这就会陷入法治化理念急需借助法律规范予以“硬化”和实施效力“软化”的困境。

(二)预算公开法治化的理论认知

当前我国学术界存在一种理论误区,认为讲宪政就是提倡西方国家的政治模式,其实这是一种常识性的误解,宪政民主作为规范政府权力和保障公民权利的制度体系,在中西方有着不同的表现形态。[⑥] 预算公开的民主根基一般包括代议制民主与协商民主两个向度。西方国家在双重民主向度下实现了彻底的预算公开,提高了预算的公共绩效。比较而言,在代议制民主欠完备的情况下,宪政民主的另一种表现形式——协商民主则与我国宪政的本土语境相契合。协商民主是一种渐进式的民主形态,虽不同于代议制民主能直接保障预算公开的实现,但它通过对预算权的分享来落实预算知情权和提高预算的公共性,在一定程度上也能实现对政府预算权的制约。

现实国情下,中国预算权力体系变革和预算民主发展进程将呈现双重渐进性,我国将经历税收国家与预算国家的同步发展,通过协商民主来引导预算公开性和预算公共性的不断发展,经过较长时期的预算民主发展周期,从而渐进性地形成一种强大的“倒逼”力量反向“激活”代议制民主,进而使预算权能得到合理制约,完成预算公开动力机制的再造,保障预算公开的彻底实现和预算公共性的极大提升。这将有别于西方国家经历的先完成税收国家向预算国家转向,由代议制民主来保障预算公开,再通过协商民主来促进预算绩效(公共性)的稳步提升,进而实现公共预算规范构建的道路。这种协商式民主主导下的“倒逼式”中国预算公开法治化理路,不仅是推进预算民主制度设计所必须遵循的理论认知,而且是推动我国预算法治发展的助推器。

五、协商民主与我国预算公开法治化的实践理路

协商民主是一种突出程序正义的民主形态,一个理性与公正的程序可以保障各方预算主体都能合理嵌入预算公开的推进过程,并实现参与主体间理性的

---

⑥ 参见程竹汝:《当代中国政治的科学发展:寻求民主实现形式的最优次序与发展重心》,载《政治与法律》2011 年第 2 期。

交换。从程序机制上大力发挥已积累的预算公开经验,成为破解我国预算公开法治化双重民主逻辑困境的应有理路。

(一) 协商民主下参与式预算制度的构建

1. 公众参与型预算

第一,公民参与权的完善。对于公民参与权,《宪法》第 2 条仅进行了原则性规定,未能充分赋予公众以参与权。为增强公民参与权的刚性,可通过宪法修正案形式来明确并保障公民参与权。第二,公众参与预算的制度化。预算公开的推动过程中,需要将参与式预算的改革成果纳入制度保障范畴。如果社会公众的预算参与一旦转化为法制化的事实,那么将会倒逼政府使预算参与从虚假走向真实。[7] 第三,公众参与型预算的代表性。参与型预算改革过程中预算参与人员的选择必须注重两方面的平衡:既强调增强公共预算合法性功能(即预算对公众意愿的反映程度),又必须增强预算的合理性功能(即预算本身的科学性)。[8]

2. 政协参与型预算

构建政协参与型预算制度[9],可从两个向度予以推进:第一,加强预算决策信息的收集与反馈。政协可以有序地开展调研、私访、恳谈等实践方式,收集能充分体现民意的预算决策信息,再由政协机关对有价值的信息予以及时地反馈,以便为政府编制预算提供切实有效的参考;第二,提高政协委员的参与作用。在加强政协自身建设的过程中,各级政协应着力调整政协代表的人员结构,扩大预算专家的入选比例,以期充分发挥政协的监督作用。

(二) 协商民主下开放型政府的打造

1. 政府预算公开的规范化

第一,政府权利义务的规范。要实现预算公开的规范化,必须对政府预算公开的义务进行合理规定。我国各级政府及其部门之间所享有的财权和事权不同,因此各级政府与部门掌握的预算信息量存在差别,而预算公开主体应承担的预算公开义务需与预算权力的大小相对称;第二,政府预算公开样式的规范。合理的预算公开必须具有公开、全面、通俗易懂等基本特性。[10] 简析我国已出现的

---

⑦ 参见蔡定剑:《公众参与:风险社会的制度建设》,法律出版社 2009 年版,第 20 页。

⑧ 参见彭宗超、李洛:《我国公共预算改革的新视角:"合和式民主"案例与路径探微》,载《改革》2008 年第 9 期。

⑨ 胡锦涛总书记在党的十七大上的报告明确提出,为扩大人民民主,保障人民当家做主,需要加强政协自身建设,发挥协调关系、汇聚力量、建言献策、服务大局的重要作用。

⑩ See Jame. Poterba, J. von Hagen. Introduction. In: Poterba, J. M., von Hagen, J. (Eds.), Fiscal Institutions and Fiscal Performance. Chicago: University of Chicago Press, 1999.

预算公开样式，四川省白庙乡应是其他政府学习的样本（见图表）；第三，政府预算公开行为的规范。预算公开应是预算整个环节的公开，公开的同时还需配套公开包括制定预算时的各种考虑、各种标准以及一些账目下的详细说明等一系列信息，除法律规定不能公开的信息之外，预算过程中的其他预算信息都应公开。

2. 政府预算公开的监督与问责

第一，人大的监督和问责。人大及其常委会对于待公开的预决算文本，如果存在不合理、不合法之处，完全可以予以否决，甚至追究政府的政治责任。随着预算民主的推进以及构建法治政府的需要，在我国《宪法》中对人大的预算权进行细化规定应是必然的要求。第二，政府内部监督和问责。在推行行政问责的过程中，对《政府信息公开条例》第33—35条的规定应作出更具操作性的规定，如对预算公开问责的范围、方式、程序、途径等进行完善。第三，司法机关的监督。对预算公开的司法问责机制进行更为严格、合理的程序性规定，应是保障司法机关监督实效和实现预算公开的重要选择。第四，审计机关的审计监督。为了保障审计工作的公正性和有效性，我国应建构立法型独立审计模式，才能更好地发挥审计机关的作用。

六、结　　语

尽管中国倡导公共预算改革已多年，但预算公开的法治化推进仍然面临缺乏民主保障的严峻挑战，预算法的修订与实施强烈期待民主机制的正向激励。尽管本文认为现代协商民主是转型期我国预算公开法治化的民主基础，但这一法治化的民主逻辑，并不排斥代议制民主在推动预算公开方面的作为，加强、完善人民代表大会制度和深化司法体制改革同样是保障预算公开的重要机制。由于中国的民主基础迥异于西方国家，转型期中国法治化进程不可避免地呈现出立法技术上的独特性和艰难性。当然，可以预见的是，预算公开作为现代公共财政制度，其在中国法治化进程中的实践与努力之路，尽管曲折但总是向前发展的。

论消费者知情权的法律边界

——基于消费者知情权案例的整理与研究

◇ 黄伟峰*

内容提要 保护消费者知情权具有正当法理基础,但知情权保护同样有一个合理程度问题,过度的保护甚至会损害消费者的整体福利,使消费者的境况更糟。在倡导消费者保护理念的同时要重视对消费者权利边界的研究,防止用抽象的理念代替法律规则的平等适用。本文通过对消费者知情权的相关案例进行考察,诠释了正确确定消费者权利边界对把握权利倾斜配置的“度”具有重要意义。

关键词 消费者 知情权 权利边界

一、问题的提出

近年来,有关消费者知情权的诉讼不断增多,虽然涉诉金额不大,但却涉及商业零售、餐饮服务、公共交通、房地产、医疗、金融等诸多领域,容易引起社会关注。更为重要的是知情权客体的非物质性使侵权认定趋于疑难复杂,法官在处理消费者知情权纠纷时却常常纠结于被告方——经营者的各种抗辩,看似清晰的法条一旦进入具体的案件便陷入“纠缠”之中。消费者知情权到底有没有法律限度?如果有,这种边界应当如何确定?如果说,在法律体系形成时期消费者知情权难于实现的重要观念性障碍是知情权意识普遍欠缺,那么在法律体系形成后,消费者知情权保护的难点不仅是权利意识的欠缺,更重要的是消费者知情权的边界是否存在、如何确定等实务操作问题。

* 黄伟峰,南京大学法学院经济法专业博士研究生,南京市中级人民法院法官。

二、消费者知情权边界存在的正当性

(一) 消费者知情权边界存在的法理基础

1. 权利规定本身即蕴含了权利的边界。“权利是法律之子”，权利必然包含限制。① 我国《消费者权益保护法》第 8 条作为确立消费者知情权的立法根据，同时也为权利限制提供了依据。这一条款实际上对消费者知情权的主体资格(消费者)、权利主张对象(经营者)、权利客体(商品或服务的真实情况)等方面进行了限定。在司法实践中，法院事实上也根据这一赋权规定，运用“概念涵摄解释”方法驳回原告方的诉讼请求。② 例如在雷雪琴与西安市房产测量事务所等商品房买卖合同案中，商品房买受人诉请房地产公司、房产测量机构告知公摊面积的计算依据、公摊部位、计算方法等信息，二审法院在判决中以房产测量机构不是经营者为由驳回了原告对测量机构行使知情权的诉请。③ 由此看来，权利规定本身实质上界定了权利的边界。

2. 单个权利受制于权利体系的秩序要求。社会中权利是多元的，不仅单个主体拥有多项权利，而且不同社会主体的权利也往往会相互交织。为了协调各种权利，法律不得不对权利进行适当的限制。因此，对知情权的限制也来源于其他权利。

一是同一主体多项权利之间的冲突。医患纠纷中患者知情权与患者生命健康权的冲突便为适例。④ 患者知情权虽然没有为立法所明确，但在司法实践中已经被推定为一项权利。然而在日本的一起医患纠纷中患者的知情权则受到了限制。该案患者在实施经支气管肺活检手术过程中，医师发现支气管动脉处有一异样隆起，疑为不明原因的病变，于是主动对该处也进行了活检。法院认为本案中手术时发生了必须紧急采取措施的新情况，即使被告医师没有再做特别说明，只要事先病人对诊断行为作出了同意，就不能认为被告医师违反说明义务。⑤ 这实际反映了在紧急危险的状态下，应当允许为了较大的权益限制另一

---

① 〔法〕盖斯旦·古博:《法国民法总论》，陈鹏等译，法律出版社 2004 年版，第 704—705 页。

② 所谓概念涵摄解释，即首先对某项基本权利的概念进行解释，设定其保障范围，然后以此作为大前提去适用于个案。参见〔德〕卡尔·拉伦茨:《法学方法论》，陈爱娥译，商务印书馆 2005 年版，第 149—156 页。

③ 陕西省西安市中级人民法院(2007)西民二终字第 161 号判决书。载《人民法院案例选》2008 年第 4 辑。

④ 医患关系是否适用《消费者权益保护法》调整是一个争议较大的问题，有关医患关系是否为消费关系的讨论，参见韩世远:《医疗服务合同的不完全履行及其救济》，载《法学研究》2005 年第 6 期。

⑤ 参见东京地方法院，1991 年 7 月 25 日判决，载《判例时报》1426 号 94 页。转引自夏芸:《医疗紧迫性与说明义务》，载《伦理研究(生命伦理学卷·2007—2008)上册》;2007 年。

较小的权益。我国《侵权责任法》第56条进一步确认了限制患者知情权以保全患者生命健康权的处理规则和条件,这可以作为限制消费者知情权的佐证法律依据之一。

二是不同主体之间的权利冲突。消费者与经营者是市场经济活动的基本经济主体,消费者知情权在事实上也最容易与经营者的权利产生冲突。司法实践中,一些裁判难度较大、容易引起争议的消费者知情权案件实际反映了经营者自主经营权、商业秘密权和消费者知情权之间的冲突,消费者知情权边界的确定正是为了协调这种权利冲突。《宪法》相关条款在中国司法裁判中虽不能直接作为裁判依据,但仍可作为合理限制消费者知情权的价值指引,事实上影响法院的司法裁判。

(二)消费者知情权边界存在的经济分析

1. 片面追求交易安全影响交易效率。就保障消费者知情权的法律而言,如果通过无限扩大经营者说明的范围而使消费者获得充分的信息以保障交易公平,则有可能使经营者承受过多的交易成本,而且这些成本在边际上是递增的。当在法律所确定的经营者的说明义务的范围过大而导致其责任过重之时,一种可能是经营者宁可选择违法也不会遵循该规定,经营者普遍性的违法无疑会导致制度名存实亡。[⑥] 另一种可能是经营者感到无利可图,交易的积极性被扼杀,市场商品或服务供应短缺,导致经济衰退,最终会损害消费者的整体福利。[⑦] 因此,消费者知情权必须有一个合理限度,并非一定要“止于至善”。

2. 过度保护不利于支援消费者自立。要求经营者根据每个消费者的个体差异承担所有与商品和服务相关信息的告知义务,当然有利于改变消费者的信息劣势,但是不能激励消费者运用自身力量改变信息劣势的状态。从长远的角度看,过度保护将产生一批“懒惰”的消费者群体,而缺乏自我保护能力的消费者群体将需要权利配置更加倾斜,经营者的信息提供成本更加提高,最终将影响消费产品和服务的价格提高,损害消费者整体福利。因此,在确立消费者知情权和经营者强制告知义务的情形下,消费者适度的体系责任有可能更好地促进公平交易,也有可能使社会总的交易成本降低。

3. 市场机制也能激励经营者信息披露。合理限制消费者知情权并不损害消费者知情利益,有时反而能促进经营者披露更多的信息。在市场机制下,经营者有时出于竞争的压力也会自行披露一定的信息,当然是对自己有利的信息。

---

⑥ 应飞虎:《信息、权利与交易安全》,北京大学出版社2008年版,第99—100页。

⑦ 在患者知情同意的例子中,如果医院和医生的告知义务不考虑紧急情况下的免除例外,必然会引导医院选择不予救治,最终损害患者的生命健康权,这在“肖志军事件”中已经有所显现。

但这种有利于单个经营者的信息能激发消费者去要求更多的其他同业经营者告知类似信息，从而在竞争性商品和服务中进行选择，增进消费者福利。相反如果在制度设计上将消费者知情权不做任何限制，反而会使消费者群体获得的实际信息量减少，减损消费者福利。

三、消费者知情权权利边界的确定规则

在司法实践中，裁判者不但要考虑“限制消费者知情权的正当性”问题，还要考虑“消费者知情权的合理限度如何确定”这一第二层次的问题。由于消费者的知情权对应着经营者的告知义务，因此，在界定消费者知情权权利边界的同时，实际上也对经营者的告知义务进行了合理限定。具体而言，消费者知情权合理边界的确定可以从知情的范围和知情的方式两个方面展开。

（一）知情权中“情”的限定

我国《消费者权利保护法》第 8 条和第 19 条均将消费者知情权和经营者告知义务的范围界定为“有关商品和服务的真实信息”。本文认为从司法裁判解释论的角度，在确定消费者知情权范围时应遵循如下裁判思路。

1. 如果需要告知事项已经为法律、法规、规章或者行业标准所明确要求，则该信息属于消费者知情权的涵摄范围，经营者应当告知而未告知的构成对消费者知情权的侵犯。

事实上，随着社会生活日趋复杂，各种商品或服务之间存在较大差异，因此对必须予以说明的事项很难作出统一的规定，这种差异的存在决定了在《消费者权益保护法》之外，还必须借助较多的具体规则来确定经营者的告知义务范围，这在很大程度上不得不依赖管制规范。单行法律、法规、规章以及技术标准不仅具有规制与矫正功能，还使得私人生活具备了一定的可预测性。消费者知情权保护水平的提高，关键就在于这些具体规则的细化、深化和公正合理。因此，在知情权诉讼中必须高度重视除《消费者权益保护法》之外的单行法律、法规、规章和行业标准在侵权判定中的作用。

2. 如果法律、行政法规规章乃至行业标准未明确规定应向消费者告知某一事项，并不必然免除经营者主动告知义务，需要按照“重要性标准”标准判定消费者知情权的范围。凡构成重大事项未告知的，仍构成对消费者知情权的侵犯。

在实践中，经营者往往以国家管制规范没有规定经营者应当告知该类事项而主张免除告知义务。但刘雪娟案的判决实质上倾向认同管制规范确定的经营者告知义务并不能完全对应于消费者知情权，知情权的主张范围一般要大于管

制规范确定的经营者告知义务范围。[8] 因此，法官在审理案件时应当对管制规范的正当合理性进行评判，如果管制规范体现了浓厚的行业利益或者颁行过于久远的管制规范与现实消费者保护需求已经相差很远[9]，则应当越过具体规则在《消费者权益保护法》关于消费者知情权和经营者告知义务的一般条款中寻找法律依据。在确定消费者知情权的范围时，笔者认为可以借鉴我国《合同法》第 42 条关于缔约过失责任承担的规定，重点考量该信息是否属于足以影响消费者交易决策和使用商品、服务的"重大事项"，对交易和使用行为不产生影响的其他信息不应列入知情权的范围。

3. 在经营者不行为符合上述侵权构成要件后，还应当考虑免除经营者告知义务和侵权责任的特殊情形，如符合免责事由不能认定构成侵犯消费者知情权。

纵观当前司法实践中的典型案例，可以发现在知情权诉讼中法院通常要考虑以下免责事由，这些免责事由构成对消费者知情权的限制：(1) 未告知事项已经为法律、法规、规章等公开法律文本所明确规定。法律规定内容是按其固有逻辑必然发生法律效果，不以消费者是否认知为条件。所以，在一般情况下还是应当坚持如果该事项已经被公开法律文本明确规定，可以免除经营者的强制告知义务，当然也鼓励经营者积极宣传和告知相关的法律规定，扩大法律规定的事实影响力。(2) 未告知事项属于公众常识的范畴。运用这一免责事由时，要充分注意不应将行业惯例直接等同于公众常识，只有行业惯例已经为社会大众所周知，才能免除经营者的告知义务。此外，作为例外的例外，对于可能危及人身、财产安全的商品和服务，虽然其危险性可能已经为公众所知悉，但根据《消费者权益保护法》第 18 条的规定，经营者仍应当"向消费者作出真实的说明和明确的警示，并说明和标明正确使用商品或者接受服务的方法以及防止危害发生的方法"。(3) 权利的实现受制于经济、技术等社会客观条件的制约。由于现有技术条件的限制无法实现，这种基于社会客观条件的制约同样构成了对消费者知情权的限制。当然，在适用这一免责事由时必须充分论证技术改造的成本与消费者群体知情利益相差巨大，并且消费者知情权虽然不能满足但能够获得相应的弥补和救济。当然如果技术改造成本与消费者群体福利之间的比价相差不大，同时又没有相应的替代措施，法院应当更倾向于用司法判决保护消费者利益倒逼技术革新。(4) 符合《侵权责任法》免责事由的条件。侵权责任的一般免责事由在侵犯消费者知情权的案件中同样适用。受害人同意也可以作为免除经营者说明义务的一种事由——即消费者向经营者表明无需告知。

---

⑧ 李友根：《论经济法权利的生成——以知情权为例》，载《法制与社会发展》2008 年第 6 期。

⑨ 同上。

（二）知情权中“知”的限定

为了保障消费者能获得充分、有效的信息，同时也不至于使经营者承担过多的交易成本，还应研究告知的方式和告知的程度等问题。

1. 告知方式的确定：易于认知与经济原则的统一

现代社会消费商品的细分化趋势和消费者个体性差异较大，很难在法律条文中用确定的语言加以描述和细化。我国《消费者权益保护法》在消费者知情权条款和经营者告知义务条款中均没有明确规定具体的告知方式，但这并不意味着对告知方式没有任何要求。法院在实务中倾向根据特别法的规定和知情权的立法目的，从方便消费者对重要事项引起注意和易于理解的角度，对告知的方式提出要求。如果告知方式不能实现这一目的，往往会构成经营者告知义务的履行瑕疵和缺陷。此外还应当注意的是，所谓“便于引起注意和易于理解”应当以经营者营业面向的消费者主流群体为考量标准，考虑所有可能方式中哪种方式最经济，以便实现易于认知与经济原则的统一。

2. 告知程度的限定：充分性与合理性的统一

告知的程度往往依赖于告知对象——消费者的主观感受，因此，在司法实务中如何判断经营者的告知行为已经达到合适的告知程度，甚为疑难。一般而言，法院在判断经营者告知义务履行程度时基本遵循了这一思路：经营者的告知途径是否充分，告知信息是否易于为消费者所获得。此外，由于现实生活消费者个体差异是存在的，不同消费者对交易商品和服务的信息获取、把握和理解能力是不一样的，在这种情况下只能拟制一个抽象的、普通的消费者作为主体参照标准。[⑩] 当然，我们还需要注意的是这个拟制主体应当是跟消费的类别相适应的，是消费此类商品或服务的消费者群体中的普通消费者。通过一般消费者角色的设定实际是为了将经营者的告知义务限定在合理幅度内，这种追求充分性与合理性统一的判断标准，还有利于支援消费者自立，激励消费者努力掌握所需商品或者服务的知识和技能，正确使用商品，提高自我保护意识。

四、简短的结语

消费者知情权是保护消费者利益的基础性权利，是消费者完成自身消费活动的前提条件。对消费者知情权的保护能够起到事先控制消费风险的作用，改善消费者在信息不对称状态下的不利地位，从而防患于未然，尽可能避免消费者为了解决消费纠纷而耗费不必要的人力和物力。但消费者知情权也不应是无限

---

⑩ 李友根：《论法律中的标准人：部门法角度的思考》，载《美中法律评论》2005 年第 3 期。

的和绝对的,过窄的限定消费者知情权不利于扭转消费者的信息劣势,过宽的放纵消费者知情权也同样会使经营者承受过度的义务,侵犯经营者的自主经营权,最终损害消费者整体福利。从消费者知情权这一个案的研究分析,实际上也为我们研究弱者法律提供了一种反向思路,带有强烈感性色彩的大谈特讲保护弱势群体,无限扩大弱者的权利,有时会损害弱者的整体福利,使弱者的境况更糟。因此,在倡导保护弱者理念的同时要重视对弱者权利界限的研究,防止用抽象的理念代替法律规则和制度的平等适用,只有在具体的一个个案件中小心求证消费者知情权的权利边界,公平合理地分配强势群体和弱势群体的利益,才能真正实现对弱者的保护。

我国近三十年“依法治税”的理论言说

——基于法律话语的分析

◇ 张　怡　谭志哲*

内容提要　改革开放30年以来，“依法治税”在我国税法学以及税收实务界获得了广泛认同。通过法律话语分析可知，“依法治税”是在上世纪80年代后期以来在我国形成的独特话语现象，其理论言说的话语主体为政府官员，其言说的内容是使用法律（包括政策）“治”理税收。这样一种自上而下加以推行的“依法治税”在改革开放之初具有一定的进步性，但是随着“税收法治”的发展，“依法治税”理论言说开始式微，并且成为阻碍进一步推动税收法治的话语障碍。

关键词　依法治税　话语　税收法治

从上世纪80年代初以来，“依法治税”以“税收的灵魂”的地位，成为中国税法领域中一句响亮的口号。那么30多年来哪些人、在什么时间、以何种方式在言说“依法治税”？通过对这些言说的分析，我们可以发现30年来“依法治税”有何种语言景象？以下作者将凭借“中国期刊全文数据库”，试着对“依法治税”的法律话语进行定量分析研究。

一、理论言说的时间分布

以“依法治税”文献“题目”在CNKI的“中国期刊全文数据库”中进行检索可知，自1979年至2010年，以“依法治税”为标题的记录共有971条；以“以法

---

* 本文发表在《西南政法大学学报》2012年第3期。

张怡，西南政法大学经济法学院教授，博士生导师，经济学博士；谭志哲，西南政法大学经济法学院经济法学专业博士生，湘潭大学法学院讲师。

治税”为标题进行同样的检索,得到共有 61 条记录。① 然后,按年份对“依法治税”与“以法治税”进行检索,可以绘制出以下统计图(图 1)。

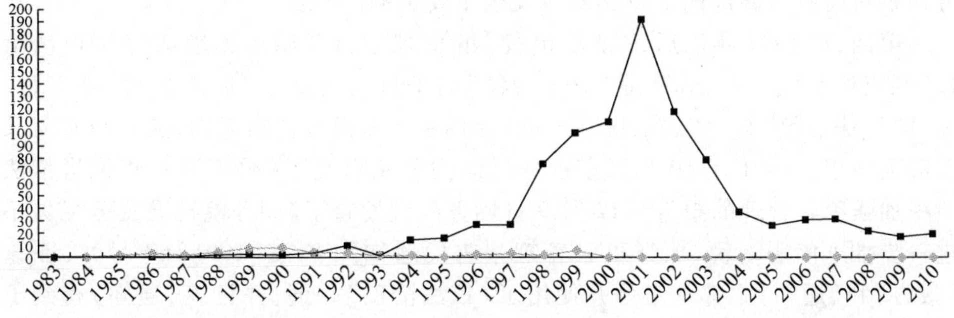

图 1

(图表说明:上面的虚曲折线为“以法治税”变化;实体加粗的为“依法治税”变化。行坐标轴表示时间年,纵坐标轴表示统计的文献数目条)

通过以上坐标图,结合笔者对相关文献的阅读,可以得出以下几点结论:

第一,从整个图形来看,1988 年前“依法治税”的文献记录数一直为 0。而“以法治税”已经开始于 1983 年出现,并在 1983 年至 1988 年间,“以法治税”文献数多于“依法治税”。但到 1988 年以后,“依法治税”的文献条数就远远高于“以法治税”。2001 年“依法治税”文献条数达到最高,随后几年有不断减少趋势。

第二,在 1983 年之前,并没有检索到“依法治税”或“以法治税”的文献,这说明在 1983 年前,无论是“依法治税”还是“以法治税”,在我国学术界和税务部门并不是一个为大家所关注的问题。原封不动的“以法治税”也只在河南省税务局袁瑞琦写的《以法治税发挥税收在调整中的作用》一文出现过 1 次。该文发表在 1981 年《财政研究资料》第 81 期上,并没有被 CNKI 收录。

第三,在 1988 年以后,“以法治税”的文献数目开始迅速增加,但“依法治税”还是缓缓前行。为什么会出现这种现象呢?一个重要原因是,1988 年在北京召开的全国税务工作会议上明确提出了“以法治税”的口号,并把它作为会议的重点。之后,国务院又连续颁布了几个关于推进“以法治税”的文件。

为什么在当时的政府文件中提出的是“以法治税”而不是“依法治税”?我们可以根据图 1 得出这样的分析:在 1988 年前有多种文献(笔者阅读到的至少

---

① 把“依法治税”与“以法治税”同时进行检索的原因,笔者在研究这两词的使用情形时发现,绝大多学者或税收实务工作者对在使用该两词时,都没有作出明确的区分。

有8篇)和多个领导人在讲话中已经使用了“以法治税”的语词[②],并且阐述了该词的基本内容,反映出了中国“以法治税”官方话语的意识形态,这也可以是官方话语对税收实务部门以及学术界发生重要影响的一例。

第四,在1993年以后,“依法治税”的文献数目开始迅速增加,而“以法治税”则仍然变化不大,结果是“依法治税”的条目远远高于“以法治税”的条目。并且“以法治税”与“依法治税”语词的使用者大多没有作出区别,甚至经常交叉着混同使用。1991年10月国家税务局向国务院提交了《关于进一步推进依法治税加强税收管理的报告》,12月9日国务院就发布了《国务院批准税务局关于进一步推进依法治税,加强税收管理报告的通知》(国发〔1991〕67号)。在该《报告》和《通知》中都首先公开使用了“依法治税”一词,并且该《通知》得到了多省的转发。这是1993年以后“依法治税”得以剧增的最为重要的原因。

第五,2001年“依法治税”条目达到了顶峰,一共出现192条之多,而“以法治税”跌至波谷。“依法治税”的突然增加事实上并非“突然”,是一种政治潜流与话语背景之下必然的产物。1996年,江泽民总书记在第三次法制讲座中即席发表了“依法治国,保障国家长治久安”的重要讲话,宣布中国将依法治国。同年,在八届全国人大四次会议上通过的《国民经济和社会发展“九五”计划和2010年远景目标纲要》确认了依法治国目标和方针,依法治国的舆论影响进一步扩大。随后,“依法治X”成为当时的一股风潮,“依法治税”的提法剧增完全可以理解。

第六,2003年之后,“依法治税”的文献猛然减少,并且一直处在减少的趋势,到2010年“依法治税”的文献只有18条,几乎与1995年齐平。为什么会出现这种现象呢?税法学术界或言论界可能已转向了另外一个话语领域和理论言说。刘剑文教授指出:“新世纪的中国税法学必须明确以纳税人权利为中心的立场,这既是民主法治思想的要求,也是市场经济的需要。”[③]种种迹象表明,21世纪初以来,税法学的话语与理论已经发生了转向。以纳税人权利、税收宪政等为主题的税收法治话语开始慢慢地取代“依法治税”,并成为一股话语与理论潮流。

---

② 1985年召开的部分省市税务局长座谈会上,时任国务院副总理田纪云提出税收工作适应新形势,加强工作,从根本上说就是要抓好三条,其中第三条就是要“如何完善税制,逐步过渡到以法治税”。这是第一次中央领导强调“以法治税”这个问题。参见宗翠莹、李梅海:《“依法治税”有关问题的思考》,载《经济工作导刊》2003年第18期第17页。

③ 刘剑文:《二十年来中国税法学研究的回顾与前瞻》,载《税法专题研究》,北京大学出版社2002年版,第48页。

二、理论言说的主体分析

话语主体意味着“是谁在说话”,也即言说的主体。随着西方后现代的到来,“谁在说话”获得了权力上的意义。后现代重要代表人物法国学者福柯在《话语的秩序》一书中首先提出“话语即权力”的口号。因此,在福柯那里就有这样的推论:话语即权力,权力即知识。话语权的概念呼之而出。④ 正是在这个意义上,话语不仅仅是说话者或作者表达意图或情感的口语或书面文本,更是其权力关系和意识形态的反映。

笔者以 1988 年至 2010 年 CNIK 上的“依法治税”为标题的文章为研究对象,然后按时间顺序对这些著述的作者的身份或所在单位进行分类,可以得出以下统计图(图 2):

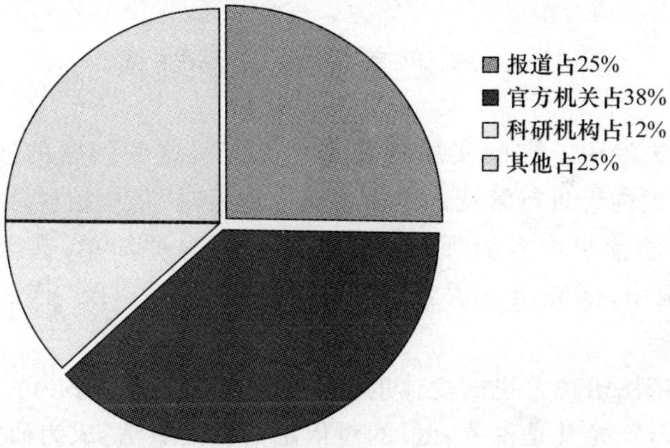

图 2

通过以上统计图,结合笔者对诸多文献材料的阅读,可以得出以下几点结论:

第一,官方机关在“依法治税”中占了绝对多数的话语主体。从图 2 可以看到,直接来自“官方机关”的占了 38%。除此“报道”“其他”文献等从本质上来说也绝大多数属于“官方机关”之列。由此看来,来自官方机关对依法治税的表达实质上到达了 85% 以上。“依法治税”的话语权几乎完全由官方机关所掌控。可见,“依法治税”具有强烈的官方色彩。

④ 有学者对“话语权”一词的使用持反对意见,“既然‘话语权’这个组合词表达不出一个清晰的概念……那么比较明智的做法就是按照术语学的原则和方法,通过筛选将其果断地废弃,以免由于它的存在搞乱了人们对事理的判断。”参见顾孟洁:《对新流行词“话语权”的若干思考》,载《术语标准化与信息技术》2008 年第 1 期,第 25 页。

第二,科研机构占的比例比较少。从图2可以看出,科研机构在“依法治税”中占了12%。事实上,这里的12%还掺杂了一定官方的成分,因为里面包含了为官方所严格控制的党校、政府机关所属的科研所等。从其内容看,不管是“以法治税”,还是“依法治税”,除了突出法律在税收中的作用之外,很难挖掘出更深刻的内容。当然,亦有不少学者试图在论述依法治税时把法治、人权等有关理论作为其思想基础,但是这样的联系明显有点牵强附会。

总体而言,中国“依法治税”的话语主体是以官方机关及其工作人员为绝大多数。国务院在《进一步推进依法治税加强税收管理报告的通知》(国发〔1991〕67号)要求各级人民政府、各级计划、公安、铁道、交通、邮电、银行、工商管理、海关、法院、检察院等部门要积极配合税务机关依法治税,税务机关是依法治税的主体,其他机关应该密切配合。由此,在这个单一而庞大的话语主体之间,形成了一种密切的网络关系,纳税人的声音却几乎被完全遮蔽于该话语网络之中。

三、理论言说的内容解读

什么是依法治税?它的实质内容是什么?对这些问题的回答,有待于对“依法治税”言说内容进行解读。本文要研究他人对“依法治税”内容的言说,发现“他者”对依法治税内容的理解。通过“他者”这些简单,甚至我们认为“错误”的理论言说中,探测出言说者(他者)的内心世界以及“依法治税”的弦外之音。

从上面对依法治税言说的主体的分析可知,依法治税多为官方所把持。因此,分析政府官员,尤其是税务官员的对依法治税的看法,成为研究“依法治税”的首选。1989年2月,时任国家税务局局长金鑫在“全国税务局长会议上的讲话”中指出:“以法治税主要表现在,国家税收必须统一,税收不能分散。……凡是涉及税收的问题,都要由税务部门进行处理;减免税权主要集中在中央,对违反税法和体制规定的减免税,要认真清理并立即纠正。在税收上真正做到有法必依,执法必严,违法必究。”⑤ 1991年10月国家税务局发出了《关于进一步推进依法治税加强税收管理的报告》,该《报告》指出:“坚持依法治税,统一税法,集中税权,是发展社会主义有计划商品经济的必然要求,也是税收工作的基本原则。”这一报告得到了国务院的认可并且转发各省、自治区、直辖市人民政府等重要部门。

---

⑤ 国家税务局编:《整顿税收秩序,推进以法治税》,载《认真贯彻国务院〈决定〉,进一步推进以法治税,努力完成今年税收任务:国家税务局局长金鑫在全国税务局长会议上的讲话》,(内部发行)经济日报出版社1989年版,第24页。

1994年税制改革,其真实目的仍然是"集中税权、增加中央财政收入"。1990年国家税务局《关于今后十年间工商税制改革总体设想》中关于税制改革遵循的原则第一条就为:发挥税收筹集财政资金的作用,提高税收收入占国民收入的比重,逐步消灭财政赤字。我国多年来的"税收任务"无不是为以此为基础。为此,有人是这样界定"依法治税"的:"所谓依法治税,是指在税权集中、税法统一的前提下,所有应税单位和个人都要依法纳税,政府税务机关要依法征税,社会各方面要协同配合和监督税务机关和纳税人依法征纳,使税收工作、税收秩序沿着法制化和制度化的轨道前进。"⑥

对"依法治税"内容的把握,关键对"法"和"治"的理解上。大多数学者、税务官员在"法"的范围上都采取比较宽泛的解释,包括法律、法规、法定,有些甚至认为也包括了党政策。从法律现实主义角度来看,我们可以对近三十年来"依法治税"中的"法"进行总结归类。无论是税法学界还是税收实务界,都认为"依法治税"之"法",包括了宪法、法律、地方性法规等法律性文件,尤其强调了税收政策在税"法"中的地位——即使这与税收法定主义相距甚远。有论者强调性地提出:"我国的税收政策法令,是国家法律的重要组成部分。"⑦这里把税收政策摆在很高的位置,成为税法的指导原则或精神。在官方的政策文件中,也表达了政策的重要性。无论从官方的文件以及税务官员的表述,还是从民间学者的话语表达中,都可以明显地看出,政策始终是中国税收法律制度的内核。

对"依法治税"解读的另一重要方面则是"治"。依法治税就是依据法律进行治理,那么"治"谁呢?事实上,这里"治"的是两个方面:一是治纳税人(纳税行为);二是治征税人(征税行为)。

就依法治纳税人而言,一般认为,我国公民纳税意识不强,导致逃税、偷税、抗税现象特别突出。因此,需要大力宣传税法、加强法制教育,使公民树立依法纳税的法制观念;建立健全的账户制度以堵塞偷税、漏税、逃税;加大对违反税法的纳税人的惩罚力度,等等。就依法治征税人而言,一般认为,税务人员道德水平低、法律素质差是造成不能依法治税的根本原因。因此,提高税务人员的素质是依法治税的根本。"从税务部门自身讲,少数税务机关和税务干部越权执法、滥用权力和管理松散的情况比较突出,特别是不严格履行执法程序的现象比较普遍,严重影响了依法治税的进程。"⑧

此外,通过依法治税治理征税人(尤其是少数地方领导)随意减税免税也是

⑥ 史明辉:《略谈依法治税的几个问题》,载《湖南财经高等专科学校学报》2000年第5期,第30页。
⑦ 伍瑞驹:《抓好税收检查·实现以法治税》,载《财会月刊》1985年第9期,第54页。
⑧ 史爱生:《依法治税重在治内》,载《政府法制》2003年第16期,第45页。

其重要内容。[9] 减免税收,意味着中央财政收入的减少,而对受中央财政支持的地方政府而言影响不大。在20世纪80年代,中央财政亏空,而地方不少领导却随意减税免税,这让中央感到非常恼火。因此,在1988年《国务院关于整顿税收秩序加强税收管理的决定》(国发〔1988〕85号)第1条就指出:"严格执行国家税法,认真清理整顿减税免税。"1994年税制改革,目的之一就是在制度上划分中央与地方的税收收入,在保证地方有一点收入的前提下强化中央对地方税务的控制权。

总体上而言,近三十年来我国对"依法治税"的理解,就是要依照国家颁布的法律以及法律性文件把纳税行为以及征税行为纳入到法制的轨道,要求纳税人依法纳税、履行纳税义务以及征税人依法征税、履行征税职责,最终以完成中央财政任务、保证中央财政收入。这样,一种自上而下加以推行的"依法治税"在改革开放之初确有一定的进步性,但是与日益发展起来的"税收法治"话语却格格不入。税收法治所强调的税收法定主义、纳税人权利本位主义等,都很难在"依法治税"话语中找到属于自己的位置。正如有论者指出的那样,由于忽视了税收法治下的对纳税人权利的保护,"'依法治税'这一口号,则明确地将纳税人推到了法的对立面,成为被'治'的对象。"由此,我们也可以看出,"依法治税"的话语在近三十年来经历了一个从提出、兴起,到逐渐衰落的过程,从另一方面则表征着我国税收法治在理论与话语上的不断更新与进步。

---

⑨ 宋德安、邢西唯:《论"依法治税"——从契约论角度看国家分配论之不足》,载《人文杂志》1996年第1期,第65页。

经济法中的政策

——基于法律文本的分析实证*

◇ 单飞跃　张　玮**

内容提要　政策是政府与市场在经济法中的连接点，其在经济法中的存在具有普遍性。中国现行经济法中有20部法律含有"政策"一词，共使用87次。不同语境中的经济法政策语义各不相同，可以在"目标""性质""标准""实施手段""信息指引"等语境中解读经济法的政策语义。经济法中的政策具有一定的类型特征，通用型政策与专用型政策、元政策与再分解政策、经济政策与技术政策在经济法中清晰可辨。经济法中政策制定权力层级分散，政策运行在总体上呈凌乱状态，只有货币政策与中小企业促进政策的运行较为体系化。经济法政策的改善应从政策的规范与监督层面下功夫。

关键词　经济法　政策　政策语义

截至2011年8月底，我国已制定经济法方面的法律60部。① 本文以这60部法律中的"政策"为分析样本，对经济法中的政策语义、政策类型、政策实施展开研究，力图廓清经济法的政策语境、走向及分布规律，为经济法与政策两者间协调功效的发挥提供理论帮助。

一、经济法中的"政策"事实

经济法的法律条文中经常出现"政策"这一词汇，60部经济法法律中有20部法律的法条中含有"政策"一词，使用"政策"一词共87次，形成了经济法中特

---

* 本文发表于《社会科学》(沪)2012年第4期。

** 单飞跃，上海财经大学法学院教授，博士生导师；张玮，上海财经大学法学院博士研究生。

① 国务院新闻办公室在2011年10月27日发布了《中国特色社会主义法律体系》白皮书，其中提到"截至2011年8月底，中国已制定经济法方面的法律60部和大批相关行政法规、地方性法规。"

有的政策法律事实。经济法法律中政策的具体使用频次如下：

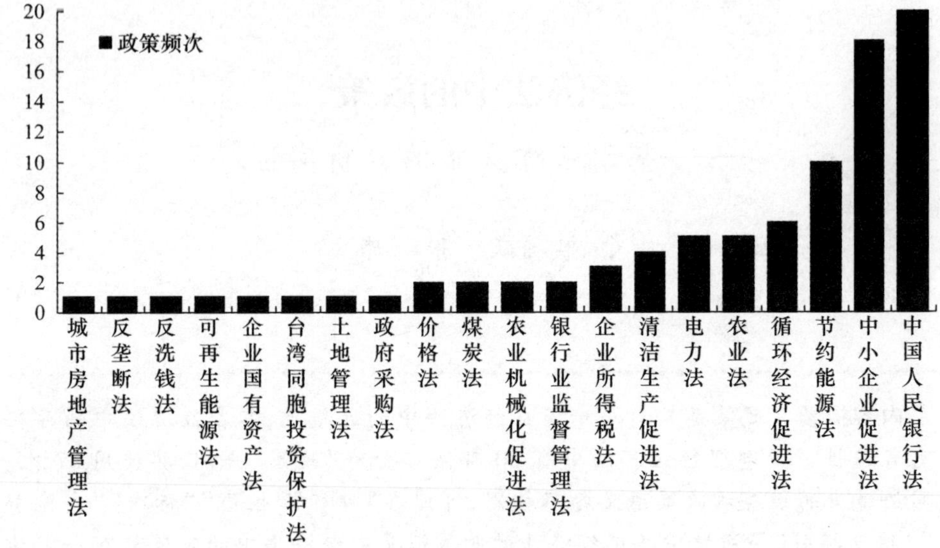

二、不同语境中的经济法政策语义

“社会经济发展程度愈高，国家宏观调控的重要性愈明显，公共政策的作用与影响也就愈大。”②“政策”所依存的语境是把握经济法中政策语义的关键。审视经济法中与“政策”相关的法律条文，其政策语义可大体置于“目标”“性质”“标准”“实施手段”“信息指引”语境中来理解。其中“目标”语境中的经济法政策语义是指政策在该经济法中与目标紧紧相连；“性质”语境中的经济法政策语义一般是指以政策性质定义某类型经济法主体或某些经济法制度的情形；“标准”语境中的经济法政策语义是指政策作为法律实施过程中的参照标准或执行标准；“实施手段”语境中的经济法政策语义一般是指政策作为经济生活的具体法律调整手段，用以实现立法规定的促进与调控目的；“信息指引”语境中的经济法政策语义一般不直接阐明政策的具体方式与具体内容，而是通过法律规定某些经济法主体的政策宣传与政策咨询义务，达到向公众提供政策与法律信息支持的目的。

② 江涛：《公共哲学》，中共中央党校出版社 2003 年版，第 110 页。

语境	条文表述结构	法条示例
目标语境	“××政策目标”“××政策目标是……”“有助于实现××政策目标”	《中国人民银行法》第9条:“货币政策目标是保持货币币值的稳定,并以此促进经济增长。”
性质语境	“政策性××”	《农业法》第46条:“国家逐步建立和完善政策性农业保险制度。”
标准语境	“应当符合××政策”“应当执行××政策”“应当实行××政策”“应当按照××政策”	《电力法》第14条:“电力建设项目应当符合电力发展规划,符合国家电力产业政策。”
实施手段语境	“国家通过××政策,支持、鼓励、促进……”	《煤炭法》第17条:“国家制定优惠政策,支持煤炭工业发展,促进煤矿建设。”
信息指引语境	“应当宣传××政策”“提供××政策咨询与信息服务”	《节约能源法》第9条:“新闻媒体应当宣传节能法律、法规和政策,发挥舆论监督作用。”

三、经济法中政策的内涵与类型

(一)经济法中政策的内涵

在此有必要对经济法中政策的内涵作出基本界定:(1)政策是国家在一定时期内提倡、促进、组织、规制社会经济生活的规范性方式方略;(2)政策的制定主体为国家机关;(3)政策不得违法;(4)法律政策的制定必须取得法定授权;(5)政策主要用于目的性调整与相机性调整;(6)政策具有发展与进步特征;(7)政策必须公平。此外,对影响政策本质的相邻关系也有必要进行识别。

1. 政策与政策性

政策通常用来指手段、方式与做法,可以由多个主体实施,也可以有多种不同的性质。“政策性”也是经济法中有关政策法律条文表述中使用频次较多的一个词,在5部法律中共出现7次,但政策性是指某一机构或某一制度的特殊性质与固定性质,多为法律所直接规定,不得更改、不可转移、不能抛弃。在经济法中,政策与政策性由于语境、语义、性质完全不同,应当被严格区分开来。从某种意义上说,政策性与政策并不相关,在讨论经济法政策时可以剔除政策性的内容。

2. 目的性政策与政策性目标

目的性政策与政策性目标是经济法中“政策”存在意义与存在形态的主要

表现。目的性政策是指政策的动机是什么,即通过"目的"规范政策的制定与实施;而政策性目标则是指通过政策做什么,即通过政策手段要达到的法定目标。目的性政策与政策性目标两者之间互相作用,但又存在明显的意义区别。

"在民族国家中,经济政策的终极价值标准就是'国家理由'。"③目的性政策中的"目的性"包含鼓励性、限制性、倾斜性、差别性等多种情形。《中小企业促进法》中的政策设计主要表现为鼓励性政策;有些法律集中包括鼓励性政策、限制性政策及差别性政策等,体现了实现该法律立法目的的手段复合性,如《节约能源法》中既规定了实行有利于节约能源的税收政策,又规定了分淘汰、限制、允许和鼓励类实行差别电价政策。

政策性目标又称政策目标,其为法律所设定,对政策行动形成直接的法律约束。由于是用政策手段去实现法定目标,因此,政策目标中的目标确立与政策运用必须慎之又慎。经济法应当着力加强政策目标及其相关政策行动的法律监管。

(二)经济法中政策的类型

从经济法的政策语义及使用场景中可以看出,政策在经济法中的存在与运用具有自身的某些规律性,可以用一定的政策类型来进行总结。

1. 通用型政策与专用型政策

"产业政策"一词出现在 10 部经济法法律中,使用频次为 14 次;"税收政策"一词出现在 5 部经济法法律中,使用频次为 11 次。这些政策在经济法中的存在具有一定的普遍性,属于通用型政策。通用型政策往往由国家综合性宏观调控机构和经济管理部门制定,既具有适用上的普遍性与影响上的广泛性,又具有激励或限制上的显著功效性,体现了宏观性与直接性的结合。

专用型政策与特定法律的特定调整对象密切相关,如《中国人民银行法》中的"货币政策"、《中小企业促进法》中的"中小企业政策"、《电力法》中的"差别电价政策"。专用型政策的适用有明确的领域限制,具有强烈的针对性与指向性,是该法律的重要组成部分。

通用型政策与专用型政策的识别不能只看使用频次的多少,而是主要看适用法律的广泛性与特殊性。"货币政策"一词在经济法法律中使用了 20 次,但只出现在两部法律之中,其中《中国人民银行法》的使用频次为 19 次,属于专用性政策。

---

③ 〔德〕马克斯·韦伯:《民族国家与经济政策》,甘阳等译,三联书店、牛津大学出版社 1997 年版,第 93 页。

2. 元政策与再分解政策

“法律是多样性的，并非所有的法律都是以责令的形式发挥作用。”[④]政策就是经济法律中的调整手段之一。政策在经济法中也存在着内在的层次关系。通用型政策中的中央政策和一些专用型政策居于政策层级的顶端，是其他政策的源头和基准，可以将其称之为元政策。此外，国家层面制定的一些政策，也属于元政策范畴。如中小企业政策尽管属于专用型政策，但应划入元政策范畴。中小企业政策由国务院制定，但需要进一步分解为产业政策、税收政策以及信贷政策等具体政策对中小企业具体支持。

3. 经济政策与技术政策

从政策内容分析，经济法中的政策大多属于经济政策，主要是国家为解决经济发展中的结构性矛盾和特殊性矛盾而采取的具体战略、方略、措施、方法。主要包括：产业政策、货币政策、财政政策、税收政策、信贷政策、收入政策、投资政策、外资政策、进出口政策、价格政策、政府采购政策、中小企业政策、竞争政策等。

除经济政策外，经济法中的一些政策形式还以技术政策的形式出现，如《节约能源法》中的节能技术政策、《清洁生产促进法》中的清洁生产的技术开发和技术推广政策。

四、经济法中政策的运行架构

经济法中的政策并不是静止的和机械的，经济法中的政策需要通过一定的转化方式来对经济产生作用，经济制度从某种意义上来说便是经济法与经济政策的一种整合。[⑤] 政策制定权力在经济法中是如何分配的、政策怎样在经济法中运行、政策运行过程中相互之间如何配合、经济法中政策运行的代表性个案有哪些，这些问题值得总结与分析。

（一）经济法中政策制定权力的分配

梳理经济法中涉及政策制定的法律条文，从中可以窥视出经济法中政策制定权力的基本分配格局：制定主体多元、制定权力分散、制定层级多样。

经济法中最为常见的政策制定主体是国家，国家在此处是模糊化、抽象化的

---

④ 〔英〕哈特：《法律的概念》，许家馨、李冠宜译，法律出版社 2011 年版，第 25 页。

⑤ 参见刘晓霞：《经济法与经济政策的互动整合—兼谈经济法的特征》，载《甘肃政法成人教育学院院报》2005 年第 1 期，第 63 页。

主体,仅仅只能理解为该项政策的制定权力归于中央。如货币政策的制定权属于中国人民银行;中小企业政策、有利于实施清洁生产财政税收政策的制定权属于国务院;企业所得税专项优惠政策的制定权属于国务院,但需报全国人大常委会备案;竞争政策的研究拟定权属于国务院反垄断委员会;太阳能技术经济政策的制定权属于国务院建设行政主管部门;有利于清洁生产产业政策、技术开发和推广政策的制定权属于国务院及其有关行政主管部门、省、自治区、直辖市人民政府;节能技术政策的制定权属于国务院管理节能工作的部门会同国务院有关部门;租赁政策的制定权属于国家或房屋所在城市人民政府;农业结构调整政策的制定权属于县级以上人民政府。

(二) 经济法中政策的运行方式

经济法中的政策运行并无统一的规律可循:《中国人民银行法》主要围绕货币政策的目标、主体、工具来运行;《中小企业促进法》《循环经济促进法》主要围绕符合产业政策,制定、实施相关产业政策或中小企业政策来运行;《节约能源法》主要围绕发布、宣传、运用节能技术政策来运行;《企业所得税法》主要围绕符合国家产业政策、执行地区特殊政策来运行;《农业法》主要围绕制定政策、实施政策、运用政策来运行。

从以上分析中可以看出,政策在经济法中的实践与行动方式多种多样,没有呈现出系统性的运行规律和形成结构性的政策流程。"孤立性"和"不紧密相关性"可以用来概括现行经济法中政策运行的特点。

(三) 经济法中政策系统性运行的法律个案

1.《中国人民银行法》中的货币政策系统

在现行经济法中,《中国人民银行法》与政策的关联最为紧密,货币政策贯穿于法律的始终,并且通过"目标—主体—工具"结构形成了稳定的法律政策系统。"设定货币政策规则,必须注意以下几点:一是规则应该考虑到公众对中央银行未来行动的预期;二是规则应该明确表示货币政策决策如何改变市场利率的信息;三是规则应该考虑到市场预期和投机的作用。当然,规则必须让公众能够接受,而且具有长期自动纠正的功能。"⑥

⑥ 钱小安:《货币政策规则》,商务印书馆2002年版,第231页。

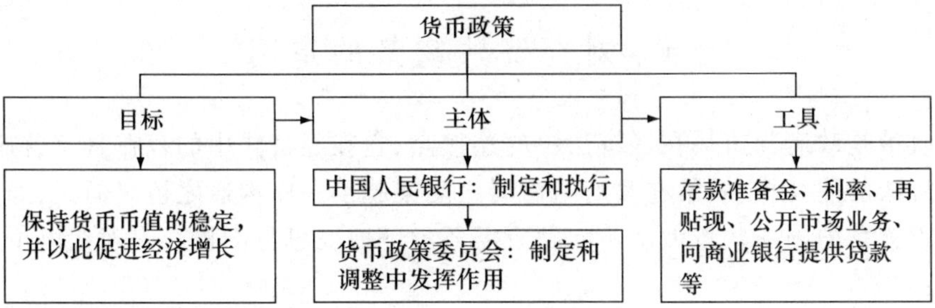

2.《中小企业法》中的中小企业支持政策体系

《中小企业促进法》主要通过支持政策体系促进中小企业发展。中小企业支持政策体系是促进和规范中小企业发展而形成的一系列支持性政策的总和，既包括有关中小企业法律地位、产业政策、财税政策、金融服务、技术创新等方面的支持性措施，也包括为确保中小企业的可持续发展而对其生产经营行为等的约束和规范。⑦

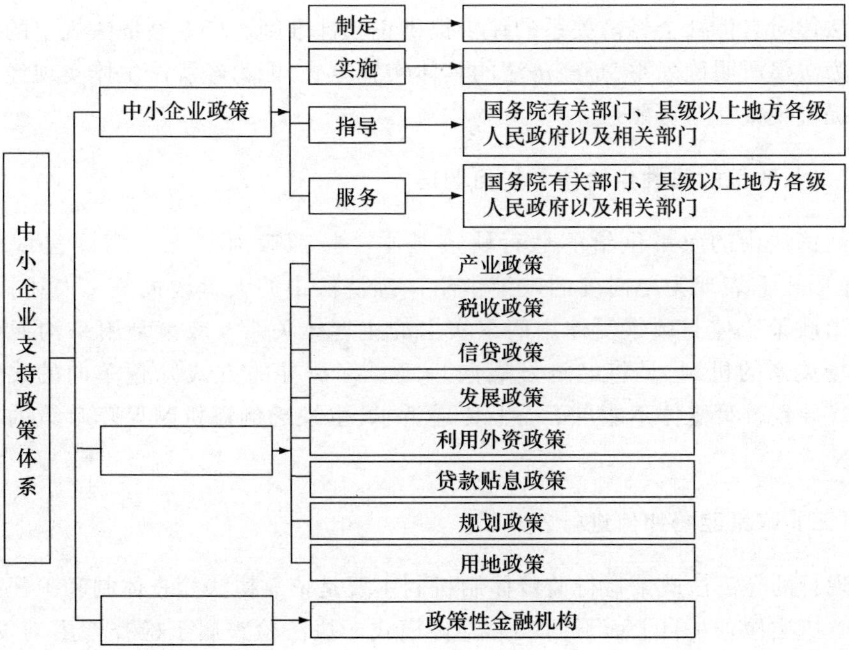

⑦ 舒萍、汪立峰：《我国中小企业政策体系变迁研究—基于新制度经济学的视角》，载《南开大学学报（哲学社会科学版）》2010 年第 1 期，第 113 页。

五、对经济法政策的追问

政策是政府与市场在经济法中的连接点,它在经济法中的存在具有普遍性。在经济法的注视下,政策在政府与市场之间架起了一座沟通之桥。但是,经济法与政策关系中的一些重大是非问题更需要辩证地反思与剖析。表现在以下三个问题:

(一)经济法的法律政策意图如何保障?

经济法中的法律政策意图仅有法定性作保障是不够的,其要求经济法政策必须具有相对的独立性,不为非法律范畴的国家政策所随意改变。经济法的政策独立内涵至少应包括:(1)经济法锁定的政策目标是具有稳定性与确定性的法律目标,不能偏移、更不得改变。(2)经济法规定的外在政策条件,须由法定的、享有一定层级权力的国家机关所制定,能作为经济法律行动的合法性前提,能为法律对具体社会经济关系的评价提供正当性准则。(3)经济法规定的政策手段为法律所明确列举,是经济法的具体实施方式,能为经济法主体实现经济法效果提供现实性与可能性。

(二)政策的线性供给体制如何调适?

经济法中的政策供给的运行轨迹基本上按照政府意志与意图呈线性分布,在形式上表现为单向度的政策供给。经济法中的大量政策条文表述,都能反映出政策主体与政策受体之间事实上的主客体关系。政策是用来沟通政府与市场关系的机制,是将经济发展向一定目标诱导的方式⑧,但单向的线性供给模式导致政策受体不能自下而上传递诉求,也缺乏倒逼机制保障政策的良性互动。

(三)政策监督如何进行?

现行的经济法政策运行监督体制机制主要是依靠执法检查体制和工作报告机制。执法检查是自上而下的政策监督模式。执法检查属于检查者主动发起,其动因可以是基于上工作规划,也可以由具体的问题所引起;执法检查主要以被检查者书面报告为主,而报告中的信息已经被检查者自己进行过筛选,在信息量

⑧ 日本经济法学家金泽良雄认为经济法的实现手段之一是采取称之为“向一定目标诱导的政策”,即“行政诱导”,具体方式有:对共同行为的承认、劝告、资金的促进、课税上的特例、制定和公布提供生产、技术等标准。参见:〔日〕金泽良雄:《经济法概论》,满达人译,甘肃人民出版社1985年版,第77—82页。

上存在着缺失;执法检查报告的形式大都固定,很难从中了解细致的政策实施情况,鲜活的现实容易被概念化和数字化。因此,现行政策监督机制没有摆脱自我监督的局限性,必须通过赋予政策作用对象、政策受体以及社会的相应监督权利,才能有效改善政策监督效果。

农民权益保护与新农村社区发展的法律保障模式研究

◇ 李长健*

内容提要 从个体保护—组织保护—社区保护,是农民权益、农民组织权益保护发展的基本规律。作为农民个体、农民组织生存的时空载体——农村社区的发展,是保护、发展与实现其权益的关键。农民的组织化程度不断提高,农村社区不断发展,实现从平等生存权到平等发展权,从形式公平到实质公平发展是一个渐进、缓慢的演变过程。在法治与自治、利益分享与利益共享、平等保护与倾斜保护的对立统一中,其主体体系的合理架构成为其法律保障模式择定的基础。基于倾斜性保护的理念追求,在生存权与发展权平等的中心原则指引下,找寻出主体协调、产业协调、区域协调、系统协调等多元协调的体系化保障模式,是农民权益保护与新农村社区发展的法律保障模式框定的应然选择。

关键词 农民权益保护 新农村社区发展 法律保障模式 共享利益 实质公平

我国正处在社会转型与发展的加速期。伴随着农村生产力的发展变化,农业经济结构的跨越式调整,农村社会分层、社会流动加剧和社会结构变迁进一步导致利益分化、利益多元化和利益群体显性化。农村社区发展契合了农村社会结构的变迁、农村社会分层流动、利益协调与共享的需求。农村社区发展与农民权益保护构成了一种密不可分的、正相关、同质同向的内在联系。

一、法律保障模式的原理探究

(一) 冲突与平衡:从形式公平到实质公平

在新时期农民权益保护和新农村社区的发展需要在政府主导下,通过国民

---

* 李长健,法学博士,华中农业大学文法学院学科首席教授。

收入分配和再分配进行利益协调，对农民权益和农村社区予以政策倾斜，以确保农民权益的实现，进而推动新农村社区的发展。尽管农民权益保护与新农村社区发展需要在公平与效率当中作出选择，但它自身的平等有效性是其不断发展的基础，是更好地体现或实现公平的前提。公平观念是对公平关系的认识和反映，是以客观的公平关系为对象的主观形式或观念化模型。公平关系作为社会关系的一种，它本身也是随着社会生活的不断发展丰富、扩展和演变而发展变化的。共享利益实现的社会关系基础就是在全社会广泛形成的公平关系。

罗尔斯认为，形式正义要求执行法律和制度时应当平等适用于属于它们所规定的各种各样的人，而不管它们的实质原则是什么；实质正义则是指制度本身的正义，它取决于社会基本结构所根据的原则。① 在民法上，公平主要是指形式公平，它意味着机会平等。而机会平等至少要有四个方面的规定性：即社会资源平等地向市场主体开放；竞争的起跑线均等；市场主体同等的不受歧视；市场主体平等地拥有实现其经济目的的手段。② 形式公平，是农民权益保护与新农村社区发展法律保障模式选择的基本法律原理，但实质公平是其更高的公平价值目标。农民权益保护的关注和新农村社区发展是从追求“形式公平”发展至追求“实质公平”的必然产物。

从形式公平到实质公平发展是农民权益保护与新农村社区发展法律保障模式的基本法律原理，可以有效平衡协调各利益主体之间的冲突，促进农民权益落实和新农村社区的纵深发展。对农民权益倾斜性保护的制度安排在一定程度上体现了针对特定对象和在特定时期内“实质公平”先于“形式公平”的思想，这其实只是一种展现在公平世界里的客观现象。

（二）法价值追求：从利益和谐到社会和谐

农民权益保护与新农村社区发展法律保障模式的基本法价值追求是以利益和谐来实现社会和谐。农民权益保护与新农村社区发展法律保障模式的基本法律原理体现了从形式公平到实质公平的发展，同时还应该以利益和谐为基本内涵，以社会和谐为最终法价值追求。在和谐语境下，利益和谐的实现不是一种单纯的社会利益平均分配，而是在承认和尊重各个主体之间差异的情况下，实现一种相对和谐的利益平衡，是一种实现利益分享与利益共享的平衡。

我国正处于社会经济快速发展时期，也是社会利益矛盾的多发期，解决社会转型期凸显的利益矛盾需要对多元化的社会利益结构进行协调平衡。要实现社

---

① 〔美〕约翰·罗尔斯：《正义论》，何怀宏等译，中国社会科学出版社 1988 年版，第 1—58 页。

② 公丕祥：《论当代中国法制的价值基础法制与社会发展》，载《法制与社会发展》1995 年第 2 期。

会和谐,必须要合理处理发展过程中的利益分享问题,要使各方主体都能够公平享受到发展带来的好处。与此同时,要解决利益共享问题。加强解决利益协调、利益分配、利益平衡和利益共享等重大问题,以保证社会的公平正义,减少利益关系中的不和谐因素,更好地实现社会和谐,形成各个利益主体各尽所能、各得其所而又和谐相处的新局面。

农民权益保护与新农村社区发展法律保障模式建构的核心和实质就是对利益关系进行重新合理定位和调整,在协调平衡各利益关系的基础上,缓解各利益主体之间的利益矛盾和冲突,实现利益分享与利益共享的统一,促进农民权益的实现和保障新农村社区的发展,最终实现社会整体和谐。

(三) 法治与自治:法治背景下的主体自治

法治规定的权益保障、纠纷解决具有很大的优越性,从效率的角度衡量,普遍化、程序化的解决方式简化了事务解决的过程,减少了决策所要处理的信息,是一种实用而有效的便捷手段。自治意味着主体自觉思考、自我反省和自我决定的能力,其核心在于村民自主、自律、自由地管理自己。社区解决意味着村民对内部事务的普遍参与,乡村社会作为一个实践领域,自治使村民的创造性得以发挥,为国家政权的制度创新提供可能。

自治强调尊重当事人的自由意志,只要主体通过交涉达成合意,就符合自治的要求。社区解决注重符合当事人根据其具体情况和意愿所作出的妥协和选择的结果。自治以当事人意愿为基础,避免法律规定的僵硬;在价值上,它更为直接地体现了人的自主、自为和自律,符合自由的要求。但是,强调自治并不表示要取代法律在权益保护与解决纠纷中的作用,诉讼仍然处于核心地位。

村民自治、社区自治就是要加强农民主体以及农村社区主体在农民权益保护和新农村社区发展中发挥更积极的作用,只有调动起广大农民参与权益保护和新农村社区建设中来,农民的利益诉求才能得到切实的反映,并且才能尽快落实,因为只有农民自身才能真正地、全面地反映自己的权益诉求,也只有农民自身才是最迫切想把自己的权益诉求以某种形式表达出来,以争取自己权益的实现。农民权益保护与新农村社区发展法律保障的原理探究中,一定要在认识法治的重要作用的同时,深化对主体自治的认识,探索法治背景下的主体自治,促进农民权益保护与新农村社区发展法律保障模式发挥更积极的作用。

二、法律保障模式的主体架构

(一) 政府主体:法律保障模式的主导力量

政府在维护农民权益、促进农村社区发展方面发挥着十分重要且其他主体力量不能替代的作用。政府主体可以制定相应的保护农民权益的政策和法规,而且是这些政策和法规的实施者,同时也是各种与农民权益相关的经济活动的组织者、管理者和各种利益关系的协调者。政府是农民权益保护与新农村社区发展法律保障模式的主体架构中处于主导地位的主体。在保护农民的权益方面,政府的作用至关重要。

(二) 农民主体:法律保障模式的主体力量

在农民权益保护和新农村社区发展过程中,农民是其法律保障模式中的主体力量,是能够发挥出巨大推动作用的内发性力量,是农民权益保护和新农村社区发展的内在动力,左右着农民权益保护和新农村社区发展的成败。落实法律保障模式在实践中的具体运用中,无论是农民权益保护方面,还是新农村社区发展方面,都离不开广大农民的积极参与。农民合法权益的实现是客观上推动政府农业决策的终极力量。促进农民合理流动与分化。农民群体的阶层分化与流动为法律运行提供了相应的社会结构性支撑。农民群体的可持续分化是农村法治的推动力,并为农村社区发展提供了社会阶层结构的基础,成为农民权益保护和新农村社区发展方面的制度变迁的内动力。

(三) 新农村社区:法律保障模式的时空载体

新农村社区建设就是通过社区这一时空载体实现农民利益的整合,通过农村社区促成共有利益、共同利益的聚合,促进利益参与、利益诉求的低成本、规范化、制度化和法制化表达,实现和谐利益;通过新农村社区发展促进经济利益的发展,扩大存量利益、增加增量利益,实现农民利益的可持续发展;通过农村社区对差异利益、冲突利益的协调实现农村社区和谐利益的各种运行模式、运行方式和运行机理。在存量利益与增量利益的分配过程中农民的传统弱势身份得到必要的改变,通过个人、社区、社区组织和政府的多重选择进行多元利益重构,以发展利益为理论基点,从发展权的原点出发,以农村社区为发展权的时空载体,在动态发展中寻求与实现农民权益的保护。[③] 新农村社区作为农民权益保护的时空载体,在保障农民权益方面,有着重要作用,其一是整合利益;其二是发展利益;其三是协调利益。

(四) 农民合作组织:法律保障模式的基础支持

农民合作组织是市场经济条件下农民权益的最佳保护者,是统筹城乡经济社会发展的组织载体。当前,我们进行新农村建设中需要完善农民合作组织相关法律、法规,处理好村民自治组织与基层政府和基层党组织的关系,加强农民合作组织的组织建设和制度建设,大力发展农村教育文化事业,培育先进的农村文化、农村社区文化,真正实现村民自治,才能最终保障农民合作组织的利益功能机制发挥,才能通过农民合作组织利益功能机制的发挥,来促进农民权益保护和新农村社区发展。[④]

农民权益保护与新农村社区发展法律保障模式的主体架构中,要通过大力发展农民合作组织,以作为保障模式的基础支持,提升农民的组织化程度,从而落实农民权益保护的实践功效,推动新农村社区的发展。

三、多元协调——体系化法律保障模式的架构

(一) 法律模式的基本理念:倾斜性保护理念

在农民权益保护与新农村社区发展的法律保障模式构建中,其基本理念是倾斜性保护理念。保护农民基本权益,逐步落实对农民权益的倾斜性保护,可促进新农村社区的健康发展、维护新农村社区的安定有序,进而实现新时期我国整个社会的稳定与和谐。

在这种权利配置的研究中,针对弱势群体的利益保护和实现问题,产生了倾斜性权利理论。所谓倾斜性权利,是指基于保护弱势群体的考虑,在进行权利配置时,往往通过权利倾斜性配置方式对交易一方的私权进行额外规制或过度保护。[⑤] 因此,在权利配置时要对农民配置倾斜性权利,以弥补其社会地位的缺陷。倾斜性权利的配置是实现弱势群体利益,实现社会利益公平共享的必然结果。

---

③ 李长健:《农业补贴制度体系化建构逻辑的法理分析——基于利益与利益机制的视角》,载《上海财经大学学报》2011 年第 2 期。

④ 李长健:《农民权益保护视角下新农村社区发展法律问题之思考》,载《政治与法律》2010 年第 1 期。

⑤ 应飞虎:《权利倾斜性配置研究》,载《中国社会科学》2006 年第 3 期。

我们可以得出这样的结论:加强对农民权益保护不是伦理道德的要求,也不是功利性的证明,更不是一种政策性的宣示,而是出于对农民切身利益保障的考量,是出于对农民倾斜性权利配置与实现的考虑,是实现实质公平的客观需要。倾斜性权利理念作为农民权益保护与新农村社区发展法律保障模式的基本理念,对协调各主体之间的利益,促进农民权益保护的开展和新农村社区建设的进行具有重要的理论意义和现实意义。

(二)法律模式的基本原则:平等生存权与平等发展权原则

第一,平等生存权原则的运用。生存权作为法律概念是基于特定的物质生活条件而提出的,其不仅是指人的生命不受非法剥夺的权利,而且还包括每个生命得以延续的权利。生存权的实现本身就是国家通过积极义务的履行而给予社会弱势群体的特别保障。生存权凸显了社会弱势群体的主体地位,其以积极权利的性质为社会弱势群体权利的实现提供了强有力的支撑。在实质平等理念的指引下,生存权将关怀社会弱势群体的福祉作为价值目标。在现时的中国,农民的生存权具有两大特点:生存权的弱者身份性与生存权的脆弱性。农民权益保护与新农村社区发展法律保障模式中,也是实现农民平等生存权的实践模式,要通过法律保障农民权益,促进新农村社区发展。

第二,平等发展权原则的运用。发展权是指人的个体和人的集合体参与、促进并享受其相互之间在不同时空限度内得以协调、均衡、持续地发展的一项基本人权。其以公正、公平为内涵,又将形式正义与实质正义结合起来,使权利主体享受到真正具体切实的利益。按照《发展权宣言》的宣告,发展权是一项不可剥夺的人权,由于这种权利,每个人和所有各国人民均有权参与、促进、并享受经济、社会、文化和政治发展,在这种发展中,所有人权和基本自由都能获得充分实现。发展权与生存权同属于人权基本内容,但是发展权比生存权层次更高。发展权的主体既是集体也是个人,这种双重性的主体特征使其成为一项独立的新型人权。个人发展权的实现,是以人人平等地参与发展的决策,分享发展的成果,并实现个人的充分自由为内容。人的类本质在个人那里的全面发展,实际就是人的能力的充分发展;人的社会本质在个人那里的充分发展,实际就是人的社会关系的全面丰富。个人在“类本质”“社会本质”和“个体本质”三个层面上的充分发展都是以个人的内在本质需要为源泉的。我国农民个体发展权内容上缺失严重,难以实现个体发展权。发展权对贫困主体具有内在的价值功能,发展权贫困限制了我国农民的发展机会和发展空间。因此,在农民权益保护与新农村社区发展法律保障模式中也要体现农民的平等发展权原则。

（三）法律模式的应然选择：多元协调的体系化保障模式

农民权益保护与新农村社区发展法律保障模式的构建，在法律原理上要注重形式公平，但更要关注实质公平，在法价值追求上要注重从利益和谐到社会和谐实现，并且要逐步在法治背景下促进主体的自治。要通过建立农民权益保障机制；重构社会利益均衡机制；健全权力制约法律机制；完善社区纠纷解决机制等建立起健全完善的农民权益保护与新农村社区发展法律保障机制。要充分调动和发挥政府主体、农民个体、农村社区、合作组织、农业企业等各类主体在农民权益保护与新农村社区发展法律保障中的积极作用。

在农民权益倾斜性保护理念下，在平等生存权与平等发展权的基本原则下，农民权益保护与新农村社区发展法律保障模式的可行选择应该是构建起主体协调、产业协调、区域发展协调等多元协调的体系化保障模式。第一，主体协调保障。政府主体要在政策上、财政上对农民权益保护予以倾斜和支持，根据各地的经济发展状况、农民权益的实现状况，确定合适的支持力度，不做"一刀切"，确保对农民权益保护的支持能发挥最大的效益。农民主体要积极参与到新农村社区建设中来，为新农村社区建设献智献策，贡献自己的力量，同时要积极争取自己应该享有的一系列权益。农民合作组织主体也要在保护农民权益、发展新农村社区中发挥积极作用，要因地制宜，培育新型农民合作组织，扶持采用先进科技和生产手段的专业合作经济组织，通过农民组织化程度的提升，确保农民权益的实现。农业企业主体要承担起转移农村剩余劳动力、发展农村经济、增加农民收入的积极作用，鼓励龙头企业与农民建立紧密型利益联结机制，推进产业化规模的扩大和升级，形成多元化、多层次、多形式经营服务体系，充分发挥中西部地区资源环境优势、传统文化优势，充分挖掘中西部农民可持续增收的潜力，夯实农民权益实现、保障与发展的基础平台。在农民权益保障与新农村社区发展法律保障模式中，要加强这些主体之间的利益协调，以期发挥最大的价值功效。第二，产业协调保障。要加强第一、二、三产业发展之间的协调，实现农村经济的稳定、和谐发展，促进农民权益的实现，推动农村社区的发展。要从进一步落实以工促农、以城带乡政策，以工业反哺农业、城市支持农村为主线，健全完善稳定的投入帮扶机制，努力消除制约产业协调发展、城乡协调发展的体制性障碍，加快建立产业间共同发展的机制，通过加强现代化工业发展与现代化农民发展的协调运作，实现从"城乡分割"到"城乡一体化"的转变，从一、二、三产业梯度发展向一、二、三产业平衡协调发展转变，从而可持续地促进我国农民权益保障与发展。第三，区域协调保障。从全局统筹我国东中西部社会经济发展、东部地区在利用我国中西部地区各种资源的同时，通过建立体系化权利补偿、生态补偿和利益反馈机制来将部分收益反馈回我国中西部地区，进一步弥补地区间发展差异,促进东中西部之间的协调发展。第四,体系协调保障。在主体协调、产业协调、区域协调的保障模式思路下,最终要落实于体系化保障模式来保护农民权益、发展新农村社区。即着力于以平等生存权和发展权为中心的宪法保护,着力于倾斜性宏观调控政策、农民经济主体市场化和组织化的经济法律保护,着眼于权利补偿、生态补偿的资源环境法律保护,着眼于农民素质提升和科技创新推广的文化法律保护,着眼于以社区调解、行政调解和司法调解三位一体为中心,以仲裁、诉讼为辅、以农村法律援助为外在推动力的与我国农村乡土社会农民权益相适应的救济制度,全方位构筑农民权益更新、更高层次的保护网,建立起协调、保障、疏导与发展相结合的我国农民权益保护与新农村社区发展的体系化法律保障模式。

金融法面向风险的治道变革*

◇ 管　斌** 张东昌***

内容提要　在风险社会中，风险和风险管理已经成为了政治、经济和社会生活中的核心话题。法律和金融都是制度化的风险管理手段，风险和法律、风险和金融都存在着显见的互动关系。金融法是风险管理法，在风险社会的背景下有必要从金融法的理念、金融法主体制度构建、金融消费者保护、金融法律责任等方面进行反思和重构。

关键词　金融法　风险　金融创新　法律风险　风险管理

一、金融法应当成为风险管理法

（一）风险与法律的互动

1. 法律可规制风险

法律的功能在于通过保护人们的预期使之适应尚未可知的、天生不确定的未来。而风险在本质上与预期相关，是指向未来的，可以理解为实际结果对预期结果的偏离。与传统社会模式不同，风险社会中最为稀缺的价值需求即是对于确定性的追求。作为一种确定性的价值存在，法律在风险社会的运作中充当着最佳的调控模式：通过法律化解风险、吸纳风险，在此基础上将风险社会寓于法治社会的背景之中。在风险社会的背景下，法律的风险规制功能已经在各法律

---

* 本文系教育部人文社会科学研究规划基金《影子银行体系监管法律问题研究》（12YJA820019）的阶段性成果，已刊发于漆多俊主编：《经济法论丛》（2012 年上卷 总第二十二卷），武汉大学出版社 2012 年版，第 155—211 页。

** 管斌，经济法学博士，华中科技大学法学院经济法教研室主任，金融法研究中心执行主任，副教授。

*** 张东昌，武汉大学法学院 2013 级经济法学博士研究生。

部门中得到了体现,法律也在适应风险社会得以转型。

2. 法律规制风险本身可能衍生风险

在风险社会中,法律作为“制度化”管理风险的同时,也可能产生“制度化的风险”。当我们发挥法律的风险规制功能的同时,也必须去审视一个远远超出这一范围的问题,即“法律是否能够以及如何能够接受它自己的风险? 在这个方面法律系统是社会系统的反照,由于社会是有风险的,法律系统本身也是有风险的。或者更具体地说:法律系统必须把自己作为有风险的来进行观察和描述,因为这对于现代社会来说是绝对合适的。”[①]

法律风险首先源于法律本身的不确定性。法律的确定性是针对它所调整的社会关系整体而言的,建立在普遍性、抽象性基础之上的,往往缺乏对具体的、特殊的或偶然发生的事件的关注。随着以弗兰克为代表的美国现实主义法学的兴起,过度崇拜法律的确定性被认为是“基本的法律神话(The Basic Legal Myth)”[②]。法律的不确定性表现为法律渊源、法律规范、法律解释、法律推理等方面的不确定性。它导致法律绝对的确定性和可预见性神话的破灭,构成了法律自身不可回避的风险。

另一方面,风险社会中的风险特征也加剧了法律风险的产生。风险社会中永恒的不确定性导致法律的功能危机,各种人为制造的风险不断滋生,风险越来越模糊,其发生概率和后果愈发难以确定,这样所导致的后果就是人们越来越难以根据现行法律对其行为进行适当的预测和安排;风险的“未来导向”和法律的“过去导向”间的冲突也造成了法律在风险规制方面的滞后性;风险社会中的“风险导向”模糊了合法与非法的界限,风险制度化在强化风险管理的同时也在强化着风险激励,通过制度化的途径让风险“商品化”,使得风险不再仅仅被看成是损失的可能性,而是意味着收益的机会。这极易引起风险管理上的悖论,造成公共决策上一系列两难的困境,并且使得区别合法与非法的界限无法划清;风险社会中的“有组织的不负责任”现象也造成了法律在风险规制过程中责任追究的困境。这些因素的交织削弱了法律规制风险的有效性,相反却加剧了法律风险的产生。

正是人们对于包括法律在内的制度规则的选择规定着风险的具体形态、塑造着风险的具体内容,我们在关注如何运用制度规制风险的同时,必须高度关注因人们所选择的制度规则而决定的风险形态。风险的程度本身是可以由人们所选择的制度规则来调整。

---

① 参见〔德〕卢曼:《社会的法律》,郑伊倩译,人民出版社 2009 年版,第 296 页。

② See Jerome Frank, *Law and The Modern Mind*, New York: Anchor Books, 1963, p7.

（二）风险与金融的兼容

1. 金融可管理风险

与家庭作为风险管理的传统方式不同，金融是一种超越血缘的非人格化的风险管理形式。金融市场向市场中不特定的参与者提供信贷、保险、证券、基金等金融产品，在更广泛的群体间转移和分散风险，其风险管理更加大众化，更加有效。另一方面，由于这种市场化的风险管理形式脱离了“熟人社会”的网络，以声誉等为基础的非正式契约执行机制难以起作用，而法律作为外部的、正式的、非人格化的契约执行机制对金融市场的运行显得至关重要。现代金融伴随着现代法律制度而发展。

“金融”传统上被界定为“资金融通”或“货币资金的融通”，这导致了金融的资源配置功能被认定为金融的核心功能。这在简单金融的发展状态下较为合适，因为在早期银行主导型的借贷金融占主体的背景下资金融通确实是金融的主要功能。但现代金融已远远超出了资金融通的范畴，而与之相伴随的是金融核心功能的转变。金融的发展经历了资金融通到信用创造，再到转移风险的过程；现代金融的核心功能是配置风险，就是要为整个经济体系创造一种动态化的能够使风险流量化的风险转移机制；金融的发展趋势就是提升金融体系配置风险的功能，从过去的风险沉淀型金融向风险转移型金融转变。风险管理贯穿或渗透到现代金融的投资、金融中介（市场和机构）以及公司金融三大领域。在这种社会背景下，一个经济社会能否最有效地配置其资源，在很大程度上取决于它的金融制度的风险管理功能。

2. 金融管理风险过程伴生风险

金融的本质是资源跨时间、跨空间的价值交换，并通过对资源跨时空的配置实现风险的分散和转移。风险规避或分担是金融市场的核心功能。金融市场创造出各种结构复杂的金融工具使“风险商品化”，并对其打包、分割、销售，在风险分散化的同时，也产生风险收益的机会，力图实现风险承受意愿和风险承受能力间的一一对应。金融和风险是不可分割的，彼此已经融为一体，难以想象没有对方的情形：它们似乎是一对同义词。金融因风险而产生，也因风险而发展；金融在管理风险的同时，也制造了新的风险。金融风险的产生原因主要分为两种：一是金融体系内在的不稳定性；二是来自金融体系外部的风险诱发因子。其中，宏观经济因素和政治因素对金融稳定性的影响早已形成共识，而法律、文化和心理等因素对金融风险产生的影响正在成为关注热点。

(三) 风险、金融和金融法的共振

1. 金融法具备风险管理功能

同其他部门法相比,金融法的风险管理功能这一特性尤为明显,这除了基于风险和法的一般互动,更是基于风险和金融的互动关系。金融不是简单的资金融通,其实质是风险定价。法律作为社会控制的工具,既是"风险制度化"的重要形式,也是"制度风险化"的发源地。外在市场力量、市场机制与机构内在要求的结合,将寻求回避各种金融控制和规章制度的金融创新,形成新的风险;创新与规制之间不断交替形成"规制辩证法"。市场风险与法律风险相互转化,既相互构成对方,并会再构成对方。"风险制度化"和"制度化风险"体现了风险、法律和金融间的互动关系,并内生出金融法的风险管理功能:金融法作为规范金融机构、金融工具和金融市场的部门法,在管理金融所创造出的"制度化风险"的同时,也保障了金融的风险管理功能的实现。风险,既是金融和金融法的出发点,也是金融和金融法的目的地。

2. 金融法的风险管理功能日趋凸显

从法的产生及法与调整对象的关系看,经济社会领域中"新问题"的产生,需要法"与时俱进"的回应性,金融法的发展取决于现代经济和金融的状况及其需求,金融法核心功能的迁移同样如此。在经济金融化和金融全球化的今天,金融法的重心已由早期调整当事人融资交易关系为主,转变为通过规制实现防范和化解金融风险和危机等目标。风险管理已成为现代金融法的核心功能。金融法正在发生着从金融服务法向金融风险管理法的深刻变革。或者说,金融法的风险管理功能是一种更高层次的金融服务。③

二、我国风险管理的金融法律现状及其评述

(一) 我国风险管理的金融法律现状

转型中国,风云际会,世界各国及它们各个历史阶段所产生的问题,几乎在同一时间内在中国这一特定空间内全部汹涌而至,我们别无选择地走进一个问题丛生和风险重重的开放社会④,金融市场的功能错位和角色异化屡见不鲜。中国金融市场既面临金融创新和金融发展的紧迫性,又面临与金融发展程度不相适应的、来自国内外的金融风险的冲击,存在追求金融效率和金融安全的共时

---

③ 管斌:《论金融法的风险维度》,载《华中科技大学学报(社会科学版)》2012年第4期。

④ 参见管斌:《混沌与秩序》,北京大学出版社2010年版,第270—276页。

性冲突。随着金融在我国经济结构中的重要性日益增强,我国已初步建立了一套较为系统的金融法律体系,从立法宗旨、主体制度、行为制度、责任制度等方面确立了风险管理的法律依据。

(二)对我国风险管理的金融法律现状的评述

基于"风险管理"的视角审视我国金融法,仍然可以从中发现诸多不足:

1. 金融立法滞后于金融发展的步伐,导致金融法不能充分适应风险管理的现实需求。首先,我国金融立法应当关注离岸金融、房地产金融、能源金融和环境金融等新型金融的风险管理问题,金融法学研究范式应由 CBS(Company-Bank-Security)范式扩容为 FIRE(Finance-Insurance-Real Estate-Energy)范式,重视不动产和能源金融化后的风险和风险管理。[⑤] 其次,我国既存在游离于监管外的影子银行体系,又存在"国字号"的系统重要性金融机构,亟待金融法对其进行风险管理。另外,金融消费者保护问题在我国尚未得到应有重视,金融消费者的法律地位、专门的金融消费者保护机构仍未明确。

2. 金融法在总体上仍然以金融监管为核心,在安全性原则的指导下突出政府金融监管在立法中的主导地位,"风险"和"风险管理"的问题意识没有得到充分彰显,这从立法宗旨中可窥得一斑。

3. 主体制度仍以"一行三会"的金融分业监管体制为主导,既面临分业监管体制自身的缺陷,又忽视了金融市场主体和社会中间层主体在风险管理中的作用。

4. 行为制度多缺乏明确性和可操作性,为具体的执行预留过大空间,使得这些风险管理制度往往难以落实。

5. 责任制度仍有偏颇和疏漏之处,具体而言:(1) 法律责任以行政责任和刑事责任为主,民事责任所占比重较小(司法实践中常常需要援引《合同法》中的相关规定)。(2) 传统的行政责任、刑事责任和民事责任之外,具有金融法特色的信用责任没有得到重视。(3) 金融专家责任缺失。

三、以风险管理为核心重构我国金融法

(一)确立金融法"风险管理"的核心理念

以安全原则为行动指南的金融监管,容易矫枉过正,限制了金融创新、制约

---

⑤ 管斌:《我国金融法学研究范式亟须升级:从 CBS 到 FIRE》,载《华中科技大学学报(社科版)》2009 年第 3 期。

了金融效率，并且漠视了金融在管理风险方面的天然优势。而以效率原则为行动指南的金融自由化，一味的追逐收益的最大化而将风险和风险管理抛诸脑后，过分执迷于市场的自我调节，只会让风险像雪球一样越滚越大，直至危机的爆发。而从风险管理出发，在充分发挥金融本身的风险管理功能的基础上，坚持适度监管，在安全和效率、风险和收益间保持适当平衡，这是金融法必然的发展方向。为实现金融法风险管理的核心理念，就需要要充分发挥金融私法和金融公法在风险管理方面的不同作用。

（二）构建科学的金融法风险管理的主体制度

防范和减少金融领域的风险事件的发生，常常超越了政府的能力，需要金融监管主体、市场主体和社会中间层主体的多方参与，形成一个结构紧密、环节众多、相互间能进行反思性监控的现代治理形态。金融监管主体的运行在实现其自身权力效能最大化的同时，必须实现金融市场主体权利效能的最大化。金融监管主体在金融风险管理方面应发挥主导作用，我国需要在金融监管领域建立一个组织协调机构。金融私法应鼓励市场主体建立风险内控制度，完善风险自律机制，在效率和安全之间实现适度平衡。此外，包括审计人、公司律师、证券分析师、评级机构等金融社会中间层主体在风险管理方面应充分发挥其看门人机制，在平衡政府和市场利益、保护金融消费者、管理金融风险上发挥不可替代的作用。为保障社会中间层主体在风险管理中的功能，金融法应赋予其更多的权能，如独立的诉讼权等。

笔者呼吁金融立法高度重视金融专家的作用，使风险规制通过金融专家保持与公众、受到规制影响的企业持续的沟通和商谈，并提高金融立法的公众参与，从而保证由特定风险引发的价值争论被详细讨论。金融立法有必要参照牛羊之类偶蹄动物的反刍胃来改进国家立法程序，通过各种金融专家小组（瘤胃）、主管部门和国务院法制办（蜂巢胃）、全国人大及其常务委员会和金融委员会（重瓣胃）以及全国政协（皱胃）复数化的审议机制，使各种金融法律法规经得起公开辩论和审议的正当性咀嚼，易被市场吸收消化。

（三）加强对金融消费者的保护

建议我国金融立法移植和引入“金融消费者”以及相关的“金融商品”“适合性原则”“冷静期”等特别概念和特定制度，对金融机构课加信息披露和说明义务；建立专门的金融消费者保护机构；强化金融消费者教育；构建便捷投诉机制（如引入集团诉讼机制），降低金融消费者的诉讼成本，以提高金融消费者自我保护的能力。条件成熟时可制定《金融消费者保护法》。[⑥]

（四）加强对影子银行体系的监管

从总体上讲,除对一些非法的地下钱庄等高利贷组织依法取缔外,我国影子银行体系监管政策与立法应立基于构建宏观审慎监管和微观审慎监协调统一的新型金融监管体制:一要建立宏观审慎监管框架,完善风险监测评估机制。二要加强微观审慎性监管机制建设,夯实微观监管基础。与此同时,逐步由单一机构监管模式向机构监管与功能监管并重模式过渡,减少监管盲区和监管重叠现象,促进监管标准趋同,防范监管套利风险;建立有效的传统银行与影子银行业务风险防火墙制度,降低影子银行风险的溢出效应。

（五）加强对系统重要性金融机构的监管

我国应侧重进行系统重要性银行的监管立法,具体包括明确其评估标准和范围;确立中国人民银行对其的监管权,实施宏观审慎和微观审慎相结合的监管体制;制定我国系统重要性银行的审慎监管标准;加强对包括交易平台和支付清算平台等在内的金融市场基础设施的建设,以构筑其风险传播的防火墙,增强金融系统的风险抵御能力;建立我国系统重要性银行的特别处置机制。除明确各国金融监管当局的独立性和权力外,还必须建设全球性的系统重要性银行救助成本分摊机制。[⑦]

（六）完善金融法律责任制度

建议从主体的角度完善我国金融法律责任制度:(1) 构建和完善金融专家责任制度。(2) 对金融机构的股东有条件地适用“双倍有限责任”。(3) 对金融机构的经营者有条件适用无过错责任。

---

⑥ 管斌:《金融消费者保护散论》,载《华中科技大学学报(社会科学版)》2010 年第 1 期。

⑦ 管斌:《系统重要性金融机构监管问题研究》,载《武汉金融》2012 年第 6 期。

农村金融法律制度：一个概念框架

◇ 王煜宇*

内容提要 农村金融问题是转型期中国经济社会发展不可逾越的关键问题。然而，长期以来，我国农村金融体制改革因循政府主导的强制性供给路径，长期缺乏有效法律制度系统参与。"农村金融法律制度"作为一个名词，尽管近年来凭借"一号文件"有了越来越高的曝光率和认同度，但系统的理论整合远未形成，农村金融法律制度的概念框架亟待建立。作为调整处于现代农村经济核心的各种金融主体、金融活动及其相互关系的法律规范的总称，农村金融法律制度的独立性根源于其调整对象的独立性。农村金融法律制度具有阶段性、政策性、合作性等本质特征。历史经验和理论逻辑都无一例外的证明，以农村政策性金融法律制度、农村合作性金融法律制度、农村合作性金融法律制度和农村民间金融法律制度为主要内容的农村金融法律制度是降低农村金融市场交易成本、维护农村金融市场交易秩序，促进农村金融市场健康发展，并最终使农村资金高效转化为农村生产资本，加快农村经济发展、实现城乡统筹的必由之路。

关键词 农村金融 法律制度 调整对象 独立性 特征 类别

农村金融问题是转型期中国经济社会发展不可逾越的关键问题。自 1979 年 2 月农业银行恢复以来，中国已经进行了三十余年的农村金融体制改革。2004 至 2010 年，连续 7 个中央 1 号文件持续强调了农村金融问题的现实性、重要性和紧迫性，2012 年中央 1 号文件更是明确提出要发展多元化的农村金融机构，鼓励民间资本进入农村金融领域，提升农村金融服务水平。然而，长期以来，我国农村金融体制改革，受"工具金融观""机构金融观""政府金融观"等计划经济金融观的影响，总停留在"就事论事""分分合合"的层面上，其"政策 + 暂行规定"的运作模式，缺乏对调整对象的深入分析和全面把握，实质上并没有脱离

* 王煜宇，法学博士、管理学博士后。西南政法大学学术委员会委员，教授，博士生导师。

计划金融“简单行政命令的窠臼”。急功近利,积重难返。农村金融体系的建设长期缺乏有效法律制度系统参与。时至今日,农村资金依然短缺,农户融资依然困难①,农村金融问题依然严峻。② 农村金融法律制度,作为一项“保农民生·促三农发展”的重要制度,尽管近年来凭借“一号文件”有了越来越高的曝光率和认同度,但系统的理论整合远未形成。农村金融法律制度的概念框架亟待建立。本文将遵循传统法学范式,由农村金融法律制度的调整对象入手,分析归纳农村金融法律制度的概念、特点和类别,构建农村金融法律制度的基本研究框架。

一、农村金融法律制度的调整对象

法的调整对象是所有法学研究的元命题。不同的调整对象决定了性质、式样和风格迥然不同的各个部门法。顾名思义,农村金融法律制度的调整对象为“农村金融”;从理论上讲,它又包含三个层次:农村金融、农村金融主体以及农村金融主体之间的相互关系。

准确定义农村金融,是本研究的逻辑起点。定义农村金融必须考虑其固有的动态性和阶段性。从交易、功能和发展视角的综合而言,当前我国的农村金融应当是指一切为农村经济服务的金融产品、金融机构、金融工具、金融活动及金融制度的总称;它是信用关系制度化的产物,以农村货币流通与信用交易活动实现同一为其形成标志。农村金融主体是由围绕农村金融商品的交易而形成的供给主体、需求主体、监管主体等构成的有机统一体,地方政府在其中扮演着重要角色。农村金融主体之间的相互关系包括:合作关系;交易关系;监管关系和政策扶持关系。

二、农村金融法律制度的概念与特征

“许多设计精良的农村金融发展项目失败的根本原因在于它们施行的是一种‘法律外行为’(Non-legal behavior)——这些行为不受法律约束,游离于法律

① 根据中国人民银行研究局的《农村金融服务报告 2010 年》对我国农户贷款的覆盖面所作的调查,全国 2.2 亿农户有小额信用贷款或联保贷款余额的农户数为 7134 万户,占农户总数的 32.31%。另参见:周立、周向阳:《中国农村金融体系的形成与发展逻辑》,《经济学家》,2009 年第 8 期。

② 1978 年以来,短期贷款中的农业贷款占比,基本上在 3%—8% 之间徘徊;在 1984 年,曾经达到创纪录的 8.18%,但之后不断下滑,到 1995 年,只有 3.06%;2005—2009 年期间,在支农呼声愈响、新农村建设政策不断推出的现实背景下,占比还在减少。这一配比显示,贷款资源的配置,基本上是按照效率,而非公平的维度配置的,农村金融问题依然严峻。

之外,甚至为法律所禁止。"[③]农村金融法制化是解决农村金融问题的必由之路。农村金融法律制度调整农村金融、农村金融主体及其相互关系的法律规范的总称。农村金融法律制度的特点由其调整对象决定,体现调整对象的本质,反映调整对象的特征。与传统金融法或商法等近缘相比较,农村金融法律制度的特点包括:

(一)阶段性

阶段性是农村金融法律制度不同于其他部门法的显著特征。农村金融法律制度的阶段性由农村金融的阶段所决定,是指,农村金融法律制度只存在于工业化进程阶段。在这一阶段,由于政府致力于实现国家的工业化、城镇化,农村的概念也由产生到与城市的更加明显的对立,农村金融在这时候也有了其明确的指向,不再是仅仅服务于农业的金融活动,而是为了满足整个农村经济生活与经济发展的金融需求。同时随着经济的持续发展,农村金融活动范围逐步拓展,银行和各种非银行金融机构的各种业务开始服务于农业和农村经济,农业和农村发展的融资方式、融资手段和融资渠道也得到大大拓宽。而这种"二元结构"特征必然要在这些国家的金融法律上反映出来。当国家实现工业化之后,农村人口比例非常小(一般不足5%),城乡差别逐步消除,因而其城乡金融体系也已经日益整合为一体(Jensen,2001)。由于农业生产自身的特殊性,发达国家仍然大力发展农业金融以加强农业发展的金融支持,只不过,逐步由政府资助补贴的农业信贷模式向市场化的融资方式转变(Jensen,2001),金融二元性消失,农村金融法律制度重新复归于金融法。

(二)政策性

农村金融法律制度的政策性是农村金融法律制度本身所具有的,基于农业、农村经济的"弱势性"的客观要求,不以营利为主要目标,为了配合、执行政府的农村经济政策,支持、保护农业生产,诱导和激励农村金融主体和农村金融市场形成与完善,以法律的形式要求政府在一定期限内以优惠条件让渡资金使用权的特有属性。农村金融法律制度的政策性涵盖三个相互关联又缺一不可的要素,即金融性(区别于财政);优惠性(区别于商业性金融)和法律性(区别于惠农政策与行政命令)。[④] 农村金融法律制度的政策性根源于其调整对象的"弱势性",表现为其制度设计的金融性、优惠性和法律性。只有通过金融性,农村金

③ Heywood W. Fleisig & Nuria de La Rena: Legal and Regulatory Requirements for Effective Rural Financial Markets, 2005.

④ 参见王煜宇:《农村金融法制化:国际经验与启示》,载《农业经济问题》2011年第8期。

融主体和农村金融市场才有可能获得自身难以积累的原始资本,才能迈过金融发展的"门槛效应";只有通过优惠性,农村金融主体和农村金融市场才有可能逐步形成与完善,才能逐步形成其自身发展的可持续性;只有通过法律性,农村金融主体和农村金融市场所获得的"分配正义"才有可能稳定和规范,农村金融应当发挥的基本功能才能得到有效的制度保障。

(三) 合作性

农村金融法律制度的合作性,是指农村金融法律制度在制度设计上应当注重导引合作机制,激励并促进农村合作金融的有效发展,合作性农村金融立法应当成为整个农村金融法律制度的重点和核心。因为农村金融需求的分散性、担保机制的脆弱、贷款监督的高监督成本等原因,使得商业金融在农村金融市场上无可作为。而在监管部门一方,对农村庞杂的金融体系进行监管也面临信息的不充分、监管力量不足等问题,监管部门难以实现有效的监管。合作性金融通过社员之间的互相了解、制约,将社员与金融组织的信息成本内部化,解决资金融通中信息不对称和监督成本高的问题。因而,小而灵活、依靠内在约束机制的农村合作金融才是内生于农村经济的金融形式,也才能适应农村分散的金融需求。

(四) 保障性

所谓农村金融法律制度的保障性,是指农村金融法律制度所特有的,通过保险等金融手段分散农业风险,以保障农业的持续稳定和健康发展的特有属性。农村金融法律制度的保障性根源于农村金融市场的高风险性、低效性和高度的市场失灵性。农村金融法律制度保障性的实质是政府为保障农业持续稳定和健康发展,运用保险经济制度所进行的一种风险管理和社会管理。

三、农村金融法律制度的类别

依据不同标准,可以将农村金融法律制度分为不同的类别。参照各国的既有立法例和中国农村金融法治的实际情况,本文将农村金融法律制度分为农村政策性金融法律制度、农村合作性金融法律制度、农村商业性金融法律制度和农村民间金融法律制度。

(一) 农村政策性金融法律制度

所谓农村政策性金融法律制度,是指调整以政府发起、组织为前提,以国家信用为基础,不以营利为主要目标,为配合、执行政府产业政策和区域政策,支持、保护农业生产,促进国民经济协调发展和农民收入稳定增加,在农业及相关领域从事资金融通、提供金融服务的一种特殊的金融活动的法律规范的总称。从广义上讲,金融法包括金融组织法,信贷法,保险法、担保法等各个部门法。农村政策性金融法应该是包括农村政策性金融组织法,农村政策性信贷法、农村政策性保险法、农村政策性担保法等农村政策性金融机构法和农村政策性金融活动法的总称。

农村政策性金融法律制度的产生和发展是农业保护主义兴起与发展的结果。最早出现的现代农村政策性金融法是1920年法国所颁布的《国家农业信贷法》,依据该法法国国家农业信贷局成立并在1926年改组为世界第一家农业政策性银行——法国农业信贷银行,这所银行从建立之初就参与制定国家农业信贷政策,大力为农业提供信贷支持。20世纪二三十年代以后,西方"国家干预"的凯恩斯主义的兴起为农村政策性金融法律制度的发展提供了强有力的理论依据。比较典型的是建立了世界上最系统政府农业信贷机构的1923年美国《农业信贷法》。第二次世界大战之后,日本为了恢复和发展在战争中受损失的农业,依据1945年的《农林渔业金融公库法》,成立了农业政策性金融机构——农林渔业金融公库,为农户发放贷款,进行利息补贴和债务担保,保护了日本农业的发展。韩国仿照日本,根据《农业协同组织法》,于1961年在原农业协同组合中央会与韩国农业银行合关的基础上,成立农业协同组合中央会,成为韩国的农业政策性金融机构。韩国政府向农民发放的低息贷款占该机构贷款余额的90%以上。由于70年代"粮食危机"的影响,许多发展中国家也纷纷颁布农村政策性金融法律制度,成立农村政策性金融机构。这一时期成为农业政策性金融在世界各国蓬勃发展的黄金阶段。印度于1982年成立了农业政策性金融机构—国家农业和农村开发银行,利用国家资金向土地开发银行、合作银行提供贷款,由这些银行转贷给农民。20世纪70—80年代,泰国、缅甸以及非洲、拉丁美洲的一些国家相继建立了农业政策性金融机构。目前,农业政策性金融机构已成为许多国有加强农业宏观调控,保护和支持农业发展的重要工具。

(二)农村合作性金融法律制度

在广义上,农村合作金融法律制度是指调整农村地区以社员为主要服务对象的、总体上不以营利为经营目标的互助的金融活动以及按照合作制原则建立起来的非营利性的互助性金融组织的法律规范的总称。世界上第一个与合作社有关的立法,是1852年英国颁布的《产业及合作结社法》。世界上第一部合作社法是德国1889年《合作社法》。20世纪90年代以来,许多国家都对合作社法进行了修改,以适应新的社会经济形势和合作社的新发展。虽然这些合作社法规的细节屡经修改,但是都将自愿、民主、互助互利作为农村合作金融法律制度的基本原则。各国关于合作金融的立法主要有四种形式:一是制定专门的合作金融组织法,比如日本的《信用金库法》,美国的《联邦信用社法》(Federal Credit Union Act);二是制定适用于包括合作金融组织在内的各种类型合作社的合作社法,如《加拿大合作社法》(Canada Cooperatives Act),以及一些非洲国家和亚洲国家的合作社立法;三是在企业法规中制定关于包括合作金融组织在内的合作社的专门章节和条款,作为企业的特殊形式,合作社享受国家立法上的一些特殊规定,比如意大利、瑞士、荷兰在民法中有关合作社的相关规定;四是合作社适用于一般的贸易、公司法等,没有建立完整的合作社法律体系。在有些实行联邦制的国家,如印度、美国等,除了全国性的合作社法外,还有各州制定的地方性法规。

有无专门的立法是一个国家合作制农村金融组织是否走向规范发展道路的重要标志。大多数国家的农村合作金融能够蓬勃发展,关键的原因在于其有比较完善的农村合作金融法保障农村合作金融机构改革发展的法制化和规范化。美国、日本、德国等国家都有比较完善的关于合作金融的法律体系。美国在1916年就通过了《联邦农业贷款法》,德国早在1889年就颁布了第一部合作社法。不论是哪一种模式的立法,其首要的目标是要确认合作金融组织的合法地位,这是确保合作金融组织能与其他经济实体一样获得平等待遇的前提,也是合作金融组织得以自主经营、自我管理的法律依据。相应地,为了使法律的概括性规定得以实施,需要通过一定的法律程序确认合作金融组织的合法性。因此,许多国家都在立法中专门规定了合作社的注册,并配备专职的政府官员作为合作社注册官,比如我国香港地区《信用合作条例》就规定了合作社注册官。

(三) 农村商业性金融法律制度

农村商业性金融法律制度是指调整农村地区商业性金融组织和商业性金融活动的法律规范的总和。与政策性金融和合作性金融相比,农村商业性金融具有明显的营利性;与城市金融相比,农村商业性金融又具有明显的支农性。如何对农村商业性金融形成有效的支农与营利激励是法律制度设计的重点、难点和特点。从各国的实践来看,在制度设计上必须注重以下几点:第一,注重通过立法保障政策性金融与商业性金融之间在农村金融领域的互补性。一方面,强调政策性金融在农村商业性金融设立初期的奠基和指导作用;另一方面,政策性金融通过项目实施为商业性金融的开展提供条件。政策性银行对期限长、资金量大的业务存在优势,而商业性银行在期限短、资金量小的业务上存在优势。两者之间可以实现优势互补、相互协作。第二,注重通过立法对农村商业性金融进行市场准入、利率、担保、市场退出、风险防范等制度倾斜,保障其在支农同时能够有效实现商业营利的可持续发展。

(四)农村民间金融法律制度

所谓农村民间金融法律制度是调整农村地区民间金融活动及其组织的法律规范的总和。农村民间金融一般可以划分为三个层次:一是农户和农村企业之间发生的互助性的无息借贷;二是农户和农村企业之间发生的有息甚至高息融资活动;三是以农村民间金融组织为中介的融资活动。与官方正规金融相比较,农村民间金融具有区域性、灵活性和层次性等特征。以法律形式将民间金融纳入监管范围引导其健康发展,或与正规金融融合成长,是世界各国和地区对待民间金融的基本经验。较典型的当属我国台湾地区对合会等民间金融活动的法律规范。20 世纪 80 年代以前台湾当局对合会等民间金融组织采取的是自由放任态度,并没有确定其正式的法律地位,20 世纪 80 年代初期,由于运作不规范所导致的倒会风波此起彼伏,造成诸多经济、政治和社会问题,台湾当局开始对其严加管制。严格的管制政策并没有阻止合会继续扩大和倒会风波的频繁发生。在众多学者的呼吁下,台湾当局开始调整原有思路,经过反复论证,最终在 1999 年 4 月通过《民法债编》,以法律的形式对合会的契约条款、竞标程序、会首会员权利义务作出了详尽规范。合会这种广泛活动于民间的金融组织,终于在台湾地区获得了合法地位。这为我国的农村民间金融组织立法提供了可资借鉴的参考模式。

我国信用评级法律制度的问题、根源与完善

◇ 封红梅*

内容提要 我国信用评级法律制度存在的问题是立法分散、多头监管；准入标准多重；信息披露制度缺位；创新产品评级制度缺位；评级引用规范缺位，债券、信贷制度不配套。上述问题的根源是对信用评级存在认识误区、金融分业监管体制之缺陷和强制制度供给模式的弊端。应当制定单独的《信用评级管理条例》；确立金融混业联合协调监管机制；科学制定信用评级市场准入规则；增设信用评级强制信息披露制度；增设金融创新产品评级监管制度；增设信用评级引用规范制度；改良债券和信贷等引用配套制度。

关键词 信用评级管理条例 联合监管 评级引用

金融危机后，各国相继对信用评级法律制度进行改革，2012 年 12 月 26 日，我国《征信管理条例》公布，信用评级立法也被提上日程，此时剖析我国现行信用评级法律制度存在的问题，对未来《信用评级管理条例》的具体构建大有裨益。

一、我国信用评级法律制度存在的问题

（一）立法分散、多头监管

目前我国对于信用评级机构的监管权没有统一的规定，各金融监管机构纷纷凭借自己对信用评级对象的业务监管权加入“信用评级监管权”的争夺之战。如债券方面，我国企业债券由发改委负责、公司债券和可转换公司债券由证监会负责、银行间债券由银监会和央行负责，由此，这些机构分别掌握部分评级监管

* 封红梅，法学博士，宁波大学法学院讲师。

权;评级引用方面,财政部、社会保障基金管理机关都会引用信用评级结果,因此,这些机构也纷纷出台监管规章;企业的信用评级往往关乎一地企业的融资和发展,因此地方政府也纷纷介入到信用评级机构的监管之中,“政出多门”使得我国信用评级法律制度立法分散、位阶过低,重复供给和供给不足并存,规定之间多有冲突。

(二) 准入标准多重

市场准入制度方面存在如下问题:一是市场准入标准不统一。设立准入方面注册、备案、许可制度并存。上海、海南要求评级机构自取得工商营业执照之日起30日内到当地管理部门备案;浙江要求征信机构在工商行政管理部门登记后到该省发展改革委报备;陕西省信用评级机构在取得工商登记之前,均征求中国人民银行当地分支机构意见;业务准入方面,现行的规范文件就有四套。二是市场准入标准过低,这使得我国信用评级机构过多、过滥,无序竞争频发,信用评级机构生存状况堪忧。三是准入标准中的外资限制缺位导致外资入股我国信用评级市场情况严重,目前,中外合资的信用评级公司占我国信用评级市场的80%。

(三) 信息披露制度缺位

目前我国并没有专门、统一的信息披露制度,与信息披露相关涉的内容目前主要散见于央行、证监会指定的部分规章之中,而且这些信息披露存在以下几个特点:其一是披露的对象主要是监管者,而非社会公众。其二是信用评级机构公开披露的内容主要是评级结果,信用评级结果发布是信用评级机构存在的必然方式,我们很难说这种发布信用评级结果的行为属于真正意义上的信息披露。其三是信息披露的内容分散,缺乏系统性。唯一对除了评级结果之外的其他信息作出披露要求的是《证券市场资信评级业务管理暂行办法》第11条,但是这些规定既不全面也不够细化。

(四) 创新产品评级制度缺位

近些年我国的金融创新已经蹒跚起步,根据统计数字,从2005年试点至2008年年底,我国信贷资产证券化累计发行规模为667.8亿元。[①] 与此同时,信贷资产证券的信用评级工作也开始开展,2005年4月,中国人民银行、中国银监会联合发布《信贷资产证券化试点管理办法》,其第35条规定“对资产支持证券进行持续信用评级”。但到目前为止我国并没有关于金融创新产品评级监管的

---

① 夏小伟:《我国信贷资产证券化的现状问题及建议》,载《财会研究》2010年第6期。

专门规定,信用评级机构对金融创新产品和一般证券产品采用同样的评级符号、评级方法和评级要求。

(五) 评级引用规范缺位

信用评级引用主体各异、方式不同、用途不一,导致信用评级引用行为也产生了许多问题:其一是引用失度、依赖与轻视并存。尽管银行监管部门要求银行在防范信贷风险中引用信用评级结果,但是许多银行认为信用评级结果的参考价值不大,将信用评级结果的引用仅作为一道程序,往往“引而不用”。另一方面,有些监管部门过于依赖所引用的信用评级结果,将其直接作为监管职能的替代品,如建设银行北京分行将建筑企业的信用评级结果直接作为贷款依据。[②]其二是引用要求不一、方式差别很大;具体要求上有的规定为应当、有的规定为可以;级别要求上有的明确规定了级别、有的没有规定级别;具体方式上,有的规定为单评级、有的规定为双评级。其三是引用者浑水摸鱼、信用级别成为误导工具。

(六) 债券、信贷制度不配套

债券市场中与信用评级引用不匹配的制度有债券发行制度、利率制度和担保制度。其一是债券发行制度重审批、轻评级。发行部门普遍对信用评级不重视,仅把信用评级作为发行计划的一个程序。其二是债券利率采取限价管理、没有规定询价机制,这使得信用评级的定价作用无处发挥。其三是债券担保制度使得我国信用评级结果趋同,信用评级揭示风险的功能被淡化。目前我们所接触的长期债券信用共设 10 个等级,统计显示,截至 2007 年 3 月,我国 2016.2 亿元规模的银行间次级债和上海、深圳证券交易所上市交易的债券,信用等级全部为 AAA 级[③]。另外,目前各信用评级机构之间、银行之间、信用评级机构和银行之间信用评级符号含义大不相同,如对于相同的 AAA 评级,在中国建设银行、中国工商银行信用评级中均为最高评级,但在中国农业银行信用评级中却为第二级评级,其最高评级为 AAA +[④],这很容易引起混淆。

二、信用评级法律制度问题的根源

我国信用评级法律制度问题的出现,有着深刻的认识、体制和制度供给

---

② 李振宇:《资信评级原理》,中国方正出版社 2008 年版,第 144 页。

③ 庹泓、张莫:《公司债券信用评级地位凸显》,载《经济参考报》,http://bond.stockstar.com/JL2007060100045906.shtml www.stockstar.com. 2007-06-01/2010-08-12.

④ 张有荣、唐娟娟:《金融引入外部评级的优势与障碍》,载《青海金融》2010 年第 12 期。

根源。

（一）对信用评级存在认识误区

信用评级发展伊始，监管部门和信用评级机构对信用评级存在认识误区：其一是认为竞争是规范信用评级机构的有效途径。我国信用评级市场发展于上个世纪末，正值我国大力发展市场经济、张扬竞争理念的时期，监管部门忽视了信用评级市场的特殊性，认为竞争是信用评级发展的必然途径。其二是“以市场换技术”的信用评级发展误区。我国经济发展中一度过于宣扬引进外资，“以市场换技术”的理念也影响了信用评级市场的发展。其三是评级信息管理认识的误区。评级信息管理涉及多个方面，我国立法部门在评级信息管理上重信息保密、轻信息披露，且对信息披露的理解狭窄。澄清上述认识误区是完善我国信用评级法律制度的前提。首先，竞争并非规制信用评级机构的有效途径。信用评级机构对被评对象的评级结果需要向社会公告，信用评级信息具有公共产品的特征；信用评级结果信息类似于产品的质量“标准”，任何行业这样的标准都是越少越好。其次，信用评级市场是一个危及金融安全的特殊市场，不能采用传统的监管模式。最后，评级信息保密和评级信息披露并不矛盾，只要我们对公开信息和非公开信息加以区分，并不会侵犯发行公司的商业秘密权。

（二）金融分业监管体制之缺陷

信用评级法律制度存在的立法分散、位阶过低、监管多头、标准多重的问题与我国目前的金融监管体制有很大的关系。金融监管按照机关设置可以分为统一监管和分业监管两种基本模式。分业监管是指由多个机构实施对不同金融产品、不同金融机构和不同金融市场的监管，监管机构间没有隶属关系，各自在其权属范围内执行监管权力、履行监管义务。[⑤] 90 年代初，我国确立了分业监管模式，分业监管在防范混业风险方面是有效率的，但是随着金融经营业务的混业化，分业监管显得捉襟见肘，信用评级恰是一种典型的混业业务。信用评级机构是一个游刃于保险市场、证券市场、银行间市场的金融中介，信用评级机构的这种跨市场性与目前我国市场分业监管的体制相矛盾，使得一仆四主；信用评级机构从事的信用评级业务日趋混业化，同一混业行为也分别接受不同监管机关的监管，监管标准冲突更为明显。

（三）强制制度供给模式的弊端

信用评级引用制度形式化的问题与我国信用评级法律制度的供给模式密切

---

⑤ 吴风云：《统一监管与多边监管的悖论：金融监管组织结构理论初探》，载《金融研究》2002 年第 9 期。

相关。在新中国成立较长时间内,中国并不存在信用评级机构和业务;1987 年,国家颁布了《企业债券管理暂行条例》,提出了在各地组建信用评级机构的设想。1988 年 5 月,中国人民银行发布《金融管理工作座谈会会议纪要》,银行系统开始组建信用评级机构。90 年代中期,为扩大信用评级市场的需求,证监会、银监会、保监会分别出台规章在监管中引用信用评级结果,评级引用制度开始大量强制性供给。可见,我国信用评级市场的每一步演进都是政府引导先行,评级实践居后,采用的是强制性供给模式。强制性制度变迁与诱致性制度变迁不同,强制性制度变迁由于是外力推动,具有主动、快速、针对性强的优点,但缺乏一个由各交易主体讨价还价的初始博弈过程,且并不与旧的制度安排相衔接。制度安排的扩展性不足,常常出现与制度环境不相容的情况。⑥ 我国采用强制性供给模式后,短短二十年间我国信用评级市场就初具规模,但同时也带来了制度不兼容的问题,使得信用评级"引而难用"。

三、未来《信用评级管理条例》之构建

针对我国信用评级的立法现状,有必要提升信用评级立法的位阶,颁布单独的《信用评级管理条例》,《信用评级管理条例》应制定如下制度:

(一)确立金融混业联合协调监管机制

目前我国大多数学者认为治理多头监管问题的对策就是确立一个统一的信用评级监管机关,这里又分两种观点:一是证监会监管;二是央行监管。⑦ 这两种思路都是从现行监管机关中选取一个作为统一监管机关,虽然"快刀斩乱麻"地解决了多头监管问题,但是并未解决各市场之间的沟通协调问题。我国信用评级多头监管问题的根源在于信用评级的跨市场性与我国金融分业监管体制的矛盾,而信用评级的跨市场业务只不过是目前金融混业经营趋势的表现之一,因此,信用评级监管机关的确立必须与金融监管体制改革结合起来。目前金融监管体制改革的主流观点是在坚持分业监管的大前提下联合协调规范混业经营业务。⑧ 笔者赞同这种观点,但同时认为当前的协调监管机制存在央行被排除在外、机制不明晰的问题,建议在我国已有金融协调监管实践经验的基础上,进一步建立更加有效的"一行三会"协调机制——金融监管协调委员会来协调处理包括信用评级在内的混业经营业务。

---

⑥ 孙莉:《强制性制度变迁与我国资本市场投资者保护》,载《山东财政学院学报》2007 年第 2 期。

⑦ 柳永明:《美国对信用评级机构的监管:争论与启示》,载《上海金融》2007 年第 12 期。

⑧ 陈斌彬:《危机后美国金融监管体制改革述评—多边监管抑或统一监管》,载《法商研究》2010 年第 3 期。

（二）科学制定信用评级市场准入规则

应当以培养寡头垄断市场结构、维护信用评级市场自主性为准入目标，科学制定信用评级市场准入规则。其一，对信用评级市场的准入应当采取核准主义。相关部门在行使审核权时考虑以下因素：目前当地经济发展状况对信用评级机构的需求、现有评级机构的行业竞争状况以及国家对未来信用评级市场的发展规划等。其二，制定较高的市场准入标准，统一信用评级从业人员资格标准。信用评级机构的资本充足率、公司治理结构、信息数据库等都应当作为标准之一。其三，准入标准上应适当限制外资进入。纠正“以市场换技术”理念的偏差，从中国经济发展的实际出发，谨慎有序开放信用评级市场，对涉及国家经济机密、经济战略、长远目标的企业和行业，作出一些限制性规定。

（三）增设信用评级强制信息披露制度

信用评级强制性信息披露制度应当规定所披露的信息内容、披露方式和披露时间，其中所披露的信息内容包括：基本信息、评级业务专门信息、金融创新产品评级信息、利益冲突信息、业务统计和违约率信息；在披露方式上，对于公开信息，披露评级依赖信息时应当将每个评级对象的信息单独披露，不得将不同评级对象的同类信息集中披露；对被评级对象提供的信息，被评级对象主动提供的信息一般不得披露，如确实要披露必须征得被评级对象的同意，被评级对象要求保密的信息不得披露。在披露时间上，评级机构应当遵循相关信息披露要求，定期披露相关信息，对重大事项和变动情况应及时披露或更新。信用评级机构可以通过发布年报或者其他方式在其商业网站和指定的公众媒体上予以披露。

（四）增设金融创新产品评级监管制度

增设金融创新产品评级监管制度，具体规定以下内容：其一，对金融创新产品评级的对象“金融创新产品”进行列举和界定。其二，规定对金融创新产品评级的特殊条件。评级人员上要求评级机构内部监管部门中至少有两位成员必须在金融创新产品方面具有专业知识和经验；评级符号上必须专门设计金融创新产品的级别符号。其三，规定金融创新产品评级特别的利益冲突制度。其四，规定金融创新产品评级的特殊信息披露义务，必须披露金融创新产品与其他产品在评级流程、评级方法和信用风险性质上的区别。其四，规定金融创新产品评级的特殊引用规定。区别于一般的债券评级引用，评级监管机关必须对金融创新产品评级引用实行特别的指定制度。

(五) 增设信用评级引用规范法律制度

2010年1月,我国证监会颁布了《证券投资基金评价业务管理暂行办法》和《证券投资基金评价业务自律管理规则》,其中专节规定了"投资基金评价结果的引用",首次对评价结果引用主体及其行为进行规范。[9] 尽管这两部规章是针对投资基金评价的专门规定,但其规制投资基金评价结果引用行为的理念和规范为我们探讨并制定规制信用评级引用行为的规范奠定了基础。我国在制定信用评级引用规范时,也应包括以下内容:信用评级引用主体的类别;信用评级引用主体行为规范,具体包括信用评级引用应当适度、必须引用认可信用评级机构的信用评级结果、信用评级结果必须被用于特定的目的;信用评级引用主体的义务和责任等。

(六) 改良债券和信贷等评级引用配套制度

债券市场方面,尽快出台新的《企业债券管理条例》,推动企业债券发行、利率和担保制度的市场化。债券发行制度上,应当进一步放宽企业债券发行主体的条件限制,简化债券核准发行程序。债券利率制度上,适度放宽债券利率限制,并引入市场化定价机制利率招标制度、浮动利率债券等,进一步落实市场询价制度。债券担保制度上,应先推行资产抵押债券,再逐步过渡到无担保债券,监管当局应当为无担保债券的发行创造条件。信贷市场方面,为确保信用评级引用制度切实发挥作用,必须提供外部信用评级机构和内部信用评级机构信息共享和互相联系的渠道和制度安排。应当促进外部信用评级机构的数据与全国统一征信平台的对接,在保障被评级对象秘密权的前提下将部分评级信息、违约率信息纳入全国企业信用信息基础数据库,形成内外部信用评级信息共享。

---

⑨ 封红梅:《中国投资基金评价新规评析——金融危机后美国信用评价法制发展的启示》,载《山东社会科学》2011年第2期。

我国农村土地承包经营权流转存在的问题及法律对策研究

◇ 李晓辉*

内容提要 在我国加速城镇化、工业化和农业现代化背景下，囿于现行法律束缚的农村土地承包经营权存在权属不清、流转困难的市场化和法治化困局，亟须在新的时代背景下探求改变现行的细碎化土地利用制度与农业产业化和规模化经营之间的矛盾。在法律制度构建中，完整赋权、作价出资农民专业合作社、加大财政和金融支持力度等均为理性的出路和选择，但在流转过程中会出现以大资本排挤小农户、单一追求农业的规模效益等问题，特别应严密防范和警惕因土地使用权过于集中而产生大量的无地流民，因此对农村土地承包经营权的流转应给予一定限制。

关键词 农村土地承包经营权　流转　适度规模化

长期以来，我国在土地承包经营权方面的立法一定程度上存在相互对立和矛盾的地方：一方面为了达到提高农村土地经济效益的目标，允许土地承包经营权在一定范围内依法流转；另一方面从保障农民的基本生活需要、维护社会稳定的目的出发，规定了诸多限制流转的法律制度设计，比如禁止土地承包经营权的抵押、继承或向集体组织以外的人流转等。同时，由于立法的限制，我国农村土地所有权确权工作不到位，土地承包经营权的“权利束”不完整，直接导致农村土地承包经营权流转的成本很高，效率很低，进而影响了农村土地流转的规模、速度和效益，亟须规范和引导。

* 李晓辉，法学博士，厦门大学法学院助理教授。

一、确立土地承包经营权的物权性质将激发农业农村发展新活力

2013年中央一号文件明确提出,要全面开展农村土地确权登记颁证工作,健全农村土地承包经营权登记制度,强化对农村耕地、林地等各类土地承包经营权的物权保护,计划用5年时间基本完成农村土地承包经营权确权登记颁证工作,妥善解决农户承包地块面积不准、四至不清等问题。这实际上是为了进一步规范和实施中共十七届三中全会于2008年10月通过的《中共中央关于推进农村改革发展若干重大问题的决定》(以下简称"《决定》")。《决定》指出,要搞好农村土地确权、登记、颁证工作。2012年12月22日闭幕的中央农村工作会议强调,2012年底农村集体土地所有权确权登记发证已全面进入收官阶段,农民可以像市民一样拿到属于自己的土地证。而来自国土资源部的数据显示,截至2012年10月底,全国农村集体土地所有权确权登记颁证率达到86%,这为农村土地承包经营权确权登记颁证工作,甚至是农村改革发展顺利进行创造了基础保障。

在实践中,土地承包经营权流转出现很多不好的苗头,基本指向了一个关键问题:亟须确定土地承包经营权的物权性质。例如,部分地区为了满足承包商和专业大户的"胃口",强制成片开发、整村土地流转,通过少数服从多数原则决策完成的流转无视部分村民的反对意见;在选择流转对象选择方面,部分村集体限制农民选择交易对象,使本来应该自主的选择变成了"被选择";部分地区甚至利用土地承包经营权流转为幌子,将农业用地擅自改变为工业用地,出现非粮化、非农化现象。[①] 由于土地承包经营权的物权性质缺乏,在流转中价格弹性很大,农民获益有限,部分地区的农民通过"反租倒包"、雇佣等方式受雇于承包企业或专业大户有变为企业附庸的风险。毫无疑问,农村土地承包经营权物权性质的确认将真正落实农户是农村土地的承包经营主体,土地承包经营权流转应充分尊重农民意愿,不限制、不强制农民流转土地承包经营权。

在立法中,《土地管理法》部分采纳了物权学说的观点,将土地承包经营权作为与所有权、使用权等权利相并列的独立物权予以规定,肯定了承包经营权的物权地位。《农村土地承包法》也基本坚持了物权化的观点,将农村土地承包经营权纳入了传统的财产权中的物权体系,只是其区分家庭承包的土地和其他方式承包的土地(即通过招标、拍卖、公开协商等方式承包的荒地),对前者实行物权保护,而对后者实行债权保护。《物权法》在第三编"用益物权"中第11章也

---

① 刘远熙:《土地流转与农民土地权益的保护》,载《农村经济》2011年第4期。

集中规定了“土地承包经营权”,土地承包经营权的用益物权性质彰显无遗。“《物权法》将其性质明确为物权,作为绝对权,不仅可以对抗所有权人,使得发包方无权随意撤回发包,而且可以作为对抗任何企图哄抢、盘剥经营成果,消除和减少侵害农户合法权益的违法行为,并为土地使用权的自由流转提供法律保证。”②但是,《物权法》并没有突破《土地管理法》《农村土地承包法》等的相关规定,比如权利期限的限制,流转期限不得超过承包地的剩余期限;流转方式的限制,抵押、继承等形式的流转被禁止;面临收回的限制,承包期限内集体对承包地的调整;转让时发包方同意的限制,转让土地承包经营权必须经过发包方的同意;使用用途限制,未经依法批准,不得将承包地用于非农建设等,仍然带有明显的债权性质的特征。

可见,建立归属清晰、权能完整、流转顺畅、保护严格的农村集体产权制度,是激发农业农村发展活力的内在要求。其中,农村土地承包经营权流转以物权性质的土地承包经营权有效存在为前提,它不改变农村土地所有权权属性质和承包地的农业用途,具有自愿性、期限性、契约性和客体的确定性。确定农村土地承包经营权的物权性质将使土地承包经营权按照市场经济自愿、有偿、依法的原则有序地流动起来,使土地要素与产业资本、农业企业等有效联系起来,真正显化土地资产价值,让农民种粮务农获得合理利润,激发农业农村发展新活力。

二、农民土地承包经营权流转应谨慎稳妥推进

十八大报告中多次提及土地问题,涉及对现有土地利用政策的调整和平衡,但是我们不难看出关于农民土地承包经营权的实质内容并没有任何变化,变化的只是新的经营方式构建,提出:“坚持和完善农村基本经营制度,依法维护农民土地承包经营权、宅基地使用权、集体收益分配权,壮大集体经济实力,发展多种形式规模经营,构建集约化、专业化、组织化、社会化相结合的新型农业经营体系。”

这实际上反映出国家未来在农民土地承包经营权流转方面将谨慎稳妥推进,而不是无序激进。因为土地之于中国农民和之于中国整体经济的极端重要性是不言而喻的,任何土地制度的变动,都可能引发巨大后果。土地之于中国整体经济的重要性,不仅在于土地为中国提供了粮食,依托土地的农业是国民经济基础产业,而且土地为中国农民提供的基本保障,构成了中国快速发展所可能产生社会冲突的缓冲器。关于农民土地承包经营权流转,学者们普遍认为在我国加速城镇化、工业化和农业现代化的背景下,囿于现行法律束缚的农民土地承包

② 许经勇:《中国农村经济制度变迁六十年研究》,厦门大学出版社2009年版,第211页。

经营权存在权属不清、流转困难的市场化和法治化困局,亟须在新的时代背景下通过流转探求改变现行的细碎化土地利用制度与农业产业化和规模化经营之间的矛盾。

目前,农民土地承包经营权流转形式主要有转让、转包、出租、互换、信托、入股等。2012 年中央一号文件《关于加快推进农业科技创新持续增强农产品供给保障能力的若干意见》也提出,将在 2012 年稳步扩大农民土地承包经营权登记试点,加强土地承包经营权流转管理和服务。伴随着农民土地承包经营权流转带来的是农业的大规模经营模式、“公司 + 农户”模式、“公司 + 专业合作社 + 农户”等,各种宣传媒介对其积极意义均有报道,但是笔者认为对此应有客观和清醒的认识。特别是在农地的财产权利性质和使用权交易规划逐渐完善之前,为防止土地使用权过于集中,产生大量的无地流民,应当对承包经营权的所谓“流转”给予一定限制。

根据战后日本、美国等的经验,为了避免土地兼并的加剧和小农破产,可行的方案并非禁止土地交易,而是直接禁止企业和个人拥有农地的具体面积。这样的限制使得农地交易主要是农户之间的土地交换或者是出卖土地用于非农用途,前者没有农民会失去土地,而后者农民卖出土地时可以得到巨额的收入,当然不会破产。日本自二战后实行土地改革一直到 1961 年,在长达 15 的时间中法律不仅严格禁止法人直接进入农业生产领域,还规定非农业生产者不得拥有农地,规定农户拥有的土地不得超过 3 公顷、出租的土地不得超过 1 公顷,超过的部分必须由政府强制收购等,其目的是不允许在农业人口大批转移之前,就出现以大资本排挤小农户和土地兼并的现象。当这方面的法律有所修改时,日本的农业人口已从 1946 年的占 50% 降到了 1961 年的只占 27% 。③ 即便如此,日本的法律至今仍对公司进入农业直接生产领域有着一系列严格的附加条件。而在以农场规模大而著称的美国中西部地区的 9 个州,至今也还有禁止非家庭性的公司拥有农地和从事农业生产的法律规定。

因此,农民土地承包经营权流转要慎重,防止以大资本排挤小农户,片面追求农业的规模效益,否则就会造成严重的社会问题。例如,某地大型农业企业通过“订单”收购农民的水稻,价格为每斤不到两元,而出售大米时普通包装的卖到每斤四五十元,精包装的超过百元,抗氧化的有机米更是卖出了每斤 199 元的天价,良好的市场行情和“订单农业”并未使当地农民受益。特别是在我国农业税取消后,农民不但不再缴纳农业税,还可以获得一定数量的农业补贴,因此农民往往不愿交出土地承包经营权,有些地方甚至出现回收流转土地的现象。从

---

③ 参见管清友、王亚峰:《制度、利益和谈判能力:农村土地“流转”的政治经济学》,载《上海经济研究》2003 年第 1 期。

国际经验看，农业的发展并不必然与土地集中和土地规模经营相联系，农业现代化也不需要以消灭农户的精耕细作和小规模家庭农业为条件，相反一些发达国家大多都是在小农数量众多的情况下实现了农业现代化。因此，在我国现阶段农业人口占人口比例较大的背景下，政府不能对农民土地承包经营权流转完全放开，适度从缓地发展农民土地承包经营权流转是合理的制度选择，同时应积极开拓新的农村土地规模化经营方式，例如发展农民专业合作社也不啻为一种具有缓冲意义的制度安排。

三、农村土地私有化并不能为农民带来天堂的福祉

2013年中央一号文件指出，要稳定农村土地承包关系，抓紧研究现有土地承包关系保持稳定并长久不变的具体实现形式，完善相关法律制度。土地流转不得搞强迫命令，确保不损害农民权益、不改变土地用途、不破坏农业综合生产能力。在实践中，农村土地承包经营权流转因立法和制度限制出现“带着镣铐跳舞”的状况，例如存在权利期限、流转方式、面临收回、转让时发包方同意、使用用途等方面的限制，仍然带有明显的债权性质的特征，“权利束”不完整使其真实价格评估工作陷入困境。

为解决此问题，在我国农村土地承包经营权流转过程中，还存在一种“一步到位”的观点，即改现行的农村土地集体所有制为农村土地私有制，以从根本上实现农村土地承包经营权的自由流转。支持这一观点的学者或者认为，农村土地私有化后结果不会比现在糟④，或者认为土地私有化能一劳永逸地消除和解决诸如农民贫困、土地退化、人口过快增长、农村社会纠纷、地方财政紧张和官员腐败等问题。例如，“如果土地所有权完全私有化了，不但业主可收得更多租金，土地使用权的分配更有效，而且业主可以用土地向银行作抵押贷款，借钱投资，克服信贷市场的信息不对称障碍，使中国的私人投资能力成倍增加。”⑤用孟勤国等人的话说，“土地私有化支持者将土地私有化作为包治农村社会百病的良药”。⑥

然而，反对农村土地私有化的观点也有很多，他们认为土地私有化支持者的观点只不过是一厢情愿的虚幻想象而已，其理论构建也不符合我国的实际情况。

---

④ 陈志武：《农村土地私有化后结果不会比现在糟》，http://finance.sina.com.cn/review/20051008/11262016635.shtml，2012年5月4日访问。

⑤ 杨小凯：《中国土地所有权私有化的意义》，http://www.chinareform.org.cn/cirdbbs/dispbbs.asp?boardid=11&id=26690，2012年5月4日访问。

⑥ 孟勤国、黄莹：《中国农村土地法律政策的三个前置性问题》，载《西南民族大学学报（人文社会科学版）》2010年第7期。

"笔者反对土地普遍私有化的观点,并不是非要在意识形态领域坚持什么,而主要是从中国的土地国情的角度来论证土地私有化是行不通的。"[7]根据李昌平教授的调查,中国农民人均约两亩地,自己种只能维持温饱,转包或出租年收入不到千元,土地私有后多了一个出卖的机会,除非是出卖给房地产商盖房,否则其价格也不足一万元。[8] 而这区区一万元能在多大程度上改善农民的福利水平则很难说,更多的时候是为了应急而不计后果作出的决定,而长期失地的风险会更大。丁关良教授认为,土地承包经营权流转仍需坚持"三个不得"的原则,即不得改变土地集体所有性质、不得改变土地用途、不得损害农民土地承包权益,而"土地承包经营权流转的目的是在农村土地用益物权制度下土地实现适度规模经营,不是实现土地私有化性质的土地(所有权)兼并型规模经营""完善土地承包经营权权能和允许多种形式土地承包经营权流转,必将使土地承包经营权财产权性质得以彰显,但不体现土地私有化性质。"[9]孟勤国教授认为,土地是中国农民的命根子,瓜分农村土地的利益矛盾冲突是不可能调和的,"土地只要开始私有化,整个中国农村就会变成一个混乱不堪的决斗场""中国土地私有化是一个对中华民族极不负责的闹剧""不管土地私有化论者如何丑化现行的土地制度,有一个事实不可否认:中国改革开放三十年的巨大成就,特别是中华民族几千年来居然破天荒地过上了小康生活,都是在现行土地制度的基础上实现的。"[10]

可见,农村土地承包经营权流转转移的是物权性质上的土地承包经营权全部或者部分权能,并不转移土地所有权,而且我国现实中的农村没有任何土地私有化的社会基础和自然基础,更与我国社会主义基本制度相悖。多年来土地承包经营权流转的实践历程也表明,我国的土地承包经营权流转并不是向土地私有化方向演化的,而是以物权性质的土地承包经营权有效存在为前提,并不改变农村土地所有权权属性质和承包地的农业用途,其目标是保持现有承包关系不变并长期稳定,而部分学者鼓吹的包治百病的土地私有化并不能为农民带来天堂的福祉。

结 束 语

目前,我国的土地承包经营权对农民而言仍然具有收入、就业、风险防范、社会保障等功能,"农村耕地承担了农民的生存保障功能,国家向集体让渡土地所

⑦ 崔文星:《中国农地物权制度理论》,法律出版社 2009 年版,第 131 页。
⑧ 李昌平:《慎言农村土地私有化》,载《读书》2003 年第 6 期。
⑨ 丁关良:《土地承包经营权流转并不意味着土地私有化》,载《中州学刊》2009 年第 4 期。
⑩ 孟勤国:《揭开中国土地私有化论的面纱》,载《北方法学》2010 年第 1 期。

有权的条件是由集体承担对农民的基本保障"[11],只有当政府把农民的社会保障问题解决了,"农村土地的财产功能才可能尽可能释放"[12]。离开土地,农民可能不只是生活质量下降的问题,而且可能难以成家业立,引发社会的不稳定因素。今后的改革应以充分保护农民的土地承包经营权为出发点,不能限制或者强制农民流转承包土地,谨慎稳妥地推进农村土地承包经营权的流转,而部分学者提出的改现行的农村土地集体所有制为农村土地私有制,并不适合中国的国情,应予以否定和抵制。

---

⑪ 崔文星:《中国农地物权制度理论》,法律出版社 2009 年版,第 134 页。

⑫ 曾庆芬:《土地承包经营权流转趋势下农地金融问题研究》,中国农业出版社 2011 年版,第 236 页。

从政府与市场的关系看政府对破产法实施的保障作用*

◇ 王欣新** 王斐民***

内容提要 在任何一个国家中，市场机制也不可能完全脱离政府的参与而单独发挥全部经济调整作用，市场经济运行系统中必定渗透着政府的作用。从政府与市场的多重关系看，政府应当解决企业破产附带产生的各种社会问题，保障破产法的有效实施。政府应当承担《企业破产法》实施的转轨成本，解决其实施过程中的职工欠薪等问题，有效处理行政权和司法权的协调问题，并以“第三域”的视野建立和完善破产管理人制度。

关键词 政府 市场 破产法实施

我国的《企业破产法》兼具私法和公法的双重属性，既要解决债权债务清偿等民商事法律问题，还要解决企业破产时的社会公平问题。在企业破产问题的解决上，政府与市场的关系并不是对立的，而是在不同性质的具体问题上存在着多种组合方式。

一、政府与市场的多重关系决定政府应当保障破产法的有效实施

政府与市场的作用是相互交织在一起的，一般而言，根据政府与市场的作用特点和方式不同，政府与市场关系可以分为相互替代、相互互补、完全排斥和共同失灵四种较为典型但非绝对的情况：

---

* 本文以《政府与市场之间的经济法——以政府保障破产法实施为例》为名发表于《经济法学评论》第12辑，中国法制出版社2012年版。

** 王欣新，中国人民大学法学院教授、博士生导师，中国人民大学破产法研究中心主任。

*** 王斐民，法学博士，北方工业大学文法学院副教授，经济法教研室主任。

1. 相互替代

政府与市场相互替代关系的主导性质是“非此即彼”和“此消彼长”的博弈关系,即选择一定的政府职能,通过发挥政府职能作用来获得一定的产出,就意味着要放弃一定的市场机制,反之也是如此。在政府与市场相互替代的情况下,两者之作用各有其成本和收益,故可根据政府和市场的成本或收益的比较,来确定它们最优组合的均衡点。用总量分析法来考察,政府与市场替代的边界就是政府作用的净收益(收益减去成本)等于市场作用的净收益。如果政府作用的净收益大于市场作用的净收益,就可以选择和扩大政府的作用;反之,就可选择和扩大市场的作用。

2. 相互补充

在许多情况下政府与市场的作用是相互补充的,呈现出“你中有我,我中有你”的相互融合关系。互补关系是市场经济条件下两者的基本关系。政府与市场是否是一种互补关系,可通过政府和市场各自单独发生作用的净收益和它们共同发挥作用的净收益的对比进行判断。政府和市场共同作用的净收益等于政府单独作用的净收益,为市场对政府补充的均衡点。如果政府和市场共同作用的净收益大于政府单独作用的净收益,应当进一步引入和发挥市场机制作用;反之,就应当考虑减少市场机制的作用。

3. 完全排斥

政府与市场之间的这种完全排斥关系,是由政府或市场内在的缺陷而导致的。市场所能做得了或做得好的事情,政府不应该干预;政府所能做得了或做得好的事情,此种情况下不能将市场机制引入其中

在政府与市场完全排斥的情况下,两者之间仍可能存在相互影响和相互制约的关系。如政策法规的制定和监督实施是市场不可替代的政府职能,但政府这一职能的发挥会直接影响和制约市场的作用。如果政府制定的政策法规比较合理且监管有力,市场的效率就比较好。反之,市场的效率就比较低。

4. 共同失灵

在政府与市场关系上,还存在一种政府和市场调整作用双失灵的情况,可以将其称为共同失灵关系。这种关系可简单地描绘为:政府做不了或做不好的事情市场也绝对做不了或做不好,而市场做不了或做不好的事情政府同样绝对做不了或做不好,以及政府和市场都做不了或做不好的事情,若由政府和市场共同作用也做不了或做不好。在政府和市场共同失灵情况下,如果非要完全由政府和市场去做,必然会导致效率的损失和社会福利的下降。

这种情况通常是在一定期间内存在的过渡性现象。导致政府与市场共同失灵的原因比较复杂,有时可能是政府或市场的不完善所致,有时可能是政府和市场本身存在难以克服的缺陷所致。如果是因为政府或市场的不完善而引起的

“双失灵”现象,就可以通过完善政府职能或市场机制来解决问题。如果这是因为政府和市场自身存在的难以克服的缺陷所引起的,则只能通过非市场和非政府的制度安排来弥补政府和市场的缺陷,即通过“第三域组织”对社会经济活动进行调节。“第三域组织”,又称为“非政府组织”“非营利性组织”“第三部门”等,它是和政府部门、市场部门相对而言的另一个部门,它具有组织性、民间性、非营利性(至少是非纯营利性)、自治性、志愿性、非政治性和非宗教性等特征。

当然,政府与市场关系并非截然分开和一成不变的。即使在相同产业领域,不同国家以及一个国家不同发展历史时期,由于历史文化和社会制度等方面的差异和变化,政府和市场在资源配置上的作用会显示出不同特征,政府与市场关系会有不同的组合方式和作用边界。

二、政府替代市场抑或市场替代政府:破产法实施的转轨成本问题

我国的诸多改革在很大程度上是一个由政府主导的体制转轨过程,与改革相关的各类非政府主体更多的只是被动地适应由政府推行的改革。在社会转轨过程中,有一些重要的相关利益群体无法与改革主导者进行平等、及时、有效的互动,他们的利益诉求往往难以在改革过程中得到充分体现。作为对价,政府应当承担改革的主要成本。

随着《企业破产法》的实施,我国破产法实践逐渐从1994年启动的国有企业政策性破产为主导转为企业市场化破产为主导。作为政府主导下的转轨,其社会改革和转轨成本的主要负担者应当是政府。此外,《企业破产法》实施后,破产企业职工的债权清偿与救济安置问题基本上交由市场或通过社会保障制度解决,但我国各项社会保障制度尚且在转轨和完善之中。一些企业没有参加基本养老保险和基本医疗保险,或虽参加但拖欠社会保险费用,破产企业职工的债权清偿与救济安置问题十分复杂,体现出典型的转轨综合症,这不是单靠破产法所能解决,其改革和转轨的社会成本也需要政府承担。

政府负担转轨成本的另外一个原因是,在这一领域,政府作用的边际成本小于市场作用的边际成本,所以在目前转轨时期,应当适当选择和扩大政府的作用,需要政府在此方面代替市场。在转轨完成之后,市场作用的边际收益大于政府作用的边际收益时,则可以逐渐扩大市场作用,由市场替代政府。

总之,政府应当处理因改革引起的社会问题,承担破产法、劳动法和社会保障法实施中产生的社会成本,减少社会矛盾,保障社会和谐。

三、政府补充市场抑或市场补充政府：破产法实施中的欠薪问题

《企业破产法》实施后，法院拒绝受理一些破产申请的一个重要原因是企业的破产财产严重短缺，启动破产程序后职工的债权清偿、救济安置、社会保障等问题解决不了。这个问题不解决，不仅会影响《企业破产法》的权威性，还会恶化困难职工的生活状况，累积更多的社会矛盾，稍有不慎就可能造成群体性上访事件，影响社会稳定。

企业破产产生的欠薪等问题不仅在我国存在，即便是在发达国家和地区也存在。在企业破产程序中的欠薪问题上，市场和政府共同作用的净收益大于市场或者政府单独发挥作用的净收益，因此发达国家或者地区大多采取政府和市场相互补充的方式解决这一问题。

在英国，在破产的雇主未支付应当为以前的雇员支付遣散费及其他款项时，破产管理署下设的遣散费支付办公室负责使用"国家保险基金"支付此类费用。遣散费支付服务目标就是确保雇员从国家保险基金索赔请求尽快、妥善地得到处理。遣散费支付办公室的工作包括各种索赔请求处理、公众的询问处理以及在发生付款请求权纠纷时将案件上呈到就业法庭审判。遣散费支付方案实施的成本费用和方案下雇员的支付款均由国家保险基金来弥补，其资金提供在破产管理署和英国皇家税务及海关总署之间实施的一个年度服务标准协议下被批准。通常遣散费的支付范围设有种类、期间与数额的限制，会低于职工债权总额。职工在政府支付大部分清偿之后仍享有债权的，可以依破产法提出清偿要求。在"国家保险基金"支付之后，由破产管理署在支付金额范围内作为代位债权人参加破产程序向雇主索赔。

我国香港地区制定的《香港破产欠薪保障条例》，运行机制与英国类似。当雇主无力偿还债务时，雇员可要求法律援助署协助，向法庭提起诉讼，要求对雇主发出清盘或破产令，追讨被拖欠的薪金、代通知金和遣散费等款项。雇员同时可向破产欠薪保障基金（简称基金）申请特惠款项，以垫支被拖欠的薪金、代通知金及/或遣散费。在破产/清盘令发出后，基金垫付款项和雇员未付款项均要向破产管理署登记，以便日后获得清还。

为解决破产程序中的欠薪问题，德国设立了由企业主缴纳、国家控制的劳动保障基金。企业破产后，马上由该基金清偿职工的债权，清偿的范围限于破产前

3个月的工资。基金清偿后取得代位权。[①]

法国《司法重整与清算法》规定，工资债权处于破产财产清偿的第一顺序。工资债权虽然享有优先权担保，但只是在欠薪企业还有资金清偿所欠工资时才有保障。为解决欠薪企业无财产清偿所欠工资问题，法国劳动法典规定了工资保障保险。凡具有商人、手工业者、农业经营者身份或司法法人地位，并且雇有一名或者数名雇主的雇员，必须为其雇员投保，以保证在司法重整和司法清算程序的情况下，这些雇员执行劳动合同应得的款项免受支付不能的危险。为了保护职工利益，雇主协会成立管理工资债权保险全国委员会，负责处理工资保障保险问题。在债务人进入司法清算程序时，由法院指定的司法代理人向该委员会提出申请，该委员会经审查后将资金划入并支付给职工，然后该委员会就付给职工的款项，取得职工债权的代位权。

在我国，为解决职工欠薪等问题，《最高人民法院关于正确审理企业破产案件，为维护市场经济秩序提供司法保障若干问题的意见》（法发〔2009〕36号）规定："有条件的地方，可通过政府设立的维稳基金或鼓励第三方垫款等方式，优先解决破产企业职工的安置问题，政府或第三方就劳动债权的垫款，可以在破产程序中按照职工债权的受偿顺序优先获得清偿。"上海和深圳等经济发达城市，以地方政府规章和地方性法规（《上海市企业欠薪保障金筹集和垫付的若干规定》和《深圳经济特区欠薪保障条例》）建立了各类企业的欠薪保障制度，主要针对法院受理企业破产申请或者宣告企业破产情形下的欠薪保障问题，但全国性的破产企业欠薪保障机制尚未建立。

四、政府排斥市场抑或市场排斥政府：破产法实施中的制度障碍问题

我国由政策性破产主导转向市场化破产主导是发挥市场机制，祛除政府不正当干预的一种改革，是对此领域市场排斥政府的关系的正确认知与判断。以往的政策性破产尽管在亏损国有企业退出市场、调整国有经济布局和结构、维护企业和社会稳定等方面发挥了很好的作用，但整体而言与破产法立法宗旨与基本原则相悖。企业破产本是市场化主导的领域，《企业破产法》的实施引入了管理人、重整等制度，突出了破产程序的市场化、规范化，确定企业破产是司法主导的领域，这本身排斥政府对这个领域的不当干预。

尽管政府无法以其职能代替市场与法律，但对《企业破产法》实施中的制度

---

① 根据《德国和英国的破产立法（二）》一文整理，载王欣新：《破产法理论与实务疑难问题研究》，中国法制出版社2011年版，第126页。

障碍,政府则应当承担起相应的解决职能,发挥相应的作用。从制度经济学的外在制度理论看,保护和支持社会制度是政府的主要职能之一。破产法是市场经济的基本法律制度,政府有义务保障其有效实施,解决破产法实施中遇到的各种障碍。无论是理念问题(维稳观、政绩观等)还是现实问题(破产费用不足、欠薪偿付不能等),政府均应予以解决,以便为市场运行提供制度环境,维护社会经济秩序。企业破产的市场化改革导向并不排斥政府保障法律实施的职能,解决企业破产可能产生的各种社会问题,是政府必须履行的职责。政府这一职能的发挥会直接影响和制约市场的作用。

五、政府和市场的双失灵:管理人制度的“第三域”问题

政府或市场的不完善而引起的“双失灵”现象可以通过完善政府职能或市场机制予以解决。但因政府和市场自身存在的难以克服的缺陷所引起的“双失灵”现象,则只能通过既不是市场也不是政府的“第三域组织”予以解决。

管理人是企业破产程序启动后协助法院处置破产企业各种问题的专业机构。管理人由法院指定,同时接受法院和债权人的双重监督。管理人的工作并非一般的营业行为。管理人在人民法院的指导下以专业第三方的身份介入破产程序,对债权人进行公平清偿,其工作是法院职能的延伸,具有一定的公共服务特征。国外设立有官方管理人的事实,也说明管理人的职责带有公共服务性质。我国《指定管理人的规定》第 28 条第 1 款规定“管理人无正当理由,不得拒绝人民法院的指定。”《企业破产法》第 29 条也规定:“管理人没有正当理由不得辞去职务。管理人辞去职务应当经人民法院许可。”这些规定表明,管理人在指定和退出的环节已经失去自由选择的权利,没有市场化条件下的意志自由。这意味着即使管理人发现破产案件无利可图,也只能尽职尽责履行责任。

在旧破产法下,清算组主要由政府有关部门人员担任,政府主导的色彩浓厚,不收取报酬,但也难以追究其法律责任。在《企业破产法》下,管理人主要由市场中介机构担任,其管理活动是有偿的服务。对无产可破的案件,需要政府通过一定方式帮助管理人履行职责。我国没有设立类似国外的官方管理人,因此在公共财政理念下,就有必要由财政资金对管理人的费用、报酬提供一定的援助,用以补足管理人因提供公共服务而应获得的报酬。

国外把官方管理人和私人管理人结合起来的做法和官方管理人的费用主要由行业内经费负担的做法,实际上透视出管理人的“第三域组织”的特征,尤其是“无产可破”案件的管理人更是体现出这一特征。我国一些地方法院为了解决这一问题,探索出一些破产财产不足以支付管理人报酬时的解决办法。深圳市中级人民法院于 2008 年 10 月 17 日公布了《破产案件管理人管理规范(试

行)》,在该法院内部设立了管理人援助资金。援助资金由政府财政拨款和从管理人所获报酬中提取一定比例资金组成。援助资金专门用于补贴管理人办理债务人无财产可支付破产费用且无利害关系人垫付费用的案件所必需的破产费用,包括但不限于支付管理人合理的劳动报酬。无锡市中级人民法院通过《关于管理人报酬基金的管理办法》建立了"抽肥补瘦、填平式补偿"制度,在管理人在个案中收取的报酬过高的情形下,可以从中提取一定金额列入管理人报酬基金。管理人在个案中收取的报酬难以支付工作成本的,可以根据管理人的申请从管理人报酬基金中拨付一定金额予以补偿。深圳市的管理人援助资金制度、无锡市的《关于管理人报酬基金的管理办法》建立的"填平式补偿"制度虽然还有许多需要调整、健全、完善的地方,但其基本性质深刻突显出管理人制度的"第三域"特征。

在企业的破产中,存在着政府与市场的多种复杂关系,需要人们对此予以正确认识方能更好地发挥政府与市场特殊功能和协同作用,深刻认识行政权和司法权之间的协调关系,以建立健全企业破产法律制度,保障《企业破产法》的顺利实施。

上市公司协会制度的经济法分析

◇ 李东方**

内容提要 中国上市公司协会于2012年2月15日在北京正式成立。至此,我国上市公司协会从地方级到国家级均有建立,中国上市公司协会的成立可以作为我国上市公司协会制度最终形成的标志。本文将从经济法的视角对这一制度的特征、功能、监管及其与外国上市公司协会制度的比较等进行研讨。

关键词 上市公司协会制度 中国上市公司协会 经济法分析

早在2007年9月,国务院法制办将中国证监会报送国务院审议的《上市公司监督管理条例(草案)》向社会公开征求意见,该"草案"第8条提出,"上市公司成立自律组织,依法进行自律管理"。由此,证监会成立了"中国上市公司协会筹建处",负责上市公司协会的筹建工作。此前,已有不少省市成立了地方性上市公司协会,如2004年成立的北京市上市公司协会。① 比地方上市公司协会更早的上市公司团体组织是上市公司董事会秘书协会。历经近五年的努力,中国上市公司协会最终于2012年2月15日在北京正式成立。至此,我国上市公司协会从地方级到国家级均有建立,中国上市公司协会的成立可以作为我国上市公司协会制度最终形成的标志。本文将从经济法的视角对这一制度的特征、功能、监管及其与外国上市公司协会制度的比较等进行研讨。

一、上市公司协会的基本特征

从经济法的角度来考察上市公司协会,其性质属于社会协调主体中的社会团体。上市公司协会是依据《证券法》和《社会团体登记管理条例》等相关规定成立的,由上市公司及相关机构等,以资本市场统一规范为纽带,维护会员合法

** 李东方,法学博士,中国政法大学经济法研究所所长,教授。

① 资料来源:http://baike.baidu.com/view/6611046.htm,2012年3月21日访问。

权益而结成的全国性自律组织，是非营利性的社会团体法人。上市公司协会这一社会团体作为社会协调主体，其地位主要是通过对其团体成员的自律、利益维护以及便利与政府及相关利益团体的沟通协调等职能来体现的。

上市公司协会具有以下主要特征[②]：

（一）非营利性

上市公司协会为非营利性组织，不得以营利为目的从事相应的经营活动，这是社会团体区别于作为市场主体的企业的主要特征之一。根据《中国上市公司协会章程》第52条的规定，上市公司协会的经费来源是：(1) 会费；(2) 捐赠；(3) 政府资助；(4) 在核准的业务范围内开展活动或服务的收入；(5) 利息；(6) 其他合法收入。上市公司协会作为社会协调主体可以有利润，但利润不是用于组织内部的分配而是用于扩大服务的规模、降低服务成本或价格。协会为维系存续而收取费用，为弥补活动成本而收取费用，及以法律允许的方式从事某些投资活动，只要其收益不是为了向其成员分配，而是为了维系团体存续，不应认定为营利性行为。即使协会在活动中有较大的资金剩余，也不能同公司企业一样将其分配，协会终止后的剩余财产，在中国证监会和民政部的监督下，按照国家有关规定，用于发展与本协会宗旨相关的事业。[③]

（二）自律性与自治性

自律最一般性的含义是，由同一行业的从业组织或人员组织起来，共同制定规则，以此约束自己的行为，实现行业内部的自我监管，保护自己的利益。无论是地方级的还是国家级的上市公司协会，在其章程中关于“本会宗旨”中均有自律监管的表述。实践证明，与政府干预的他律相比较，协会自律更为有效。它一方面加强了协会的权威，避免了政府的过度介入，另一方面使得自律机制能与政府干预的他律机制相协调，从而将协会所实现的自律秩序纳入到既定的经济法律秩序中去。自律性与自治性密不可分，二者互为目的和手段。自治性是指协会的成员通过章程等社会契约赋予行业协会治理协会成员的权力[④]。只有这种自治权力的存在，协会才能够真正实现自我约束、自我规范、自我控制、自我管理。

---

② 对于我国上市公司协会的特征，笔者在这里进行的主要是其应然性分析，实然情形在本文第三部分关于对协会的监管另有涉及。

③ 见《中国上市公司协会章程》第67条。

④ 中国上市公司协会对其会员的管理规范除章程之外，还专门制定有《中国上市公司协会会员管理办法》。

（三）共益性与民主性

协会是会员上市公司发起设立的，主要任务是表达会员上市公司的共同诉求，维护会员上市公司的群体利益，协调上市公司涉及的公共事务和进行自律。概括地讲，就是为会员上市公司的共同利益服务。协会作为会员服务的非营利组织，其设立和管理都以民主为基础。民主性主要表现在：(1) 社团成员的平等性，即协会的成员不论其是单位会员还是个人会员，在协会内部都是权利平等的成员。(2) 成员加入或退出的自由性。但是，为了实现对某类特殊行业或市场领域的有效管理，法律或法规也可以对这些特定行业或市场领域的社会团体规定强制入会制度，故中国上市公司协会的会员中上市公司为强制入会，依法在境内公开发行股票的非上市公众公司，以及经中国证监会批准的境外上市公司才为自由加入或退出。⑤ (3) 内部管理的民主性。协会以会员大会为最高权力机构，在制定协会章程、规约、作出重大决定时，由其成员通过会员大会等形式，在民主协商的前提下，根据少数服从多数的原则决定。

二、上市公司协会的功能

上市公司协会作为市场经济中的社会协调主体，其功能分为基础功能和具体功能。前者是后者的目标或者目的，后者则是实现前者的具体途径或者手段。

（一）基础功能

主要包括两点：第一，协助国家纠正市场失灵的功能。其主要内容为：矫正不完全竞争市场，排除市场障碍；加强信息的交流和服务，克服市场调节的被动性和滞后性；提供公共产品，满足协会成员特殊的公共需求。第二，协助上市公司克服国家干预缺陷的功能。其主要内容为：防止政府监管机构权力的异化，维护协会成员的共同利益；矫正政府监管机构信息偏差，协助政府监管机构正确决策；提高公共产品供给效率；提高政府监管机构的政策效应。

（二）具体功能

具体功能主要体现在协会的业务范围⑥，主要内容如下：(1) 组织制定上市公司自律准则；(2) 倡导积极健康的股权文化和诚信文化；(3) 参与有关上市公司规范发展以及与信息披露相关的政策论证，提出上市公司有关政策、立法等方

---

⑤ 参见《中国上市公司协会章程》第7条。

⑥ 见《中国上市公司协会章程》第6条。

面的建议;推动上市公司履行信息披露义务;(4) 建立完善沟通机制,协调会员与相关部门之间的关系,协助国家有关政策、措施的落实,营造有利于上市公司规范发展的环境;(5) 为上市公司创造良好的舆论环境;(6) 组织会员开展维权调查,维护会员的合法权益;(7) 组织对上市公司的董监高及其他从业人员的培训,提高其业务水平;(8) 为上市公司与投资者提供交流平台;(9) 受政府委托承办或根据市场和行业发展需要举办交易会、展览会等,为企业开拓市场创造条件;(10) 组织开展国际交流与合作;(11) 建立专家库,为会员持续健康发展提供智力支持,为监管部门决策提供参考;(12) 协调好上市公司与市场的和谐发展,鼓励上市公司承担相应的社会责任。

三、对上市公司协会的监管

(一) 政府对上市公司协会的监管应当审慎适度

1. 政府监管的必要性。上市公司协会享有对行业公共事务进行管理的社会公权,这种社会公权的行使也同样存在权力滥用的可能性。这是因为:

第一,协会的活动可能会造成垄断。上市公司协会本身是非营利性的,但是其会员却是追逐利益最大化的上市公司。行业性的垄断可以使协会里的每一个成员都有可能获取超额利润,在利益的推动下,协会可能会联合全体会员来控制或操纵整个资本市场,从而损害投资公众和社会的利益。

第二,协会内部也可能存在损害其会员利益的可能性。如协会在行使其自律监管权时,可能会对其内部会员错误地进行惩处;协会开展营利性活动,与会员争利等,这些都可能会有意无意地滥用权力,损害成员的利益。

第三,我国目前正处于转型时期,政府还未能从全能政府转变成有限政府,行业协会也没有完全转变成自主性的非营利组织,要取得行业协会的健康、稳定发展,仍需政府对其进行监管。

2. 政府监管切忌抑制和干扰上市公司协会的自律监管权。我国资本市场的发展始终是由政府来推进的,政府在资本市场的演进中一直起着不可或缺的主导作用,从开初的组织试点到市场规则的设计以及整个资本市场运行的监管,都未离开过政府的直接干预;并且我国证券监管模式的建立又主要着眼于集中统一,因此,在实践中采用的是刚性极强的政府监管方式,自律组织的功能并未真正发挥出来。因此,政府监管切忌抑制和干扰上市公司协会的自律监管权,我们在论证政府监管必要性的时候,更应当注重政府对上市公司协会监管的审慎性和适度性。

（二）我国行业协会的监管制度存在的问题

从现有的法律、法规、政策的规定，结合目前我国行业协会管理的实际情况看，我国对行业协会的监督管理制度主要存在以下问题：

1. 监管体制不尽合理。现行的对行业协会的监督管理体制，实行的是业务主管部门和登记管理部门的双重管理体制，即由业务主管部门和登记管理管理部门共同进行管理。例如，《中国上市公司协会章程》第 4 条和第 64 条就分别规定，协会的业务主管单位是中国证监会，登记管理机关是民政部。协会接受中国证监会、民政部和政府有关部门的业务指导与监督管理。协会终止动议须经会员代表大会表决通过，并报中国证监会审查同意。这种双重管理体制，是不合理的。首先，它与上市公司协会自治性团体的基本性质是相违背的。上市公司协会的本质，是一种建立在会员自愿基础上成立的，为会员服务的自治性组织。这种双重管理体制，实际是把上市公司协会作为政府部门的附属物，完全将其纳入政府部门的控制和管理之下，使协会失去了应有的自治组织的基本性质和地位。其次，很难使上市公司协会保持独立于政府的品质。上市公司协会，作为代表和维护上市公司集体利益的组织，在这种双重管理体制之下，实际上变成了政府的附属物，很难发挥其行业协会的应有的职能。最后，增加了上市公司协会运作的成本。上市公司协会的成立和运作在双重体制之下必然会增加成本，使上市公司协会的成立和退出都变得非常困难。

2. 协会地位不独立。我国两级上市公司协会基本上都是由中国证监会和各地方证监局主导产生的，造成我国目前两级上市公司协会“半官、半民”的性质。中国证券业协会、中国期货业协会、中国上市公司协会和中国基金业协会（筹建中）等四大协会，共同构成中国资本市场的自律监管体系。其实，四大协会大部均分属于中国证监会的政府管理体系，被称为“二政府”，并不是真正意义上的自律协会。

3. 社会监督制度尚未建立。目前我国对行业协会的监督，主要还是依靠政府部门的行政监督。事实上，则更要重视社会监督。社会监督包括必要信息公示制度，让会员和社会公众对行业协会的运作和有关信息得以了解，从而监督行业协会的有效运作，也包括建立独立的第三方评估制度，让中立的第三方根据一定的评估标准，对行业协会的信誉、运作情况等进行独立的评估，借以促进行业协会更好的发展等。

4. 司法监督重视不够。对于行业协会的监管制度，我国传统上更注重行政机关对行业协会事前和事中的监管，对于通过司法机构的司法活动，克服行业协会可能会出现的自治缺陷，可能更符合行业协会的自治品格。例如，对于行业协会自治过程中可能会出现的自治权的滥用，损害会员、非会员和社会公共利益行为,司法监督可能会是一种更有效的手段。

四、中外上市公司协会制度的比较

(一)协会设立的宗旨和目的比较

香港上市公司商会(CHKLC)设立的目的主要在于加强香港上市公司之间的商业联系,促进香港、内地及其他国家地区上市公司之间的交流合作,推进企业管治,加强上市公司于有关监管机构的沟通,保障投资者利益,从而维护香港证券市场的有效运作,促进香港作为国际商业、贸易及金融中心的发展。

加拿大上市公司协会(CLCA)的设立目的在于通过与上市公司CEO、董事、高管、顾问的联系与交流为上市公司提供充足的市场信息和工具以应对市场可能的变化和挑战,从而维护上市公司的利益。

新西兰上市公司协会(LCA)旨在通过营造一个公平、充分、有效的管理体制维护股东利益,也促进上市公司利益的最大化,增进资本市场的发展并强化投资者信心。

(二)协会的法律性质比较

中国上市公司协会在法律上被定性为社会团体法人,属于自律性的社团组织。就经济法层面而言,其主体性属于政府主体和市场主体之外的社会协调主体。

其他国家和地区的上市公司行业协会,在法律定性上通常也是归属于自律性的社团组织。例如,香港地区的上市公司商会就是上市公司自发成立的自律性管理组织;加拿大上市公司协会(CLCA)在其官网上明确声明它是一个旨在增进加拿大上市公司利益的独立和自愿性质的非盈利组织;新西兰上市公司协会(LCA)同样在章程中指出其属于上市公司的自律性规范组织。

(三)协会内部治理结构比较

1. 协会的组织体系。中外存在较大的差异。中国的全国性上市公司协会以及地方性上市公司协会,通常在其内部形成了一个多层级的组织体系:遵循“会员大会—理事会与监事会—常务理事会—会长办公会/秘书长办公会—专门委员会与管理委员会”的多层级体制。而世界其他国家和地区的上市公司协会,在组织结构上更多地为单一层级的组织体系,即:以会员大会为统一的最高权力或决策机构,在会员大会之下,直接设立各类专业委员会,履行上市公司协会的各项具体职责,遵循机构的精简化与效率化原则。

2. 协会的会员体制。在会员的类型设置上,中外上市公司协会并无实质差异,基本都设有单位会员和个人会员、普通会员和特别会员等等。值得注意的是,中国上市公司协会的会员制具有一定的强制色彩,所有境内的上市公司都应当加入该协会,这与其他国家和地区有着显著的不同。香港、加拿大、新西兰、韩国、日本等国家和地区的上市公司协会都遵循着自愿加入原则,例如,新西兰的上市公司协会的会员总市值占新西兰上市公司全部总市值的70%,约有30%市值的上市公司未加入协会,可见上市公司对是否加入协会有完全的自主选择权。

(四) 协会的主要职责和日常活动比较

中国上市公司协会的基本职责被定位为"服务、自律、规范、提高"。服务是第一位的,自律、规范是协会经常性的工作内容,提高即提高上市公司质量,进而促进整个资本市场体系的完善和成熟。在四大职责中,服务是上市公司协会的安身立命之本,中国的上市公司协会作为自律性的社会团体组织,核心职能在于为上市公司提供专业服务、传导服务和维权服务,为上市公司的持续、健康成长营造良好环境。

对比其他国家和地区的上市公司协会来看,中国上市公司协会对"服务"职责的强调,是借鉴了其他国家和地区的上市公司协会的做法后,试图将这一服务理念与模式贯彻到本土的协会中,一方面进一步凸显协会对于上市公司的规范和引导作用,另一方面也反映出中国上市公司协会的去行政化的迫切需要。

由于全国性的上市公司协会设立时间过短,其服务职能还未能有充分显现,而纵观地方上市公司协会,其日常事项更多得停留在泛泛的考察、交流、会议、论坛等层面,真正立足于上市公司利益的专业服务和维权服务并不充分,也不够细致。而以香港上市公司商会为代表的其他国家和地区的上市公司协会,在专业服务上做得更为高效、细致和到位。香港上市公司商会经常会定期举办专业性极强的小型午餐讲座,面向全体会员开放,讲座的主题涉及上市公司治理和上市行为规范等方方面面领域,如股东身份的识别和代理表决权的征集,如何利用台湾存托凭证在台湾股市筹资,公司收购的财务和税务尽职调查等等,促进上市公司利益的最大化;商会还设有一系列董事培训课程,教授公司的内部监控与风险管理,资本管理,股价敏感资料以及如何做到交易公正等内容;此外,商会还举办有半天研讨会、全天研讨会、年度简报会、企业治理论坛等多种形式的活动,更为关键的是,当与上市公司相关的法规草案公布后、正式听证前,香港上市公司商会通常会请律师等专业人士向上市公司深入讲解,倾听上市公司的意见及顾虑,以便及时反映给政府部门,在对上市公司不利的法规可能出台时,香港上市公司商会也会挺身而出,香港上市公司商会还会主动向监管机构请求一些法规来保护上市公司利益。

（五）协会与政府监管部门的关系对比

上市公司协会作为企业协会的一种，其与政府监管机构的关系从世界范围来看可分为以下三类：

1. 以美国为代表的英美法系国家采取的自由模式。自由模式指的是：行业协会处于独立于国家或政府之外的自治领域，实行“入会自由”原则，通过一定的行动或其存在本身对政府的公共政策产生影响或施加压力，维护行业的整体利益，国家或政府对行业协会的发展无需直接或专门的法律监管。

2. 以法国、德国为代表的大陆法系国家采取的合作监管模式。合作监管模式指的是：行业协会依法由政府授权或委托，从事部分公共事业的管理，政府有专门的法律对行业协会的发展和运作进行监管。行业协会在维护本行业整体利益的同时，需确保其与政府的目标相协调，即行业协会和政府以合作的态度对行业及其成员共同进行管理。

3. 日本的中间模式。日本采取的中间型模式是在借鉴和吸收了英美、大陆两种模式后形成的一种独特模式。在这种模式之下，协会具有一定的自治性，会员实行自由入会原则，政府不直接进行企业或行业的管理，而是通过协会加强与企业的沟通联系。但是与此同时，政府对协会仍然进行一定的监管，典型的就是登记或年检制度。

反垄断法中的消费者福利标准：理论确证与法律适用*

◇ 张永忠**

内容提要 保护消费者利益是各国反垄断法的重要目标，消费者福利标准具有独立性、正当性，适用的简便性，有利于实现公平分配的整体经济效率目标。消费者福利标准可以作为滥用市场支配地位违法性的独立的重要的认定标准，消费者福利标准也可以在经营者集中审查中嵌入效率标准或者在垄断协议豁免审查中独立作为一种标准去矫正整体经济福利标准的"劫贫济富"，实现反垄断法提高经济效率，维护消费者利益的立法目标。

关键词 反垄断法 消费者福利 整体经济福利 财富转移

一、反垄断法中的福利标准：消费者福利的提出

美国芝加哥学派在强调效率时候，从效率最大化推导出消费者福利最大化的政策需求，提出了消费者福利的概念。由于芝加哥学派的影响和美国反垄断法的示范作用，世界许多国家和地区的反垄断政策和反垄断法越来越强调资源的优化配置和消费者的社会福利。①

实际上，早期的芝加哥学派——以法官博克等为典型代表——过分强调效率利益与消费者利益的一致性，甚至将消费者福利等同于经济效率。② 这在相当长的一段时间内影响着美国法院的判决：法院使用消费者福利概念时就援引博克的概念指向整体经济福利，而不是按其字面意思解释。在整体经济福利观

---

* 本文已经在《政法论坛》2013 年第 3 期发表，全文 12000 字。

** 张永忠，博士，华南师范大学法学院教授。

① 王晓晔：《反垄断法》，法律出版社 2011 年版，第 29 页。

② Robert H. Bork, *The antitrust paradox: a policy at war with itself*, Basic Books, 1978.

下,消费者福利是经营者利益和消费者利益的总和,因而即便在消费者利益减少的情况下,只要经营者利益的增加超过消费者利益的减少,那么消费者福利水平也被视为是得到了提高而不是减少。

然而,有学者、法官认为反垄断法的终极目标应该是消费者福利,也主张将“真正的”消费者福利标准(也称为“纯粹消费者福利”或“消费者盈余”)作为反垄断法的重要标准[③],但该主张却受到了独立性、正当性、可行性等方面的质疑与抨击。消费者福利标准的提出,对传统整体经济福利标准带来了挑战,引发了理论与实务界关于反垄断法应该采取怎样的福利标准的反垄断法争议。对此,有待理论上的深入审视与思辨以及实践的检验。

二、消费者福利标准的理论确证:基于若干质疑的规范分析

(一)独立性:两种标准是否高度一致?

一些评论家认为,整体经济福利与消费者福利标准对同一行为的评价具有相似性。[④] 言外之意是整体经济福利与消费者福利具有一致性,因而消费者福利标准没有独立存在的必要。

整体经济福利标准谴责降低消费者(即买方)与经营者(即卖方加上竞争者)福利总和的行为[⑤],但它不考虑消费者与经营者之间的财富转移。与此相反,真正的消费者福利标准谴责经营者损害消费者福利的行为,它要求竞争分析中的效率收益能传递给消费者,以至消费者从中受益。同时,这两种标准在对待竞争者损害上也显著不同:真正的消费者福利标准对损害竞争者的行为并不关心,除非该行为也可能损害消费者;与此相反,与关心消费者和被告企业的利益或损害一样,整体经济福利标准同样关心竞争者的利益或损害,这是因为消费者、被告和竞争者共同构成总福利。

---

③ Robert Pitofsky, *How the Chicago School Overshot the Mark*; *The Effect Of Conservative Economic Analysis on U. S. Antitrust*, *Oxford University Press*, 2008; *University of Baltimore School of Law Legal Studies Research Paper No.* 2009-17; *John B. Kirkwood and Robert H. Lande*: *The Chicago School's Foundation is Flawed*: *Antitrust Protects Consumers*, *Not Efficiency* (2008), *Available at SSRN*; *http://ssrn. com/abstract* = 1358402. 我国也有学者指出:“只有把竞争法的核心目标放在消费者身上,才能解决竞争法的终极问题。”参见颜运秋:《反垄断法的终极目的及其司法保障》,载《时代法学》2005年第6期。

④ Baker, Jonathan B, *Competition Policy as a Political Bargain*, *Working Paper*, 26 *December* 2005, *p* 59.

⑤ 实际交易中可能存在中间商,为简化分析需要,本文把买方当作“消费者”,把“卖方”当做“企业”。

(二) 正当性:要不要重视财富转移?

整体经济福利论者往往从福利经济学的效用理论出发研究财富的转移:不同主体对一单位的福利具有相同的效用,福利从消费者转移到垄断经营者并不会改变社会的整体福利状况,因此,福利经济学更倾向于关注社会整体福利的创造而不是经济福利如何在不同群体之间分配的问题,它们中立地对待消费者和经营者之间的财富分配。[⑥] 相反,消费者福利标准考虑消费者团体特殊保护的需要,认为财富从消费者转移到经营者是相当有害的,它对纯粹的效率主张持批判态度。上述两种福利观的分歧实质是要不要重视垄断过程中的财富转移问题?对这一问题的解答直接关系到消费者福利标准的正当性及其存在价值。

从社会效果来看,垄断的财富转移问题会导致社会不公、影响消费需求、最终损害经济发展的不利社会后果。从经济活动的目的来看,经济活动应当以人为本,以消费者为本,使消费者成为竞争活动的受益者,而不是企业“转嫁竞争损失的终端”[⑦]。从反垄断法的竞争观来看,整体经济福利标准把竞争者利益放在与消费者损害同样重要的考量地位,不符合竞争法应保护竞争(消费者)而非竞争者的反垄断的内在要求。就消费者福利与竞争之间的关系而言,竞争应被视为“一种很好地为消费者利益服务的状态,而不是只要一个极小的竞争对手被消灭就会受到削弱的一个对抗的过程”[⑧],“竞争是消费者福利不能通过法律判决加以改善的一种状态”[⑨]。

(三) 可行性:能否发挥作用?

曾经有学者对财富转移的反垄断法解决方案的实操性表示担忧:专注于纯粹经济效率的竞争政策较之于追求公平目标的经济政策有一个重要的优点:效率较之于公平更加客观和可以预测,它避免了经济利益公平分配中价值判断的不确定性。[⑩]

实际上这种担忧是不必要的,消费者福利标准不仅能在竞争法框架内公平解决财富分配的问题,而且比其整体经济福利标准的运用,具有实操层面的简便易行。整体经济福利需要测量和比较对被告企业、竞争者和消费者的利益和损

---

⑥ Farrell, J, & Katz, M. L, The Economics of Welfare Standards in Antitrust, Competition Policy Center Paper CPC06-061 (2006), pp 9-10.

⑦ 孙颖:《论竞争法对消费者的保护》,载《中国政法大学学报》2008 年第 4 期。

⑧ University Life Insurance Co. v. Unimarc Ltd., 699 F. 2d 846, 853 (7th Cir. 1983)

⑨ 〔英〕奥利弗·布莱克:《反垄断的哲学基础》,向国成等译,东北财经大学出版社 2010 年版,第 5 页。

⑩ Farrell, J, & Katz, M. L, The Economics of Welfare Standards in Antitrust, Competition Policy Center Paper CPC06-061 (2006), pp 9-10.

害,这意味着总福利标准比起真正的消费者福利标准落实起来更复杂。[11] 相反,真正的消费者福利标准是对整体福利标准的简化,只要求测量与评估行为对消费者的影响(特别是消费者损害与利益相抵后的净影响)。相比于经营者利益由于成本信息的私密化难以取证与算计,消费者利益比较客观,可以从商品、服务的价格、质量、选择等方面进行直接评估,也就是说,消费者福利标准因为限于消费者这一单一的群体更易于实施,并可以减少或消除执法中利益权衡的自由裁量空间,避免执法结果的相互矛盾,从而形成一套"目标单一、理念一致、验证简便客观"的竞争执法规则。

消费者福利标准不仅符合反垄断法保护竞争而不是保护竞争者的基本守则,成为抑制企业采取不利于消费者的财富转移方案的有效手段,有利于维护消费者的财产利益,而且还能够激励经营者在不减损消费者利益的情况下自觉提升经济效率。因为在禁止采用财富转移的方法增加财富的情况下,企业为了获取更多的利益,必然努力提高效率以创造更多的财富。可见,消费者福利标准有利于在实现消费者福利的同时,实现总福利的最大化。

三、消费者福利标准的适用:基于实践的观察

(一)消费者福利标准在经营者集中行为规制中的适用

经营者集中的行为既会产生限制竞争的效果,影响消费者的利益,又可能提高企业的经济效率,给消费者带来好处。对经营者集中的法律规制必然需要综合考虑该集中对消费者、其他相关经营者和经济发展的影响,反垄断法也一般允许经营者以经济效率作为抗辩的理由,但执法机关必须对这种抗辩设置严格的要求。[12]

欧盟委员会在考虑效率抗辩主张时要求经营者集中产生的效率必须使消费者受益(benefit consumers)、是并购特有的(be merger-specific)和可核查的(be verifiable)。[13] 美国联邦贸易委员会和司法部1997年修订后的《横向合并指南》在效率抗辩方面要求"考虑可认知的效率是否可能足够扭转合并在相关市场上对消费者的潜在损害"。

在经营者集中案件执法的改革方案中,美国和欧盟选择福利模式的态度都很鲜明的,尽力在消费者福利和整体福利标准之间提供折中方案。尽管各国反

---

⑪ See Richard Posner, The Social Costs of Monopoly and Regulation, 83 J. Political Economy 807 (1975).

⑫ 参见王晓晔:《反垄断法》,法律出版社2011年版,第279页。

⑬ Horizontal Merger Guidelines, para 78.

垄断法没有直接确立消费者利益的抗辩理由,但不能否认消费者利益标准的存在,它在执法的实践中已被整合进效率抗辩理由之中,成为效率抗辩的要件,并对效率主张起到限制、矫正作用。

(二)消费者福利标准在垄断协议规制中的适用

固定价格等严重限制竞争的垄断协议将明显损害消费者利益,因此执法者没有必要审查它们实际的或潜在的福利影响,可以直接将它们认定为违反反垄断法的垄断协议。对于不严重限制竞争的其他垄断协议,包括横向垄断协议与纵向垄断协议,执法者必须综合分析其福利影响才能判断其合理性,进而确定是否对该协议给予反垄断法的豁免。

《欧共体条约》第81条第3款对第81条第1款的禁止规定提供了有限豁免的两个积极的条件,即垄断协议创造经济利益,且该利益为消费者分享。实践中,如果消费者没能公平分享限制协议的效率利益,欧盟委员会拒绝同意豁免该协议。例如,在Re VBBB和VBVB协议案中,委员会认为在相关市场上的转售价格维持("RPM")没有给予消费者公平分享其利益的机会,相反剥夺了消费者的选择自由和获取低价的机会。[14] 欧盟法院强调效率与消费者福利是两个相互分离的条件必须给予独立的关注[15],仅仅是竞争程度的必要维持并不足以实现效率利益自动转移给消费者,因此委员会必须对协议结果进行彻底的检查以决定该协议在总体上是否有益于消费者。欧共体法院在法院在Geltling[16]、Consren和Grundig[17]、Frubo[18]、Metro[19]等案中通过其司法审查力促委员会正确考量消费者是否从限制协议的收益中分享了公平的份额,促使消费者利益标准在垄断协议豁免案件中得到运用。

今天,欧盟与其他国家对消费者福利与效率利益之间的关系有了更深刻的认识,在规制垄断协议方面越来越重视消费者标准的运用,强调效率利益的传递分析,使消费者利益独立于效率标准并促进效率标准的优化。

(三)消费者福利标准在市场支配地位滥用行为规制中的适用

在各国反垄断法的实践中,一个具有市场支配地位的企业如果利用了其支配权力限制竞争或者损害消费者的利益,可以认定这种行为是滥用市场支配地

---

⑭ [1982] O. J. L54/36; [1982]2 C. M. L. R. 344.

⑮ Case 26/76 Metro SB-Gro(markte GmbH & Co KG v Commisssion (No. 1) [1977] ECR1875.

⑯ Case 36,37,38 and 40/59 Geitling v High Authority [1960] ECR423.

⑰ Case 56/84 and 58/64 Consten and Grundig v Commisssion [1966] ECR299.

⑱ Case 71/74 Frubo v Commisssion [1975] ECR563.

⑲ Case 26/76 Metro SB-Gro(markte GmbH & Co KG v Commisssion (No. 1) [1977] ECR1875.

位的行为。例如,《欧共体条约》第 82 条禁止一个或多个在共同市场里占主导地位的经营者滥用市场优势地位的行为,其中,“有害于消费者(to the prejudice of consumers)的限制生产、市场或技术发展”被立法明确列举为应禁止的典型滥用行为。与垄断协议豁免的“消费者受益”标准不同,市场支配地位滥用的认定确立了“消费者损害”的标准。

对消费者攫取垄断高价等剥削性的滥用行为已经为各国垄断执法当局确认为违法行为。在认定掠夺性的排他滥用行为方面,执法当局既考虑竞争的影响,也同时将消费者利益作为权衡行为违法性的重要标准。在市场支配地位滥用的垄断认定中,消费者标准不再只是效率福利的附庸,完全显示出它的独立性,成为行为违法性的重要认定标准。

总之,消费者福利标准在具有独立价值的同时,可以嵌入经济效率标准或与经济效率标准相互作用,为经济效率提供一种实现财富创造与公平分配的矫正模型。“反垄断法的最基本目标不是效率问题,而是分配问题,是阻止财富不公平地从消费者转移给拥有市场势力的生产者,即防止通过垄断剥夺消费者应得的福利”。[20] 正因为消费者福利标准有利于实现公平分配的整体经济效率,适用起来又比较简便,已经成为反垄断法实践中矫正效率主张的基准,成为竞争效果分析的重要标杆。

---

[20] Robert H. Lande, *Wealth Transfers as the Original and Primary Concern of Antitrust: The Efficiency Interpretation Challenged*, 34 *Hastings L. J.* (1982).

转型期经济法的特殊功能：以民生和发展为立足点*

◇ 杨　松　郭金良**

内容提要　在后危机时代，中国注重转变经济社会发展方式，民生和发展问题成为该时期的核心问题，其集中体现为经济社会发展中存在的社会资源分配和不可持续、地区发展不平衡、经济效率提高及经济安全等问题。在转型期，民生和发展问题的解决关涉经济发展结构的转变、政府职能的转变、市场运行机制的转变。本文通过对民生与发展的历史分析和法源性解读，对经济法与相关法学学科与非法学学科的比较，论证了经济法功能在转型期的必要性，通过经济法特有的"调制结构"，保证政府干预权的有限行使、适度干预，保障有效的市场竞争环境，提高社会整体的经济效益。

关键词　转型期　经济法功能　民生与发展

一、民生与发展的法源性解读

不同的历史时期，对"民生"与"发展"有不同的理解。本文旨在以法律为线索，探求"民生"与"发展"的历史发展轨迹及其法律保障的内容。"民生"一词的提出最早可溯源于《左传·宣公十二年》，"栾武子曰：……其君无日不讨国人而训之于民生之不易……箴之曰：民生在勤，勤则不匮。"①意思就是说，国君在治理国家时，时刻都在教育人民：人民安居乐业不容易，以及百姓的生计在于勤劳，勤劳就没有匮乏。中国古代的国君就非常重视"民生"，重视人民的物质生活质量，并告诫百姓勤劳是生活稳定和个人事业发展的根本。虽然《左传》的民

---

* 本文的修改版约 1 万字，拟发表于《沈阳工业大学学报（社会科学版）》2013 年第 3 期。

** 杨松，法学博士，辽宁大学法学院教授、博士生导师；郭金良，辽宁大学法学院博士研究生。

① 冀昀主编：《左传》（上），线装书局 2007 年版，第 214 页。

生涵义仅仅局限于物质生活上的稳定,但重要的是它体现了统治阶级对民生的重视有深远的历史溯源,且“民生”是出于古代君主与大臣之间的交流(法律体现的是统治阶级的意志),而不是出于民间的阐释,这也说明了“民生”保障具有规范性效力的必然性。

中国近现代的“民生”与“发展”思想是一个引进、吸收、发展、创新的过程。马克思列宁主义强调人的生存、发展的重要性,强调人民物质生活水平的提高。孙中山先生对“民生”下如此定义:“民生就是人民的生活——社会的生产、国民的生计、群众的生命便是。”[②]毛泽东思想、邓小平理论吸收、发展了“民生”与“发展”的思想,强调人民当家做主、全心全意为人民服务是保障民生的根本。同时,在“发展”问题上,邓小平同志以中国国情为基础,开辟了“让一部分人先富起来,而后带动全国人民共同富裕”的全新发展路径。在社会主义建设新时期,江泽民同志提出了“三个代表”的重要思想,把生产力发展、先进文化建设、最广大人民的根本利益最为新时期的新要求。胡锦涛同志提出了“科学发展观”,强调以人为本、可持续发展、经济社会与人的全面发展。“三个代表”和“科学发展观”思想是“民生”与“发展”思想的新发展,不仅将“民生”与“发展”的内涵限定在当代人的利益上,而是以可持续性和协调性来指导“民生”与“发展”工作。上述重要指导思想都会贯彻到法律的发展中,因为法律可以为“民生”与“发展”提供强制性保障。

法是指永恒的、普遍有效的正义原则和道德公理,而法律则是由国家机关制定和颁布的具体行为。即,前者为“自然法”,后者为“实在法”[③]。“民生”与“发展”体现了对人的正义和对人自由发展的保障,是自然法法意的体现,同时保障“民生”与“发展”也是统治阶级保证阶级稳定、国家安定、国家发展富强的根基,因此历史上的各个不同时期的政府都会将“民生”与“发展”的保障上升为法律保障,这也是自然法意与实在法意一致性的体现。这里法律的内容涉及百姓的基本生活和发展需求,涉及群众生活和国家发展的近代解释和简单要求,涉及国民生活与国家稳定的内在关联,涉及当今社会的促进就业与经济发展的协调、促进就业与市场机制的调整及市场机制与政府职能的关系等,这实际上更多地体现了不同历史时期“国家干预”与“市场调节”的关系以及“国家干预”的适度性原则,而这正是今天经济法研究的重点方向,属于经济法特有的功能范畴。

---

② 孙中山:《孙中山选集》. 人民出版社 1981 年版,第 802 页。

③ 张文显:《法哲学范畴研究》. 中国政法大学出版社 2001 年版,第 25 页。

二、转型期经济法功能的必要性

(一)经济法功能与其他法学学科功能的比较

经济法是通过国家行政权实现对市场的干预和调制,具有社会属性之法,与民商法、行政法、社会法联系最为紧密,因此以三者为比较对象。民商法是自由之法,以意思自由为主,强调市场的基础性作用。民商法的调整手段主要是以自愿、有偿、诚信为基础的“私权”调整。因此,民商法的先天属性决定了其无法解决市场失灵问题,无法实现社会资源的分配正义和不同主体间的利益协调。行政法是控权之法,强调对行政权行使尺度的监督,具有较强的强制性。行政法关注的重点是政治体制,为国家政治服务。因此,行政法不能解决本身具有的政府失灵问题,同时其市场的计划行政指令的经济模式将不利于实现经济效率的提高。社会法的功能在于建设福利国家,提供社会保障,为特色群体利益的实现提供保障。但社会法无法解决经济效率问题,换句话说,社会法功能的实现具有后发性,即必须以具备一定的经济基础为前提。

民商法、行政法及社会法在解决转型期民生与发展的重大问题上都存在局限性。功能由本质决定,经济法是国家干预经济、解决市场失灵和政府失灵之法,具有经济性和社会性的双重本质。这就注定经济法是一种矫正性质的法,强调对既有法律制度的调适。《社会主义法律体系》白皮书将经济法界定为:它是调整国家从社会整体利益出发,对经济活动实行干预、管理或者调控所产生的社会经济关系的法律规范。经济法为国家对市场经济进行适度干预和宏观调控提供法律手段和制度框架,防止市场经济的自发性和盲目性所导致的弊端。因此,经济法的重要原则包括社会本位、资源优化配置、经济公平等。[④] 经济法强调国家调控权的“适度干预”,这是建设服务型政府的应有之义;经济法具有协调性,以社会整体利益为本位,能够协调转型期国家利益、社会利益、个体利益之间的平衡;经济法有助于市场经济的建设,为有效市场竞争提供法律保障,因此经济法能够提高经济效率,为转型期提供充足的物质基础;财税法是经济法的重要组成部分,在收入分配上具有重要作用,它能够促进社会资源的分配正义,财税法的基本立场为,“公共财政、民主政治、法治社会、宪政国家。”[⑤]因此,在解决转型期民生与发展问题上,经济法具有更大的优越性。

---

④ 参见李昌麒:《经济法学》,法律出版社2008年版,第77—81页。

⑤ 刘剑文:《收入分配改革与财税法制创新》,载《中国法学》2011年第5期,第55页。

（二）经济法功能与其他非法学学科功能的比较

基于经济法具有经济性和社会性的本质属性，与非法学学科中的经济学和社会学联系最为紧密，因此以两者为比较对象。经济学讲求效率优先，追求经济效益的最大化，以提高经济基础为根本任务，更强调“物质”。问题决定功能的定位，按照经济学家罗宾·巴德的观点，“经济学问题都是由稀缺性导致的。稀缺性使我们不得不进行选择，在进行选择的过程中，我们通过比较稀缺资源的边际成本和边际收益，使之创造最大的价值。”⑥社会学是以社会发展中存在的问题、社会稳定、社会文化建设为根本目标，更强调物质的索取和精神的满足。社会学的研究集中于政治、权力结构、阶级、宗教、民族及社会结构等，是以整个社会为研究视野的学科，目的在于发现社会问题。社会学研究需要两个简单的必要条件，“一是应用社会学的视野，即对我们身边各种新奇的行为模式需要作进一步的研究；二是好奇和提问，以此希望了解更多有关种族因素如何影响到高成就者的知识。”⑦而解决问题的物质基础要靠经济学来完成，解决问题的关键即是将特定的工具作用于物质基础以解决特定问题，即法律。由于社会稳定、社会保障、社会文化建设属于公共性问题，所以经济学因为缺乏第三方的强制约束而不能解决物质资源的合理分配。而从社会学角度上讲，由于其物质创造功能的缺陷，其不能解决第三方的外部物质供给问题。经济法具有法律本身所具有的先天属性，即提供行为规范的强制、提供行为保障、提供秩序保障及公共物品的提供等。经济法的根本任务在于社会利益的协调，经济法的主要调整手段就是“国家干预”，经济法作为经济学、社会学之外的第三方，能够通过法律范畴内的“国家干预权”来合理地分配物质基础，合理的配置资源，为解决社会学面临的问题提供物质保障，形成对物质转移分配的“国家干预”。

三、转型期经济法的特殊功能

经济危机后的转型期，经济发展方式不确定、经济效率提升缓慢、失业、收入差距加大等社会不公平现象明显，而经济法是涉及经济领域和经济生活之法，内容主要体现为经济性⑧，经济法的特殊性决定了转型期经济法功能的特殊性。经济法的价值包括秩序、公平和效率，所以转型期经济法功能的基本范畴包括社

---

⑥ 〔加〕罗宾·巴德，迈克尔·帕金：《经济学精要》（第2版），王秋石等译，中国人民大学出版社2004年版，第54。

⑦ 〔美〕约翰·丁·麦休尼斯：《社会学》（第11版），风笑天等译，中国人民大学出版社2009年版，第34页。

⑧ 参见漆多俊：《经济法学》，高等教育出版社2007年版，第57页。

会分配正义、经济安全与经济效率提高。

(一)转型期重新协调社会资源分配——社会分配正义

转型主要包括经济体制的转型和政府职能的转型。一方面经济体制的转型是指从不完全市场经济体制向市场经济体制的转变。另一方面。政府职能的转型是指有由全能型政府向有限政府转型,体现服务型政府⑨的理念。政府职能转型关键在于政府的角色定位,政府是把自己定位为全能的授权政府,还是定位于控权的有限政府。

转型期社会资源的分配主要包括,土地资源的市场化问题,该问题涉及提高农村土地使用权人的经济利益;金融行业的市场化推进问题,关键在于金融业的市场化进程中如何在国家金融业的安全与效率之间进行有效协调;经济发展中的转变问题,包括科技的引进、提高劳动素质等向科技发展经济的方向转变;能源的可持续发展问题,主要指矿产资源、煤炭资源的开发与利用,目前问题在于矿产资源的过度开发、违法开发及开发后造成地质危害等情况,关键在于缺乏有效的监管机制和执行协调机制。因此,转型期资源的协调主要体现为对土地资源、不可再生资源、金融资源、科技资源、高素质劳动力资源等的协调和分配。

经济法在转型期社会资源分配中的功能主要体现为:一是经济法的本位理念决定了经济法是分配社会资源的最优选择。经济法以"社会本位"为本位思想,体现了对社会公共利益的维护,它既不会偏重于国家利益,又不会崇尚"意思自由"而过分保护个人利益,它能够以社会资源的合理公平分配为出发点。二是从经济法本身规范的特殊性上讲,经济性是经济法的特殊属性之一,经济法在解决后经济危机问题中具有其他学科无法超越的作用。经济法是坚持客观经济规律、分析经济现象、总结制度经验的基础上,作出制度调控,进行问题解决。三是经济法能够在政府干预与私人自治之间进行有效的协调。经济法能够根据经济发展的需要,对政府干预权的限度进行调控,能够根据市场的需要及时进行国家干预。

(二)转型期经济安全的保障

经济安全涉及社会经济结构的稳定和经济制度运行的有序。转型期经济安全面临着域外不特定因素的影响和国内市场变化的影响。域外的不安全因素主要包括全球经济复苏中整体低迷的拖拉,发达国家经济风险转嫁的风险,各国贸易保护的风险等;国内市场的风险主要包括市场结构调整中保持供需关系稳定的风险、市场主体利益分配的风险、内需市场中消费群体收入差距过大的问题

⑨ 参见漆多俊:《论服务型政府的定位转变》,载《人民论坛》2010 年第 29 期,第 21~23 页。

等,其中行业收入差距巨大、工薪阶层收入偏低。转型期经济安全的保障有赖于经济法的调制[10]手段和市场运行监管手段。[11]

宏观调控法主要包括财税法、金融宏观调控法和计划投资法等。以前两者为例,财税法涉及收入的分配正义,是转型期社会资源分配的根本法律依据。财税法本身就具备收入分配正义的价值理念,关涉国富与民富的关系,关涉中央和地方财权的划分问题。因此,财税法在解决收入分配问题上具有独特的理念和手段,这些决定了财税法手段解决收入分配正义优于经济的手段和行政的手段。[12] 金融宏观调控法的功能就在于通过各种监管机构、监管权力及监管责任的规范化,为域内和域外的经济安全提供法律保障。

在市场规制法领域,经济法能够引导、协调纵向的供需关系和横向的供需关系。市场结构调整中保持供需关系的稳定,以实现不同市场主体之间的利益协调。国内企业的协调发展主要在培育国际竞争力的大型企业和扶植有活力的中小新兴企业之间进行协调,以实现转型期国家经济结构调整和经济发展方式转变。在转型期,要重点规制行政垄断,因为转型期的权力分配方式多样化,更容易产生规制空缺和权力滥用,政府权力更容易成为利益集团的工具。同时,消费者权益保护也是转型期市场规制法的重点。随着经济全球化、国际化的发展和影响、消费者法律意识的提高,消费者开始重视产品的"服务标准",高质量的国际企业备受消费者青睐。通过法律强化对消费者的保护,能够促使国内企业提高产品服务质量,重视消费者权益,最终提高企业的核心竞争力。解决收入差距过大问题是经济法的重点也是难点。一是要通过转变经济发展方式,规制行政垄断行业,引入市场竞争机制,减少过高收入。二是调整产业结构布局,提高中小企业的市场竞争力,提高中低收入群体的收入水平。因此,经济法具有规则调制与秩序建构的特有功能,"经济法就是要创设法治型的市场运作氛围,促进市场经济的稳定健康发展,从而推动生产力社会财富的增量提高。"[13]

(三)转型期经济效率的提高

经济效率的提高需要有一套合理、高效、系统的制度安排,核心问题是正确处理国家干预权与市场主体经营自主权的关系问题。在经济转型期,出于经济风险预防和经济发展考虑,政府会更多的介入经济生活,所以政府干预权更容易暴露在法律框架之外。同时,市场主体为了在经济转型期寻找发展机会,需要更多的经营自主权,更容易产生竞争失效和市场失序。这些问题的解决是提高经

---

⑩ 此处参见张守文:《经济法总论》,中国人民大学出版社 2009 年版,第 153—162 页。

⑪ 详参见经济法网 http://www.cel.cn/2011nianhui/show.asp? a_id = 12947。

⑫ 详细参见刘剑文:《收入分配改革与财税法制创新》,载《中国法学》2011 年第 5 期,第 51 ~ 55 页。

⑬ 秦国荣:《维权与控权:经济法的本质及功能定位》,载《中国法学》2006 年第 2 期,第 179 页。

济效率的前提,问题的解决也有赖于经济法,原因在于:其一,通过经济法对政府干预权的权力内容进行范围设定,对政府干预权的行使进行监督,以达到政府干预权的"有限性",使政府的干预不违背客观经济规律。其二,通过宏观调控法律制度,建立对企业的合理引导机制,引导企业进行社会需要的生产活动。其三,通过市场规制法律制度,有效解决市场失灵给企业带来的效率低下的问题,通过反垄断、反不正当竞争等法律制度给企业创造良好的市场竞争环境。其四,通过建立、完善现代企业法律制度,特别是公司治理法律制度,优化企业经营管理结构,提高企业经营效率。总之,通过建立良好的制度基础、维护市场竞争环境、引导企业经营活动等不同类型的经济法律制度来提高企业竞争力,提高企业的经营效率,进而促进社会整体经济效率的提高。

最后,经济法中整体经济效率的提高关键在于社会各利益主体效率的协调,包括国家效率、社会经济效率、个体效率等。在经济社会转型期,国家出于经济安全的角度,需要提高国家整体经济效率;国家出于社会稳定、社会保障的角度,需要提供更多的社会公共产品;个体出于自身发展、摆脱危机的考虑,需要提高自身的利益。因此,多种利益之间便会出现矛盾,这就需要代表多方利益的经济法进行协调。"经济法的效率虽然主要和直接是指经济效率,但它不仅指经济量的增长,也应重视经济质的提高。经济的质不局限于经济性指标,还包括如对环境、社会公平正义和人的思想精神等方面的影响。"[14]因此,在转型期,经济法的特殊功能不仅在于提高经济量的增长,更重要的是对社会整体经济福利的提高。

---

⑭ 漆多俊:《经济法学》,高等教育出版社2007年版,第58页。

技术标准化中的专利权滥用及其法律规制*

◇叶　明　吴太轩**

内容提要　专利不断并入技术标准是当今技术标准发展的必然趋势。专利并入技术标准后，专利权更容易被滥用。技术标准化中的专利权滥用有多种表现，并且每种专利权滥用行为都有一定的危害性，故有必要对其进行法律规制。在认定某种专利权行使行为是否构成权利滥用时，可以采取主客观相结合的标准，同时兼顾当时的知识产权政策。结合我国国情，我国在规制技术标准化中的专利权滥用时，应当树立从严规制的指导思想，完善我国相关立法体系和制度体系。

关键词　技术标准化　专利权滥用　法律规制

一、技术标准化中专利权滥用的诱因

根据传统的认识，技术标准化与专利权滥用之间似乎并无多大关联，代表公众利益的技术标准与代表私人利益的专利权从本质上讲是相互矛盾、相互冲突的。① 早期的标准化组织在制定技术标准时，通常会避免涵盖已受专利权保护的技术，以防专利权人凭借技术标准的影响力而扩大其独占权与排他权。② 但是，现在学界和实务界对技术标准与专利权之间关系的认识普遍有所改变。这是因为：由于专利权带来的经济效益和竞争优势导致各国专利申请数量急剧增加，新开发出来的技术成果几乎被专利权覆盖。如果某些专利技术构成一个领

---

* 本文已发表于《法学论坛》2013 年第 1 期，约 1.2 万字。

** 叶明，法学博士，西南政法大学经济法学院副教授；吴太轩，法学博士，西南政法大学经济法学院副教授。

① Johan Verbruggen and Anna Lorincz, Patents and Technical Standards, IIC, Vol. 33 Number 2, 2002.

② Mark A. Lemley, Standardizing Government Standard Setting Policy for Electronic Commerce, 14 Berkeley Tech, L. J., 1999.

域的基础性设施时,技术标准要想反映本领域技术发展的新要求、新成果,其制定就绕不开这些专利技术,必然要包含相关专利权的内容,这在客观方面出现了技术标准专利化趋势。从主观方面来看,一旦私有的专利权被纳入作为公共产品的技术标准,专利权人就可以挟公共产品之利器而获得更多利益。此外,专利并入技术标准,还可以突破专利法对专利权的时间限制和地域限制,这也驱使专利权人积极将自己拥有的专利技术并入技术标准体系。由于上述主客观方面的原因,技术标准与专利已越来越紧密结合。

技术标准与专利的结合,不仅没有改变专利权的私权属性和垄断特征,而且专利权人借助标准的普遍适用性和某种意义上的强制性,增强了其对相关技术市场的支配能力,提升了其实施限制竞争行为的隐蔽性和可行性。专利权与技术标准的结合不仅没有减少专利权滥用行为,反而促使专利权滥用行为的增加。

技术标准化中的各种专利权滥用行为,往往妨碍技术标准化的正常运行,其不仅限制了竞争,而且损害了消费者利益,因此,有必要对其进行法律规制。在运用法律规制技术标准化中的专利权滥用行为之前,首先应该对什么是技术标准化中的专利权滥用进行认定。

二、技术标准化中专利权滥用的认定

(一)技术标准化中专利权滥用的认定方法

由于专利权滥用仍是权利滥用之一种,因此有关认定权利滥用的一般方法对专利权滥用的认定仍然具有指导意义。徐国栋先生把各国确立的认定权利滥用的标准概括为故意损害、缺乏正当利益、选择有害的方式行使权利、损害大于所取得的利益、不顾权利存在的目的、违反侵权法的一般原则等6个标准。[③] 笔者赞同徐国栋先生的观点,认为应该采用主客观相结合的方法来判断某权利行使行为是否构成权利滥用。在主观上要看该行为是否具有主观恶性,在客观上不仅要判断该行为本身是否超越正当的界限,而且要分析该行为产生的后果是否违背了权利设定的意旨,由法官行使自由裁量权,通过综合考察具体因素来判断某行为是否构成权利滥用。

具体分析技术标准化中专利权行使行为是否构成权利滥用时,我们需要认识专利权滥用行为要经历"行为的意图→实施该意图的行为→行为产生的后果"这样一个历程。首先,专利权人产生滥用专利权的主观恶性,这是专利权滥

---

③ 参见徐国栋:《民法基本原则解释——成文法局限性之克服》,中国政法大学出版社1992年版,第94—95页。

用的第一阶段。受主观恶性的驱使,专利权人接着实施了超越权利界限的行为,此乃专利权滥用的第二阶段。此种在主观恶性驱使下实施的超越权利界限的行为之后果也当然违背了专利权设定的意旨,损害或者可能损害其他人的合法权益,此为专利权滥用的第三阶段。由于专利权滥用乃是三阶段构成的统一体,仅认识到专利权滥用的某一个或者某两个阶段都是不全面的。故而执法和司法机关在判断技术标准化进程中某专利权人的行为是否构成专利权滥用时,理应通过三阶段分析法来进行认定。只有通过对上述三个阶段的系统、综合分析,并且结合行为发生时的知识产权政策以及对某种技术标准是否迫切需求,方能对技术标准化进程中行使专利权的行为是否构成权利滥用进行准确判定。

(二)知识产权政策对专利权滥用认定的影响

执法和司法机关在裁量某个专利权行使行为是否构成专利权滥用时,除了系统分析上述三个阶段的相关要素外,还在很大程度上受到当时知识产权政策的影响。在不同的知识产权政策背景下,对某一行为是否构成专利权滥用的判断,可能会得出完全不同的结论。因为是否保护知识产权,以何种水平保护知识产权,是一个国家或者地区根据现实发展状况和未来发展需要而作出的公共政策选择和安排。[④] 因此,作为公共政策之一的知识产权政策与专利权滥用的认定关系密切。美国和欧盟知识产权政策的演化历史可对上述观点予以证实。

在我国,对于什么是专利权滥用行为,相关立法没有进行明确规定。全国人大常委会法制工作委员会经济法室在其所编的《中华人民共和国反垄断法条文说明、立法理由及相关规定》中也提到:“对于什么样的行为构成滥用知识产权的行为……将由反垄断执法部门根据其行为的性质、对竞争的影响等因素来具体判断;反垄断执法部门也可以以指南或者条例的形式对实践中比较典型的滥用知识产权,排除、限制竞争的行为予以明确。”[⑤]因此,在我国,对于什么样的行为构成专利权滥用行为,将由反垄断执法部门综合各要素作出判断。反垄断执法部门在进行判断时,也应充分考虑我国目前的知识产权政策。

改革开放后,我国经济、科技和社会都有了长足发展,知识产权保护工作取得了很大进步。但是,我国知识产权的产业化程度仍然较低,高新技术对经济增长的贡献率与发达国家相比显著偏低。在此大背景下,若我们采取对知识产权进行强保护的政策,而且对专利权滥用的认定比较严苛,那么有可能放任一些跨国公司挥动知识产权大棒对我国的产业利益进行盘剥。由于当前我国具有竞争

---

④ 参见吴汉东:《利弊之间:知识产权制度的政策科学分析》,载《法商研究》2006年第5期。

⑤ 参见全国人大常委会法制工作委员会经济法室:《中华人民共和国反垄断法条文说明、立法理由及相关规定》,北京大学出版社2007年版,第346页。

力的自主知识产权较少，主要是引进和输入知识产权，为了更好地保护民族产业和我国的消费者利益，我们应该对专利权滥用的认定采取比较宽松的标准。只要专利权人在行使权利时，具有谋取不正当利益的意图，违反我国知识产权保护政策，超出我国知识产权的保护范围，并且该行为可能导致对他人或社会的损害，都可以认定为专利权滥用行为，受到法律的规制。

三、我国对技术标准化中专利权滥用的法律规制

（一）指导思想：从严规制技术标准化中的专利权滥用

各国的法律都是为本国利益服务的。在反垄断立法和执法过程中，也始终遵循这样一个原则：国家利益高于个体利益，本国利益高于外国利益。[⑥] 我们在对技术标准化中专利权滥用行为进行反垄断法规制时，也应适用此种原则。

由于技术发展的不平衡，目前绝大多数国际标准由发达国家制定和掌控。我国企业在技术标准制定方面尚处于起步阶段，在高新技术产业领域更多的是采用他国技术标准，因而经常遭遇跨国企业的专利滥用行为。严酷的现实揭示：相较于对专利权人私利的保护，维护良好的技术创新竞争秩序，对我们而言更为重要。既然对专利权保护，我们采用了"治乱世、用重刑"的做法，那么在维护更为重要的技术创新竞争秩序时，我们理应采用更为综合、更为有力的调整模式，即确立"最强化"的相关竞争法。[⑦] 只有对技术标准化中的专利权滥用行为采取从严规制的指导思想，才可以为中国企业的发展创造良好的法制环境，确保我们与发达国家在科学技术发展不均衡的条件下进行相对公平的竞争，防止发达国家利用专利标准化战略达到独霸市场的目的。[⑧]

（二）健全我国规制技术标准化中专利权滥用行为的法律体系

反垄断法制比较发达的国家为防止专利权人等知识产权人滥用权利，一般制定有专门的规范知识产权行使行为的规范，这些法律规范一般都先对认定知识产权行使行为的基本原则、方法等加以规定，再以列举方式对典型的滥用知识产权而导致的反竞争行为进行逐一规定，或是对这些行为进行类分，即把知识产

---

⑥　参见黄武双：《技术标准反垄断的特征及其对我国反垄断立法的启示——从微软垄断案说起》，载《知识产权管理》2007 年第 3 期。

⑦　参见王宏军：《强化竞争：我国技术创新法制重构的价值取向》，载《电子知识产权》2008 年第 4 期。

⑧　参见乔生：《知识产权保护与限制衡平研究》，中国检察出版社 2007 年版。

权许可行为分为反垄断法适用除外(无色)、原则合法的(白色)、非法的(黑色)和中性的(灰色)几类行为加以区别对待。因此这些行政法规既具有灵活性,又兼顾确定性。

在我国,虽然专利法的内部规制措施对于规制技术标准化中的专利权滥用行为可以在一定程度上发挥作用,然而专利法的内部规制措施存在一定缺陷,其修法时间也不长,再进行“大修”,现实可能性不大,[9]因此目前规制技术标准化中专利权滥用行为的任务主要落在反垄断法肩上。由于反垄断法具有很强的原则性,对于规制复杂多变的专利权滥用行为而言,缺乏足够的针对性和可操作性。经济、社会的变化要求反垄断法对技术标准化中的专利权滥用行为进行回应。由于知识产权客体的特殊性,与知识产权有关的垄断行为也有其特殊性,因而在反垄断法典中无论对与知识产权有关的垄断或限制竞争行为加以何种程度的规制,它都不可能全面、具体地阐述知识产权与反垄断法之间的复杂关系。[10]这决定了《反垄断法》对专利权滥用等知识产权滥用行为的规定,只能是原则性的规定。而且,《反垄断法》作为基本法,限于法律的稳定性、严肃性,其也不可能对变动性比较明显的各种专利权滥用行为进行细致的规定。为了有效规制技术标准化中专利权滥用行为,我们可以借鉴美国、欧盟、日本的做法,发挥后发优势,另行制订专门规制知识产权滥用行为的行政指南或规章,[11]将《反垄断法》附则第55条的原则性规定具体化。该《指南》在具体的行为定性方面,可以借鉴欧、日的“类选法”,制定出确定性比较高的行政指南或规章,把知识产权许可行为涂上颜色,分成无色、白色、黑色、灰色[12],增加规制技术标准化中专利权滥用行为的可操作性。

(三)构建规制技术标准化中专利权滥用行为的制度体系

1. 细化专利权事前披露制度

专利权的事前披露的充分性与真实性直接关系到标准化组织能否准确、高效地在诸多技术方案中选择出最佳方案来制定标准,关系到标准使用者是否能够对使用相关标准所涉及的成本进行较准确的估计,还关系到标准制定、推行和使用中是否会出现专利许可纠纷和专利侵权纠纷。[13] 虽然在标准化组织的知识

---

⑨ 参见王岩云、杜娟、赵树文:《知识产权滥用的法哲学思考》,载《学术交流》2009年第5期。

⑩ 参见王先林:《知识产权与反垄断法》,法律出版社2001年版,第351页。

⑪ 参见曹新明:《专利许可协议中的有色条款功能研究》,载《法商研究》2007年第1期。

⑫ 参见康佑发:《反垄断法规制知识产权滥用之立法探讨——以知识产权与反垄断法相互关系为视角》,载《科技与法律》2008年第1期。

⑬ 参见赵启杉、黄良才:《技术标准中的事先披露原则——VITA新专利政策介评》,载《电子知识产权》2007年第6期。

产权政策中，大多规定了专利权的事前披露，但是由于标准化组织的规定不具有强制力，加之相关规定不详细、明确，因此一些专利权人往往会钻空子，在技术标准的制定过程中隐瞒专利权，然后搭乘技术标准的便车，索取高额专利许可费用，谋取垄断利润。我国国家标准化管理委员会 2004 年 3 月公布了《国家标准涉及专利的规定（暂行）》（征求意见稿），专门规定了专利信息披露的内容。该征求意见稿的相关规定还不够明确和具体。因此在制定《知识产权许可行为的反垄断法执法指南》时，不仅要规定知识产权的事前披露制度，而且应细化该制度，要求各标准化组织予以贯彻执行。

2. 完善专利强制许可制度

为了维护国家和公共利益，促进专利技术的推广利用，防止专利权人滥用权力，很多国家的专利法规定了专利的强制许可制度。强制许可的本意就在于为照顾公共利益而对专利权人的私人利益予以限制以寻求两者的平衡。TRIPs 协议允许成员方行使强制许可，但对强制许可的使用权、限制、程序、补偿金等作了比较高的规定。TRIPs 协议对强制许可的要求已经较高了，我国在制定相关法律时却对专利强制许可作了更加严格的限定，比如可以发布强制许可的事项范围小，对强制许可申请人的资格要求过严。我国有关强制许可的立法不利于强制许可发挥应有的保护国家及公共利益的作用，因此，我国需要放宽申请条件，在不违背 TRIPs 协议的前提下，增设强制许可的兜底条款，为我国更好地获得国外的专利许可创造便利条件。在完善我国专利强制许可制度时，可考虑增加“本国对专利产品的需求没有得到满足”等理由，放宽专利强制许可的限制，效仿英国、印度、加拿大专利法的规定，允许“任何人（包括任何企业、政府部门和个人）”申请强制许可，并且无需附带“具备实施条件”等任何条件，在知识产权局决定是否给予强制许可时再审查申请人是否“具备实施条件”。[14]

3. 建立专利恶意诉讼反赔制度。专利恶意诉讼又称为专利虚假诉讼或者专利伪饰诉讼，是指专利人为了达到打击竞争对手的目的，在没有任何诉讼客观基础的情形下，针对竞争对手提出一个无任何胜诉可能性的诉讼。由于专利恶意诉讼没有客观基础，而仅仅是将诉讼当成打击竞争对手的一种手段，这种行为不仅妨碍了正常竞争，而且浪费了司法资源，因此有必要给予规制。既然专利权人提起专利恶意诉讼的目的是为了打击竞争对手，从而获得更多的竞争利益，如果通过某种制度使实施专利恶意诉讼的行为人不仅不能获得利益，而且会因此种行为遭受不利益，可以狠狠打击专利权人提起恶意诉讼的行为。恶意诉讼反赔制度就具有上述功效。只要专利侵权诉讼中的被告证明原告提起诉讼的目的

---

⑭ 参见杨异、王学先：《技术标准中专利许可的法律问题研究》，载《学术论坛》2010 年第 10 期。

没有什么客观基础，专利权人可以被认定为专利权滥用。专利权人不仅要承担被告的诉讼费用，还要承担对被告的名誉侵权赔偿金；如果被告能够证明专利权人提出诉讼的目的是恶意的，还可对专利权人施加惩罚性赔偿。如果在我国建立起专利恶意诉讼反赔制度，可以在很大程度上防止一些专利人通过提出恶意诉讼来打击竞争对手的行为。

论绩效预算与我国预算法律制度改革

◇ 孟庆瑜*

内容提要 我国的预算制度改革应当引入绩效预算制度，充分发挥绩效信息在预算决策中的重要作用。完整意义的绩效预算应以绩效评价制度的科学建构为核心，贯穿于预算编制、执行和监督的全过程。我国正在进行的《预算法》修改，应坚持政治博弈的预算安排方式，在预算决策中实现政治博弈和绩效控制的有机结合，为绩效预算的制度嵌入提供立法确认、推动与保障。

关键词 绩效预算 绩效评价 预算法

一、绩效预算与预算编制法律制度改革

预算编制是一个国家预算决策的关键环节，绩效信息应当在预算决策中发挥配置财政资源的重要作用。我国实行财政分权制度，各级政府预算由同级人大批准，但为了保障国家财政资金的整体合理安排，国家对财政资源配置仍然由上至下加以控制，具体表现为预算编制过程中预算部门与财政部门的博弈、下级部门与上级部门在预算资金上的博弈、下级财政部门与上级财政部门的博弈，在预算编制的最后阶段各级政府向人大提交的预算草案基本决定了财政资金的分配。我国确实需要加强预算审查和批准环节在预算决策中的作用，但由于财政分权制度要求本级人大批准本级预算，并且下级人大先于上级人大召开，预算批准过程仍难以体现国家整体的财政安排，财政资金分配还是主要由预算编制过程决定的。

（一）建立适合我国国情的绩效预算编制制度

1. 应当建立战略计划制度。战略计划制度是美国《政府绩效与结果法案》

* 孟庆瑜，法学博士，河北大学政法学院教授。

的一大亮点,要求每一位机构的负责人应当向管理和预算局局长和国会递交项目活动的战略计划书,战略计划应包括不少于五年的时间,并至少每三年更新和修订一次,内容包括对机构主要职能和工作任务的综合描述;总体目标和目的,描述目标和目的实现的方式;怎样使年度绩效计划与战略计划的总目标相联系。① 战略计划是绩效预算的重要基础,为各部门的年度预算安排提供了目标和绩效框架。借鉴这一成功经验,我国在《预算法》修改时可以在"预算编制"一章增加各预算部门应当向财政部门和人大提交一定年限的战略计划的规定,有关这一制度的详细内容可以通过下位立法加以细化和落实。

2. 应当建立绩效计划报告制度。即在《预算法》"预算编制"一章中增加如下规定:各级政府、各部门、各单位在编制预算过程中,应当同时对预算中涉及的所有活动项目进行绩效评价,并依据考评结果编制绩效计划报告;财政部门在各部门绩效计划报告的基础上编制总体的绩效计划报告,作为预算草案的一部分。绩效计划报告是财政部门等作出预算决策的依据,由此激励预算编制部门作出合理的预算安排。由于我国部门经费划分为基本支出和项目支出,两者在目的和控制方式上差异很大,因此应针对这两种支出设计不同的绩效控制方式。在项目绩效预算的编制中,应当规定绩效评价结果好的项目在财政部门等安排预算时优先通过,绩效评价较差的项目不予通过,激励预算部门合理安排项目预算;对于基本支出绩效预算则可以采用绩效协议的方式,在预算编制时为单位基本支出设立固定的绩效,并设立相应奖惩机制,绩效协议可以促进各单位在基本支出中自觉节省资金,同时增加部门对基本支出的自主安排的灵活性。基本支出固定绩效的设定可以与我国目前定员定额和实物费用定额管理结合,参考人均消耗和实物平均消耗制定绩效指标,以控制单位的基本支出费用。

3. 应当建立合理的预算周期制度。绩效预算编制要求预算部门在编制预算的同时作出绩效评价,财政部门对各部门的预算编制和绩效依据都要作出审核,预算部门和财政部门之间需要对预算编制和绩效依据反复沟通,直至部门的绩效评价达到合理水平,这一过程增加了预算编制的科学性,但与目前的预算编制制度相比更加耗费时间,因此我国在《预算法》修订中,应当延长预算编制周期,明确规定预算编制时间的大致范围,以法律的形式保证绩效预算编制有充足的时间保证,以充分发挥绩效预算的作用。

(二) 绩效预算编制法律制度的重要作用

1. 绩效预算编制制度有助于提高预算决策的科学性。其一,绩效预算编制

---

① 《美国1993年政府绩效和成果法(GPRA)》, http://yss.mof.gov.cn/zhengwuxinxi/guojijiejian/200909/t20090930_214505.html,2102-02-21访问。

法律制度合理分散了预算决策权力。绩效预算方式下，预算部门在编制预算的同时对各项预算进行绩效评价，绩效的高低与预算资金分配相联系，预算部门可以通过合理安排资金的方式控制绩效评价结果，所以预算部门对自身行为绩效的控制决定了预算资金的分配，也可以说绩效预算是将预算决策权从财政部门"下放"到具体预算部门，分散了财政部门和上级政府的预算决策权力。其二，由于各预算部门在预算制定中掌握最多信息，所以分散预算决策权力还使项目支出的比较仅在项目和部门内部进行，限制了比较范围，减轻了以往性质不同的项目聚在一起进行竞争的现象，有利于提高决策的合理性。[②] 其三，绩效评价结果这一公认准则为预算决策注入"理性"因子[③]，部门在预算资金争取过程中会将重点从游说财政部门转移到提高自身预算绩效，有效减少了预算资金分配中的"寻租"现象。

2. 绩效预算编制制度有助于提高财政资金的使用效率。其一，绩效预算是一种以结果为导向的预算，理论上绩效预算报告应该是一个结果——投入报表，关注的是投入和结果之间的资金使用效率，兴起于上世纪 80 年代新公共管理运动的新绩效预算正是为解决政府财政资金使用效率低下和由此导致的财政赤字危机。其二，绩效预算对预算部门提高资金使用效率形成激励，与财政部门相比较，具体预算部门在提高资金使用效率中占有更多信息，在绩效评价结果高低与预算资金分配建立联系的激励下，各部门为争取资金会努力提高绩效评价结果，而提高绩效评价结果的方式就是提高财政资金使用效率。其三，提高资金使用效率的另一种重要方式是细化预算，而绩效预算还是以细化预算为导向的预算改革的支撑点，绩效预算本身的特点就是细化管理[④]，将财政部门对预算审查和控制的细化转移到具体预算部门在预算编制时对预算实行细化控制，将预算细化控制从中间转移到源头。

3. 绩效预算编制制度有利于公众参与预算决策。其一，绩效预算要求预算部门在每一项预算制定时都要同时进行绩效评价，使公众了解每一项预算行为的效果和资金的使用效率，便于公众参与预算决策，也提高了预算公开的效果。其二，政府各种行为结果的性质差别很大，比如判定某项资金应当投入公路建设还是投入教育事业，由于公路建设的结果和教育事业的结果性质差别大，所以很难进行比较，引入绩效预算以后，统一的绩效评价标准便于公众对政府的不同性质行为进行比较。其三，绩效预算将复杂的预算项目和县级以上的预算简单化，

---

② 〔美〕罗伊 · T. 梅耶斯等：《公共预算经典（第一卷）——面向绩效的新发展》，苟燕楠、董静译，上海财经大学出版社 2005 年版，第 34 页。

③ 沈春丽：《绩效预算》，http://www.crifs.org.cn/crifs/html/default/yusuanzhidu/_history/1009.html，2012-02-21 访问。

④ 白景明等：《广东南海模式与建立中国式绩效预算》，中国财政经济出版社 2010 年版，第 2 页。

复杂预算项目的整体绩效评价、部门的整体绩效评价给普通民众直观的印象,令普通民众更好参与预算决策和监督过程。

二、绩效预算与预算审查和批准制度

(一)我国应当建立预算绩效审查制度

预算草案中的绩效计划报告应当作为各级人民代表大会审查和批准预算的重要标准。虽然预算审查和批准在预算决策中的作用较小,但这一制度也可以激励预算部门合理预算安排,财政等部门在预算决策时对预算项目进行合理取舍。另外,预算的审查和批准是各级人民代表大会的重要权利,但目前各级人民代表大会对预算审查和批准权力的虚化现象严重,其中的一个原因就是预算的专业性很强,很多人大代表对预算项目缺乏专业判断能力,而绩效审查制度可以为各级人大审查和批准预算草案提供重要参考和依据。

(二)我国应当以绩效预算改革为契机,建立预算分项审查和批准制度

由于绩效预算草案按照项目预算和基本支出预算分类编制,并且这两类预算的绩效评价结果各自成体系,可相比性低,就更需要建立预算分项审查和批准制度;预算草案中的绩效计划报告也为人大以绩效为重要依据分项审查预算提供了便利,从而为建立预算分项审批制度创造了条件。因此,我国在《预算法》修订时,可以在"预算审查和批准"一章中特别增加一条规定:我国实行预算分项审查和批准制度,预算绩效计划报告将作为各级人民代表大会审查和批准预算的重要标准。同时,我国《预算法》还应作出延长预算审议时间的修改,以适应预算分项审查和批准制度。笔者认为,最合理的方式是改变我国预算年度的起止时间,为各级人大充分审议绩效预算、修改绩效预算、甚至重新制定绩效预算提供时间保障。同时,也利于从根本上改变每年的 1 月 1 日至预算批准之前这段时间政府预算脱法运行的现实状况。

(三)应当进一步细化对预算草案的绩效审查的法律规定

首先,我国可以改变英国和美国项目绩效评价结果只具有参考作用的方式,赋予绩效评价结果一定的法律效力,即可以考虑规定绩效评价结果排前 20% 的项目有直接获得预算资金的法律效力,排在后 20% 的项目直接淘汰,对于排在中间 60% 的项目再进行政治考量,以激励预算编制部门合理安排预算。其次,应当建立各级人大对绩效计划报告的实质审查制度,专门审议绩效计划报告的合理性。最后,应当规定在人大认为预算绩效计划不真实、不合理时,可以要求

预算部门作出解释、也可以责令有关部门重新作出绩效审查，人大也可以自行或委托第三方机构重新作出绩效审查。

三、绩效预算与预算执行和调整法律制度

我国应在预算执行中建立以绩效评价为主要方式的绩效监督制度。由于绩效评价的开展需要花费资金、时间和人力等成本，所以这一制度应主要针对大型项目预算，特别是跨年度项目预算，并且可以以抽查方式进行，以监督大型项目资金在执行中严格按照预算进行，发现预算安排在执行过程中所暴露出的不合理地方，对所出现的偏差及时进行调整。为此，我国可以在《预算法》的“预算执行”一章中增加规定：我国在预算执行过程中建立定期绩效报告制度，以绩效评价的方式主要针对大型项目预算实行。在相应的下位立法中，进一步执行绩效评价制度作出详细规定：首先，应规定预算执行中绩效监督的主体。鉴于信息采集和可操作的需要，应主要由预算执行单位自己组织绩效评价，编制预算执行绩效报告交由财政部门审查。其次，应当规定预算执行绩效监督的项目选择标准。可以考虑以投资额度、社会影响等因素来选定监督对象，确定相应的抽查方式和绩效反馈间期。鉴于这一制度主要针对跨年度预算的大型项目投资的实际情况，可以考虑以半年时间为间期，对于特别重要的项目，还可适当缩短间期。过短时间内的预算执行及其效果尚缺乏稳定性，还会引起资源浪费等问题。最后，应当严格对执行期间绩效监督后果的规定。对预算执行部分的绩效严重低于事先设定绩效的行为，应在客观分析基础上，对预算执行不力的部门给予处罚，或者追究绩效编制部门的责任，必要情况下还可作出预算调整或绩效调整。

在预算调整方面，借鉴新西兰和澳大利亚的绩效合同等制度，在项目绩效目标、基本支出绩效目标或部门整体绩效目标确定之后，预算执行部门中可以在保证绩效目标不变的情况下自主对预算进行调整。换言之，在推行绩效预算制度环境下，应当给予预算执行部门以充分的自主权。当然，对于经人大批准已发生法律效力的政府预算案，各预算部门应当严格按照批准的预算条目执行。如遇特殊情况确需调整的，则应由各级政府编制预算调整方案，经同级人民代表大会常委会审查批准，报上级政府备案后才是有效的。只是在预算调整过程中也应当增加绩效评价作为预算调整的依据。调整方案绩效计划报告的编制、审议和批准应当和普通绩效预算相同，以保证预算中绩效信息的一致性。对此，我国《预算法》在“预算调整”一章可增加以下规定：各级政府在编制预算调整方案时必须同时进行绩效评价，并编制相应绩效计划报告，与预算调整方案同时报请相关部门批准。

四、绩效预算与决算法律制度

决算是预算过程的最终环节，在决算过程中引入绩效控制是建立完整绩效预算制度的内在需要。我国目前正在推行的财政支出绩效评价制度不失为这一领域的有效尝试。财政部于2005年发布《中央部门预算支出绩效评价管理办法（试行）》，2009年发布《财政支出绩效评价管理暂行办法》和《财政部关于进一步推进中央部门预算项目支出绩效评价试点工作的通知》，2011年重新修订发布《财政支出绩效评价管理暂行办法》，为财政支出绩效评价提供了制度支持。这一制度设立有绩效目标，整个过程是以财政支出完成以后的绩效评价为重点，评价结果主要用于改进预算管理和安排以后年度预算，而不是为当年预算安排提供依据，但确与决算中绩效控制的目的相契合。鉴于财政支出绩效评价制度和决算制度在主体、过程、组织管理和目的等方面的相通性，可以考虑将财政支出绩效评价纳入决算过程。为此，《预算法》可以对“决算”部分作出修改，规定各级政府、各部门、各单位，在每一预算年度终了后编制和报送决算草案的同时，编制和报送相应的绩效评价报告。但决算过程中的财政支出绩效评价须以预算绩效计划报告为绩效目标。这是因为预算编制过程中已经建立了预算绩效计划报告制度，由此形成的绩效计划报告自然应当成为决算过程中财政支出绩效评价的目标，无需重新确立绩效目标。

五、绩效预算与预算监督和法律责任制度

绩效控制方式还应当充分应用到预算监督和法律责任环节，绩效评价结果应当作为各级人大及其常委会和审计部门对预算和决算监督的重要依据。监督的内容除了以绩效评价结果作为重要依据衡量预算安排的正当性、预算执行结果的合理性以外，还应当加入对绩效评价的真实性、合理性监督这项内容。我国现行《预算法》规定有各级人民代表大会、常务委员会及人大代表的监督，各级政府及其财政部门、审计部门的监督，但社会公众的监督没有得到立法确认，而基于宪法规定的知情权的社会监督更是举步维艰。在推行绩效预算的预算制度下，绩效评价结果使的预算安排标准变得简单易懂，包括社会机构、媒体、公民个人在内的社会监督将会成为现实。对此，《预算法》可以对“监督”这一章作出修改充实：国家鼓励社会主体对预算和决算进行监督；社会主体对预算和决算进行监督时，应当以绩效评价结果作为重要依据；社会主体有权对预算和决算绩效报告的真实性和合理性进行监督。

在预算责任制度方面,《预算法》可以结合绩效预算的制度运行调整充实以下三类主体的法律责任:一是追究绩效评价部门作出虚假绩效评价的法律责任;二是追究相关部门通过绩效评价过低的项目的法律责任;三是追究决算绩效评价结果严重低于预算绩效报告结果,又不能作出合理解释的部门的责任。同时,根据各类主体过错或违法程度的大小确定其应当担负的法律责任。

道路如何通向城市？

——“大吨小标”的法社会学思考

◇ 刘光华*

内容提要 本文借助转型中国语境下的“大吨小标”现象及其工商业隐喻的观察和法社会学剖析，反思了城乡一体化实践中面临的社会管理技术困境与法治理念障碍，最后得出结论：立足于近代“公私分立”法治理念的社会管理体制和治理技术，已经远远落后于中国社会的转型实践及其要求，并蜕变为社会转型的阻碍因素。目前，亟待在“公私交融”的现代法治理念指引下，实现社会管理的体制突破与技术创新。

关键词 大吨小标 超限超载 公私交融 现代法治理念

一、“大吨小标”现象与问题①

“大吨小标”，是指运输工具主要是汽车生产者、所有者和营运者等为了谋取更大利润，而有意造成汽车实际载重能力和标定承载能力二者间差异的行为及形成的现象。从最广义上来理解，它可能包含了从汽车生产、销售和营运等各个环节以及汽车货物运输和旅客运输等多个方面的“小马拉大车”“非法改装”以及其他超限超载的行为与现象。但是，鉴于媒体所讨论的“大吨小标”主要集中在狭义角度上，所以，本文的分析也将限定于部分载货汽车生产厂家为迎合市场需求，而在汽车在出厂时将原来设计制造的汽车载质量故意从大吨位改标为小吨位，并出售给车主用以逃避国家相关规费和税收的行为与现象。

对此，如果我们将相关法律形式化要素从“大吨小标”案例中抽取出来，然

---

* 刘光华，法学博士，兰州大学法学院教授、副院长，兰州大学经济法学研究所所长。

① 程刚：《发改委叫停一批“大吨小标”货车生产》，载《中国青年报》2003年12月19日。

后依主流市场经济法制的基本理念和原则——私权神圣、契约自由、营业自由、过失责任——来审视的话，就会看到：首先，载货汽车生产者、所有者和运营者都（应该）是享有经营自主权的市场主体。而且，作为独立的法律主体，载货汽车生产者依法享有产供销、人财物方面的完全经营管理自主权。其次，为了在载货汽车生产销售市场的激烈竞争中得以生存进而胜出，它们就应该也必须根据载货汽车的市场需求，本着当事人双方意思表示真实一致的原则，来商谈和拟定相关的载货汽车生产计划、销售合同，并履行交货/付款等相关合同义务。而其中，作为合同的具体内容之一，就可以包括根据合同一方当事人的特定需求而对车辆载重质量进行自主标定。就如同汽车生产厂家及其授权的“4S 店”，根据顾客的特殊要求而对所购置车辆进行的改装与装潢一样。

从这个严格的法律推演角度来看，载货汽车生产者和购买者之间的“车辆购销合同”，载货汽车运营者同货物托运人之间的“货物运输合同”，甚至旅客同客运公司自愿购票搭乘超员车辆的“旅客运输合同”等，在性质上就均属一种典型的民事意思自治行为。合同双方当事人的合法权益理应受到从《民法通则》到《合同法》的保护。而且，基于“公、私法划分”的法理念与价值，合同双方当事人有权排除任何组织和个人特别是国家行政权的干预。

但是，交通工具和交通运输的特殊性，却并非因我们的“一叶障目”就可以“不见森林”。中国的交通安全问题，由于近年来全国范围内严重交通安全事故的频发，特别是随着排名世界交通事故死亡率“前三甲”这个“家丑”被国际镁光灯所照亮[②]，使得“大吨小标”自然而然地成为不得不解决的严重社会问题。这样，我们的相关国家职能部门——从国家发改委到公安道路交通管理部门，就又从民法调控手段主导下“自由放任”的“夜警”，跳向另一个极端，摇身一变显现出其“巨灵/利维坦”本相。也即，面对现实经济实践中因“大吨小标”而生的社会问题，我们转而采取了直接由国家相关职能部门借助公权力强制实施的严格禁止的行政法调控手段。如，国家发展改革委员会公告撤销违规型号汽车的许可证，公安交通管理部门停止对这些车辆办理相关牌证，当然，其中也还包括司空见惯的行政罚款，等等。

但问题的关键是，从直接利害关系当事人对上述行政禁止措施的事后反应来看，以禁止性惩治措施为核心内容的行政法调整方式，并未见得真正达到了行政管理部门的预期目的。因为，这种一律禁止并高额罚款的法律规定和措施，从当时的情况看，它已造成如下直接的经济影响与后果：即对依赖于汽车运输的相

---

② 参见袁铁成：《世界交通安全报告涉及中国部分遭中国官员质疑》，载《中国青年报》2004 年 10 月 12 日。

关市场和物资(如建筑材料等)造成了成本的大幅上升及物资供应的短缺[③]。更不用说,在问题根源没有找到并得以彻底解决的情况下,这种“一刀切式”的“禁止和严肃查处”,除了将问题进行暂时的“运动式”表面压制外,只能为更多的行政部门公权力“寻租”提供可能,并增大法律的监督与实施成本。综观整个大吨小标案情,我们发现,所谓“防止国家税收流失”这个为整治“大吨小标”而祭起的行政公权力出师之旗,在“大吨小标”的具体处理中,几乎消失得无影无踪。例如,根据一些地方的“大吨小标”治理措施,凡符合一定的条件,就可以不再追缴“大吨小标”车辆以前应缴纳的养路费、运管费等规费的吨位差额。这样,治理措施剩下的实质内容就只有对“大吨小标”车辆的行政罚款了。[④] 虽然交通管理部门同时规定了对首次违规且能主动卸载的“大吨小标”车辆以教育为主,不予罚款、不收取公路补偿费等看似人性化,颇具现代“服务行政”理念的管理措施,但它同时又出人意料地给另一些地区借此“大吨小标”治理而进行新的(乱)收费,制造了空间——如由行政执法部门依法认定超载超限的车辆,必须在就近指定的停车卸驳载场卸驳超载货物。对自行卸载有困难,需要提供协助卸载、保管、运输、停车等服务的,按照就近服务、合理有偿的原则收取服务费[⑤]。一些地方甚至直接把“大吨小标”治理作为获取行政罚款的又一次机会和借口[⑥]。更不用说,在居高不下的运输成本和高额行政罚款的挤压下,货运车主或经营者的选择,要么是提高运价,要么是停运,要么是更多的超载超限。这样,行政禁止措施不仅无助于遏制偷逃规费、税收和减少交通安全隐患的目的,而且最终将会对消费者个体权益、国家利益和地区经济发展全面造成消极影响。

由此可见,围绕着“大吨小标”及其法律治理而发生的上述矛盾状态和现实困局,实际上正是典型的源自近代“公私分立”法理念及由此决定的“不是民事手段就是行政方法”的对立化法律调整模式所内生的制度副产品。当然,更重要的是,同一个“大吨小标”问题,能在不同时期从不同层面兼容民法和行政法两种调整手段这一事实,还揭示出了与“大吨小标”密切相关的现代交通运输关系的“公私融合性”。而恰是这种“公私交融性”既超出了近代“公私分立”法律理念和制度规则的想象,注定了那些与时代错位的法律调整方法的“失败”命

---

③ 参见林银来:《受“治超”影响 福州家装建材成本上升》,载《海峡都市报》2004 年 6 月 24 日。

④ 根据北京市的相关规定,对于车辆超限超载超过 2 次(含 2 次)的,除实施卸载和登记外,扣留机动车至违法状态消除,对单车每次处 200 元以上 500 元以下罚款,对其中超载 30% 以上的,处 500 元以上 2000 元以下罚款,同时对车辆所属车辆运输单位直接负责的主管人员处 2000 元以上 5000 以下罚款,并将情况抄告当地交通运输管理部门。参见《北京整改“大吨小标” 超限超载两次以上罚两千》,载《新京报》2004 年 6 月 9 日。

⑤ 参见马斌:《超载超限车辆卸载有新规定》,载《科技鑫报》(兰州)2004 年 7 月 5 日。

⑥ 参见丁铭、王栋:《千里运煤只罚不卸 治超成了吃“唐僧肉”》,载搜狐网 http://business.sohu.com/20040818/n221600867.shtml。

运；同时也指明了现代经济生活法律调整制度创新的方向。

二、现象的理解与诠释

接下来，我们将根据“大吨小标”案例提供的事实和有益线索，再结合其他相关材料，深入到案情的基本构成要素——现代交通运输工具和交通运输活动，来分析现代交通生产运输活动的特殊性及其同国民经济和社会生活间的内在关系，并特别通过比较和检讨现实法律制度及其理念的得失，来揭示“大吨小标”现象所蕴含的现代经济要素为社会经济关系的经济法调整所提供的可能与空间。

首先，我们必须正视这样一个基本事实，即在任何现代国家中，尽管交通运输工具和交通运输活动在表面上具有某些“私法自治”的形式与因素，如市场化的生产和营销，车主拥有完全的所有权，可以自由处分等，但它从不妨碍所有现代国家对车辆牌照、行车记录等的公权力统一管理⑦，并在传统的“夜警”之外，增加上路维护交通秩序、处理日常交通事故的“昼警”——交通警察。而且，现代交通运输工具特别是货运交通工具作为私有财产，并非事实拥有就可当然地享有其财产利益。除非喜欢以车为家地“蜗居”，或者隐迹于尚未纳入现代道路交通管理体系的荒野之所。否则，就需要为车辆登记户口并通过特定的交规和场地考试取得驾驶执照，就需要交款付费，就需要包括尾气排放标准在内的车辆状况年检合格，还必须遵守交通规则，等等，方可获得上路许可进而享有车辆所产生的相关财产利益。类似种种对以汽车为代表的私有财产的国家公权力介入（或者德国民法典似的“社会义务”附加），至少从经济学的角度来讲，表明了现代交通运输工具从其诞生的第一天起，就不再是一种纯粹的“私人物品”。它已兼具了“公共物品”或者“准公共物品”的特性。正因此，我们在市场化改革初期对“大吨小标”车辆的生产运营进行民法调整，虽然满足了某些个体利益的最大化，但其后红灯频亮的严重交通事故及“大吨小标”车辆对道路设施的超常毁损，事实上反证了交通工具的准公共物品特性及交通运输活动中社会公共利益的现实存在。

这样，回到开篇提出的问题，那就意味着：“大吨小标”及其法律调整困境的产生，实际上深深根植于现代交通运输工具、现代汽车运输行业这种极具现代社会生产生活方式特征的行业与产品中。以十九、二十世纪以来的社会化大生产，尤其是钢铁冶炼加工、化学、石油、橡胶、重型机械制造等的产业化、商业化为存

---

⑦ 特别是在如美国这样具有高度“汽车文化”的社会里，驾驶执照（Driver's License）甚至成为判断公民合法民事行为能力的最常见也有效的官方证明文件。

在和产生背景[8],现代交通运输工具和现代交通运输业所具有的大容量承载、高速行驶、货物及车辆本身的高附加值、可燃可爆的高危险性等“与生俱来”的特性[9],必然内生出普通商品所不具有的、更加突出的社会性与公共性。也即,我们再也不能仅仅从个人排他性地占有、使用、收益、处分私人物品的“私法自治”角度来分析、看待甚至进行法律调整。更不用说,现代道路建设特别是从高等级公路到高速公路(Autobhan/Highway),作为现代社会中人流、物流乃至信息流的基本通道[10],实际上已使得现代交通运输业与一个国家和地区的宏观经济生产与微观经济生活,有了深度的关联。这样,我们就从积极的一面看到,恰恰是现代交通工具和交通运输活动中的“社会性”因素的加入与“公共性”特征的凸现,才使得国家权力的介入干预有了必要和可能。

然而,即使我们承认国家公权力对于交通运输工具的制造、使用、消费等的介入具有必要性,也绝非意味着,这种国家权力的介入就可以等同于传统的行政法调整方式。因为,恰如本案中的国家发展改革委员会和公安交通管理部门一样,它们可以基于行政许可权、档案管理权而对“大吨小标”汽车的生产者、车辆所有者、经营者施加撤销许可、禁止上牌照、罚款等“立竿见影”的行政处罚措施,甚至其中也不乏可以采取“七部委联合、统一执法”等新的执法方式,但无论如何,它们都无法改变行政管理的“隶属性”本质。也就是说,它们只能针对“大吨小标”所涉及的复杂多面的社会经济关系中最为表面化的那一类——即国家发展改革委员会、道路交通管理部门和直接管理相对人之间具有行政隶属性的管理关系。而这种“行政隶属性”,既构成了上述行政管理部门及其权利的权威,同时也形成了其职权的“软肋”。由于这种基于“行政隶属性”和着眼于行政管理效率的调整方式,无法兼顾现代交通运输业的经济性及其监管的跨部门性。所以,它们对促使“大吨小标”问题产生的根源——行政乱收费和运输市场内参与者的不正当竞争;或者说,此间存在的“大吨小标”车辆的所有者、经营者内部的市场竞争关系以及它们与路政收费、税收等部门之间的关系,就无力过问甚至也无权干涉。

让我们继续沿着现代交通运输关系的“经济性”特征前进,正如那句著名的口号——“要致富先修路”所揭示的,依托于现代道路交通建设的交通运输活动,正愈来愈充当着一个国家国民经济发展大动脉的角色;离开了高效快捷的现

---

⑧ 参见江源:《统计局:汽车生产对工业的拉动作用位居行业前列》,载新华网 http://news.xinhuanet.com/zhengfu/2002-11/27/content_642197.htm。

⑨ 在汽车刚刚被发明出来后,欧洲国家特别是英国就因为它的高度危险性而制定“Red Flag Act”加以限制甚至禁止。参见 British Auto Manufacturers 1894 —1960, London to Brighton, http://www.britishmm.co.uk/brighton.asp。

⑩ 现代社会中,这种物质形态化的“路径依赖”,使得任何人无论如何也不可能通过公路、铁路等之外的别的“道路通往城市”。参见苏力:《道路通向城市:转型中国的法治》,法律出版社2004年版。

代交通运输工具和健康有序的运输产业，现代化的经济生产和生活几乎是不可想象的。我们已经再也无法退回到田连阡陌（而非公路网如织）的世外桃源——农业社会中，哪怕这种根植于现代交通运输工具的现代生产生活方式，可能引发种种的社会问题、经济危机甚至血腥战争。[11] 汽车产业正逐步成为谋求"现代化"的发展中中国的新兴支柱产业。[12] 且在此进程中，汽车作为动态的、能通过运营而带来利润的"运输"工具所具有的意义和价值，已经远远超越了静态意义上的"一公斤100元"的所有权客体。如果说在后者的意义上，传统民法和行政法还有介入调整的合法性的话，那么，对于国民经济新兴支柱产业与朝阳行业的交通工具及交通运输活动，就需要我们根据其所具有的微观经济目的和宏观经济效果，立足于现代经济生产和活动自身的规律，从经济性、社会性、技术性和公共性等角度出发来加以规制，以保证其"国民经济发展和建设大动脉"功能的有效发挥。而据西方国家的现代法律制度实践和理论成果，这种立足于现代社会经济关系的全新法律调控理念和调控机制，就是经济法的理论与经济法律制度。

三、一点结论

由此可见，在过去的三十多年间，转型中国所倾力修筑的通向城市之路和全力打造的昼夜奔忙于通向城市道路上的交通工具，并没有天然地造就出一个"汽车（规则）社会"，更无法彻底而有效地解决道路通行问题。21世纪转型中国通向城市的道路，虽然一端连接乡村，但它已非那种"地上本没有，走的人多了，便成了"的乡间小路；当然它也并非普天之下的臣民不敢稍有逾越的皇家御道。所以，既不能依照早期的"契约自由""营业自由"规则，也不应该是交通工具问题化后的行政禁令规则。转型中国通向城市的道路，是公私交融和官民合作全新理念指导下联通城乡两个社会形态、两种制度规则的管道与平台。

---

⑪ 自从汽车诞生以来，能源危机及由此直接或间接引发的战争包括眼前的阿富汗、伊拉克战争就如影随形。

⑫ 参见国家发展改革委员会：《汽车产业发展政策》，2004年6月1日发布。

论预算的法律效力

◇ 刘继虎*

内容提要 预算的法律效力,指预算具有的法规范作用力,包括授予政府财政权力的赋予力和设定政府财政义务的约束力。"预算法律说"是预算具有法律效力的理论依据,宪法预算条款、预算法是预算产生法律效力的法律依据。预算的赋予力和约束力在收入预算与支出预算中有不同表现,应区别对待。

关键词 预算 法律效力 赋予力 约束力

一、预算的法律效力之界定

预算的法律效力,指预算作为立法机关审议通过的规范性法律文件,在属时、属地、属人、属事四个维度中所具有的国家强制作用力,表现为授予财政权力的赋予力和设定财政义务的约束力。这里的赋予力,指预算通过年度财政收支计划的制定,授予政府在预算年度中享有的财政收支权力,使政府获得"为"一定财政行为的资格。它使财政收支具有可为性、正当性与合法性。政府依预算开展的收支活动,应该得到国家的肯定、认可和保护,即便政府的收支活动在客观上对经济、社会产生了不利的影响,也可因有预算的授权而阻却法律责任。这里的约束力,又称拘束力,指预算通过设定财政收支义务,对政府产生"应当为"或"不得为"一定行为的规范压力,体现了预算的"当为性"与"必为性"。

法定预算,属于职权性法律规范,它在赋予政府年度财政权力的同时,也设定了政府年度财政义务。就授权而言,预算具有赋予力;就义务的设定而言,预算又具有约束力。预算兼具赋予力与约束力,体现了综合性或双重性的国家强制作用力,即"复合效力"。复合效力不是独立的法律效力表现形式,它是"约束

* 刘继虎,法学博士,中南大学法学院教授、副院长。

力和赋予力在同一法律规范中的结合”。[①]

将“预算”定格为“法定预算”即“预算案”,是笔者界定“预算的法律效力”之前提条件。预算先后经历了编制、审议、执行等不同阶段,预算也相应地表现为概算、预算草案、预算案、分配预算等不同形式[②],其法律性质与效力亦不相同。概算和分配预算,均属行政机关内部行政行为派生的法律文件,不具有法规范的效力;预算草案,不过是政府依法向立法机关提出的立法草案,具有立法提案的性质,也不具有法规范意义上的效力。只有经立法机关审议通过的法定预算,或称预算案,才具有法律的本质特点,具有规范意义上的法律效力。

二、预算具有法律效力的理论基础:预算法律说

为什么预算会有法律效力?阐明预算的法律效力之理论基础,有助于增强人们对预算的信念,自觉执行预算,树立预算的权威。

如前所述,预算的法律效力,指预算具有的法规范效力。那么,预算是否具有法律的本质属性,预算是不是法律,就成为预算是否具有法律效力的关键。“预算法律说”理论的提出,为预算具有法律效力奠定了理论基础。

“预算法律说”最早由德国、日本学者提出,后传至我国。现在,已被越来越多的学者所接收。在英国、美国等英美法系国家,学术界虽无预算是否为法律的争论,但实践中均将预算视同法律看待。主张预算是法律,主要有以下理由:

首先,预算与法律的本质特征相同。现代法律所呈现的本质特征,诸如国家意志性、人民性、社会性、规范性、强制性等,均能在预算中找到身影。预算由人民的代议机关代表人民审议通过,并以国家名义颁布实施,具有人民性与国家意志性;预算调整国家年度财政关系,保护整个社会的公共利益,具有社会性;预算反映了人民对行政机关的财政授权与控权,其内容由财政岁入与岁出的权利义务构成,为政府的年度财政行为乃至行政活动指明了方向,具备法律规范的一般性、确定性与外部性特征;预算由国家强制力保证实施,对于违反预算的行为,应依法追究行政责任、刑事责任甚至违宪责任,预算具备法律的强制性。

其次,预算一般按立法程序议决而成。预算由立法机关审批通过,是各国创制预算的惯例。在立法机关议决预算时,原则上适用立法程序,包括议案的提出、审议、表决和公布等。

最后,预算的本质特征不在于它的计划性,而在于它的法律性。蔡茂寅认为,预算的法律属性表现为“议会统制性”及“法拘束性”。他考察了预算的法律

---

① 张根大:《法律效力论》,法律出版社1999年版,第26页。

② 蔡茂寅:《预算法之原理》,元照出版有限公司2008年版,第17页。

性与计划性的关系后指出,“法律性要素在起源上先于计划性要素而生。预算的计划性正是因为议会性的要求而出现的”。[③] 近现代预算的产生历程表明,预算与近现代的立宪主义、法治国家同步生成,在预算的胚胎中,就蕴含了法律的基因。预算的起源,反映了自然经济条件下“家计财政”向市场经济条件下“公共财政”的转化,反映了财政立宪主义视角下公民与国家以及国家政权机关内部的财政分权与制衡格局的形成。实现财政的民主与控权,是预算发生的起因,也是预算的最终目的。将预算定性为法律,其控权功能必然增长,从根本上遏制政府财政扩权的冲动;反之,若预算欠缺法律性,就会使议会代表人民的民主正当性被颠覆,预算将蜕变为单纯的财政计划和行政内部行为。“基于立宪主义价值立场,必须承认议会预算决议的法律性质”。[④]

当然,预算与一般法律相比,尚有诸多形式上的差异,如,预算的规范主要表现为数字;预算通常只适用一年,不能反复适用;预算具有措施性;等等。但这些只能表明预算是一种特殊的法律,而不能否定预算的法律性质。

三、预算具有法律效力的逻辑依据和法律依据

预算是法律,只能说明预算应该具有法律效力。但预算的法律效力到底从何而来?仍需从逻辑和法律两个方面溯源。

首先,预算的法律效力来源于国家权力机关及其议决预算的正当程序,这是预算的法律效力之形式本源。

预算由国家权力机关议决而成,它是国家意志的表现形式。预算的法律效力源于国家权力机关。通过预算并赋予其法律效力,是国家权力机关的重要职能。离开了国家权力机关,预算的法律效力将成为无源之水、无本之木。

国家权力机关议决预算,应遵守正当程序。否则,即使预算获得了议会的通过,也不具有法律效力。关于预算的正当程序,一般在各国的预算法、立法法和宪法中明确规定。

其次,预算的法律效力来源于预算的合规律性与合目的性,这是预算法律效力之实质本源。

科学的预算,应该反映市场经济条件下公共财政的发展规律,反映法治国家财政权的分立与制衡规律。人民通过预算实践可以不断地认识和把握这些规律,并形成预算的经验、知识与理性。如果预算脱离经验与知识,违背真理,即使通过国家权力机关强行赋予其法律效力,在实践中也不可能得到真正的贯彻落

---

③ 蔡茂寅:《预算法之原理》,元照出版有限公司 2008 年版,第 25 页。

④ 朱孔武:《财政立宪主义研究》,法律出版社,2006 年版,第 133 页。

实,不能产生法律实效。

民主的预算,应该反映绝大多数人的共同需要,符合广大人民的根本利益,否则,不可能形成人民的共同意志。脱离人民共同需要的预算,即使披上“国家意志”的外衣,也会因“恶法不法”的逻辑,遭到人民的抵制而丧失实效。

预算只有既合规律又合目的,才能体现理性与正义,才能产生稳定而强大的效力,才会实现从应然法律效力向实然法律效力的飞跃。

最后,预算的法律效力源于预算法和宪法规范,这是预算具有法律效力的法律依据。

预算是一种特殊的法律规范。预算“有法律效力”,实际上是指预算规范“应当”被执行。规范的应然效力属价值范畴,其证明理由,应该从另一个更基础的规范中获取,而不能从事实中寻找。“一个规范效力的理由始终是另一个规范”⑤,是因为它是按照另一个规范决定的方式被创造的,后一个规范便成了前一个规范有效的理由。按照实证主义法学派的规范逻辑,预算的法律效力首先源于预算法,而预算法的效力又源于宪法。因此,预算的法律效力最终来源于宪法。

我国《预算法》明文规定了预算具有法律效力。该法第 9 条规定,“经本级人民代表大会批准的预算,非经法定程序,不得改变。”该法第 54 条、第 55 条要求政府调整预算必须报经人大审查批准,未经批准,不得调整预算。该法第 73 条、第 74 条、第 75 条还进一步规定,对违反预算负有直接责任的主管人员和其他直接责任人员,应该追究行政责任。遗憾的是,由于我国预算法律责任制度笼统、抽象,形同虚设,加之实践中人们并未在内心深处确立预算是法律的信念,严重削弱了预算的法律效力和法律权威,影响了预算的实然效力发挥。

四、预算的赋予力与约束力

(一)预算的赋予力

预算的赋予力在收入预算与支出预算中有不同的表现,笔者将从这两个方面分析。

收入预算,是对政府年度财政收入的财源与金额的预估,目的在于为政府的年度支出筹集经费。收入预算的性质与功能决定了它的效力主要表现为赋予力即授权,而约束力则极为薄弱。

政府收入,根据其受“法律保留原则”拘束程度的不同,可分为强制性收入

---

⑤ 〔奥〕凯尔森:《法与国家的一般理论》,沈宗灵译,中国大百科全书出版社 1996 年版,第 125 页。

和自由性收入。不同的收入,其获得授权的法律依据不同,预算对其授权的效力亦有不同。

政府强制性收入,又称权力收入,指政府基于政权人的身份,依法强行介入国民经济分配而获取的收入。它以税收收入为典型形态。由于强制性收入,具有强烈的侵益行政特点,深度介入公民的基本权利范围,应该严格适用"法律保留"原则。无税法的授权,政府不得课税。政府获取强制性收入的权力,主要来源于税法的授权。只有收入预算,若无税法依据,政府仍不得获取强制性收入。所以,预算对税收行政行为无授权效力,不构成课税合法化的依据。

另一方面,预算对税收财务行为,又具有一定的授权效力。由于强制性收入具有剥夺人民财产权的重大侵益性质,除必须有税法等财政收入实体法根据外,还要求有预算上的授权,以昭慎重,并维护人民权益。此时,"法律及预算同属必要之授权规范,而构成双重授权"。⑥

在这种"双重授权"中,税法等财政收入实体法是对强制性收入之原因行为即行政行为的授权,预算则是对强制性收入之财务行为的授权。我国台湾地区"预算法"第 24 条即规定:"政府征收赋税、规费及因实施管制所发生之收入,或其他有强制性之收入,应先经本法所定预算程序。"据此,强制性收入应同时得到法律及预算的双重授权,始得据以执行。

政府的自由性收入,即国有资产经营性收入。如,国有企业获取的利润收入,国家投资获取的资本性权益收入,国家专卖获取的营业性收入等。此类收入,政府以出资人的身份获取,它的依据是财产所有权或股权,不需要法律的特殊授权。因此,即使没有财政收入实体法的授权,政府也可以根据预算组织收入。此时,预算构成了政府自由性收入的法源,从而具有授权的规范效力。

以上讨论的是预算对政府收入的授权效力,下面再看看预算对政府支出的授权效力。

预算对政府支出行为具有绝对的授权效力。它赋予了政府在预算规定的目的、时间和限额内使用资金的权力。政府支出,关涉税收公平的实现,关涉公共财产分配的正义,关涉国家社会、经济政策目标的达成,在宪政背景下,必须纳入民主统治的范围。尽管有许多实体法已对政府的行政职权作了授权规定,但任何行政职权的行驶尚需以经费的支用为基础,此乃"财政为庶政之母""以财行政"。法律对给付行政行为的授权,尚不足以证明其赖以依存的经费支出具有民主正当性。

预算一经成立,就赋予了政府预算内财政支出的权力,并成为财政支出的依据。政府只要是在预算规定的目的、期限、金额内安排支出,无论其支出效益如

⑥ 蔡茂寅:《预算法之原理》,元照出版有限公司 2008 年版,第 77 页。

何,用途是否合理,都具有正当性与合法性。反之,政府只要是在预算外支出,无论其用途多么合理、效益多么突出,均违反预算完整性原则,构成违法。但是,由于预算不得单独作为给付行政行为的授权规范,在财政作用隐而不彰的法学思考下,预算的法源性尚不被人们充分认识。因此,我国台湾地区的"财政收支划分法"第35条强调政府的一切支出必须经过预算的授权。"各级政府之一切支出,非经预算程序不得为之。"

(二)预算的约束力

对政府收入而言,原则上,预算无法律上的拘束力,但有事实上的拘束力。

首先,预算收入只是对特定年度内国家收入的预估,其目的在于指明财政经费的来源,其作用是提示收入机关的工作目标,并无命令收入机关必须按预算全额完成收入任务的效力。收入机关主要按照税法等实体法的规定,做到"应收尽收"。即使不能完成预算计划的税收任务,也无需承担法律责任。

其次,预算也无拘束征收机关只能在预算收入规模内获取收入的效力。换言之,预算对预算外收入并不禁止。预算外收入,并不当然构成违法,亦无须承担法律责任。在经济快速增长期,实际收入超过预算金额的现象十分普遍,不仅不为违法,而且多多益善。但它反映了事前的预算编制缺乏科学性和预测性,拟通过追加收入预算加以补正;或者税负过重,超过了政府提供公共服务的实际需要,拟通过修改税法,实施减税措施压缩预算外收入。

最后,对于不能完成预算收入任务的机关,预算具有事实上的拘束力,它主要通过追究相关人员的政治责任而体现。在我国现行"任务治税"的管理体制下,不能完成年度税收任务,不仅税务局领导要负责任,职位升迁受到影响。而且,一般干部、职工的福利待遇乃至工资、奖金都会受到影响。这已成为"征过头税""寅吃卯粮"等弊端的重要根源。[7]

对于政府支出而言,预算具有明显的约束力。

首先,预算对政府支出具有"禁止"意义的约束力。

预算在授权政府支出的同时,也限定了支出的条件。支出的条件主要表现在支出的目的、期限与金额方面。在预算规定的支出目的、期限、金额之外,政府无权支出。换言之,预算有禁止政府"超预算"或"预算外"支出的效力。

一方面,预算具有限定支出最高数额的效力。预算的支出额,构成了政府支出的最高限额,政府不得超限额支出,超限额支出即构成违法。

---

[7] 据国家审计署2011年第34号《审计结果公告》,审计署对国家税务总局和北京市等18个省区市国税系统2009年至2010年的税收征管情况进行了审计,发现有的地方人为调节税收收入进度,提前或延缓征收税款,影响年度税收的真实性。其中,通过违规提前征收、多预征税款等方式,向397户企业跨年度提前征税33.57亿元。

另一方面，预算具有限定支出目的的效力。支出限额必须与支出目的相配合，才能发挥刚性约束作用。预算支出设有“类”、“款”、“项”、“目”等不同级次的科目，预算科目实际上预设了经费的使用目的，具有限制经费用途的效力。预算法上有“禁止科目流用原则”的适用，如果违反该原则，就违背了预算的目的，也意味着突破了预算对流入科目设定的支出限额。

第三方面，预算具有限定支出期限的效力。预算实行“会计年度独立原则”，每一个会计年度的支出金额，应该在该年度内使用完毕，若有剩余，不得转入下一年度由原执行机关依原目的继续使用。我国台湾地区“预算法”第 61 条规定，“岁出分配预算之执行不得提前支用，惟遇有剩余时，得转入下月或下期，但以同年度为限。”此种期限效力，要求当年度的预算只能在当年支出，不能自动转入下年度使用。

其次，预算对政府支出还有“强制”意义的约束力。

预算支出是支撑国家政策目标实现的经济基础，政府“不支出”预算资金，必然使国家的政策目标落空，因而构成违法；政府“不完全支出”预算资金，当对预算及其支撑的政策目标的实现构成威胁时，同样应认定为违法。

治理金融排斥之原则与要素

◇ 汪　鑫*

内容提要　治理金融排斥,政府应起主导作用,但必须避免直接承担向所有人提供基本金融服务的全部责任;应立足创新特别是制度创新来解决问题;应强化对弱势金融消费者的特殊保护。在切实遵循上述三项原则的同时,政府还应围绕三大要素扎实工作,突显战略的统率功能、激励的中心地位以及制度的基础作用。为了提高治理金融排斥的效能,政府不妨以立法强制特定类型的金融机构就特定类型的基本金融服务承担普遍提供义务。

关键词　基本金融服务　金融排斥　治理　原则　要素

低收入人口及其他社会弱者不能或不能充分地从正规金融体系以承受得起的价格获取、享用所需基本金融服务的现象,称作金融排斥。在我国,特别是在贫困、边远的农村地区,金融排斥问题仍相当严重。近些年,中国人民银行、中国银监会虽然就此采取了多项治理措施,但要提高治理效能,还需要在进一步明确并切实遵循相关原则的同时,围绕若干关键因素狠下功夫。

一、治理金融排斥的三项原则

治理金融排斥同样涉及若干带取向性、基准性、边界性的问题。笔者将自己对此等问题的倾向性观点,归纳表述为治理金融排斥应当遵循的三项原则,即:

(一)政府主导而不包揽

治理金融排斥虽然需要多方参与与合作,但只能由政府主导。其一,治理金融排斥,矫正金融市场失灵和金融资源分配不公,离不开政府公权力。“鉴于扩

---

* 汪鑫,法学博士,广西大学法学院教授。

大享用即使在发达国家仍是一个严峻挑战,故尚不足以认为市场将解决问题。"[①]其二,金融排斥不仅导致个别成本,更有高昂的社会成本,已深刻触及公共利益;政府动用公权力治理金融排斥,既为必要,亦属正当。

为了治理金融排斥,政府不妨在必要限度内以适当方式动用公共资金;但在市场框架下,切不可将政府主导误读为由政府直接承担向所有人提供基本金融服务的全部责任。政府发挥主导作用的基本形式,只能是就基本金融服务的普遍享用"营造有利的政策环境",如通过立法来规范金融服务提供者的行为(甚至赋予其普遍提供基本金融服务的义务),并透过激励机制对其进行正向引导。就此而论,当前我国政府在金融排斥治理中的定位,颇多值得反思之处。

(二)立足创新

在传统的政策和制度框架内,金融排斥问题并未得到应有关注;而某些错误的政策做法和不当的制度安排,甚至对金融排斥的形成或加剧负有责任。因此,治理金融排斥必须立足于观念创新、技术创新、管理创新、服务创新和制度创新。二十国集团领导人 2010 年 6 月于多伦多峰会通过的《创新性金融包容的原则》,即明确提出要"通过安全、稳妥地推广新的做法,改善穷人对金融服务的享用"。

制度创新之于技术创新、管理创新和服务创新,具有关键意义:一方面,制度创新须为技术创新、管理创新、服务创新提供合法性基础、正向激励机制和必要的操作空间;另一方面,制度创新则须对技术层面、管理层面、服务层面的创新活动进行规范,以防止其扰乱市场,加剧风险,侵害客户。许多发展中国家,如巴西、巴基斯坦等,正是依托现代通讯技术和利用商业网点,来推广无网点银行业务(branchless banking),实现了基本金融服务人口覆盖和地域覆盖的有效延伸,进而实现了金融排斥问题的显著缓解。仅就商业网点代理银行经营基本金融服务而言,如无相应的制度创新为商业网点经营金融业务提供合法性,明确其资质要求和市场准入程序,规范委托方与受托方之间的关系,强化对所涉风险的管控,这种创新做法必将无以为用。在立足创新治理金融排斥方面,我国相关政府部门看似审慎,实则有些过于保守。

(三)扩大享用须同时加强保护

低收入人口及其他社会弱者均为脆弱的金融消费者。因此,在保障他们能更充分地享用基本金融服务的同时,还必须附随特殊的保护措施。这里主要涉

---

① Asl? Demirgüç-Kunt, Thorsten Beck, and Patrick Honohan, Finance for all? policies and pitfalls in expanding access, the World Bank 2008, p. 14.

及三个问题:第一,如何确保提供给社会弱者的金融服务真正切合其经济能力与实际需求?第二,如何确保低收入人口不因获得信贷支持而陷入过度负债的泥沼?第三,如何让低收入人口在长期金融合同如人寿保险合同中,不因失业、疾病等引起的例行支付不能而被迫丧失合同利益?

关于第一和第二个问题,越来越多的国家针对金融服务提供者提出了"客户适当性要求",即要求它们了解零售客户的金融需求和偿付能力,评估特定金融产品或服务对特定客户是否为不适当,并承担不向客户提供不适当金融产品或服务的义务。关于第三个问题,自20世纪80年代初,即有部分国家尝试改革私法规则,将失业、疾病等因素归为"社会不可抗力",对因此无力履行长期金融合同项下例行支付义务的低收入者,实行特殊处置和救助。在我国,客户适当性要求已被适用于某些金融产品或服务的销售,至于民商立法、金融立法应否、能否引入社会不可抗力制度,可以讨论。

二、治理金融排斥的三大要素

治理金融排斥虽无通用良方,但任何时候、任何情况下,"战略""激励""制度"都是有效治理金融排斥不可或缺的基本要素。

(一)战略是统率

治理金融排斥是复杂的系统工程,需有明确的战略思想、战略目标、战略规划和战略措施。就金融排斥问题所具意义与影响而言,金融排斥治理战略完全应当进入国家最高战略层面,构成国民经济和社会发展战略的必要内容。同时,制定和实施金融排斥治理战略还应当以信息(包括数据)为基础。目前,我国尚未形成明确的、高层次的金融排斥治理战略,有关金融排斥在人口、地域、产品上的分布信息也严重缺失。这种局面,须尽快扭转。制定和实施金融排斥治理战略必须正确处理以下三对关系:

1. 借鉴别国与立足国情的关系。金融排斥是国际社会共同面临的挑战,别国成功的经验和失败的教训,都是可资我们借鉴的宝贵财富。但是,中国毕竟有自己的国情,在治理金融排斥上,我们不仅应当有自己的独创,即使是学习人家的做法,也应当结合国情予以取舍、变通。中国乃是发展中农业大国,城乡之间、不同区域之间经济发展极不均衡,这是我国金融排斥问题形成的基本背景和深层原因。显然,我们治理金融排斥,也就必须以农村、农业、农民为重,尤其以边远、贫困的农村地区及其农业、农民为重。由于国内银行零售业务收费种类不多、收费标准不高,本国也有完善的居民身份证制度,对于国外常用的一些做法,如专为低收入人口设置低收费基本银行账户、放松银行开户的身份证明要求等,诚无效仿之必要。

2. 政府干预与市场运行的关系。治理金融排斥，本质上是政府对市场进行干预，因而不可避免地要影响到市场的运行。首先要处理好政府干预与市场自由的关系，努力减轻对市场自由的限制和对市场机制的扭曲。美国、加拿大以不剥夺自主决定权为前提，对银行关闭分支机构实施立法干预，堪称平衡二者关系的典范。其次要处理好政府干预与市场安全的关系。《1977 年社区再投资法》可谓美国政府治理金融排斥的杀手锏；尽管美国官方对该法应对次贷危机负责的说法完全不予认同，但推动低收入人口更多获取信贷支持的相关措施会否导致金融机构降低放贷标准，会否腐蚀金融机构的财务健全性，仍是需要关注和警觉的重大问题。为此，很多国家不仅要求金融服务提供者履行客户适当性测试义务，还要求它们遵守“负责任放贷”（responsible lending）的行为准则。最后要处理好政府干预与市场竞争的关系。市场竞争对于金融排斥乃是一把双刃剑：一方面，金融机构因竞争而改变经营取向，是形成或加重金融排斥的重要原因；而另一方面，市场竞争的加剧，也可以成为驱使金融机构进军低端市场的强大力量。对政府而言，如何保证竞争强化措施只在积极的方向发挥作用，而不会同时沦为金融排斥问题进一步恶化的推手，无疑是一个严峻挑战。

3. 社会政策与金融政策的关系。“获取金融服务应当既纳入减贫战略也纳入金融部门发展战略。”2005 年以来，我国政府对农村合作金融开始实行事实上的压缩政策。这是单纯从金融部门发展角度考虑问题的结果，是值得商榷的。现实当中，农村合作金融确实存在这样或那样的问题，但其“可以”具有的社会功能，却是任何其他类型的金融机构所无法比拟和替代的。据英国学者研究，建房互助协会裁撤分支网络的幅度明显低于银行；究其原因，它们是互助性机构，不像银行承受着股东方面更大的降低成本和提高盈利的压力。我国农村合作金融的日渐式微，不符合治理金融排斥的内在要求。

（二）激励是中心

在市场体制下，商业性金融机构必须逐利。这是它们的本性，也是市场运行之基石。然而，金融排斥之根源，恰在于它们的经营决策，纯粹以收益、风险、成本为考量。因此，激励金融机构适当调整经营取向，实属治理金融排斥之要旨。唯有如此，政府才能真正做到“推动而非替代市场为所有人提供基本金融服务”。在此方面，政府有诸多手段可用，如：提升金融企业的社会责任；强化金融市场的竞争；提供适当的财政补贴；支持相关的金融创新；实施合理的监管倾斜；密切与金融行业自律组织的合作。

（三）制度是基础

有效治理金融排斥，有赖于良好的制度安排。良好制度安排的功用，包括但不限于：(1) 防止政府失灵。只有以法明定政府以及相关政府部门的目标与职责，并构建严格的问责机制，才能防止政府失灵，避免以一种失灵替代另一种失灵。(2) 施加服务义务。治理金融排斥以激励为中心，并不排除政府于必要时采取法律强制手段，要求金融机构承担社区服务义务，或要求特定类型的金融机构承担普遍提供特定类型的基本金融服务的义务。一般认为，此等义务在性质上类似于征税，必须基于法定。(3) 排除妨碍因素。倘若是法律规则妨碍了基本金融服务的普遍享用，也就只能在统筹的基础上，通过立法变革和执法变通予以排除或缓解，如扩大合格担保的形式、放松小额账户开户的身份证明要求等。(4) 支持创新活动。市场层面的相关创新，需要相应的创新制度与之配合，来消除合法性疑虑，提供制度性激励，来为新型关系的调整和新生问题的处置确定规则。(5) 确保措施到位。政府治理金融排斥，极易出现的一种风险就是"迷失目标群体"(miss the targeted groups)，亦即政府的倾斜政策和资金扶持无法到达并惠及预先锁定的真正需要帮助的人群，如财政贴息被基层官员、金融机构截留、挪用。显然，没有法律的介入，此类问题势必无望获得解决。综上所述，我国政府治理金融排斥至今仍基本停留于政策层面，难说不是一个战略性的失策。

三、强制金融机构普遍提供基本金融服务的正当性

强制特定类型的金融机构普遍提供特定类型的基本金融服务，虽为部分国家所采行，却并未在国际上获得一致认同。理论上，否定强制做法的观点仍颇有市场。有人指出："银行不是公益事业，而是理性的经济单位，只能被天衣无缝地和轻易地被融入多少与其基本商业属性相一致的模式。"[②]也有人断言："强迫私人机构提供服务的旧模式已不再恰当和有效。"[③]实践中，也还有相当比例的国家和地区视强制做法为法权滥用，是让市场主体承担公共职能，是对政府行为合理边界的僭越和对市场自由原则的践踏。相应地，这些国家和地区用以破解金融排斥难题的方式，均以"软性推动"和"软性约束"为限：一方面，对金融机构予以引导、鼓励、支持；另一方面，则借重行业性自愿约法或经营守则，就此对成员实施自律性管理。比如英国，虽然最早将治理金融排斥明确为公共政策目标，

---

② Peter Cartwright, Banks, Consumers and Regulation, Hart Publishing 2004, pp. 212-213.

③ Nimal A. Fernando, Low-Income Households'Access to Financial Services: International Experience, Measures for Improvement, and the Future, Asian Development Bank, October 2007, p. 15.

且早在1999年就提出了基本银行账户的蓝本,却始终未将这种账户的提供义务化。在类似问题上,香港特别行政区政府的立场可以说颇具代表性。2003年以来,香港立法会数位议员先后就银行关闭分行和向低结余户收取服务费质询政府,政府回应:虽然政府鼓励银行在经营业务时顾及企业社会责任并充分考虑市场需要,但根据市场自由原则,政府当局无权规管银行结束分行的数目,无权指令银行在指定地区维持分行服务,也不宜规管银行收费的厘定,因为这些都是银行的商业决定。④

对于强制做法,笔者倾向于赞成,并主张我国予以采行。考虑有四:首先是基本金融服务的功能价值。众所周知,对于与人类基本生存息息相关并采特许经营方式的商品和服务(水、电、基础通讯、公共交通等),经营者须负普遍提供义务。当今社会已然高度金融化,基本金融服务之于每一社会成员,实已具有与上述商品和服务接近的功能价值。在经合组织和世界银行看来,金融服务与通讯、卫生水源、电力一样,都是需要解决普遍提供和普遍享用问题的基本服务。⑤其次是让金融机构承担强制义务存在对价基础。有别于普通企业,金融机构特别是商业银行被赋予了诸多法律特权,占用着更多的公共资源,如:被允许在高杠杆基础上吸收公众存款;从竞争限制政策中获得收益;遭遇财务困难时,可能得到源于公共资金的政府救助。但凡采用强制做法的国家,实际上都在以此为自己辩护。美国国会就认为,银行从联邦政府和所在社区收取了利益,让它们依《社区再投资法》承担社区服务义务,实属"一种明确的交换条件"。印度储备银行也认为:"虽然商业考虑无疑重要,但银行被授予了若干特权,因此它们有义务向人口的所有构成部分在公平的基础上提供银行服务。"⑥再次是对市场自由的理解不能绝对。强制做法的确会影响市场自由,加重金融机构的经营负担;但是,从来就没有无限的市场自由。为治理金融排斥提出适当的强制要求,是对市场自由进行必要与合理限制,并未践踏更未颠覆市场自由原则。最后是软性推动和软性约束难有实效。如法国和比利时,原来均采自愿约法,前者更是西方率先采用此法者,但因收效甚微,不得不转向法律强制。⑦

当然,无原则、无限度、轻率地甚至随心所欲地利用法律强制,必须反对。第一,强制做法应仅为政府治理金融排斥诸多措施之一种,不应当是唯一手段,在

---

④ 参见香港立法会网站(http://www.legco.gov.hk/chinese/index.htm)上的相关信息。

⑤ OECD and the World Bank, Liberalisation and Universal Access to Basic Services: Telecommunications, Water and Sanitation, Financial Services, and Electricity, 2006.

⑥ Y. Venugopal Reddy, Annual Policy Statement for the Year 2005-06, Reserve Bank of India Bulletin, May 2005, p. 354.

⑦ Elaine Kempson, Policy level response to financial exclusion in developed economies: lessons for developing countries, May 2006, http://info.worldbank.org/etools/docs/library/232700/ Kempson_paper-final.rtf, p. 12.

多数情况下，甚至不应当是首选或主要手段。第二，强制做法必须控制在最低必要限度。但凡任何其他力量足以让金融机构踊跃提供基本金融服务，强制即不应再有用武之地。第三，必须顾及金融机构的成本负担。否则，不仅金融机构的财务健全性难以保证，金融体系的整体安全亦会受到威胁，而金融机构对该等义务的抵触也会随之加剧。事实上，美国《1977 年社区再投资法》在赋予银行社区服务义务的同时，美国纽约州 1994 年《消费者保护与放松银行管制综合法》在要求银行向本州居民提供廉价基本银行账户的同时，都有控制成本负担的考虑且有相应安排。

国有企业视野下的主权财富基金法律规制*

◇ 缪因知**

内容提要 主权基金是一种在形式、资金来源、宗旨、活动性质等方面有着特殊性的国企。这种性质不会对投资对象国的公司治理产生重大的负面影响，因为主权基金其实并无此等能力，投资对象国也有充分的法律规制手段；但作为国企的主权基金对内国的责任应当得到强调，其中的公共治理问题值得重视。透明度更应对内而非对外。

关键词 主权财富基金 国有企业 境外投资

根据国际货币基金组织制定的“普遍接受的原则和做法”（又称“圣地亚哥原则”）中的定义，主权财富基金（下称主权基金）是广义政府拥有的特殊目的投资基金或安排，即政府出于宏观经济目的而创建，为实现财务目标而持有、经营或管理资产，并使用一套包括投资于外国金融资产在内的投资战略；成立资金通常来源于国际收支顺差、官方外汇业务、私有化收入、财政盈余和/或初级商品出口收入。

本文将讨论主权基金的国企属性及其影响，一方面，投资对象国不必视之为洪水猛兽而心怀恐惧，现有法律规制体系足以制约之。但另一方面，主权基金不应过多游离于投资母国的公众视线之外。其投资效率问题特别值得关注。

以往的研究往往侧重于主权基金在投资对象国的活动，而缺乏一个总体框架将其在境内外的活动准则贯穿起来。本文的一点贡献可能在于：一方面把主权基金重新放置在了国企的传统讨论体系中，摒弃了那种过于强调主权基金应当“特事特办”的观念。另一方面，则是从公司治理—公共治理的角度整体考察了主权基金的应有的行为准则。特别是抓住了透明度这个关节点，强调主权基金的透明度应当更多对内而不是对外。

---

* 全文载《经济法研究》第十四卷。

** 缪因知，中央财经大学法学院讲师。

一、主权财富基金是国有企业么

不少机构不认为主权基金是国企。如圣地亚哥原则把“传统意义上的国有企业业务”排除出了主权财富基金的定义。不少主权基金的经营者也似乎很重视和国企撇清关系。这可能一是由于国企在传统上名声不佳(无论是从低效、垄断的角度还是寻租的角度讲),二是由于主权基金一般从事境外投资,所以对淡化国有色彩颇有积极性。他们认为主权基金和国企不同的理由有不少。

第一种理由是强调二者形式不同。例如,中央汇金投资有限公司的谢平等人指出:国企是公司法下的普通公司;而主权基金可能会有三种形式:资产组合、特别公法下的法律实体或一般公司。也有人直接把主权基金定义为资产组合,认为国企则是由政府控制的(无论是独有、持有多数股份或关键性少数股份)从事商业活动的独立实体。①

第二种理由是强调二者来源不同,这一理由通常和第一种理由放在一块。具言之,主权基金是中央政府的外汇储备和出口收入支持的,但国企由中央和地方企业持有,资金来源是政府拨款、利润、发债等。这种观点的持有者通常认为组织形式和资金来源的不同反映了政府性经济活动的功能性差别。

第三种理由是二者宗旨不同。即主权基金有着更宽广的“国家目标”,如保护国内经济免受商品价格波动等。② 德意志银行的一份报告认为主权基金的宗旨是充当稳定基金、为未来世代服务的储蓄基金、发展基金等。③

第四种理由是二者活动性质不同,认为主权基金通常从事投资,而国企从事的是买卖等商业活动。第五种理由与第四种有些相关,认为主权基金一般不会对一个企业有控制性股份,而国有企业经常会试图获取一个企业的控制权。

平心而论,形式不同的理由颇为“形式”,因为大部分主权基金都是以公司形式组建的,如中国的汇金公司、中投公司。现代股份有限公司本质上就是一个资合组织。说任何公司都是资产组合,也不过分。

资金来源也不应当是本质区别,因为外汇储备和财政拨款都是国家财政的一部分,资金来源的不同不必然对资金使用的效果产生影响,即使资金使用者自己声称有所不同。实践中,主权基金和其他国企的资金来源也会有多样化的

---

① Adrien Blundell-Wignall & Gert Wehinger, Open Capital Markets and Sovereign Wealth Funds, Pension Funds and State-Owned Enterprises, 25-26 (2008), http://cama.anu.edu.au/Events/swf2008/swf2008_papers/Blundell-Wignall_SWF_paper.pdf.

② Id., p.3.

③ Deutsche Bank Research, SWFs and Foreign Investment Policies - An Update (2008), http://www.expeditiondeutschland.de/PROD/DBR_INTERN ET_EN-PROD/ PROD0000000000232851.pdf, 2.

成分。

主权基金有着更特定的长远宗旨的理由也不够有力，因为这只是对主权基金盈利之后的资金使用目的的一种设想，不能反向在事前对其性质作出任何保证。

主权基金从事投资而非商业可谓是其与很多国企不同的一个重要方面，但此不是本质性的。因为这实际上只是一种分工。主权基金和传统国企诞生于不同的历史背景之下，前者选择投资的运营方式的原因包括：借助能源出口、贸易盈余等积累了巨额外汇储备，经济全球化、信息通讯便利化降低了跨国投资障碍，传统的贸易型国企已有不少，再建的必要性不大，且用外汇储备来投资内企在货币问题上较为复杂。所以，主权基金的经营路径选择可以说是因缘际会地在追求最有经济效率的方式，而不是为了刻意走一条和传统国企不同的路子。"国企也能投资，主权基金也能收购运营实体"。

不寻求控制权是投资基金的一个共性。这但不能表明主权基金不是一种专门负责投资的国企。因为现在的一个趋势是不少发展中国家开始协调传统国企和主权基金的使用，以优化国家发展和其他政策目标。

总之，任意两个事物之间都会存在异同，重要的是区别抑或同是主要方面。主权基金可以说是一种特殊的国企，但这似乎只是一种"修辞"，难以掩盖它和国企都是满足国家目的的一种工具之事实。

确认了主权基金的国企属性的一个重要意义在于平实检讨这一属性对主权基金的行为的可能影响。本文认为，一方面，对投资对象国而言，勿需对主权基金是国家投资工具这一性质谈虎色变，其并非良好公司治理的重大负面因素；另一方面，对投资母国来说，民众却应当更多地注意主权基金的存在对本国民众福祉的影响，以及对本国民众的公共责任，公共治理方面的问题不宜被忽视。主权基金不一定要对投资对象国进行过多的信息披露，以免陷入商业不利的地位，但对内国的透明度却是应当被强调的。

二、作为国企的主权基金对投资对象国的影响：来势不凶无需虑

对主权基金的一种常见担心是其会受到政府的控制、操纵而追求政治利益，而非商业利益。[④] 主权基金作为一种国企而不能独立于政府或许是实情。但实际上，投资对象国不必担心主权基金的这一属性会带来害处。主权基金甚至还

---

④ Christopher Cox, "The Rise of Sovereign Business" (Dec 5, 2007), http://sec. gov/news/speech/2007/spch120507cc. htm.

是更为模范合规的境外投资者。首先,很少有非主权基金从事非商业利益最大化的投资策略,反而是非主权基金更多的有此类行为。其次,基于客观经济情势,主权基金进行非商业利益最大化行为的可能性不大。最后,即使主权基金作出此类行为,也能够在现行法律框架下得到遏制。

(一)很少有非主权基金从事非商业利益最大化的投资策略

实践表明,总体上主权基金都是长期稳健的非杠杆化投资者,而非兴风作浪的投机者。虽然少数西方国家的主权基金比较关注人权等问题,但作为主流的非西方的主权基金一般低调行事,极少有非商业行为。

(二)主权基金进行非商业利益最大化行为的经济可能性不大

主权基金只拥有两三万亿美元的资金,而私人机构投资者控制的资产有六十多万亿美元。加之各自为战,主权基金难以真正的扭曲市场,例如,如果其高价竞购,那也只不过令卖方受益罢了。美国这样的资本市场的深度足以吸收这些波动。

在一家公司内部,主权基金也往往不占有控制性的股份,因为投资对象国通常对公司控制者施加了诸多义务。

虽然从理论上说,主权基金背后的国家可以通过利诱(如税收优惠)、胁迫(如进口限制)等方式来影响外国企业、扭曲市场,如要求投资对象国的企业来设厂等,但这是在没有主权基金存在的情况下也可以实施的。事实上,在主权基金投资后,资金来源国损害投资对象国企业和市场的行为反而可能更少。[⑤]

故而,主权基金无法形成对境外投资对象和对象国的压迫,反而必须遵守所投资市场的法律,而且身为异类,树大招风,基于对象国社会政治心理方面的压力不得不做到行为规范,如雇用外部专业、独立的资产管理人,以宣示投资不被基金母国控制或影响[⑥],如新加坡政府投资公司将部分资产的管理外包给职业基金经理。这实际上已经是一种趋势。甚至具有讽刺意味的是,主权基金对被投资企业内部治理的消极还可能增加了企业的代理成本问题,即主权基金会成为被投资企业管理者的无条件支持者。[⑦]

(三)投资对象国现行法律框架可有效规制主权基金

即使主权基金有心以身试法,其也很难实现目的。因为其不仅会受到其他

---

⑤ Paul Rose, Sovereigns As Shareholders, 87 North Carolina L. Rev 101, 111 (2008).

⑥ Keller A. D., Sovereign Wealth Funds: Trustworthy Investors or Vehicles of Strategic Ambition? Georgetown Journal of Law& Public Policy, vol.7, No. 1 (2008).

⑦ 参见 Paul ROSE, Sovereign Wealth Funds: Active or Passive Investors? 118 Yale L. J. Pocket Part 104, Nov. 2008, 108.

股东的制衡,投资对象的董事、经理也会由于法定的忠实义务的存在也不愿轻易配合之。

很多国家还有相应的反垄断、反不正当竞争和专门的基于国家安全的外国投资审批制度。总体上看,进入 21 世纪后,作为主权基金主要投资对象的发达国家对外国投资的审查趋严。不少新法律和新设审查机构出现,诸多原有法律和机构的功能也得到了增强。除了国防外,基础设施、能源、技术等领域的投资也普遍成为了审查热点。

在实践操作中,外国投资审批制度也带有政治弹性,并无一定的标准。例如有外国企业企图获得或行使对美国公司的控制时,外国在美投资委员会可以随时进行"国家安全调查",以中止或解除任何具有政治意图的交易行为。国家安全的概念一向富有弹性,该委员会还将"控制"宽泛地界定为"确定、命令或决定事项以影响某一实体"的能力。其享有的随时调查权不仅可以有效控制主权基金的政治性行为,甚至有涵盖过宽、阻碍外国投资之虞。此外,对于有"前科"的主权基金及其母国的其他投资基金可能会有株连效应,最终令进行过有害的非商业行为的主权基金得不偿失。

总之,无论是考察主要投资对象国(一般为发达国家)的法律制度,还是其具体的实践,都可以发现主权基金的国企属性、国家控制属性基本上得到了最大程度的淡化,而不会对市场竞争环境造成扭曲。相反,过度的管制会令这支国际投资的生力军陷入尴尬境地,减损其经济效能,进而破坏全球资本市场的效率最大化。

三、作为国企的主权基金对投资母国的影响:去向不明当关注

虽然主权基金的对外投资主要是商业性的,不会对国外市场造成扭曲,但这并未彻底的解决了关于主权基金的所有困扰。事实上更值得检讨的是这些基金的存在对内国即资本来源国或曰投资母国的影响。即我们应当从公司法人治理的角度上升到国家公共治理的角度来讨论对主权基金的法律规制。

如前所述,庞大的主权基金是一种巨型国企,运营资金动辄上亿,且其主要活动对外,容易避开国内民众的日常关注,所以强调其对民众的公共责任更有必要。

对中国这样的非自然资源出售型国家而言,主权基金的形成的主要原因在于强制性结汇制度所形成的巨额外汇储备。但随着人民币被接受程度的提高,实际外汇储备规模不仅已经远超防范流动性风险所需,还导致过多投放基础货币、造成通胀压力、影响利率政策独立性。允许民众和企业持有更多的外汇是一

个可以选择的道路。主权基金是一个替民理财的思路,根本上还是行政性而非市场化配置外汇资源。

从其运行看,主权基金不乏结构性的弊端如管理链条过长导致代理成本过高、国企普适性地不适合从事高度市场化的风险运作。中投公司的境外投资已然受到了不少批评。故重新审视在一国给定的治理水平下,主权基金应当在规模、活动内容上受到何种限制,恰是投资母国人应当审慎考虑的问题。

即使认为主权基金的活动专业程度、投资效率更高,强调其开放和透明,特别是对内的开放和透明,仍然是大有必要的。主权基金在投资战略、活动报告、接受审计等方面透明度较低是一个普遍性的全球问题,中国的主权基金更是信息披露水平较低,目前均未达到国际上权威的 Linaburg-Maduell 指数最低透明度要求的 8 分。中国投资公司网站颇为"简洁","投资"栏目下只有总共不到千字的说明,"咨讯中心"只是用一句话披露了一些投资项目。而其下属的中央汇金投资公司、外汇管理局旗下的中国华安投资有限公司(SAFE Investment Company Limited)则更是不透明。

圣地亚哥原则提出了不少主权基金应该履行的透明度措施,包括:法律框架应健全,应公开披露其法律基础和结构的主要特点,以及与其他国家机构之间的法律关系;在融资、提款及支出操作的一般方法方面,应具备明确以及公开披露的政策、规则、程序或安排;应及时向所有者报告与主权财富基金相关的统计数据,或按要求纳入适当的宏观经济数据组;其操作的问责制框架应在相关法律、章程或其他章程性文件或管理协议中明确定义;应及时准备有关操作及业绩的年报和所附财务报表,进行年度审计;应衡量其资产和投资业绩,并按明确定义的原则和标准向所有者报告等。国际上大多数主权基金也赞同透明度的价值首先源于它对国内合法性而非商业优势的积极影响,即和利益相关者的有效沟通。

故透明度应当是中国主权基金的法律规制努力的方向。对于做非常之事的公共企业,应当要求有对公众的非常透明措施。首先,这能够有效地防止非经济性的政治干预对主权基金的影响。其次,这能有效弥补国有经营性资产监管体制还有待完善的若干环节。例如,国资的所有者、运营者和监督者主要都由国资委承担,而国资委和财政部、国务院及其他部委在此事项的权限也没有划清。这些结构性问题并非朝夕可解,但透明度的提高可以降低其中的弊端与不当操作。主权基金大都投资期限长,中短期内的盈余压力低,不受到严格的量化利润指标的束缚,故相应的结构性的和事后的监督尤为重要。

具体来说,主权基金的投资决策、选择的方案、流程都可以有更全面、更透明的披露。如为避免操盘风格、投资对象等商业机密泄露,可以设置一个有期限的3—20 年的披露延后期。对于中国特色的治理机构如董事会和党委会并存的格局下,如何有效界定各自职能与分工,减少决策扯皮、冲突与不确定性也至关重要。[⑧] 如此既能确保主权基金对公众的负责,减少国内业界对主权基金做"愚蠢生意"的指责,减少民众对国企的不信任感,促进社会和谐;也能降低国际社会对中国这样具有特殊政治制度之国家的对外投资活动的疑虑。如挪威养老基金虽然将投资与非经济目标挂钩,但由于其透明度极高,在很大程度上降低了投资对象国的疑虑。

四、小　　结

主权财富基金虽然是一种相对较新的事物,但其仍然属于国有企业的范畴。作为一种投资工具其固然具有特殊性,但通过有效的法律规制,其不会对投资对象国的公司治理环境产生不良影响。然而,在巨大的资金投掷海外时,对投资母国来说,个中的公共治理问题却不应小觑。鉴于中国国资管理体系的现实不足,这尤其应当得到重视。换言之,不宜过度要求主权基金对投资对象国进行太多的信息披露,以免令其不公平地陷入过于不利的经济地位,但主权基金对内国的透明度却是应当被强调,并成为法律规制的重点,以提高投资效率和投资安全,构建一个更为负责的国有外汇储备资产管理使用体系。

---

⑧ 参见张明:《主权财富基金与中投公司》,载《经济社会体制比较》2008年第2期,第99—100页。

论商业特许经营权及其权利边界

◇ 席月民*

内容提要 商业特许经营的走宠,使其在提高商贸流通业的组织化程度,完善商业形态,促进品牌建设,扩大创业和增加就业等方面发挥出了显著作用。本文集中探讨了商业特许经营权的性质及其权利边界,以期在日益强化政府干预的现实背景下,不断完善经济法律规则,有效引导和规制商业特许经营活动,依法保护当事人和利益相关者的合法权益。

关键词 商业特许经营 商业特许经营权 经营权

一、商业特许经营权的创设及其内容

(一)商业特许经营的含义

"特许经营"一词属专业词汇,目前在英文中主要对应于两个单词,其一为"franchise",其二为"concession"。上述两个英文单词在《布莱克法律词典》和《新牛津英语词典》中给出的释义并非完全相同。根据两部词典的解释,前者通常用于商业特许经营,后者则通常用于政府特许经营。① 20 世纪以来,"franchising"一词被广泛使用在商业领域,泛指制造商、供应商授予批发商或零售商使用其商标、商号、专有技术和经营模式等从事批发、零售活动的商业模式。②

我国 2007 年《商业特许经营管理条例》指出,商业特许经营是指拥有注册

* 席月民,中国社会科学院法学研究所经济法室主任,副研究员,法学博士。

① 政府特许经营与商业特许经营属于特许经营范畴,但在特许人、特许方式、经营范围、适用法律等方面有着明显区别。

② 陆川:《经济法视野下商业特许经营法律制度研究》,华东政法大学经济法学博士论文,2009,第 8 页。

商标、企业标志、专利、专有技术等经营资源的企业(即特许人),以合同形式将其拥有的经营资源许可其他经营者(即被特许人)使用,被特许人按照合同约定在统一的经营模式下开展经营,并向特许人支付特许经营费用的经营活动。国际特许经营协会和世界知识产权组织等机构所给定义虽不完全相同,但其所揭示的核心要素与主旨内容却是相同的。特许主体、特许合同以及经营资源或体系构成了商业特许经营的核心要素,作为处于市场和等级制度之间的一种组织形式,商业特许经营强调统一业务经营模式,该模式有利于快速实现资本的扩张和系统的管理,增强系统的吸引力和竞争力。

(二)商业特许经营权的创设与内容

"特许经营权"一词首次出现在1997年《商业特许经营管理办法(试行)》中。随后,2004年的《商业特许经营管理办法》和2007年的《商业特许经营管理条例》虽继续沿用了这一概念,但均未给出其确切定义。法律定义的欠缺,给实务中商业特许经营权的行使和保护带来了不利影响,尤其在涉及侵权问题的认定上,权利属性的不确定性使法院在行为定性时遇到了障碍。

通常,商业特许经营权会包括注册商标、商号、专利或专有技术、产品或服务以及标准化管理技术等内容,但从实践看,并非所有的特许经营权都包含上述内容。一般而言,特许经营权的基本要素有三项,即注册商标、产品或服务以及标准化管理技术,三者缺一不可。该权利的集合性特征体现在:(1)创设特许经营企业的权利;(2)使用与特许经营事业有关的特许人的商业秘密;(3)要求特许人提供信息、技术、经营建议及系统,或与特许人一致的经营方法;(4)在授权的地域范围内得以排除任何其他企业以同样的方式进行经营;(5)在享有专有销售渠道的地域范围内得以排除任何其他企业使用同一销售模式;(6)有权使用特许人的财产性标记,包括商标、服务标志、商业名称等等;(7)使用特许人的一整套经营模式来从事商品或服务的销售(又称"一揽子授权");(8)在获得授权的固定时间内享有更新经营的选择权;(9)要求特许人与特许经营有关的营运操作标准的系统和程序;(10)有权要求特许人提供广告计划、促销手段、经营设计、固定资产和流动资产的配置、现金的流程、建立会计账目的方法和程序、开展经营的各项培训,等等。[③]

③ See David J. Kaufman, An Introduction to Franchising and Franchise Law, Commercial Law and Practice Course Handbook Series, Practicing Law Institute 1992, Vol. 603, No. A4-4367.

二、商业特许经营权的界定及其权利属性

(一) 主要代表性观点

在欧盟委员会的有关规定中,特许经营权被界定为一整套工业产权或知识产权,即为了向最终用户转售产品或提供服务而许可他人使用与商标、商业名称、店徽、统一的经营模式、实用新型、著作权、技术秘密或专利权在内的一整套工业产权或知识产权。④ 有学者认为,特许经营权的实质就是知识产权的复合许可使用权,它只是一种派生权利。⑤ 也有学者对欧盟委员会所下定义提出批评,认为该定义涉及范围较窄,而且比较技术化,虽认识到特许权人的系统以及包括知识产权在内的诸多无形财产权所能起到的作用,但只是对"特许经营合同"概念的套用,而没有从"权利"的角度来揭示特许经营权作为一项无形财产权的本质。该学者认为,特许经营权本质上是一项民事权利,更具体地说是无形财产权。⑥ 与此接近的观点认为,特许经营权指向了一种经济资格或能力,而这种经营性资信利益使得特许经营权不同于既有的财产权利而成为一种独立的财产权。⑦ 还有一种观点认为,当民事权利的客体已由有形物扩展到无形物,权利空间被技术推进着不断扩大的时候,特许经营权已经跻身为一种新型的无形财产权,是一种"与一定的经营模式相联系的无形财产权"。其与用益物权还存在一定差距,姑且可将其定性为一项类似于准物权的他物权。⑧

(二) 商业特许经营权的经营权属性

上述争论在澄清商业特许权的性质方面虽不无裨益,但将商业特许经营权定义为知识产权或他物权均有失偏颇。商业特许经营权固然是一种财产权,然而在本质属性上应归于经营权范畴。作为集合性财产权,其权利内容具有组合性和开放性,不是单一经营资源所构成的权利,而是特许人在商事活动中将多种经营资源优化组合后所形成的权利,而且这些权利的管理性和控制性十分突出,可通过经营模式与经营体系结构的维系表现出来。

在权利客体上,经营权的客体已超出了传统物权的物或者知识产权的智力

④ 转引自吴汉东、胡开忠:《无形财产权制度研究》,法律出版社 2001 年版,第 573 页。

⑤ 郑新建、王茜:《商业特许经营的知识产权法分析——商业特许经营之知识产权价值功能发现》,载《知识产权》2010 年第 1 期。

⑥ 参见杨明、曹明星:《特许经营权:一项独立的财产权》,载《华中科技大学学报》2003 年第 5 期。

⑦ 参见刘亚军、马乐:《国际特许经营中商标独占使用权保护的困境与选择——由一起商标平行进口案例引发的思考》,载《当代法学》2006 年第 4 期。

⑧ 参见姚辉、周悦丽:《论特许经营权的法律属性》,载《山东警察学院学报》2008 年第 4 期。

成果，直接指向了包括各种有形和无形财产在内的经营资产。同时，经营权收益的实现不仅源于客体本身，还源于客体之外。之所以强调其经营权属性，是因为商业特许经营十分接近于企业组织模式的科层控制经营方式，一旦特许人和被特许人就经营权控制达成一致，并签订特许经营合同，则双方的所有权虽保持独立，而经营控制权已经大部分由被特许人让渡给了特许人。特许经营体系成立后，其中的激励因素会促成市场上的双赢或多赢局面。特许人对被特许人的控制力不是源自特许经营合同，而是源自商业特许经营权本身。这可以从商业特许经营的内部关系和外部关系对比中找到依据。

在内部关系中，特许双方是通过特许经营合同来安排彼此的权利和义务的，以此形成长期稳定的合作关系。正因为如此，一些学者会顺势从合同债权角度进行剖析，而问题在于，商业特许经营权并非合同债权，它是作为特许合同标的物而客观存在的。就该权利本身而言，这种基于市场交易配置模式下的契约关系其实只是一种迷惑人的表象。事实上，在特许经营体系中，被特许人所获得的特许经营权必须依靠特许人对整个特许经营系统提供的管理支持和统一的经营管理标准作为根本保障。反观商业特许经营的外部关系，尤其是站在消费者角度，商业特许经营体系所展示出来的实则为一个有机整体，无论是特许人还是被特许人，其不仅有着统一的形象和产品质量，而且有着相同或近似的价格和服务，这样有效降低了消费者在购买相关产品或服务时所承担的检索成本，提高了产品或服务在消费者心目中的识别度，进而赢得与对手的竞争。普通消费者无力区分所有权各自独立的商业特许经营与所有权控制或股权控制下的企业直营在组织上的差异。相比之下，在认定商业特许经营权的控制性时，外部关系较之于内部关系更为重要，这不仅表现在对商业特许经营组织模式的判定上，而且表现在对特许经营体系组织形态的判断上，毕竟特许人和被特许人从事商业特许经营的目的就是为了迅速扩张，占领市场，提高盈利能力。因此，正是商业特许经营权本身，而不是特许合同，赋予了特许人对被特许人的经营控制力。只有将内部关系和外部关系统一起来进行考量，并从整体上把握商业特许经营权的内容，而不是人为分割其各项经营资源去进行曲解，才能辩证认识商业特许经营权的本质属性，也才能在法律调整模式的选择上更接近于事实真相，切实保护权利主体的现实利益。

三、商业特许经营权的权利边界与法律规制

（一）商业特许经营权的横向边界及其制度保障

商业特许经营权在横向维度上具有一定的伸缩性，其横向边界主要取决于

特许双方在合同订立时对经营资源范围的明确界定。现行法规、规章对格式合同内容和提供时间的限制,为商业特许经营权横向边界的廓清提供了依据。与此同时,强制信息披露制度和保密协议制度的建立和完善,为该权利横向边界的保障奠定了良好基础。

1. 格式合同缔约前限期提供制度。按照《商业特许经营管理条例》第 21 条的规定,特许人应在订立特许经营合同之日前至少 30 日,向被特许人提供特许经营合同文本。同时,该条例第 11 条详细列举了特许经营合同应当包含的主要内容。2012 年修订的《商业特许经营信息披露管理办法》强调,如果特许人要求被特许人与特许人(或其关联方)签订其他有关特许经营的合同,应当同时提供此类合同样本。这些强制性规定,为被特许人充分了解和判断商业特许经营权的权利边界和内容提供了足够的时间和途径,使商业特许经营权横向边界的确定具有了直观的文本标准,有利于在确保合同效率不受损失的前提下,打破特许人与被特许人合同地位上的不平等性,继而实现特许双方主体之间的利益平衡。

2. 强制信息披露制度。《商业特许经营管理条例》第三章专章规定了信息披露制度,对披露信息的期限、信息范围和内容以及披露方式和信息质量等提出了要求。根据规定,特许人应在订立特许经营合同之日前至少 30 日,以书面形式向被特许人提供规定信息,其披露范围涵盖特许人基本信息和特许权详细信息两大类型。其中,特许权信息包括特许人的注册商标、企业标志、专利、专有技术和经营模式的基本情况,以及向被特许人提供产品、服务、设备的价格和条件等。新信息披露办法规定的要求更为具体,包括:(1) 注册商标、企业标志、专利、专有技术、经营模式及其他经营资源的文字说明;(2) 经营资源的所有者是特许人关联方的,应当披露该关联方的基本信息、授权内容,同时应当说明在与该关联方的授权合同中止或提前终止的情况下,如何处理该特许体系;(3) 特许人(或其关联方)的注册商标、企业标志、专利、专有技术等与特许经营相关的经营资源涉及诉讼或仲裁的情况。该制度制约了特许人在商业特许交易中对市场竞争的破坏,有效降低了被特许人在分析、判断特许人经营资源过程中的信息搜集成本,降低了商业特许经营的系统风险,为商业特许经营权横向边界的清晰化和可靠性提供了基本保障。

3. 保密协议制度。《商业特许经营管理条例》第 18 条规定,被特许人不得向他人泄露或者允许他人使用其所掌握的特许人的商业秘密。新信息披露办法在其第 7 条中对被特许人的保密义务作了进一步规定,强调特许人向被特许人披露信息前,有权要求被特许人签署保密协议,而且被特许人的保密义务覆盖了缔约前、缔约后以及解约后三个阶段。按照规定,被特许人在订立合同过程中知悉的商业秘密,无论特许经营合同是否成立,不得泄露或者不正当使用。合同终止后,被特许人因合同关系知悉特许人商业秘密的,即使未订立合同终止后的保密协议，也应当承担保密义务。被特许人违反规定，泄露或者不正当使用商业秘密给特许人或者其他人造成损失的，应当承担相应的损害赔偿责任。与保守、单一的传统经营模式相比，商业特许经营中的商业秘密具有权利主体多元化、外部使用性特征明显以及容易泄露、保护难度较大等特点。[⑨] 通过上述保密义务和保密协议的规定，特许人的商业秘密其实已被明确为商业特许经营权横向边界的又一个判断标准，对商业特许权的行使具有较强的制约作用。

（二）商业特许经营权的纵向边界及其制度保障

由于特许经营对外具有共同的外部特征，一旦出现经营失败或侵犯第三人利益的情况，如何确定特许人与被许人之间的责任分担，如何保护无过错第三人的利益便显得十分突出。尽管特许人和被许人可以在特许经营协议中对责任分担问题作出安排，但是这不能防止特许人利用其经济实力和从业经验上的优势作出不利于被许人利益的约定。[⑩] 因此，如何为商业特许经营权纵向边界的厘定以及责任承担提供判断标准，继而兼顾特许双方以外的不特定的消费者利益，这一问题在特许经营实务中更应该引起重视。

1. 限制竞争条款。毕竟商业特许经营属于一种高效的分销组织形式，特许人和被特许人在一个特许经营体系中并不属于同一层级，尽管其相互之间不存在直接竞争关系，内部很少发生不正当竞争行为，但在实践中却可能出现限制竞争的情形。具体来讲，特许经营体系常常采取一些表面上与《反垄断法》规定相悖的做法，如分割销售市场、固定向第三者转售商品的价格、搭售和附条件交易以及限定原料采购来源等。[⑪] 这些行为是否构成我国《反垄断法》上的垄断行为，是否构成对被特许人商业特许经营权的侵犯，主要取决于特许合同中限制竞争条款的合理性边界。基于商业特许经营本身的特征，限制竞争条款的出现在维持特许经营体系方面有其自足性一面，有利于减少特许经营体系的内部竞争，实现产品和服务的同质化，强化品牌的认知度，并增强品牌的竞争力。根据我国《反垄断法》第 15 条规定，对商业特许经营权纵向边界的合理确定，关键在于特许合同中的限制性竞争条款在行为目的上能否落入该法的豁免情形。这些情形主要包括：(1) 为改进技术、研究开发新产品；(2) 为提高产品质量、降低成本、增进效率，统一产品规格、标准或者实行专业化分工；(3) 为提高中小经营者经营效率，增强中小经营者竞争力；(4) 为实现节约能源、保护环境、救灾救助等社会公共利益；(5) 因经济不景气，为缓解销售量严重下降或者生产明显过剩；

---

⑨ 参见闫海、冷雪：《商业特许经营中商业秘密及其法律保护》，载《中州大学学报》2011 年第 5 期。

⑩ 韩强：《特许经营的责任分担和风险防范》，载《法学》2002 年第 6 期。

⑪ 陈彦晶：《特许经营在反垄断法上的豁免》，载《北方法学》2011 年第 3 期。

(6) 为保障对外贸易和对外经济合作中的正当利益;(7) 法律和国务院规定的其他情形。此外,特许人是否构成市场支配地位,是否具有正当理由,也是判断时的重要依据之一。

2. 回授条款。回授条款其实就是被许可人同意知识产权许可人有权使用被许可人改进的许可技术的协议。回馈授权作为知识产权许可中的一种协议安排,要求被许可方就其对许可技术所作的后续改进或通过使用标的技术所获得的新技术,应当向许可方报告、转让或授权。[12] 在商业特许经营合同中,回授条款对于市场竞争既会有积极促进的一面,也会有消极遏制的一面,因此其是否构成专利权滥用,并不能一概而论。划分回授条款的合理性边界,须考虑相关市场中竞争产品存在与否,独占或非独占许可,是否对竞争有不利影响,以及对被许可人发明意愿的影响等。在这一问题上,既不能简单地直接适用《反垄断法》,也不能完全无视《反垄断法》而仅通过适用《专利法》来完成,相反,准确把握《反垄断法》第55条的规定至关重要。其中,是否构成滥用专利权并排除、限制竞争,是判断的基本标准。另外,从现行《合同法》及其司法解释的规定看,我国对于无偿的、非互惠的、独占性的回授持否定态度。

总之,与西方发达国家相比,我国的商业特许经营市场目前仍处在成长阶段。据商务部统计,截至2010年底,我国特许经营体系已超过4500个,位居世界第一,经营范围已覆盖70多个行业业态。尽管2011年我国已建立北京特许经营权交易所及其线上交易平台,但在规模化、标准化、信息化等方面与发达国家仍存在较大差距。将商业特许经营权的权利边界法定化,需要民商法、知识产权法与经济法的有效互动和协调。

---

[12] 宁立志、陈珊:《回馈授权的竞争法分析》,载《法学评论》2007年第6期。

地方政府干预经济的中国经济法思考

◇ 葛方林*

内容提要 在经济社会转型期,我国的地方政府在推动经济增长实现市场化转型的过程中发挥了巨大作用,作为国家干预权行使主体的地方政府通过积极的经济干预活动,不仅为经济发展提供了良好的基础设施,而且在经济干预过程中通过制度创新为经济发展提供了制度保障。但是地方政府由于有自己独特的利益结构,其经济干预行为常常偏离公共性,逐步走向营利化,从而引发了许多社会问题,进而导致了地方政府的合法性危机。经济法化解地方政府经济干预行为营利化问题的进路,就是从法学的思维出发,以经济宪政为基础,规范地方政府的经济干预行为;同时,经济法的经济民主原则也将为地方政府干预决策的公共性提供保障。

关键词 地方政府 经济干预 公共性 营利化

回首中国改革开放三十多年走过的历程,经济飞速增长,中国的国力和国际地位获得了极大提升。经济法所赖以存在的政治、经济、社会和文化等制度背景发生了巨大变迁。在这个制度变迁的过程中,与成熟的市场经济国家相比,我国的地方政府无疑扮演一个举足轻重的角色,作为国家干预行使主体的地方政府利用其相对自主地位,积极主动的进行制度创新,经济法作为制度创新的成果,无疑包含着地方政府的利益结构以及许多"地方性知识"。在经济法的实施过程中,除了货币、税收、竞争等少数领域外,经济法的实施主要通过地方政府对国家干预权的行使而得到实现。但是由于转型期特殊的制度环境以及地方政府独特的利益结构,地方政府在积极行使国家干预权为我国的经济发展和市场化转型作出了巨大贡献的同时,地方政府的干预权行使又常常偏离公共性本位,导致干预行为的营利化。如何化解地方政府在行使干预权过程中的两难处境,无疑是

* 葛方林,西南政法大学2010级经济法学博士研究生,主要从事经济法学研究。

经济法学研究的一个重要课题。只有认识到转型期我国地方政府经济干预行为对于经济法的重要性,坚持正确的研究立场,分析地方政府行使干预权受到的内外约束,从而找到规范地方政府经济干预行为的正确路径,并以此指导经济法制度建设。

一、地方政府经济干预行为与经济法关系

经济法是在应对市场失灵与政府失灵的双重困境中产生的现代性法律,无论是经济法的创制还是其实施主要依赖于政府的作为,但是我们对行使国家干预权主体"政府"的研究还主要停留在抽象层面,并未对"政府"的层级进行细分,而假定"政府"是一个整体对经济社会实施干预。从经济法的概念分析,经济法是在应对市场失灵与政府失灵的双重困境下从全局性出发对经济社会进行干预的法律规范的总称,中央政府相对于地方政府而言具备了宏观性和全局性的优势,地方政府无论是其拥有的干预权力还是其可以动用的干预资源都无法和中央政府相比,因此在经济法学的理论研究中形成了一种"路径依赖",如果没有明确指出干预主体是地方政府,国家干预权行使主体就是中央政府,地方政府只是作为中央政府的代理人执行中央政府的经济干预决策。但事实并非如此,无论是从经济法法律渊源的形成还是从经济法的实施来看,地方政府的经济干预行为对于经济法而言具有至关重要的作用。

(一)地方政府制度创新对经济法渊源的影响

"法的渊源"一般是指法的形成所依据的来源。在西方法理学中,"法的渊源"不等于"法",法的渊源是形成具有判决意义的法律规范或者法的原料[①],立法者或者法官通过对这些原料进行加工从而最终形成了法律规范或者法。经济法的法律渊源同样如此,地方政府干预经济的行为是经济法法律渊源产生的一个重要来源,立法者通过对其加工并加以规范化,最终构成经济法的重要组成部分。

中国的改革开放是计划经济向市场经济的制度变迁过程,地方政府在制度变迁过程中扮演着举足轻重的角色,特别是在改革开放初期地方政府甚至替代了中央政府在制度变迁中的作用,地方政府在制度变迁过程中取得的制度创新成果相当一部分构成了经济法的法律渊源。以市场化为基本取向的改革开放导致了中央政府和地方政府的利益格局发生了重大变化,中央政府和地方政府的利益逐渐分化,随着财政制度不断改革,国家干预权行使主体之一的地方政府逐

---

① 刘星:《法理学导论》,法律出版社 2005 年版,第 117 页。

渐在经济上获得相对独立的地位，特别是以1994年分税制改革为标志，国家以行政法规的方式肯定了地方政府在财政上的相对独立主体地位，诺斯认为相对价格的根本性变化乃是制度变迁的最重要来源[②]，地方政府为了获得充足的财政收入只有发展本地区经济。在我国转型初期许多重要的经济制度处于空白状态，许多重要的资源[③]被政府管制，地方政府发现只要大胆突破现有制度或者利用某些领域的立法空白积极进行制度创新，就可以在地区的经济发展中获得先发优势。我国《宪法》第3条规定"中央和地方的国家机构职权的划分，遵循在中央的统一领导下，充分发挥地方的主动性、积极性的原则。"《立法法》和《地方各级人民代表大会和地方各级人民政府组织法》赋予了地方政府一定的立法权，地方政府进行制度创新具备了一定法律基础，同时中央政府在政策上也默许甚至鼓励地方政府突破现有政策法规的制度创新。以经验为基础以功效最大化为评判原则的世俗理性[④]逐渐取代了革命救世主义的意识形态，经济绩效成为衡量官员政绩的主要标准，地方政府官员也具备了突破现有政策法规进行制度创新的内在动力。在某项制度的全国性政策法规缺位的情况下，一个地区率先进行制度创新，可以获得暂时性的"垄断租金"，在地区间的经济竞争中获得优势，这样地方政府及其官员不仅将政策法规授予的权力用足，而且还利用其信息优势和政策的原则性和模糊性突破现有的政策法规进行制度创新。只要能够促进本地区的经济发展，地方政府对于作为经济发展的主导力量市场主体突破现行制度的行为也是抱以默认甚至鼓励的态度，久而久之市场主体也发展出一套非正式制度取代纸面上的法律，成为约束其行为的行动中的法律，地方政府不仅默认其在本地区的效力，甚至利用其立法权对这些非正式制度加以规范化。从法律实证主义的观点来看，地方政府这些制度创新行为是属于法律规避行为，法律应当给予否定性评价，但是以法律多元主义的观点来看，地方政府法律规避行为所导致的我国在转型期中央法与地方法、国家法与民间法并存现象也具有一定的合法性和合理性。因为许多全国性法律随着市场化改革的推进其所赖以存在的经济社会背景已经发生变化，亟待修改，但是由于中央政府立法和法律修订程序的启动和运行是一个缓慢的过程，而地方政府和市场主体更加接近"事实"，拥有信息优势，并受到各种利益的激励，他们所进行的制度创新便具有了客观性与正当性。"形势比人强"，中央法和国家法赖以存在的基础发生变化，与中央法国家法相比，地方政府和市场主体更乐意遵循地方法和民间法。在国

---

② 〔美〕道格拉斯·C.诺斯：《制度、制度变迁与经济绩效》，杭行译，上海三联书店出版社2008年版，第115页。

③ 包括经济资源和政策法规资源。

④ 比如：邓小平的"白猫黑猫论"、"实践是检验真理的唯一标准"、"贫穷不是社会主义"、"社会主义就是要发展生产力"等是这种世俗理性的表现。

家制定法和民间法发生冲突时,不能公式化地强调以国家制定法来同化民间法,而是应当寻求国家制定法和民间法的相互妥协和合作。[5] 对于地方政府的这种制度创新行为,中央政府也是这样做的,中央政府通过"不搞争论"的策略,采取务实的态度,根据制度创新的绩效来对地方政府的这种制度创新行为进行评判,如果地方政府的这套制度在运行过程中取得了良好的效果,中央政府最终通过制定法的形式将这种"地方性知识"转化为"普遍性知识"。

地方政府还可以以中央政府代理人的身份进行经济法制度创制的试验。我国的市场化改革是一个渐进的过程。由于中央政府受到意识形态的约束,市场化改革相关知识的短缺,出于政治稳定和经济增长双重目标的考虑,中央政府很少利用自己的权威将新的经济制度(包括经济法规和经济政策)以自上而下方式予以推行,而往往选择某些地方进行试验,将经济制度创新的权力授予这些地方政府,地方政府利用手中的干预工具通过干预权的行使推行经济制度的创新。如果经过试验证明新制度安排的净收益大于成本时,并且具有可行性和普遍性,就由中央政府使其获得法律地位予以推广。比如在改革开放初期我国设立的经济特区就是在中央政府的授权下实施的制度创新。

我国《宪法》和《立法法》授予了地方政府的立法权,地方政府在行使干预权过程中根据本地区实际情况可以通过制定地方性法规和地方政府规章对专属与地方性事务实施干预,从而满足其该辖区内社会公共利益的调控目标。地方政府在干预经济过程中通过制定地方性法规和地方政府规章构成了经济法的法律渊源,其法理依据是宪政理论的"辅助原则",根据这项原则,除了专属于中央政府的权力、地方政府无法实现对其辖区内经济社会事务的调控目标或者由于中央政府因其规模效应能够更好地实现其调控目标,其余的经济社会调控权力属于地方政府。地方政府为执行中央政府的制定经济法规范而制定的地方性法规和地方政府规章也构成了经济法的法律渊源。

(二)经济法的实施对地方政府经济干预行为的依赖

事实上,经济法的实施主要通过政府行使国家干预权而得到实现,相对于中央政府,地方政府实施经济法对市场进行干预更具有优势。首先,地方政府拥有相对完备的实施机构,完备的机构设置和人员配备是经济法得到有效实施的前提条件。在我国,除了金融、国税、海关、烟草专卖等为数不多的领域外,中央政府负责实施经济法的部委没有独立的实施机构,同时又由于公务员规模和精力的限制,行使干预权的中央部委能够直接处理的事情很少,其主要功能在于作出干预决策,干预权的具体执行主要依靠地方政府及其所属的部门。即使在少数

⑤ 苏力:《再论法律规避》,载《中外法学》1996年第4期。

领域，中央政府拥有实施干预权的完备机构，其干预效果的实现也必须依靠地方政府的配合。以中央政府的货币政策为例，当我国出现经济过热的情况，中央政府通过行使其宏观调控权对过热的经济实施干预，比如实施紧缩的货币政策，减少货币供应量和信用总量，从而降低流动性，虽然中央政府可以独立实施紧缩的货币政策，但是如果缺乏地方政府的配合，中央政府货币政策执行效果也会被消解。我国经济经过三十多年的高速增长，社会财富急剧增长，地方政府名下也有数量庞大的固定资产，地方政府通过转让或者抵押的方式将这些固定资产变现，即使中央政府实施紧缩的货币政策，地方政府也可以获得比较充裕的资金，这样中央政府的调控目标不但无法得到实现，而且中央政府与地方政府之间的干预权行使也会呈现一种冲突状态。

其次，地方政府拥有相对完备的市场信息。政府依据经济法实施的干预行为需要建立在信息充分基础上，政府干预决策信息的充分与否直接关系到干预效果的好坏[⑥]，中央政府无法独立的获取干预决策的信息和知识，必须借助地方政府特别是基层政府的经济干预行为，因为从时间、努力和资源的角度来看，获取信息和分析新知识都是代价高昂的。人们更愿意通过自己与他人的交往，设法利用他人的知识。[⑦] 人的知识是分散的。每个人在自己所处环境下作出的判断，会大大优于任何政治家或者立法者能够为他作出的判断。[⑧] 与中央政府相比，地方政府更接近于市场，更能及时获取第一手信息；与市场主体相比，地方政府更容易掌握其辖区内的全局性信息。因此，基于地方政府的信息优势，其经济干预行为的有效性更具有保障。根据“辅助原则”，地方政府在其能力范围内能够实现其良好的干预效果，经济法的实施就不需要中央政府来完成，即使经济法的实施超出地方政府的能力范围，中央政府在信息获取方面也必须借助地方政府。

再次，地方官员权力配置的局部优势。从我国的当前的干部人事制度来看，目前拥有经济干预权的中央部委长官没有一位是中央政治局委员，其行政级别和省级地方政府平级，而有些省级地方政府（四大直辖市、广东和新疆）领导人是中央政治局委员，位列党和国家领导人的序列，显然拥有经济干预权的中央部委长官没有这些省市书记的政治地位和级别高，所以中央部委实施经济干预行为必须依赖地方政府的配合，否则其干预效果将大打折扣。

---

⑥ 陈鹏飞：《政府干预市场的路径及其实践保障》，载单飞跃、卢代富：《需要国家干预——经济法视域的解读》，法律出版社 2005 年版，第 142 页。

⑦ 〔德〕柯武刚、史漫飞：《制度经济学——社会秩序与公共政策》，韩朝华译，商务印书馆 2004 年版，第 65 页。

⑧ 〔英〕哈耶克：《致命的自负》，冯克利等译，中国社会科学出版社 2000 年版，第 11 页。

二、我国经济社会转型期地方政府主体地位的变化

改革开放以来,作为干预主体的地方政府通过积极行使国家干预权为我国的经济发展和市场化转型作出了巨大贡献,但是地方政府的干预权行使又常常偏离公共性本位,导致干预行为的营利化,并引发了空前的社会矛盾,这是一种两难困境。探究这些问题产生的原因必须从地方政府的主体地位入手,地方政府是国家干预权主体之一,在我国经济社会转型期它在国家干预主体体系中的地位和角色发生了明显的变化。地方政府的这种变化体现在它与中央政府、其他地区地方政府以及市场主体的关系上。地方政府行使国家干预权实施经济干预要受到中央政府、其他地区地方政府以及市场主体的制约,其中中央政府和地方政府是一种纵向隶属关系,地方政府同其他地区地方政府以及同市场主体之间是一种横向的平行关系,这三重关系在经济社会转型期发生了一定变化。

(一)我国经济社会转型期中央政府与地方政府主体之间的关系考察

我国是高度中央集权的单一制国家,改革开放前各种权力集中于中央政府,地方政府是其在某一区域的代理人,中央政府的政策意图在地方都能够得到实现,令海内之势如身之使臂,臂之使指,莫不制从;但改革开放以来二者关系发生了变化,利益逐渐分化,地方政府成为拥有相对独立利益的干预权主体,并在此基础上获得了一定程度的自主性。自主性涉及以社会各方势力为一方和以政治组织为另一方的关系,衡量政治机构的自主性,要看它是否具有有别于其他机构和社会势力的自身利益和价值。⑨ 经济法语境下的地方政府自主性主要是指行使国家干预权的地方政府同其他干预权主体和干预对象之间的关系,表现为地方政府是否具备独立的利益和价值取向,其干预权行使能否超越其他干预权主体和干预对象的影响,按照自己的意志实现其干预目标的可能性。地方政府自主性包括两个维度,一是纵向维度的地方政府自主性,是指地方政府在行使国家干预权过程中摆脱中央政府影响的能力,这体现了中央和地方的关系;二是横向维度的地方政府自主性,是指地方政府在干预权行使过程摆脱干预对象和其他地区地方政府影响的能力,从而保持自身利益的超脱性和干预行为取向的公正性。

改革开放以来我国推行的分权化改革是地方政府纵向维度自主性产生的根本原因,体现在财权和事权两个方面。首先,在财权方面我国地方政府获得了相当大的自主性,一方面经过分成和财政包干以及 1994 年后分税制等一系列财税

⑨ 〔美〕亨廷顿:《变化社会中的政治秩序》,王冠华等译,上海人民出版社 2008 年版,第 16 页。

体制的改革,我国建立了财政分权制度,地方政府有了稳定的税源;另一方面地方政府可以获得巨额的资源收入和国有企业经营收益,例如依据《土地管理法》和《城市房地产管理法》的规定地方政府可以获得巨额的土地出让金收入。其次,在事权方面,中央政府授予了地方政府相当大的对经济社会的干预权力,而这种干预权的载体主要是经济政策,政策具有原则性的特征,这就为地方政府干预权的扩张留了很大余地;即使随着法治化程度的提高,由于立法技术局限,中央政府与地方政府的干预权在法律文本的文字表述上也大体相同,这样就导致了二者干预权界限的模糊,这就为地方政府自主性的扩张提供了很大的制度空间,地方政府基于自身利益不断扩展其自主性,其经济干预权力的广度和深度不断得到扩展。此外在转型期许多经济法制度都是空白,中央政府有意让地方政府进行制度创新试验,对其违反法律和政策的行为采取迁就的态度,地方政府不断扩张其自主权。随着地方政府财力壮大,地方政府扩张自主性、同中央政府博弈的实力得到较大提升。尤其在分税制改革前,中央政府没有自己的征税机构,国家干预权中的税收征管权主要由地方政府所管辖的税务机关行使,中央政府不能直接通过征税的方式获得财政收入,除了依靠其主管企业利润上缴和关税收入外,中央政府的财政收入主要依赖地方政府的上缴,但这并未用财税法加以规范,而是通过讨价还价的方式决定收入分成,二者不断为财政收入的分配进行博弈,地方政府纵向自主性在博弈过程中逐渐得到了扩张,地方政府的经济干预行为不断突破法律和政策的限度,由于地方政府占有信息优势,中央政府无法对地方政府的经济干预行为实施有效的监督,地方政府干预权的行使同中央政府干预权的行使呈现出经常性的冲突。

横向维度地方政府自主性是指地方政府和与其没有隶属关系的其他主体之间的关系,包括地方政府与市场主体即干预主体与干预对象之间的关系,以及同为干预主体的地方政府间的关系。横向维度地方政府自主性不仅要求地方政府在行使国家干预权过程中能否摆脱地方上各种利益集团特别是强势资本集团和官僚集团的影响,保持自身利益超越性,而且要求地方政府摆脱其他地方政府的影响,实现干预决策的科学性,并最终实现地方政府干预行为的公共性和规范性。由于地方政府、其他地区的地方政府以及市场主体的关系非常微妙,其各自行为相互影响相互制约,故笔者将其放在一起从横向维度地方政府自主性的视角对其三者的关系进行考察。

(二)我国经济社会转型期地方政府横向维度自主性考察

在经济社会转型期我国地方政府的经济干预行为主要受两方面力量制约:市场主体即地方政府的干预对象和其他地区的地方政府。根据经济法理论,市场与国家间的双向互动制衡关系，国家干预市场，市场也干预国家[10]，地方政府的干预决策和干预权行使效果都要受到市场主体的制约。市场主体的目标主要是利益最大化或者说市场机会最大化，在经济法语境下地方政府的目标在理论上应当是提供公共服务和维护市场的公平竞争秩序，但是由于转型期的特殊性，我国地方政府的目标呈现多元化态势，其中核心目标是实现地区经济增长和财政收入的提高，其他目标要服务于这个核心目标。市场主体是地方经济发展的主导力量，地方政府核心目标的实现依赖市场主体，而市场主体在作投资决策前可以对不同地区的经济制度和基础设施等进行比较，然后作出理性的投资决策，这样不同地区的地方政府间处于一种竞争关系。市场主体如同一个消费者，而地方政府则是制度产品的供给者，作为制度产品供给者的地方政府必然会围绕着市场主体展开竞争，正如亚当·斯密所言，"土地是不能移动的，而资本则容易移动。土地所有者，必然是其地产所在国的一个公民。资本所有者则不然，他很可能是一个世界公民，他不一定要附着于那一个特定国家。一国如果为了要课以重税，而多方调查其财产，他就要舍此他适了。他并且会把资本移往任何其他国家，只要那里比较能随意经营事业，或者比较能安逸地享有财富。他移动资本，这资本前此在该国所经营的一切产业，就会随之停止。耕作土地的是资本，使用劳动的是资本。一国税收如有驱逐国内资本的倾向，那么，资本被驱逐出去多少，君主及社会两方面的收入源泉，就要枯竭多少。"[11]由于市场主体拥有市场退出权[12]，可以"用脚投票"从不满意的地方政府辖区退出，地方政府的经济干预行为不得不满足市场主体的偏好，尤其是对该地区经济有重大影响的市场主体偏好，地方政府干预权行使的自主性被市场主体即干预对象所侵蚀，地方政府很难公正地行使干预权。比较典型的例子就是转型期我国地方保护主义问题，地方政府以损害辖区外市场主体利益为代价来维护本地区市场主体利益的不公平竞争行为，地方保护主义行为包括三方主体——地方政府、本地区的市场主体以及其他地区的市场主体，地方政府的职责应当通过积极的执行经济法规范和政策来维护本地区公平的市场竞争秩序落实中央政府的宏观调控政策，但是由于转型期地方政府和本地区的市场主体在利益取向上具有趋同性，地方政府的自主性受到本地区市场主体的侵蚀，它在行使干预权过程中无法作为一个中立者公平的对待本地区和其他地区的市场主体，其经济干预行为必然损害其他地区的市场主体。当然随着我国法治化程度的提高，地方政府公然违法实施地方保

---

[10] 李昌麒：《论经济法语境中的国家干预》，载《重庆大学学报》（社会科学版）2008 年第 4 期。

[11] 〔英〕亚当·斯密：《国民财富的性质和原因的研究》（下卷），郭大利、王亚南译，商务印书馆 2007 年版，第 408 页。

[12] 关于市场退出权概念可参考笔者硕士论文《市场退出权一般理论研究》，西南政法大学 2010 届经济法学专业硕士论文。

护的行为已不多见，地方政府往往以保障产品质量安全为名设立各种资质、标准实施地方保护，或者借政府调控之名行地方保护之实以阻止外来竞争者，地方政府的这种行为必然遭到其他地区的地方政府报复，它们也会采取相同的措施，这样必然破坏统一的市场，降低市场效率，无法实现竞争法的立法目的。

地方政府的经济干预行为除了受到市场主体的制约外，还要面临其他地区地方政府的制约。不同于改革开放前的地方政府，在经济社会转型期，同为干预主体的地方政府各自具有相对独立的利益，它们处于一种竞争关系；由于转型期的特殊性，不同于西方国家的地方政府，我国地方政府的职能具有特殊性，除了承担保障社会安全和维护社会公平正义的基本统治职能外，还要承担发展经济的职能。由于推动地方经济发展的资源存在稀缺性，地方政府为了发展本地区经济必然要围绕着这些资源展开竞争。地方政府除了从中央政府获取发展本地区经济的资源[13]外，更多的是从其辖区外获得发展本地区经济的资源，即通过招商引资的方式从辖区外吸收发展本地区经济的市场要素。在招商引资的过程中，各地为了能够吸引更多的外来投资，利用其立法权和执法权，常常突破上位法的限度制定并执行符合市场主体偏好的经济法规范，这一方面体现地方政府纵向自主性的扩张，是地方政府与中央政府间博弈的结果，另一方面又体现了地方政府横向自主性的缺失，这是因为地方政府制定经济法不仅要考虑其干预对象——市场主体偏好，而且还要考虑其竞争对手——其他地区地方政府的反应，无法做到干预权行使的公正性和科学性。比如在经济法的执行过程中，突破法律的限度争相减免市场主体的税收、降低劳工权益和环境保护的标准；争相以极低的价格甚至零地价吸引外来投资者，由于法律对地方政府干预权力界限规定的模糊性，地方政府纵向自主性的扩张，导致中央政府无法对地方政府干预权行使实施有效监督，这样地方政府之间的竞争逐渐成为“冲破底线的竞争”。

可见，转型期我国地方政府横向维度的自主性遂处于一种缺失状态，地方政府主体地位的这种变化直接反映到它的经济干预行为上。地方政府在作出干预决策实施经济干预行为时无法做到利益的超越性，不仅要考虑市场主体的反应，而且还得考虑其他地区地方政府的反应，干预权行使的公正性和科学性大大降低，最终引发了一系列严重的后果。

---

[13] 比如资金资源、政策法规资源，改革开放初期地方政府主要向中央政府争取资金，以后逐渐争取政策法规的先行试验权，而近些年来地方政府向中央政府争取一系列政策法规先行试验权，表现申请成立各种经济试验区，中央政府通过将一系列政策法律法规先行试验权打包概括授予这些经济试验区，比如成渝城乡统筹综合改革试验区、中原经济区等。

三、我国经济社会转型期地方政府主体地位变化所引发的后果

改革开放以来,由于制度的变迁,地方政府的主体地位发生了非常微妙变化,即自主性的不均衡变化——纵向维度自主性逐渐扩张而横向维度自主性逐渐缺失。地方政府的这种变化直接反映到它的经济干预行为上,即地方政府的经济干预行为逐渐偏离公共性本位并呈现出营利性倾向,地方政府经济干预行为的营利性又进一步导致了其作为国家干预权行使主体的合法性危机。

(一) 转型期我国地方政府经济干预行为营利性分析

转型期我国地方政府的自主性发生了不均衡变化,这种变化不仅改变了地方政府的利益结构,而且也改变了制约地方政府行使干预权的各种因素,进而影响地方政府的经济干预行为。具体而言,纵向维度的地方政府自主性扩张致使中央政府逐渐失去了对地方政府的有效控制,无法对地方政府干预权的行使有效监督,从而导致了地方政府经济干预行为的失范。横向维度地方政府自主性缺失导致地方政府干预权行使的独立性丧失,地方政府经济干预行为受到市场主体的制约,社会强弱势群体力量对比的失衡,地方政府逐步被资本力量所俘获,地方政府的经济干预行为逐渐脱离公共性本位。由于转型期我国民主制度的缺失,地方政府主要官员的任免和升迁受到中央政府或者上级政府的控制,地方政府主要官员的意志取代了地方政府的意志,地方政府的经济干预行为逐渐呈现出以利益最大化为目标的机会主义倾向,一方面地方政府主要官员为了获取政绩谋求升迁决策建造了大量的形象工程和政绩工程,以迎合中央政府和上级政府的偏好,另一方面为了发展地区经济获得政绩,不惜违反中央政府制定的市场竞争规则和宏观调控政策。由于经济民主的缺失,社会公众难以影响地方政府的经济干预决策,社会公共利益无法通过其干预行为而得到实现,地方政府逐渐偏离公共性本位,成为一个以营利为目的的公司,进而引发了地方政府作为干预主体地位的合法性危机。

具体而言,转型期我国地方政府经济干预行为营利性倾向可以概括为两个方面,第一,地方政府对能够直接促进经济增长提高财政收入的经济干预行为乐此不疲。比如为了吸引外部资金,不仅把大量的财政资金投入到基础设施的建设中,建立各种开发区或者工业区,这样做可以吸引外来资金并拉动地区的经济增长;而且在招商引资过程中对市场主体作出超出政策法规底线和地方政府能力的承诺,尽可能满足市场主体的需要,以求在短期内实现政绩最大化,但继任者往往难以兑现其承诺,从而引发了地方政府的信任危机。此外地方政府通过

低价征收农民土地然后招商引资或者高价出让的资源优势，获得了巨额的“土地财政”收入，这充分暴露了地方政府的营利性倾向。第二，地方政府对短期内不能带来经济增长财政收入提高但是对整个社会都有益处并且具有长远意义的事务缺乏积极性。例如，教育医疗的财政投入属于人力资本投资，由于劳动力具有流动性特征，教育医疗投资具有很强的溢出效应，实施这种财政投入的地方政府并不能独占其投资收益，并且这种投资在短期内很难带来经济的快速增长，因此地方政府普遍都缺乏对教育医疗进行财政投入的积极性。地方政府对环境保护和劳工权益保护也同样缺乏热情，因为这不仅不能直接带来经济增长，而且也会影响企业的投资活动。[14] 地方政府经济干预行为的营利化导致了社会公平的缺失和人权的恶化，黑砖窑、童工，以及频繁的矿难与其干预行为营利化有着千丝万缕的联系。

从应然的角度讲，公共性是政府的唯一属性和合法性基础，政府存在的目的就是提供公共服务和维护社会公平正义，但是转型期的我国地方政府行为逐渐偏离了公共性本位，成为一个以营利为目的的公司，其合法性遭遇了空前的危机。在经济法语境下，地方政府是国家干预权主体之一，经济法是社会本位之法，地方政府通过行使国家干预权而达到维护和促进社会公共利益的目的，但是现实中我国地方政府的经济干预行为逐渐脱离了公共性本位并呈现营利化倾向，导致了社会公平正义的缺失，并引发了空前的社会矛盾，地方政府干预权主体地位的合法性基础受到严重侵蚀。

（二）地方政府经济干预行为营利化引发地方政府合法性危机

合法性是一个被广泛使用的政治学概念，是对统治者和被统治者关系的评价，社会大众对政府及其制定的法律的认同和服从的程度，马克斯·韦伯系统地论述了“合法性”理论，他认为任何一种真正的统治关系都包含着一种特定的最低限度的服从愿望。[15] 一个制度的合法性取决于它能否获得被统治者的普遍认同。改革开放以来，随着以经验为基础以功效最大化为评判原则的世俗理性逐渐取代了革命救世主义的意识形态，经济绩效成为转型期我国政府的合法性主要来源，诚如亨廷顿所言：“60 年代和 70 年代的威权政权几乎毫无例外地被迫去把政绩当做合法性的主要来源之一，如果不是唯一来源的话”。[16] 由于转型期

---

⑭ 有这样一份富士康员工的工资单：“时间：2009 年 11 月。底薪 900 元；正常工作 21.75 天，平均加班 60.50 小时，报酬 469 元；周六日加班 75 小时，报酬 776 元。工资总额 2149.50 元”。这名员工当月收入的 60% 靠超时加工挣得，总计 136 小时的加班，比劳动法规定的最高加班时间多出 100 个小时。（陈芸，谢登科，陈芳等. 让劳动者体面劳动有尊严地生活[N]. 新华每日电讯，2010-06-07，(001)：1.）

⑮ 马克斯·韦伯：《经济与社会》（上卷），林荣远译，商务印书馆 2006 年版，第 238 页。

⑯ 〔美〕亨廷顿：《第三波——20 世纪后期民主化浪潮》，刘军宁译，上海三联书店 1998 年版，第 581 页。

我国实行自上而下的干部任命制度,经济绩效对于我国地方政府的合法性尤为重要,几乎成为其合法性的唯一来源。在经济法语境下,作为干预主体的地方政府通过积极行使国家干预权为我国的经济发展和市场化转型作出了巨大贡献,这为地方政府干预主体的合法性奠定了重要基础,但是由于转型期我国地方政府的特殊利益结构和主体地位,其干预权行使常常偏离公共性本位,导致干预行为的营利化,并引发了空前的社会危机,比如严重的环境污染,消费者、劳动者、农民等弱势群体的人权状况严重恶化,进而导致了地方政府干预主体地位的合法性危机。

具体而言,转型期我国地方政府干预权主体地位的合法性危机主要表现为地方政府的权威和公信力下降,社会公众对它的认同度下降,每当出现严重的社会问题和经济问题,社会公众和一部分专家学者将其归结为地方政府干预权的不当行使。"经是好经,只是歪嘴和尚把经念歪了。"这句口头禅就十分生动反映出地方政府行使干预权所达到的社会效果,尽管有时候"经就是歪经",但这足以反映了社会公众对地方政府作为干预权主体地位的较低认同度。这其中的主要原因就是地方政府没有公正地行使干预权,其经济干预行为常常偏离公共性本位并呈现营利化倾向。在利益驱动和发展经济的压力下,地方政府和市场主体成为事实上的同盟关系,而消费者、劳动者以及农民等弱势群体的权益常常被忽视。以食品安全监管为例,食品安全监管的日常性执法主要有地方政府及其所属食品安全监管机构负责,从"大头婴儿"到"结石宝宝"以及各地频频出现的奶粉安全事故严重打击了消费者对食品安全监管机构的信心,甚至消费者对国内销售的进口奶粉都不放心,过境"运奶粉大军"现象[17]表明了消费者通过用脚投票选择自己信任的其他国家的食品安全监管机构,以及这种食品安全监管机构监管下生产的婴儿奶粉,我国地方政府及其所属的食品安全监管机构的权威和公信力严重衰退,进而导致了地方政府干预主体地位的合法性危机。其次,地方政府公共职能的萎缩导致了其合法性危机。在经济法语境下地方政府的主要职责在理论上应当是提供公共服务和维护市场的公平竞争秩序,但是地方政府为了能够促进经济增长提高财政收入并在地方政府之间的竞争中取得优势,将其主要精力放到招商引资工作上,本应当提供公共服务实施市场监管的地方政府部门也承担了招商引资任务。由于地方政府提诸如供公共服务实施市场监管等公共职能的弱化,地方政府既不能有效的维护市场秩序提供良好市场竞争环境,又不能为社会公众提供良好的公共服务,满足人民合理的利益需求,从而降低了社会公众对地方政府干预权主体地位的认同,产生了地方政府的合法性

---

⑰ 过境"运奶粉大军"现象主要是指境外的我国公民在回国之时携带大量的外国奶粉入境,或者从香港、澳门等地购买大量的外国奶粉进入内地。

危机。最后,地方政府在实施经济干预过程中干预程序的缺失侵蚀了地方政府干预权主体地位的合法性。法律程序在制度实践中的意义主要体现为以下几个方面,其一是对于恣意的限制;其二是理性选择的保证;其三是其作为国家与公民个体间联系纽带的功能具有“作茧自缚”的效应;其四是其反思性整合的作用。[18] 完善的法律程序不仅可以保证政府干预的科学性,而且还可以防止政府的过度干预保证公民的经济自由;此外由于法律程序的过程性和交涉性特征,不仅可以消除因经济法的形式化而导致的功能僵化,而且还可以防止因经济法的实质化而导致的开放过度弊端,进而阻止其变成压制性法的危险。转型期我国地方政府实施经济干预的程序性保障严重缺失,与发达的经济法实体规范相比较而言显得十分薄弱,有限的程序性规范不仅不能实现法律程序的四种功能,而且还起了相反的作用。以听证程序为例,地方政府决定关系社会公众切身利益的公用事业价格、公益性服务价格、自然垄断经营的商品价格进行调整之前必须进行价格听证,但是现实中社会公众将价格听证会戏称为“涨价会”,以价格听证会为代表的干预程序不仅不能将社会公众的偏好融入到干预决策中,反而损害了社会公共利益,从而降低了社会公众对地方政府干预权主体地位的认同,产生了地方政府的合法性危机

四、中国经济法促使地方政府经济干预行为规范化进路

转型期地方政府经济干预行为所导致的诸多问题给经济法提出很大的挑战,虽然笔者在上文分析此问题时借鉴了经济学、政治学、伦理学和社会学等学科知识,但最后在研究问题的解决对策时仍需回到法学的基本范畴。从政府的公共性本位出发,把握中央政府和地方政府、政府和社会这两重关系,找到问题产生的原因,经济宪政、经济民主、社会公共利益、社会权力、公共财政等成为规制地方政府经济干预行为使其回归公共性本位的关键词。

(一)宪政:地方政府经济干预行为规范化的制度基础

从程序意义上讲宪政是一种使政治运作法律化的机制,它为不同的利益群体提供了对话协商和利益博弈的平台,并将政府权力的行使纳入宪法的轨道并受到宪法的制约。改革开放以来,我国地方政府纵向维度的自主性不断扩张,逐步走向营利化道路,中央政府难以对其实施有效的监督,市场竞争规则得不到有效实施,统一市场被人为分割,地方保护主义横行,宏观调控政策失效,中央政府

---

⑱ 季卫东:《法律程序的意义——对中国法制建设的另一种思考》,中国法制出版社 2004 年版,第 22—34 页。

与地方政府以及地方政府之间的干预权行使呈现一种紧张的态势。宪政为平衡中央政府与地方政府以及地方政府之间干预权的冲突提供了一个制度平台,通过一套切实可行的制度安排以实现地方政府经济干预行为的规范化。具体而言:

第一,宪法应当清晰地划分中央政府和地方政府经济干预权力,我国政府经济干预权的纵向配置呈现明显的"职责同构"特点,除了专属于中央政府的经济干预权力外,许多适合中央政府行使的经济干预权理论上地方政府也能行使,相反适合地方政府行使的经济干预权力理论上中央政府也可以行使,地方政府会利用其信息优势从事利益最大化的经济干预行为。经济干预权力纵向配置的规范化和清晰化可以防止地方政府干预行为的机会主义倾向。对专属于中央政府的经济干预权力以及适合其行使的经济干预权力,宪法应予以明确规定,地方政府不得染指;对属于地方政府的经济干预权力,中央政府必须予以尊重,只要在法定职责范围内,中央政府无权干预其经济干预行为。当然,在确保经济干预权纵向配置规范化、清晰化的同时,也应当保持一定弹性,给予地方政府一定的制度创新空间,允许地方政府在尊重个人权利的基础上进行制度创新,从而实现地区之间的制度竞争。

第二,建立健全协调政府间关系的机制和机构,化解政府间经济干预权力的冲突。这种机构主要有三个功能。首先,作为政府间经济干预权发生冲突的裁决者。由于地方政府具有一定自主性并有自身的利益取向,其经济干预权行使不仅会与中央政府发生冲突,破坏统一的市场规则和宏观调控政策的实施,而且还会与其他地方政府发生冲突,损害其他地区的正当利益,这时作为裁判者需要对冲突双方的经济干预行为进行审查,基于转型期的特殊情况,不能完全按照金字塔式法律体系的要求,应当依据法律多元主义的思想,当地方政府的经济干预行为没有与社会公共利益发生冲突,同时有助于效率的提高,即使与上位法冲突,也可以予以衡平的裁决。诚如布坎南所言:"政治是一个解决利益冲突的过程。……当政治被错误地解释为类似于作为一个真理发现过程的科学时,那些声称自己担负着启蒙任务的人也许会给实行强制找到其道德上的合理性。相反,当政治被正确地解释为一个解决个人利益冲突的过程时,那些企图把自己的偏好强加于人的人就没有道德上的优越感了"[19]。裁决政府间干预权的冲突并不是一个寻求真理的过程,而是如何平衡政府间的利益。其次,作为社会公共利益的守护者,地方政府为了在竞争中赢得优势,倾向于突破以人权为核心的制度底线,损害社会公共利益,该机构作为社会公共利益的守护者对低人权的制度予以否定性评价。最后,为中央政府与地方政府的沟通提供一个平台。一方面地

---

⑲ 〔美〕布坎南:《自由、市场与国家》,平新乔等译,上海三联书店 1989 年版,第 60 页。

方政府依据公开程序公平地从中央政府获取资源，消除“跑部钱进”“驻京办”等乱象，克服因为中央政府而导致的地区间不公平和不正当竞争，实现地区间均衡发展。另一方面，中央政府通过此平台可以获取干预决策的信息。

（二）经济民主：促使地方政府经济干预行为回归其公共性本位的有效手段

正如上文分析，地方政府横向自主性的缺失导致其经济干预行为偏离公共性本位，干预权不受社会权力制约，逐步走向营利化，资本利益与劳工利益失衡，化解这些问题只有诉诸于经济民主。经济民主是在尊重个体经济自由的基础上，通过多元平等参与，以多数决为基础，将社会中众多的利益群体加以整合，以社会制衡政府公权力，以社会力量制衡资本力量，从而在整个社会内实现权利制约和财富均衡。不仅如此，以经济民主为中心的社会利益整合机制可以调整地方政府的横向自主性，并重塑地方政府的合法性基础。具体而言，首先，地方政府经济干预决策应当充分征求社会各方意见，吸收社会各方传递的信息，从而作出符合社会公共利益的干预决策，干预过程必须接受社会监督，干预权实施是否合法是否符合社会公共利益需在宪政秩序下通过程序民主机制加以评判。其次，保障劳动者的集体劳动权，将其权利充分整合，以制衡强大的资本力量，实现劳动者权益的自我维护，这样即使在地方政府经济干预行为偏离公共性忽视劳工权益的情况下，劳动者也能实现对强势资本集团的制衡，从而实现自身的正当利益。

经济民主作为社会制衡政府经济干预权力的有效手段需在宪政秩序下借助一定机制实现。践行经济民主实现地方政府经济干预权行使的规范化和公共性，可以通过以下路径：首先，充分发挥人民代表大会制度的作用。人民代表大会是我国民主制度实现的主要载体，我们可以通过人民代表行使监督权和审批权，监督地方政府经济干预行为是否具备合法性是否符合公共利益，审批重要的干预决策；其次，建立社会弱势群体利益代表机制，使社会弱势群体的利益融入到地方政府经济干预的决策中；第三，建立社会不同利益群体的对话协商机制。各种利益群体通过对话、协商、辩论和妥协以达成价值共识，进而影响地方政府的干预决策；第四，建立公益诉讼机制。公益诉讼可以实现社会权力制衡地方政府经济干预权的程序化和司法化，在地方政府干预权运行偏离公共性轨道时能够及时矫正。

（三）公共财政：地方政府经济干预行为公共性本位的落实

每个社会问题，包括每个经济问题，说到底都是财政问题。[20] 诚如德国经济

---

[20] 〔美〕贝尔：《资本主义文化矛盾》，赵一凡等译，上海三联书店1989年版，第287页。

学家熊彼特所言,政府的所有行为最终都会反映到财政上,地方政府经济干预行为营利化的背后可以看到财政的作用。财政是连接个人与政府的纽带,通过财政手段规范地方政府经济干预行为是一个切实可行的方法。实现我国地方政府财政的转型,建立现代公共财政制度,是落实地方政府经济干预行为公共性最切实可行的方法。具体而言,建立现代公共财政制度需要从以下两个方面着手:

其一,公共财政是非营利性财政,政府财政收入应当主要通过税收获得。熊彼特从财政学视角将以税收为政府主要收入来源的国家概括为"税收国家"。作为一种国家形态,相对于"所有权者国家"和"企业者国家","税收国家"的政府财政收入主要通过税收获得,限制其从自然资源和国有企业中获得收入。诚如《大学》所言,"国不以利为利,以义为利","税收国家"禁止政府从事营利行为,履行其向公民提供公共产品的职能,维护社会公平正义。另一方面,"税收国家"避免政府与民争利,保障公民的经济自由和职业自由。当前我国地方政府的财政收入主要包括税收、国有企业利润收入、土地出让金收入、中央政府的转移支付收入和行政事业收费等,其中土地出让金收入所占份额过高,甚至成为许多地区的"第二财政",地方政府成为一个商人从城市土地中获取巨额的收入,并美其名曰"经营城市"。限制地方政府经济干预行为营利化必须降低土地出让金收入在地方财政中的作用,而财政缺口可以通过中央政府的转移支付解决,中央政府也可以通过转移支付实现其政策意图。以税收为主以中央政府转移支付为辅的地方政府财政收入结构,将改变地方政府的利益结构,促使地方政府经济干预行为脱离营利化,回归公共性。

其二,实现政府预算法治化。首先,预算制度在政府财政制度中处于枢纽地位,它连接着政府财政收入和财政支出。在现代民主国家,议会通过控制征税权和预算审批权来制约政府,民众偏好通过议会审批政府预算而得到实现。政府所有行为最终都在其预算中得到反映,完善预算制度实现预算法治化是促使我国地方政府经济干预行为规范化并回归公共性最有效的手段。实现预算法治化首先要坚持预算法定原则,预算法定是预算民主的一种实现形式,预算的编制、审批、执行以及决算都必须由法定主体按照法定程序完成。其次,合理划分政府预算项目,将财力主要用于社会保障和社会公共需求等民生项目,减少向经营性领域的投资,实现预算的公共性。再次,规范预算外资金,由于预算外资金缺乏地方人大的监督,地方政府可以按照自己的偏好运用这笔资金,应将预算外资金纳入《预算法》的调整范围,防止地方政府将其投入到非公共性领域。最后强化对地方政府预算的监督,不仅要强化人大的监督职能,而且需要建立社会对地方政府预算的监督机制。

五、结　语

“成也萧何，败也萧何。”虽然我国地方政府在经济社会转型期推动经济增长的过程中发挥了巨大作用，然而由于地方政府经济干预行为的营利化也导致了空前的社会危机，公平正义的严重缺失，人们精神世界的迷失。面对这些严重的经济社会危机，中国经济法必须有一种担当精神，直面危机，立足于我国经济社会转型的大背景，分析地方政府的利益结构，找到问题的症结所在，以经济宪政基础实现地方政府经济干预行为规范化，通过经济民主实现社会利益整合和地方政府干预决策的公共性，以公共财政为手段落实地方政府经济干预行为的公共性。

经济法视野下政府购买公共服务探析

◇ 郑曙光　骆路金*

内容提要　政府购买公共服务契合经济法的调整对象、调整方法和价值定位,应当成为经济法研究与经济立法的重要内容。由于我国在法构造上,将政府购买公共服务法与政府采购法合一,形成规制有余而促进不足的规制型格局,难以呈现促进法中的法权结构。因此,在对政府购买公共服务的立法路径选择上强化对公私合作行为的制度激励,并以专项的经济立法形式实现其法的功能价值。

关键词　政府购买公共服务　法权结构　规制　激励　经济立法

在市场经济发展进程中,政府提供公共服务的能力成为判定"服务型"政府的基本标准。在借鉴西方公私合作、公共服务多元主体提供理论的基础上,政府购买公共服务近几年在我国广泛地发展起来。如北京市于 2010 年 3 月发布了年度政府购买社会组织服务项目指南,利用社会建设专项资金,向社会组织征集购买五个方面、涉及 40 个类别、共 300 个公共服务项目,涵盖社会基本公共服务多种服务内容。

当政府购买公共服务渐呈全面铺开之际,如何在法律层面对政府购买公共服务作一准确的定性,并在制度构建上促进其发展,便成为法学研究的重要议题。

一、政府购买公共服务的经济法属性定位

1. 经济法的调整范围:政府采购的法定模式

政府购买公共服务,如果从法律关系要素的解构进行分析,其主体有政府、

* 郑曙光,宁波大学人文社科处处长,法学院教授;骆路金,宁波市高新技术区管委会法制办科员,经济法硕士。

公共服务提供组织和公众,分别是公共服务的购买者、提供者和享受者。其法律内容,体现于以购买合同、委托与管理、评估与评定等所记载与反映的经济权利与义务上,法律客体则指向公共服务所指向的法律事实或行为中,具体的标的物因民众需求的差异性而不甚一致。可见,政府购买公共服务具有定位于经济法部门的基础,其耦合性也首先体现于其经济法上的调整对象与调整范围上。具体而言,可作以下分析:

其一,在法律关系结构上,政府采购"服务",通过"政府—社会—民众"间的法律关系而展开。这一法律关系完全契合经济法原理中"国家主体(政府主体)—社会中间层主体—市场主体"之间的权义性构造。

其二,在法律制度的定位上,政府购买公共服务有适用政府采购的法律基础。我国自2002年施行的《政府采购法》第2条规定了政府采购"服务",在一般语义的理解上,"服务"是"公共服务"的上位概念,使该法有适用于公共服务政府购买的基础。《政府采购法》第26条将公开招标作为政府采购的主要方式,为公共服务以竞标合同购买的方式提供了制度依据。此外,国外将政府购买公共服务归入政府采购的制度也印证了此点。

由此可知,政府购买公共服务实质上属于政府采购的一部分。政府采购所引发的社会关系典型地属于经济法所调整的社会关系,因此政府购买公共服务也相应地归入经济法的调整范围。

2. 经济法的调整手段:规制与激励的实现方式

政府购买公共服务是对传统公共服务提供模式的革新,内含规制与激励的实现方式,契合经济法的调整手段。

在规制的实现上,合同管理、服务项目评估等外部监管的方式对公共服务提供组织产生权利的约束,保证其公共服务质量。而在激励的实现上,通过竞争招标的市场化运作,激励社会组织之间,抑或与事业单位之间竞标参与公共服务的提供,营造市场衡量下相对等价的服务,从而改变政府包办、养人模式的低效现象。这一模式打破了公共服务政府垄断、单一提供的局面,引导民间主体、民间资本多方参与,可推动社会非营利组织的发展,并促成市场组织功能领域的拓展。

前者强调权利的限制,后者注重促进和保护,追溯其经济法理论的成因,政府购买公共服务内在的规制与激励,实则是经济法上"规制"或"促进"手段的语词转换。①

---

① 下文单独使用"规制"一词,则取狭义上"权利限制"的理解,与激励相区分,特此说明。

3. 经济法的价值定位:促进民生的社会本位

观诸政府购买公共服务的实现方式,以市场化的购买为媒介。市场、社会组织拥有政府无法具有的提供公共服务的优势,其中社会非营利组织多元化的发展,能拥有满足公众多元公共服务需求的能力。且其接近专业化服务的优势,“更能为社会公众提供种类多、覆盖面大、针对性强的公共服务,能够扩大民众在多元供给者之间的消费选择权,保障民众需求最大程度的满足。”②这种以强化民众多元化需求的满足为行动宗旨的公共服务行为,切中经济法促进民生的主题。

4. 政府购买公共服务之经济法构造

政府购买公共服务与经济法的耦合,由社会本位的价值所延伸,于理论上应然地呈现权力与权利“互动”的现代经济法法权结构。③ “法权”在政府购买公共服务中主要表现为服务提供主体的权利(或获取的权力),政府的权力和民众的权利。在应然的层面,以公共服务的实现为中心,政府购买公共服务法权“互动”的结构体现为:权力对权利的约束,权利(或获取的权力)对权力的制衡。

其一,权利(或获取的权力)对权力的制衡,基于权利的正当性和激励而实现。政府购买公共服务通过孕育社会组织、市场组织等服务主体,形成以社会提供公共服务为主的模式。其间生成了社会主体的权利乃至权力,某种程度上制衡政府的权力,形成权力“政—社”共享的法治格局。

其二,权力对权利的约束基于失灵克服的必要性和规制而实现。市场、社会组织自身存有不可克服的“失灵”现象,可能滋生腐败乃至侵及公众利益的行为,需要经济法对各自失灵作出相应的矫正。于是其恣意行使权利或获取权力的可能性,必然需要通过外部政府权力的控制、约束矫正之。

为避免如俄罗斯曾出现的政府与社会组织间法权对抗的局面,从经济法法权互动理论的基本要义延伸开,有必要将作为服务享用者的民众引入法权的互动结构以起到平衡性作用。公共服务之得失与民众利害相关,于是通过保障其权力监督和权利诉求,可分别对服务提供主体权利之扩张、政府权力之约束形成第三方的评判和不同程度的制约,也能减缓二元主体模式过分的对抗性(见图1政府购买公共服务法权“互动”结构图)。

综上所述,在适当的权力约束下释放权利,以规制与激励的方式发挥其能效,是政府购买公共服务契合经济法法权结构的旨归。

---

② 廖鸿:《社会组织建设的新视野:中国和澳大利亚经验分析》,时事出版社2010年版,第6—7页。

③ 蒋悟真:《现代经济法的法权结构论纲》,载《法学杂志》2008年第6期。

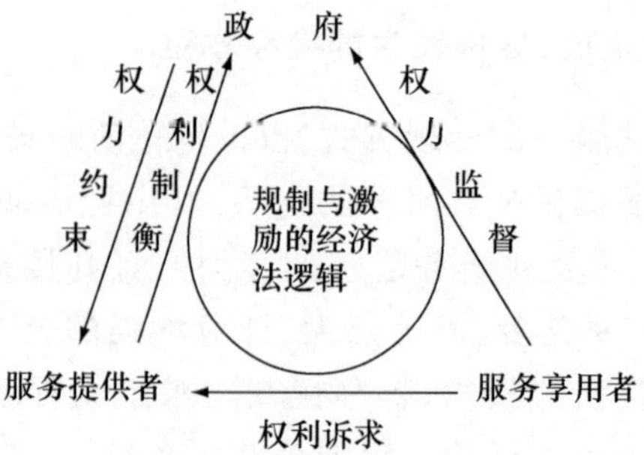

图 1 政府购买公共服务法权“互动”结构图

二、政府购买公共服务实践的经济法检视

1. 我国政府购买公共服务实践之类型化分析

（1）政府购买公共服务的市场化：以公租房公司为例

2011 年 4 月，上海试行首批 7 家公共租赁房公司运作政府廉租房，是政府向市场购买公共服务的一类实践。

在模式的运作上，以“政府主导、市场化运作”为特色，一改原来由政府房管部门包办的做法，也由此生成公共租赁房公司的自主权利。但为矫正公司运作失灵对廉租房民生工程的冲击，政府主导并作监管性运作，体现出权力对权利的约束。

然公租房实际的运行中会存有偏颇之处：其一，国有化模式的限定。以徐汇区公租房运营管理和建设（筹措）公司为例，只能国有出资，专营公租房，实则是国家办公司的模式，限制了市场组织的进入。其二，规制导向的制度定位。一些文件及配套政策，涉及公租房项目认定、资金筹集、运营机构组建、税收政策、水电气价格、户籍和居住地管理等事项，除了市级财政给予各运营机构的资本金补助，税收、价格上优惠，从而在一定程度上体现了制度的激励，但总体而言，公租房公司市场化运作廉租房的模式受规制颇多而激励不足。

（2）政府购买公共服务的社会化：以政府购买社区养老为例

在实践的开展上，典型的有上海“9073”养老格局，宁波市海曙区购买星光敬老协会服务、江东区试行“家院互融”养老模式，依托社区，以丰富老年人日间照料、生活护理、家政服务和精神慰藉等多项服务。然养老服务受惠的人群不多，实践中采取定向委托的模式易滋生非营利组织的服务垄断，使之难以形成多元提供公共服务的社会组织群。而在其制度的施行上，相关的实施条例、指导意见针对的是对服务主体、方式、对象等的规制，制度性激励相对偏小。

(3) 政府购买公共服务的事业化:以81890信息服务平台为例

取名于宁波方言"拨一拨就灵",81890信息服务平台兴起于宁波并逐渐推广于全国,是宁波市政府为改善民生,促进社会和谐发展,提高民众生活质量而推出的事业化办信息的服务平台。[④]

81890信息服务平台在整合现有政府、社会、企业服务资源的基础上,解决服务信息供需不对称的矛盾,畅通了政府、企业和市民间的信息交流。但信息服务事业化的模式仍定位于政府包办的高成本的弊端。在81890信息服务平台建立后,政府先后制定出台的《家政企业等级标准》《家政从业人员资格星级标准》《社区信息化服务标准》中,通过分等规定、评定标准对加盟企业实现监督管理。[⑤] 这种分类等级标准的门槛较高,容易限制小企业的进入,加盟者在受到较多标准约束时,可能因服务积极性受挫而退出81890的服务平台。

2. 基于域外考察的差异化成因分析

经相关研究资料的分析、整理,域外政府购买公共服务的实践可归纳为两种模式:

其一,市场化外包为特色的美国模式。从西部开发修筑铁路到运河修筑、办文化机构、管理城市移民等方面的发展,美国已形成较为成熟的市场化运作公共服务模式,私人提供占美国联邦政府全部公共服务近95%左右。而且美国注重多元化的制度激励,运用"外包、政府资助、代金券、税收优惠、贷款担保、保险和规制"等各种间接的公共政策工具,极大地提升了公共服务的效率。[⑥] 与美国殊途同归,日本2006年7月施行《公共服务改革法》,将几乎所有能市场化的政府公共服务项目以竞争性招标外包的方式交由给专业的公司来运营。[⑦] 新西兰推行公共服务市场化改革,以合同激励私营或者自愿组织参与公共服务,提供并实行政府全面的绩效管理,并由此生成必要监管下的市场化模式。

其二,培育社会组织为重点的欧洲模式。欧洲公共服务的政府购买经历了自发到自觉的过程。从起初将政府不能做或未规划的事项转交社会服务组织,演变为政府主动将大量适合社会组织承接的事务剥离,让社会组织去完成。在制度的激励方面,通过赋予社会组织的社会服务优先权、降低准入门槛等制度的促进,培育多元提供公共服务的社会组织。同时,以政府财政的有效投入,保障政府购买社会组织服务有效地开展。最终形成了"公民的基本福利主要由各级

---

④ 经拨打镇海区81890000电话访问证实。

⑤ 沈涛:《81890,拨一拨还真灵》,载《宁波日报》,2008-10-24(5)。

⑥ 〔美〕萨拉蒙:《新政府治理与公共行为的工具:对中国的启示》,载《中国行政管理》,2009年第11期。

⑦ 焦述英:《关于政府购买公共服务的探讨》,载《行政与法》2010年第5期。

政府机构提供;公民个性化、暂时性需求,则由各类社会组织补充”的局面。

经过近几年的发展,我国公共服务的购买已在形式上取得长足发展。然而在模式施行所取得的成效上,与国外相比,显然我国仍较逊色。分析差异化的成因,主要在于以下方面:

其一,公共服务市场化推进不彻底。在市场化购买的领域,制度上的管制、限制过多,难以释放市场组织的功能。此外,目前公共服务的购买项目尚未全然地展开。虽然深圳、上海等作为公共服务发达的地区在公共服务方面有铺开之势,北京 2011 年政府购买公共服务也有 300 项之多,但为理论界所诟病的教育、医疗等基本公共服务方面仍处于观望状态,以至于当前政府购买公共服务未得以长足地发展下去,也未形成足够的民众影响力。

其二,公共服务社会组织培育不足。当前我国有《社会团体登记管理条例》《民办非企业单位登记管理暂行条例》等社会组织方面的管理条例,但是登记制度繁杂,登记管理散乱,难以形成以适当降低准入门槛为核心的促进型制度。于是,多元发展社会服务组织以满足民众个性化的需求受到抑制,政府垄断公共服务提供而造成的公共服务仍显低端的局面一时无法从根本性改观。

正基于此,我国政府购买公共服务的实践尚未形成政府职权与社会组织权利间生成“互动”的现代经济法法权结构,因而也成为当下加快改革的关键。

三、政府购买公共服务:经济立法的路径选择

1. 以权力的必要规制保障公共服务的恰当提供

对于公共服务“委托—代理”模型中常有的信息不对称问题,政府有必要作出监管和规制,并在规制的问题上进行“必要性”审度。

(1) 公共服务准入的适当性。从行业准入的功能来看,准入门槛是对主体资质基本的要求,目的在于保障某行业正常的运作,减少交易第三方不必要的损害。如此说来,准入制度在社会服务组织进入公共服务的提供时仍显必要。但值得注意的是,当下我国登记注册的困难,让许多致力公益服务的单位和个人望而却步。于是,在理论界出现了改革社会组织进入公共服务领域门槛的呼声,主张“低门槛”“零注册”“少检查”。一个典型的实践是,浙江嘉兴以《嘉兴市委、市政府关于扶持和促进社会组织发展若干意见》为指导,按照“非禁即入、不适则调、宽进严管”的准入原则,鼓励、支持一些基层社会组织进入市场和服务管理领域。与欧洲福利国家为社会组织提供低门槛准入的环境相得益彰。

应予指出的是,这些现象表明了准入放宽的趋势,但这与制度要求相应主体应有资质及能力要求,以及必要的监管仍有区别。在法国等国家都有鉴识社会

组织及其提供服务能力的认定标准，如“对组织的授权和认证；承认公共事业组织的身份；国家机构与组织签订协议，规定服务绩效标准。”基于此，我国宜借鉴国外的经验并结合实际对服务组织的准入作出恰当、较低门槛的界定。

（2）为确保服务质量而实施的合同监管。当政府已将公共服务的提供交由社会组织来承担时，其运行通常是按照服务提供合同的约定而展开的。然而，慈善不足、志愿失灵、商业化冲动乃至官僚化问题等因素容易引发第三部门失灵现象。[⑧] 于是为确保服务质量而实施合同监管成为必要。监管的重点可放在，政府购买公共服务资金专款专用的监管、引入专家组制度对服务的专业化考评，以及打开相应的民众诉求、反馈渠道，形成民众参与公共服务评判、监督的体系。

（3）政府对服务责任的终局承担。在公共服务提供主体的定位上，政府是民众公共服务提供的担当主体，具有不可推卸性。政府应为其选任不适格的服务组织担负起最终的保障责任，出于防范、减小合同风险带来公共利益损害的考虑，政府可以要求不合格的服务提供者出局、赔偿损失等反向激励的方式强化服务提供者的责任意识。

2. 以权利的制度促进助推公私合作的持久开展

权利的制度促进主要体现为通过促进型制度的促进和保护，在最理想的状态下引导某一实体按照制度的预设实现制度的目标，至少是让制度的受益者可以从不能完全控制的行动者那里得到想要的结果。于是，为助推政府购买服务的持久开展，应做到主体的确认和法权的保障。

在政府购买公共服务主体的定位上，有必要做到以下三点：其一，将市场、社会组织界定为政府购买公共服务的主体；其二，设定公共服务提供组织的权利，以激发各自提供公共服务的积极性；其三，权益的合同保障。即在合同的期限内，若无正当的基于公共利益的考量，政府不得随意结束与公共服务提供组织间的服务合同，且应基于“信赖利益保护”补偿之。

3. 统之于专门立法的保障

当下我国政府购买公共服务试行成功并有全面铺开之势，若仍基于现有低位阶的法规、不成系统的非正式制度来规范，则易束缚且阻滞政府购买公共服务发展成公共服务提供的主流模式。因此，有必要对政府购买公共服务已有的规范性文件做一梳理，在此基础上制定诸如《政府购买公共服务条例》之类的专门立法。在制度的设计上，需把握其指导性的原则和具体规范的要点两个基本层面。

---

⑧ 潘左华：《第三部门失灵及其矫治》，载《云南行政学院学报》2005 年第 4 期。

（1）“政府购买公共服务条例”的原则性把握。首先，政府购买公共服务契合经济法的定位与构造，有必要将法权互动的结构作为整个条例设计的基本理念和原则性导向。其次，强化促进型立法“软法”治理的理念，以生成权力与权利互动的经济法法权结构。

（2）“政府购买公共服务条例”具体规范的厘定。在具体规范的设计上，应相应地把握其基本的要点：其一，制度化定位政府购买公共服务。包括政府购买公共服务的法律定义、可购买的公共服务事项等，尤其是将其界定为公共服务提供的主要而非辅助模式。其二，确认市场、社会组织乃至经改革后的公益型事业单位作为政府购买公共服务的主体资格。同时，以专门的章节规定公共服务提供主体的法定权利，配之以相应的义务、责任事项。其三，将政府规制的事项做一清晰的厘定。如规范政府购买改革服务程序，政府对合同监管的事项、民众参与和监督的方式，以及政府对服务保障的责任等。其四，在政府购买公共服务的模式上可呈现多元化。在引入市场组织、社会组织的竞争与合作，在惠及民众的基础上形成多元化服务提供格局。